KB073588

DOTCOM SECRETS

자동 수익을 실현하는 28가지 마케팅 과학

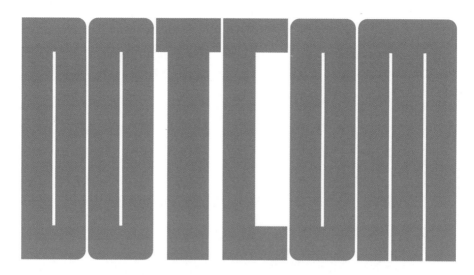

DOTCOM SECRETS

마케팅 설계자

사업이 흥하는 퍼널 마케팅 비법   ⌕

러셀 브런슨 지음 | 이경식 옮김

윌북

영감을 불어넣어주신 아버지에게,
늘 인정해주셨던 어머니에게,
온갖 황당한 발상에 미쳐 있어도
꿈을 이루도록 도움을 준 아내에게
이 책을 바칩니다.

차례

1 공식 이해하기 ▼

강력한 시스템을 이루는 필수 요소들

2 퍼널 설계하기 ▼

목표는 더 높은 가치로 이끄는 것이다

\ 추천의 말 /

'온라인 마케팅의 전문 꾼들'이
자기들끼리만 알고 싶어 하는 진실

'온라인 마케팅 전문 꾼들'은 분명히 있다. 이 사람들은 자기들끼리 모여서 쑥덕거리며 일을 꾸미고 협력한다. 이 꾼들이 자기들만의 마술 쇼를 벌일 때는 남들이 상상도 못하는 일들이 일어난다. 이 책은 마술사 같은 이들이 회사를 빠르게 성장시킬 때 눈에 보이지 않는 곳에서 실제로 어떤 일들이 일어나는지 시시콜콜한 것들까지 전부 보여주는 최초의 책이다.

오해할 필요는 없다. 이 마술사들 가운데 실제로 사악한 사람은 별로 없다. 대부분은 정당한 '마술의 속임수'를 자기가 펼치는 마술에 적용할 뿐이다. 온라인 사업가를 보물이 있는 곳으로 안내해주는 마술사들은 꽤 많이 있다. 이들이 말하고 가르치고 약속하고 홍보하는 모든 것 뒤에는 종종 뚜렷하게 알아볼 수 있는 특정한 패턴이 있다. 이 패턴은 어쩐지 근거가 부족해 보이지만, 사실 이 근거 부족은 마술사들이 의도한 것이다. 이 책은 단순히 마술의 속임수에만 초점을 맞추지 않는다. 온라인 미디어를 활용해서 회사와 사업을 키우고자 하는 사람이라면 반드시 갖춰야 할 핵심적인 여러 전략에 초점을 맞춘다.

이 마술사들의 최대 관심사는 무엇일까? 그것은 바로 온라인 미디어와 마케팅, 비즈니스 업계에 있는 모든 것이 반짝반짝 빛나고 끊임없이 변화하고 있어서 늘 새롭다고 사람들이 믿게 만드는 것이다. 이 모든 것이 성공적인 광고와 마케팅을 보장한다고 선전하는 낡은 방식들이나 원리들, 주장들 그리고 수학에 얽매여 있지 않다고 믿게 만드는 것이다.

그러나 러셀 브런슨의 이 책은 다르다. 그는 인터넷의 '반짝반짝 빛나는' 비밀들과 관련된 내용을 가르치면서도 그 전술과 전략을 어떻게 사업에 적용해야 할지 단단한 근거 위에서 보여준다. 여기서 그가 제시하는 전략과 전술은 진정한 직접 반응 마케팅direct response marketing(중간 상인이나 소매점 따위의 유통 경로를 거치지 않고 광고나 방문 등으로 고객의 요구에 응하는 판매 활동 - 옮긴이)을 기반으로 한다. 만약 당신이 온라인 사업을 하는 사람이라면, 밝게 빛나지만 금방 식어버릴 유혹이나 인기에는 저항해야 한다. 또한 마케팅을 피상적으로만 아는 상태에서 이 방식이 지나온 계보를 이해하지 못한 채 '새로운' 전술을 추천하는 온갖 유혹에도 저항해야 한다. 이러한 저항은 온전히 당신이 짊어져야 할 몫이기에 분별력은 필수다.

나는 직접 마케팅은 과학이라고 나 자신에게 가르쳤다. 나는 믿음을 소중하게 여기는 사람이다. 겉으로만 멋져 보이고 몇몇 유명한 사람들에게 인기가 있지만 시속 150킬로미터 이상으로 속력을 내지 못하거나 혹은 아예 출발조차 하지 못하는 자동차보다는 출발을 가볍게 잘 하고 내가 원하는 대로 움직여주면서 내 예측에 어긋나지 않는 자동차에 훨씬 더 관심이 많다. 나는 늘 한결같으면서도 낡아빠진 구닥다리는 아닌 것을 좋아한다. 전략 컨설턴트이자 직접 반응 카피라이터로서 나는, 금방 사라져버리고 마는 잉크로 쓴 돈벌이 도구들이 아니라, 고객에게 지속적인 가치를 제공하는 광고와 마케팅과 영업 분야의 자산을 창조하고 있다.

그렇기에 나는 온라인 마케팅의 전문 꾼이자 마법사인 러셀 브런슨의 책에 서문을 쓰겠다고 나섰다. 나는 러셀이 이 책에 담은 진실을 높이 평가한다. 세상에는 재주가 넘치는 사람들이 많지만 러셀 브런슨은 이런 사람들과 다르게 직접 마케팅의 여러 훈련을 철저하게 거쳤다.

이 책은 온라인 마케팅과 온라인 상거래라는 지극히 가벼운 세상에 탄탄한 기반을 제공한다. 이 책은 인터넷 미디어를 하나의 사업이 아닌 **미디어**로 다루며 이런 접근법은 온당하다. 또 웹페이지나 광고의 분할 테스트split test와 같은 과학적인 도구를 활용하며, 오랜 세월에 걸쳐서 검증된 세일즈 퍼널과 판매 구조를 기반으로 한다. 꼼꼼하게 하나씩 따져볼 가치가 있는 책이다.

지금 당장 돈을 벌어줄 순 있겠지만 눈이 핑핑 돌아갈 속도로 끊임없이 새로운 것을 갈망하도록 몰아붙이는 방법은 이 책에서 찾아볼 수 없을 것이다. 아무리 새롭고 멋지고 빠르고 손쉬운 '개선점'이나 솜씨 좋은 '장난감' 같은 것이나 혹은 영리한 술책이라도 당신을 어지럽고 혼란스럽게 만드는 것을 찾겠다면 다른 책을 알아보는게 낫다. 그런 걸 찾아내고야 말겠다는 사람이라면 이 책을 아예 펼치지도 말라는 말이다.

당부하건대, 온라인 미디어 세상에서 적용되는 효과적인 마케팅의 구조와 과학을 깊이 이해하고 자신만의 마케팅 시스템을 설계하겠다라는 생각으로 이 책을 읽으라.

댄 S. 케네디

댄 S. 케네디는 비즈니스 컨설턴트이자 베스트셀러 작가다. '마그네틱 마케팅', '레니게이드 백만장자 시스템'을 만들어 세계 기업가들로부터 가장 존경받는 마케팅 구루 중 한 사람으로 떠올랐다. 32종의 책을 썼고, 그중 다수가 <Inc.> 매거진 선정 '역대 최고의 경제경영서 100선'에 올랐다.

책머리에

얼마 전에 샌디에이고에 간 적이 있다. 피트라이프^{FitLife.tv}에서 드루 카놀 Drew Canole과 어떤 작업을 하기 위해서였다. 피트라이프는 페이스북 팔로 워가 120만 명이나 되지만 페이스북이 도입한 몇 가지 변화 때문에 방 문자가 90퍼센트나 줄어들었다. 그래서 97달러짜리 제품 하나를 파는 데 116달러나 되는 비용을 쓰고 있었고 적자 상태에서 허우적거리고 있 었다.

드루의 팀은 내게 연락해서 두 가지 문제를 하소연하며 도움을 청했 다. 바로 트래픽(방문자)과 전환이었다. 전화를 받고 나는 미소를 지었다. 왜냐하면 내게 도움을 청하는 사람들 대부분이 그런 이유이기 때문이다. 그들은 보통 내가 헤드라인을 살짝 바꾸거나 광고 대상 집단을 수정해서 문제를 해결할 것이라고 생각한다. 그러나 나는 내가 컨설팅했던 대부분 의 회사와 마찬가지로 피트라이프의 문제 역시 방문자나 전환의 문제가 아님을 진작부터 알아보았다. 그런 경우는 정말 드물기 때문이다.

대부분은 퍼널funnel의 문제다. 잠재고객이 결국 구매 버튼을 누르기까 지의 전 과정을 어떻게 설계했느냐가 핵심이라는 말이다.

드루는 영업 관련 수치들을 보여주며 설명한 뒤에, 자기들이 얼마나 큰 고통과 좌절에 시달리는지 모른다고 하소연했다. 그 이야기를 모두 들은 뒤에 나는 다행히도 운이 좋은 편이니 너무 걱정하지 말라고 했다.

"지금 여러분이 안고 있는 문제는 트래픽 문제도 아니고 전환 문제도 아닙니다."

"그게 무슨 말입니까? 트래픽이 90퍼센트나 줄어들었고, 고객이 상품을 구매하도록 전환하려면 적자를 감수해야 하는데, 그게 문제가 아니라고요?"

나는 차분하게 대답했다.

"고객 한 사람을 확보하기에 충분한 비용을 지출할 수 없다는 점이 문제입니다. 이 문제를 바로잡는 방법은 세일즈 퍼널을 바로잡는 것입니다."

내가 멘토로 따르는 댄 케네디는 이렇게 말한 바 있다.

"궁극적으로 보면, 고객을 확보하는 데 비용을 가장 많이 지출하는 기업이 이긴다."

피트라이프가 수익을 내지 못하는 이유는 고객을 확보하기 위한 비용으로 충분히 많은 돈을 쓸 수 없기 때문이었다. 만일 피트라이프의 세일즈 퍼널을 제대로 고친 다음, 116달러를 써서 97달러짜리 제품을 파는 게 아니라 그보다 두세 배를 번다면 전체 판도는 완전히 바뀐다. 한층 더 많은 곳에서 한층 더 많은 방문자를 끌어들일 여유가 생기고, 경쟁자들을 멀찌감치 따돌릴 수 있다. 지금보다 두세 배 많은 비용을 지출할 수 있지만 그럼에도 수익을 기하급수적으로 늘려나갈 수 있다.

그렇다면 우리는 피트라이프에 어떤 변화를 주었을까? 적자로 일관하던 피트라이프의 세일즈 퍼널을 어떻게 바꾸었기에 경쟁자들보다 더 많은 돈을 쓰면서 더 많은 트래픽과 고객, 더 높은 매출액을 달성하게 할 수 있었을까?

바로 이것이 이 책에서 다루는 내용이다.

이 책은 내가 드루의 팀을 이끌고 갔던 것과 비슷한 길로 당신을 이끌 것이다. 이 여정은 당신의 회사가 현재와 동일한 규모의 방문자만으로도 두세 배 더 돈을 벌 수 있는 제품과 서비스를 만드는 데 도움을 줄 것이다. 이 책에서 제시하는 단계들을 하나씩 차례대로 밟아나가다 보면 당신은 어느새 신세계를 맞이해서, 훨씬 더 많은 새로운 고객을 확보하는 데 훨씬 더 많은 돈을 쓸 수 있게 될 것이다. 이 책은 또한 온라인 기업이나 사업가가 고객과 의사소통하는 방식을 바꿀 때 어떤 일이 일어날지 보여줄 것이다. 당신이 고객에게 더 많은 가치를 제공할 때 고객은 어떻게 해서 당신이 놓은 사다리를 타고 위로 계속 올라가 충성스러운 고객이 되는지, 그리고 어떻게 더 많은 돈이 당신이 제안하는 상품에 쓰이게 되는지 이 책이 생생하게 보여줄 것이다.

'닷컴의 비밀들' 배후에 놓여 있는 본질적인 개념들을 살펴본 다음에는 세일즈 퍼널의 여러 단계를 깊이 파고들며 각각의 단계에서 당신에게 필요한 여러 요소를 살펴볼 것이다.

맨 마지막에는 내가 컨설팅 의뢰를 받을 때 모든 회사를 대상으로 구사하는 열 가지 핵심 세일즈 퍼널을 알려줄 것이다. 아울러 그 퍼널들의 각 단계에서 사람들을 전환시킬 때 내가 동원하는 모든 세일즈 스크립트('대본의 구성 프레임워크' 혹은 '대본의 구체적인 원고나 문구'라는 뜻으로 사용한다. 이 책에서는 이 둘을 아울러서 '스크립트'로 번역하니, 상황에 따라서 '문구', '홍보 문구', '대본의 구성', '대본 원고' 등으로 파악하면 된다 – 옮긴이)도 알려주겠다. 검증이 끝난 이 퍼널들과 스크립트들은 그대로 사용할 수도 있고, 회사의 특수한 상황이나 조건에 맞게 수정해서 사용할 수도 있다.

자, 이 모든 비밀을 깨우치고 나면 어떻게 될까? 당신의 회사와 웹사이트는 평범하고 2차원적이던 모습에서 3차원적인 판매 및 마케팅 기계로 바뀔 것이다. 새로운 고객을 거의 무제한으로 맞아들일 것이고, 꾸준히 더 많은 돈을 벌어들일 것이며, 가장 중요하게도 더 많은 사람을 도울 수 있을 것이다.

서문

나는 정크메일 중독자였다. 중독이 시작된 건 열두 살 때였다. 정크메일과 직접 반응 마케팅에 집착하게 된 그날 밤을 똑똑히 기억한다. 아버지는 어떤 일을 하면서 밤늦게까지 텔레비전을 보고 있었다. 평소 같으면 일찍 들어가 자라고 했을 텐데 아버지는 그날만큼은 어쩐 일인지 당신 옆에서 늦은 시각까지 텔레비전 보는 걸 허락했다. 나는 무척 들떴다. 텔레비전에서 흘러나오는 뉴스가 흥미진진해서 그랬던 게 아니라 평소보다 더 많은 시간을 아버지와 함께 보낼 수 있었기 때문이다.

그러다가 뉴스가 끝났다. 나는 아버지가 자러 가라고 말하기를 기다렸다. 그런데 무슨 까닭에선지 아버지는 그러지 않았고, 나는 다음 프로그램을 이어서 보았다. 그때 나온 건 심야 해설식 광고^{infomercial}(광고처럼 보이지 않도록 길게 정보를 제공하는 방식의 텔레비전 광고 - 옮긴이)였다. 돈 라프레^{Don Lapre}라는 사람이 출연해서 '신문의 짧은 안내 광고'로 돈을 버는 방법을 설명했다. 그가 어떻게 해서 나의 관심을 온통 사로잡았는지는 지금 생각해도 분명하지 않다. 게다가 아직 어렸을 때라 돈을 빠르게 버는 것이 '가능하지 않다'는 사실조차도 온전하게 이해하지 못했다. 내가 그 광고에 그렇게 매료되었던 이유는 라프레가 워낙 카리스마 넘치는 인물이었기 때문인 것 같다. 이유가 무엇이었든 간에, 그가 말을 시작하자 나는 곧바로 낚여버렸다.

이 광고에서 라프레는 자기가 첫 번째 사업을 어떻게 시작했는지 이야기했다. 먼저 제품 아이디어를 어떻게 떠올리게 되었는지 설명했고, 다음에는 그 새로운 제품을 팔려고 지역 신문에 짧은 광고를 실었던 일을 이야기했다. 광고가 나간 첫 주에 그는 광고비를 빼고도 약 30달러의 수익을 남겼다. 사람들 대부분은 그 돈을 커다란 성공이라고 여기지 않았다. 그러나 라프레는 달랐다. 그는 똑같은 광고를 다른 신문에 내면 역시 비슷한 액수를 벌 수 있고, 여러 신문에 내면 역시 또 돈을 벌 수 있음을 알았다.

그렇게 해서 라프레는 그 광고를 수많은 신문에 냈고, 한 달 만에 무려 수만 달러를 벌었다!

나로서는 미처 알지 못했지만 그때 돈 라프레는 어떤 사업에도 적용할 수 있는 직접 반응 마케팅의 기본적인 내용을 나에게 (그리고 시청했던 모든 사람에게) 가르쳤던 것이다.

당신도 짐작했겠지만 텔레비전 앞의 열두 살 아이는 눈이 휘둥그레졌고 심장은 마구 뛰기 시작했다. 지금도 생생하게 기억하는데 그날 나는 얼마나 흥분했던지 밤에 잠도 제대로 자지 못했다. 그날뿐 아니라 그 주내내 그랬던 것 같다. 내 머릿속은 오로지 돈 라프레의 시스템을 구입해서 나도 돈을 벌어야겠다는 생각으로 가득 찼다. 그래서 아버지에게 돈 라프레의 시스템을 살 돈을 달라고 했다. 그러자 훌륭한 모든 아버지가 그렇듯이 아버지는 일을 하면 그 대가로 돈을 주겠다고 했다. 나는 잔디를 깎고 잡초를 뽑는 등 서너 주 동안 정말 힘들게 일했고 필요한 돈을 벌 수 있었다.

지금도 1-800으로 시작하는 주문 전화번호를 기억한다. 상품이 배달되어서 박스를 열 때 내 심장은 미친 듯이 쿵쾅거렸다. 나는 '신문의 짧은 안내 광고'를 통한 직접 반응 마케팅의 기본을 설명해주는 모든 내용을 하나도 빼놓지 않고 읽었다.

그날이 바로 지금까지 이어진 내 여정의 출발점이었다.

다음으로 나는 우리 집에서 구독하는 신문에서 실제로 그런 광고 방식으로 물건을 파는 사람이 있는지 찾아보기 시작했다. 놀랍게도 돈 라프레가 가르쳐주었던 바로 그 일을 생계 수단으로 삼는 사람들의 광고가 수백 개나 있는 게 아닌가!

어느 날 어머니와 함께 간 식품점에서 《소규모 사업 기회Small Business Opportunities》라는 잡지가 선반 위에 놓여 있는 걸 보았다. 잡지의 표지에는 돈을 버는 일과 관련된 문구가 적혀 있었다. 나도 모르게 손을 뻗어 잡지를 집어 들고는 책장을 넘기기 시작했다. 그런데 신문에서 보았던 것과 똑같은 유형의 광고가 거기에도 실려 있는 것 아닌가. 나는 어머니를 졸라서 그 잡지를 샀고 집에 돌아와서는 눈에 보이는 모든 번호로 전화를 해서 해당 광고를 통해 무료로 제공한다는 '정보 키트info kit'들을 신청했다.

서너 주가 지난 뒤부터 나는 '정크메일'을 받기 시작했다. (내가 정크메일을 작은따옴표로 묶은 것은 정크메일을 공부한 덕분에 수백만 달러나 되는 돈을 벌었기 때문이다.) 정크메일이 얼마나 많이 왔던지 우리 집 우편함에 다 들어갈 수 없을 정도였다. 중학교 때는 수업을 마치고 집에 돌아오면 내 앞으로 온 우편물이 부엌 조리대에 수북하게 쌓여 있곤 했다. 나는 그 우편물을 모두 내 방으로 가지고 가서 한 자도 빼놓지 않고 꼼꼼하게 읽었다. 당시에는 몰랐던 사실이지만 그때 나는 시대를 통틀어 최고로 손꼽히는 직접 반응 마케팅 담당자들의 롱폼long-form(장문 형태의) 세일즈레터를 읽은 것이었다. 그러면서 그 사람들이 무슨 일을 하고 있으며 또 그 일을 어떻게 해야 하는지 깨달았다. 그렇게 나는 이 일에 완전히 매료되고 말았다.

그 사람들이 무엇을 팔든 간에 판매 과정은 동일했다. 그들은 작은 광고를 내고 사람들에게 자기 회사의 상품을 알고 싶으면 연락하라고 했다. 누군가 연락을 하면 그 사람들은 무료 보고서로 위장한 세일즈레터를 보내서 저렴한 가격의 정보 제품을 팔았다. 내가 그 제품을 구매했을 때 그들은 나에게 자기의 '시스템'을 보내주곤 했는데, 여기에는 고가의 제품을 홍보하는 세일즈레터도 함께 따라붙었다.

도표 0-1　오프라인 세일즈 퍼널들은 예측 가능한 일련의 단계를 통해서 유망한 제품들을 잠재고객에게 보내주었다.

이것이 내가 세일즈 퍼널에 처음 노출되는 경험이었다. 그때는 몰랐지만, 내가 오프라인에서 수도 없이 보았던 이 과정은 나중에 내가 온라인으로 수백 개 회사를 성장시키는 컨설팅을 할 때 사용한 바로 그 시스템이 된다.

자, 어떤 퍼널들은 이것보다 훨씬 발전된 형태이기는 하다. 하지만 이 오프라인 퍼널들의 흐름을 나타낸 그림을 잘 살펴본 다음 이 책에서 앞으로 보게 될 온라인 퍼널들과 얼마나 비슷한지 눈여겨보라.

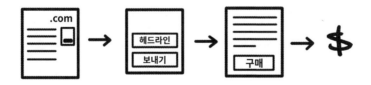

도표 0-2　오늘날의 온라인 세일즈 퍼널들은 내가 어린 시절에 공부했던 직접 반응 세일즈 퍼널과 판박이처럼 똑같다.

돌이켜보면 내 또래 아이들이 대부분 야구 카드를 모으는 동안에 나는 정크메일을 공부하고 세일즈 퍼널을 공부하고 있었다는 사실이 재밌다. 나중에 대학교에 진학해서 집을 떠날 때 어머니는 내가 모았던 수많은 정크메일을 모두 버리라고 해서 어쩔 수 없이 그래야 했지만, 나는 내가 받았던 최고의 마케팅과 판매 교육이 무엇이었는지 보여주는 사진 한 장은 남길 수 있었다.

안타까운 현실은, 열두 살 시절의 내가 신문의 3행 광고와 광고용 우편물direct mail, DM을 통해서 물건을 팔 상황이 아니었다는 것이다. 그러나 개념만큼은 분명하게 이해했다. 그리고 그로부터 10년이

도표 0-3 나는 직접 반응 마케팅을 열렬하게 사랑했고, 그 덕분에 정크메일을 엄청나게 많이 모았다.

지난 대학교 2학년 때 나는 직접 반응 마케팅을 재발견했고 인터넷에서 활용하는 방법을 알게 되었다.

나의 첫 번째 온라인 마케팅 사업 설계

대학교 2학년 때의 어느 날 늦은 밤이었다. 나는 침대에 누워 있었고, 너무 힘들고 지쳐서 그저 멍하게 텔레비전만 보고 있었다. 채널을 이리저리 돌리던 중에 광고 하나가 내 눈을 사로잡았다. 그 광고는 사람들이 '온라인에서 웹사이트를 통해 어떻게 돈을 버는지' 설명하고 있었다. 그 순간 나는 좀 더 많은 공부가 필요하다는 걸 깨달았다. 나는 광고에 나오는 번호로 전화를 걸어서 지역 행사 입장권을 샀고, 바로 다음 날 밤에 그 지역에 있던 홀리데이호텔에서 열리는 세미나에 참석했다. 조촐하게 열

렸던 그 세미나는 온라인 비즈니스와 직접 반응 마케팅을 향한 내 관심과 열정에 불을 댕겼다. 그 자리에서 발언자들이 한 말을 나는 지금도 생생하게 기억한다. 사람들은 인터넷으로 돈을 버는 방법을 놓고 이야기를 했는데, 그 방법이라는 것이 놀랍게도 내가 어린 시절에 배웠던 것과 똑같았다. 다른 점이 몇 가지 있긴 했다. 종이 우편을 사용하지 않고 이메일을 사용한다는 것, 잡지를 사용하지 않고 블로그를 사용한다는 것, 라디오를 사용하지 않고 팟캐스트를 사용한다는 것이 달랐다. 너무도 매력적이었고, 나는 곧바로 낚이고 말았다.

도표 0-4 블로그와 팟캐스트와 온라인 영상은 과거의 오프라인 매체를 새롭게 대신하는 것들일 뿐이다.

나는 다른 사람들이 운영하는 웹사이트를 살피면서 그런 사업들이 어떻게 돈을 버는지 공부했다. 그리고 본 것들을 정형화(모델링) 하기로 했다. 그 사람들에게 통하는 모델이라면 나에게도 통할 것이고, 그러면 나도 돈을 벌 수 있을 것이었다. 그런 생각으로 다른 사람들이 온라인에서 판매하는 것과 비슷한 제품과 서비스를 마련했다. 내 웹사이트들은 다른 웹사이트들과 비슷했고 카피 문구들 역시 비슷했다. 그런데 어떤 이유에서인지 들인 노력에 비해서 소득은 변변찮았다. 다른 사람들은 모두 잘 버는데 나만 왜 이런 걸까. 나는 좌절의 늪에서 허우적거렸다.

도대체 뭐가 잘못되었을까?

꼬박 2년이라는 세월 동안 연구하고 조사하고 또 성공한 인터넷 판매자들을 만나서 이야기를 듣고 나서야 비로소 깨달았다. 온라인에서 보이는 것이 전부가 아니라는 사실을. 돈을 잘 버는 사람들은 언뜻 봐서는 잘 보이지 않는 여러 단계와 과정을 통해서 돈을 벌고 있었던 것이다.

나는 그 사람들이 하는 사업 가운데서 지극히 작은 한 부분만 보고 모델링했을 뿐이다. 그러나 돈을 버는 이 마법에는 보통 사람의 눈에 보이지 않는 부분이 따로 있었다. 1만 달러짜리 웹사이트와 1000만 달러짜리 기업 사이에는 명확한 차이가 있으며, 그 차이는 구매자가 최초의 세일즈 퍼널에 발을 들여놓은 다음에 진행되는 일에 달려 있다는 걸 깨달았다.

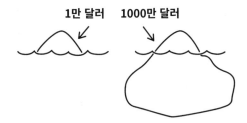

도표 0-5 나는 바깥으로 드러나서 눈으로 볼 수 있는 것만 모델링했지만, 실제로 돈을 버는 과정은 내 눈에 보이지 않던 과정을 통해서 진행되었다.

이 비밀들을 발견하고 또 통달하기까지는 여러 해가 걸렸다. 그러나 그렇게 하고 나자 내 회사의 매출은 한 달에 수백 달러에서 1년에 수백만 달러로 늘어났다.

이 책을 쓰기로 마음먹은 것은 나처럼 온라인에서 성공하려고 애를 쓰지만 성공하지 못하는 사람들이 많다는 걸 알기 때문이다. 다른 사람의 방식을 참고할 때 겉으로 드러난 것만 모델링하는 바람에 형편없는 결과를 받아들고 좌절하는 사람들이 많다. 이 책은 수천 개에 이르는 회사들과 성공한 세일즈 퍼널들을 분석하면서 10년을 보낸 끝에 얻은 결과물이다. 나는 수백 개의 세일즈 퍼널을 직접 만들었으며, 내 강연이나 강좌를 듣는 수만 명의 청중 및 고객과 함께 온라인과 오프라인의 모든 시장에서 효과를 발휘할 수 있는, 모든 사람이 꿈꾸는 세일즈 퍼널을 만들었다.

성공이라는 꿈은 생각보다 훨씬 더 가까이 있음을 독자들이 깨닫길 바란다. 고객에게 커다란 가치를 제공하고, 잠재고객과 효과적으로 소통하고, 매우 전략적인 방식으로 판매 과정들과 퍼널들을 만듦으로써 당신도 제품이나 서비스 또는 메시지를 세상에 알릴 수 있음을 곧 깨닫게 될 것이다. 또한 이 과정에서 당신은 자신이 보여주는 가치에 걸맞은 보상을 받을 수 있을 것이다.

이 책의 세 가지 차별점

당신이 이 책을 구입했다는 것은 나를 신뢰하고 선생으로 믿기로 했다는 뜻이다. 당신은 아마 지금도 바쁜 삶을 이어가고 있을 것이다. 그 점을 나는 충분히 이해하고 존중한다. 내가 당신의 시간을 헛되이 낭비하지 않을 것이라고 믿는 건 중요하다. 사업의 성공을 위한 교육이라는 점에서 여러 다른 선택지가 있음에도 소중한 시간을 나와 함께 하기로 한 당신의 결정을 나는 고맙게 여기고 영광으로 받아들인다.

이 책은 당신이 지금까지 읽었던 경제경영 서적들과 다르다. 어떻게 다른지 하나씩 살펴보자.

1. 아무리 시간이 흘러도 유용한 방법들만 소개할 것이다.

아마도 당신은 온라인으로 회사를 성장시키는 방법을 배우려고 노력해보았을 것이다. 그 방법을 가르쳐준다는 책을 사거나 강의를 들었을 것이다. 문제는 그런 것들이 처음에는 잘 통했을지 몰라도 당신이 그 책이나 강의를 접할 때쯤에는 이미 구닥다리가 된다는 것이다. 어쩌면 그 책의 원고가 출판사에 넘어가는 시점에 이미 구닥다리가 되었을 수도 있다. 구글이 알고리즘을 바꾸거나 페이스북이 새로운 인터페이스를 도입하는 순간, 그때까지 잘 통하던 많은 전술이 갑자기 아무짝에도 쓸모가 없어진다.

그러나 이 책은 당신의 온라인 매출이 계속해서 기하급수적으로 늘어나는 판매 및 세일즈 퍼널을 만들 수 있도록 돕는다. 이 책은 아무리 세월이 흘러도 변함없이 유용할 안내서다. 장담컨대 10년 뒤에도 지금처럼 여전히 유용할 것이다. 기술이 아무리 바뀌어도 늘 똑같이 유지될 전략과 개념에 초점을 맞추었기 때문이다.

2. 직접 실행해본 전략들만 가르쳐주겠다.

인터넷 마케팅을 가르치는 사람은 수도 없이 많다. 이 사람들 가운데 대다수는 온라인에서 배운 인터넷 마케팅 전략을 다른 사람들에게 가르치면서 돈을 번다. 댄 케네디는 이들을 '삽을 파는 사람들'이라고 부르는데, 미국의 황금광 시대에 돈을 가장 많이 번 사람들은 황금을 캐던 사람들이 아니라 삽을 팔던 사람들이었기 때문이다. 현대판 '삽을 파는 사람들'은 자기는 실제로 어떤 전략도 실행해보지 않고서 그저 당신에게 인터넷 마케팅 전략을 팔기만 할 뿐이다.

이런 사람들과 나의 차이는 나는 가르칠 뿐 아니라 실제로 직접 실행한다는 데 있다. 그렇다. 나는 이 책에서 공개할 비밀들 하나하나를 모두 직접 사용하고 있다. 이 비밀들을 물리적 제품부터 서비스나 지도, 소프트웨어에 이르기까지 수십 가지의 다양한 시장에서 이용해보았고 지금도 그렇게 하고 있다. 수백 개의 회사와 연결되어 그들을 직접 도우면서, 당신이 상상할 수 있는 거의 모든 틈새시장 및 모든 산업 부문에서 그들의 수익성을 높여주고 있기도 하다.

대략 7~8년 전에 나는 운이 좋게도 직접 마케팅의 전설들인 댄 케네디와 빌 글레이저Bill Glazer와 함께 일했다. 두 사람은 전 세계의 기업가들을 상대로 컨설팅을 했는데, 나는 이 두 사람의 인터넷 마케팅 분야 메인 트레이너로 6년 가깝게 함께했다. 이런 경험은 결코 흔한 게 아니다. 그때 나는 수백 개에 이르는 오프라인 회사들을 상대로 일하면서, 지금 이 책에서 당신에게 일러주고자 하는 바로 그 개념들을 이들 회사의 마케팅 전략에 녹여내는 일을 했다. 그밖에도 토니 로빈스Tony Robbins의 '비즈니스 마스터리Business Mastery' 세미나에서 이 개념들을 가르치기도 했다.

지금까지의 경험에 비추어 볼 때 내가 일러주고자 하는 전략들은 당신이 상상할 수 있는 거의 모든 산업 부문에서 온라인과 오프라인 가릴 것 없이 잘 작동한다. 이 책 전반에 걸쳐 이런 다양한 사업 유형의 사례를 제시해서 각각의 전략이 어떤 시장에서 어떻게 작동하는지 직접 확인할 수 있도록 하겠다.

이 책은 4부로 나뉜다. 1부에서는 자기만의 첫 번째 세일즈 퍼널을 만들 때 반드시 이해해야 하는 핵심적인 전략 및 개념을 소개한다. 이렇게 해서 온라인 판매의 비결을 이해하고 나면 2부로 넘어간다. 2부에서는 열 가지 주요 세일즈 퍼널을 만드는 방법이 제시된다. 이 퍼널은 우리가 실제 여러 회사에서 날마다 사용하는 것이다.

3부에서는 세일즈 퍼널 안에서 사람들을 이동시켜 당신의 상품을 구매하도록 유도하는 데 필요한 판매 스크립트들을 제시한다. 그리고 4부에서는 온라인 판매와 관련된 모든 기술을 실행하는 데 있어서 한층 더 쉬운 몇 가지 방법을 제시한다. 사람들은 늘 기술에 발목이 잡히곤 하는데 이 어려운 장애물을 훌쩍 뛰어넘는 데 이 책이 도움이 되길 바란다.

이 퍼널들은 작동하는 방식만 알고 나면 실행하는 건 쉽다. 당신이 사용하려는 퍼널을 골라서 설정만 하면 되기 때문이다. 그렇다고 1부를 꼼꼼하게 읽지 않고 2부로 건너뛰는 건 좋지 않다. 그랬다가는 퍼널과 판매 스크립트가 제대로 작동하게 해주는 핵심 전략들을 배우지 못하게 된다. 나는 당신이 이 모든 것을 온전하게 이해하기를 바라며, 그러려면 처음부터 끝까지 순서대로 읽어나가야 한다.

3. 직관적인 개념 이해와 기억을 돕는 손글씨 그림을 곁들였다.

이 책 전체에 걸쳐서 개념을 쉽게 설명하는 그림과 메모를 동원했다. 나는 전략이나 개념을 설명하면서 기본적인 도구로 그림을 사용하는데, 이미지를 보고 곧바로 개념을 떠올릴 수 있도록 하기 위해서다. 나중에 당신의 고객이 더 많은 구매를 하도록 유도하는 세일즈레터를 구성할 때나 '장바구니 퍼널'을 설정할 때 해당 손글씨 그림을 즉시 떠올릴 수 있을 것이다. 필요할 때 www.DotComSecrets.com/resources를 방문해서 원하는 것을 출력해도 좋다. 나는 직접 개발한 퍼널이나 스크립트와 관련된 그림을 모두 모아 필요할 때 곧바로 찾을 수 있도록 해둔다. 내가 가르친 몇몇 사람들은 배운 것을 쉽게 떠올릴 수 있도록 관련 도표나 이미지를 사무실 벽에 붙여두기도 한다.

한 번쯤은 이 책을 처음부터 끝까지 통독하기를 추천한다. 밖으로 드러나지 않은 빙산의 나머지 전모를 파악할 수 있을 것이다. 무엇보다 중요한 건 이 책에서 제시하는 개념들을 순서대로 이해해야 한다는 것이다. 그러니 먼저 이 책에서 다루는 모든 내용을 이해한 다음에, 당장 도움이 될 개별 장으로 돌아가서 다시 한번 꼼꼼하게 살펴보기 바란다.

당신이 즐거운 마음으로 이 책에 흠뻑 빠질 생각을 하니 흥분된다. 자, 시작해보자!

PART 1

공식 이해하기

강력한 시스템을 이루는 필수 요소들

퍼널이란 무엇인가

결혼한 지 얼마 안 됐을 때 얘기다. 보이즈주립대학교 레슬링부에는 결혼한 남자가 두 명 있었는데, 바로 네이트 플론이랑 나였다. 봄방학을 맞아 레슬링부 친구들은 자동차로 6시간을 달려서 라스베이거스로 떠났지만 네이트와 나는 집에 박혀 있었다. 그해 초 결혼한 아름다운 아내들이 직업 없는 남편들 대신 생계를 꾸리느라 직장에 다녔기 때문이다.

2학년이었던 나는 마케팅을 공부하며 온라인 상품 판매를 배우고 있었다. 하지만 그때 내가 시도했던 일들은 거의 모두 실패로 끝났다. 이베이에서 물건을 팔려고 애를 썼지만 이런저런 비용을 빼고 나면 남는 게 없었다. 오히려 늘 손해였다. 그래서 나는 광고 사이트 크레이그리스트Craigslist에서 드롭배송dropshipping(판매자가 재고의 부담을 지지 않고 물건을 판매하고, 물건의 생산자가 직접 소비자에게 배송하는 판매 시스템 - 옮긴이)과 판매를 시도했고, 나중에는 온라인에서 다른 사람의 제품을 판매하는 제휴판매업자가 되려고 노력했다. 그러나 돈이 된 건 하나도 없었다.

봄방학 사흘째, 네이트와 나는 서로의 얼굴을 바라보며 무료하게 시간을 보내고 있었다. 우리에게는 어떤 종류든 일이 필요했다. 아내가 퇴근하기를 기다리는 동안 즐겁게 할 수 있는 무언가가 필요했다. 그때 네이트가 바로 그 아이디어를 떠올렸다.

"이봐 러셀, 감자총 관심 없어?"

감자총 얘기는 들어본 적이 있지만 그걸 실제로 본 적은 없었다. 네이트는 PVC 파이프를 여러 개 붙여서 감자총을 만들 수 있다고 했다. 연결한 파이프가 바짝 마른 뒤에 감자를 파이프 안으로 우겨 넣고 헤어스프레이를 분사한 다음 거기에다 작은 불꽃을 일으키기만 하면 감자가 수백 미터나 날아간다고 했다! 그 말을 듣고 나니 직접 만들어서 사격해보고 싶었다. 그러지 않고는 도저히 참을 수 없을 정도로 흥분되었다.

그런데 딱 한 가지 문제가 있었다. 만드는 법을 모른다는 것이었다.

우리는 곧바로 감자총 만드는 방법을 가르쳐주는 웹사이트를 뒤졌다. 조사하는 동안 흥미로운 사실들을 무척 많이 알게 되었다. 예를 들자면 약실 대비 총열의 용량 비율이 정확하지 않으면 감자가 충분히 멀리 날아가지 않는다는 사실을 배웠다. 압축가스는 어떤 걸 사용해야 하는지, 총열(파이프)의 적정 압력은 어느 정도인지 등 중요한 세부사항도 여럿 알아냈다. 그뿐 아니라 이 모든 작업을 안전하게 하려면 어떻게 해야 하는지도 배웠다. (즉 어떤 종류의 파이프와 압축가스를 사용하면 폭발하는지, 또 어떨 때 폭발하지 않는지 배웠다.) 우리가 감자총에 대해 많은 것을 알아내기까지는 그리 많은 시간이 걸리지 않았다.

정보로 무장한 우리는 첫 번째 감자총을 만들 준비를 모두 마쳤다. 우리는 홈디포에 가서 파이프, 접착제, 바비큐 점화기 등 필요한 것들을 모두 산 다음 며칠 동안 감자총을 만들며 시간을 보냈다. 그리고 마침내 완성된 감자총을 들고 한적하고 안전한 장소를 찾아가서 사격을 시작했다. 지금 돌아보면 인생 최고의 순간 중 하나로 꼽을 만큼 신나는 시간이었다!

우리는 그 주가 가기 전에 감자총 몇 자루를 더 만들었다. 감자총과 관련해서 다른 여러 가지 계획을 세워보기도 하고 심지어 우리만의 독특한 감자총 디자인을 만들기까지 했다.

그다음 주 월요일에 새 학기가 시작되었다. 재무학 시간이었는데, 나는 강의를 들으며 야외에서 감자총을 쏘면 얼마나 재미있을까 하는 생각에 빠져 있었다. 그러다 문득 어떤 생각이 떠올랐다.

'여기 있는 사람들 중에 감자총 만드는 방법을 찾아본 사람이 또 있을까?'

매달 구글에서 얼마나 많은 검색이 이루어졌는지 알려주는 웹사이트가 있다. 나는 그런 웹사이트 중 하나에 들어가서 "감자총"이라는 단어를 검색했다. 그랬더니 그달만 해도 1만 8000명이 넘는 사람이 이 단어를 검색했다는 결과가 나왔다!

당시만 하더라도 감자총 제품을 파는 곳이 없었고, 유료 감자총 설계도를 파는 곳도 없었으며, 감자총에 대한 세부적인 사항을 가르쳐주는 전문가도 없었다. 무료로 정보를 주는 곳은 많았지만 상품을 파는 웹사이트는 한 곳도 없었다. 그 순간 '기회가 왔다!'는 생각이 머리를 스쳤다. 나는 감자총에 대해서라면 누구보다도 많은 걸 알고 있었으니, 그렇다면 그저 감자총 제품을 만들어서 팔기만 하면 되는 것 아닌가. 나는 곧바로 네이트에게 전화를 걸어 감자총 제작 영상을 만들자고 설득했다. 우리는 소형 비디오카메라 한 대를 빌린 다음에 홈디포에 가서 제품 제작 과정을 처음으로 영상에 담기 시작했다.

작은 문제도 생겼다. 촬영을 시작하자 직원이 다가와서 뭘 하는 건지 물었다. 우리는 감자총 제작 과정을 영상으로 기록하는 중이라고 답했다. 그러자 홈디포에서는 그 일로 빚어질 결과에 대해서 책임을 지고 싶지 않았던지 우리를 쫓아냈다. 그래서 우리는 다른 홈디포로 갔다. 이번에는 직원들 몰래 촬영했다. 카메라를 재킷 아래 숨겼다가, 직원이 보지 않을 때 얼른 꺼내서 감자총을 만들려면 어떤 재료들을 사야 하는지 알려주는 영상을 녹화했다.

집으로 돌아와서는 총을 만드는 과정을 찍었다. 우리는 제작의 각 단계를 설명했고, 우리가 발견한 약실 대비 총열의 용량 비율을 공개했으며, 우리가 즐겨 사용하는 압축가스가 무엇인지 알려주었고, 이 총을 안전하게 다루는 방법도 가르쳐주었다. 이렇게 우리는 감자총을 제작하는 전체 과정이 담긴 영상을 완성했다. 그런 다음에는 이 영상을 온라인에서 판매할 DVD로 만들었다.

지금도 생생히 기억하는데 우리의 제품을 온라인에서 팔겠다는 생각에 무척 흥분하고 신이 났다. 우리는 DVD를 여러 장 굽고 웹사이트 설정을 한 다음 '장바구니에 담기' 버튼을 추가했고 이것을 장바구니와 연결시켰다. 그러고는 구글로 가서 광고를 구매했다.

처음에는 쉬웠다. 정말이지 너무 쉬웠다. 구글에서 누군가가 '감자총'이나 '감자총 설계도'를 검색할 때마다 구글이 내 광고를 노출하고, 그 사

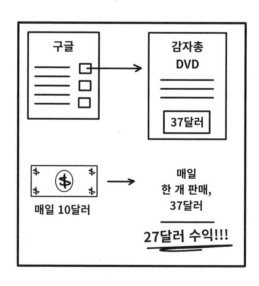

도표 0-6 하루 평균 10달러를 광고비로 쓰고 37달러짜리 DVD 하나를 팔았다. 그래서 날마다 27달러를 벌 수 있었다.

람이 내 광고를 한 번씩 클릭할 때마다 0.25달러를 구글에 지불하기로 했다. 따져보니 하루 평균 10달러 정도를 광고에 써서 DVD 1장 정도 팔 것이라는 예상이 나왔다! 간단히 계산해보니 감자총 웹사이트를 운영하는 것으로 하루 평균 27달러를 벌 수 있었다. (대학교 레슬링부 부원 두 사람으로서는 나쁘지 않은 수익이었다!)

그런데 예상하지 않았던 일이 일어났다. 당시에는 전혀 이해하지 못했지만 '구글의 뒤통수'를 처음으로 경험했다. 어느 날 아침에 일어나보니 내가 부담해야 하는 광고비가 클릭당 0.25달러에서 거의 3.00달러로 인상된 게 아닌가! 구글이 그야말로 하루아침에 약속을 바꾸어버린 것이다. 이런 일이 계속되면 며칠 안에 시장에서 쫓겨나겠다는 생각에 너무도 고통스러웠다. 주말 동안 손해 규모가 얼마나 될지 예상해보았다. 그랬더니 날마다 광고비로 50달러를 써서 37달러짜리 DVD 하나를 팔아 13달러씩 손해를 본다는 계산이 나왔다.

도표 0-7 구글이 우리의 뒤통수를 친 다음에는 매일 광고비로 50달러를 쓰고 37달러짜리 DVD 하나를 팔아서 결국 매일 13달러씩 손해를 본다는 계산이 나왔다.

실망이 컸다. 그날 아침 나는 인터넷 판매의 기회는 끝났다고 판단하고 구글 광고 구매를 중단했다. 인터넷은 이제 더는 나처럼 소규모 판매업자들을 위한 게 아니었다. 그 뒤로 자책감에 휩싸여 몇 주를 보냈다. 그러다가 어느 날 친구 마이크 필세임의 전화를 받았다. 그 친구도 나와 비슷한 사업을 하면서 온라인으로 정보 상품을 판매하고 있었다.

"구글한테 뒤통수 맞은 거는 좀 회복됐어?"

"아니, 광고 구매 중단했어. 지금은 뭘 해야 할지 모르겠네."

그러자 그 친구가 미소 짓는 소리(!)가 들렸다.

"이봐, 우리가 알아냈어. 네가 광고로 어떻게 수익을 낼 수 있는지 방법을 알아냈다고!"

"뭐라고? 어떻게?"

"맥도날드가 드라이브스루를 광고하는 데 얼마 쓰는지 알아? 1.91달러야. 햄버거 하나를 2.09달러에 팔면 0.18달러밖에 남지 않는다는 뜻이지."

"몰랐어. 그런데 그게 내 웹사이트랑 무슨 상관이야?"

"잘 들어봐, 손님이 햄버거를 주문한 다음에 판매원이 다음과 같은 마법의 질문을 하는 거야. '햄버거와 함께 드실 감자튀김과 콜라도 사시겠습니까?'라고 말이야. 이 상향판매액은 1.77달러야. 그러면 맥도날드는 상향 판매로 고객당 1.32달러의 수익을 남기는 거야! 1.32달러면 최초 판매에서 남는 수익의 여덟 배나 되잖아!"

그 친구는 무척 흥분해서 말했지만 나는 그게 나와 무슨 상관이 있는지 금방 깨닫지 못했다. 그러자 그는 자기도 구글한테 뒤통수를 맞아봤는데 맥도날드처럼 고객에게 상향구매를 유도하는 식으로 전략을 짰다고 말했다. 구글에게 지불해야 하는 광고비가 올랐지만 매출을 여덟 배로 올릴 수만 있으면 광고를 계속 사도 수익성을 한층 더 높일 수 있다는 것이었다.

그 친구는 자기 사이트 몇 개를 보여주었다. 이 사이트들은 내가 한 번도 본 적이 없는 방식으로 설정되어 있었다. 어떤 고객이 방문해서 자기가 파는 제품을 구매하고 나면, 그다음 페이지에 상향구매를 유도하는 특별한 제안인 '단 한 번의 제안one-time offer, OTO'을 해서 고객이 주문을 추가할 수 있게 만든 것이다.

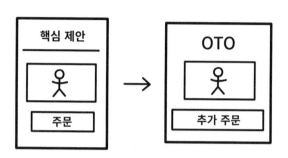

도표 0-8 핵심 제안 뒤에 OTO를 추가함으로써 고객의 총구매액을 늘릴 수 있고, 그러면 광고를 계속 사고도 수익성을 유지할 수 있다.

그는 이 제안을 본 사람은 세 명 가운데 한 명꼴로 상향구매를 하며, 상향구매가 일어날 때마다 훨씬 더 많은 돈을 벌기 때문에 광고를 계속 사고도 수익성을 유지할 수 있다고 설명했다.

그 말을 듣는 순간 나는 그 모든 과정이 선명하게 이해됐다.

"근데 잠깐… 나는 뭘 상향판매 상품으로 내놓지? 나한테는 감자총 DVD밖에 없단 말이야."

그렇게 말하고 잠깐 생각한 뒤에 나는 이렇게 덧붙였다.

"그런데 내 고객들이 가장 불만스러워 하는 게 파이프며 바비큐 점화기 같은, 감자총을 제작하는 데 들어가는 물품을 따로 사러 가야 한다는 거야."

그러자 그 친구가 환호성을 질렀다.

"그거야! 완벽해. 네 고객이 DVD를 사면 감자총을 만드는 데 필요한 모든 것을 담은 키트를 배송해줄 테니 구입하라는 특별 제안을 하는 거야."

전화를 끊은 뒤에 나는 인터넷을 뒤져서 감자총 제작 키트를 파는 사람이 있는지 찾아보았다. 그런 사람이 있었다. 아이다호주 북쪽에 사는 사람이 이 키트를 만들고 있었다. 나는 그 사람과 계약을 맺고 내가 고객에게 온라인으로 키트를 팔면 그 사람이 키트를 고객에게 배송하기로 했다. 그런 다음, 판매 과정에 단순한 상향구매 페이지를 추가하고 다시 광고를 샀다. 그리고 일어난 일은 내 인생을 송두리째 바꾸어버렸다.

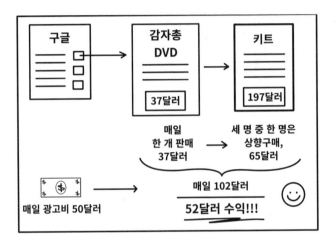

도표 0-9 감자총 키트를 OTO 상품으로 추가하자 고객의 평균 구매액은 37달러에서 102달러로 늘어났다. 덕분에 나는 하루 50달러의 광고비를 지출해도 손해 보지 않았고, 구글에게 뒤통수를 맞기 전보다 더 높은 수익을 올렸다.

구글은 하루 광고비로 50달러를 요구했지만, 내 고객 세 명 중 한 명이 197달러의 감자총 키트를 추가로 구매하기 시작했다! 이 말은 DVD 구매자 한 사람당 평균 65달러씩 추가로 구매한다는 뜻이었다! 그래서 이 제는 하루에 50달러를 광고비로 지출했지만, 한 번 구매 주문을 받을 때마다 평균 102달러의 매출을 올렸기 때문에 DVD 하나를 팔 때마다 52달러의 수익을 낼 수 있었다. 그래서 나는 구글한테 뒤통수를 맞기 전보다 더 많은 돈을 벌었다!

이 과정에서 나는 스스로 깨닫지 못한 채 생애 최초의 세일즈 퍼널을 만들었으며, 그럼으로써 두 가지 놀라운 일을 할 수 있었다.

- 고객에게 보다 나은 경험을 제공한다. 감자총 키트를 제공하겠다는 특별한 제안을 함으로써 나는 고객에게 이전보다 훨씬 더 나은 만족을 제공할 수 있었다.
- 고객 한 사람을 확보하기 위해 훨씬 더 많은 돈을 지출한다. 심지어 클릭당 3달러 혹은 그 이상의 광고비를 지출하더라도 나는 수익성을 유지할 수 있었다.

감자총 시장에서는 경쟁자가 없었다. 그렇지만 그때 나는 소중한 교훈을 얻었다. 댄 케네디는 그 교훈을 다음과 같이 잘 정리했다.

"궁극적으로는 고객 한 사람을 확보하는 데 가장 많은 비용을 쓸 수 있는 회사가 승리한다. 이 회사는 잠재고객의 가치를 경쟁사보다 높게 설정함으로써 경쟁에서 이긴다."

내 상품을 사는 나의 고객 한 사람 한 사람의 가치가 (경쟁자가 판단하는 고객의 가치보다) 상대적으로 더 높았기 때문에, 나는 그 고객들을 붙잡는 데 더 많은 돈을 쓸 수 있었다. 만약 나의 경쟁자가 그 시장에 함께 있었다면 어땠을까? 그 경쟁자는 광고비 상승으로 사업을 접었을 것이고, 나는 더 번창해서 모든 방문자를 독점할 수 있었을 것이다!

이 간단한 퍼널 하나가 내 사업을 하루아침에 완전히 바꾸어놓는 것을 지켜본 뒤에 나는 이 퍼널이야말로 어떤 회사에도 적용할 수 있으며 고객의 총구매액을 극적으로 늘릴 수 있음을 깨달았다. 그 뒤 나는 이 퍼널에 집착했고, 수십 개의 다른 산업 부문에서도 이 퍼널을 추가하기 시작했다. 나는 이 퍼널을 이용해서 다음과 같은 상품들을 팔았다.

- 속독 강좌
- 유아 신체언어 관련 도서
- 쿠폰 활용 강좌
- 데이트 강좌
- 식품 보조제
- 다이어트 강좌
- 네트워크 마케팅(소비자를 판매자로 삼아 구축한 그물망 조직을 활용해 상품을 판매하는 마케팅 방법 - 옮긴이)
- 애플리케이션
- 기타 등등

그 시기에 우리는 이 기본적인 퍼널 외에도 다른 여러 유형의 퍼널을 개발하겠다는 혁신의 노력을 그야말로 미친 듯이 했다. 수백 가지 아이디어를 테스트했고 다양한 상황에서 사용할 수 있는 수십 가지 퍼널을 발견했다. 2부에서는 내가 운영하거나 컨설팅하는 회사들에서 날마다 사용하는 열 가지 주요 퍼널을 따로 소개할 것이다. 이 퍼널들은 고객 확보, 고객 충성심 강화, 총구매액 증가 등 각기 목적이 다른데 이 퍼널들 각각을 활용하면 당신의 회사도 기하급수적인 성장을 할 수 있다.

나는 이 퍼널들을 직접 관여하는 회사들뿐 아니라 정보 회사부터 실제 제품을 판매하는 회사와 서비스 기반의 회사까지 당신이 상상할 수 있는 모든 범주에 속하는 여러 유형의 회사들과 공유하기 시작했다. 나에게 "우리 회사에도 퍼널이 필요합니까?"라고 묻는 사람을 자주 보는데, 이런 질문을 받을 때마다 나는 "당신의 회사가 잠재고객이나 매출을 필요로 한다면 늘 그렇지요"라고 대답한다. 잠재고객을 창출하고 싶은가? 그렇다면 거기에 맞는 퍼널들이 있다. 제품을 판매하고 싶은가? 거기에 맞는 퍼널들도 있다. 퍼널은 어떤 회사든 간에 성장시킨다. 문제는 당신이 처한 상황에 따라 어떤 퍼널이 가장 적절한지 아는 것이다. 사람들은 대부분 새로운 고객을 확보하기 위한 단 하나의 퍼널에서부터 시작하고, 그다음에는 새로운 잠재고객을 확보할 때마다 그들로부터 자동으로 돈을 벌어들이는 데 도움이 되는 다른 퍼널들을 추가로 만든다.

세일즈 퍼널이란 무엇인가

나 스스로 날마다 던지는 질문이 있다.

'세일즈 퍼널이란 무엇인가?'

그런데 이 질문에 단 한 문장으로 대답할 수 있는 명쾌한 해답을 아직도 찾지 못했다. 내가 찾은 답변 가운데 가장 크게 도움이 되는 것은 퍼널을 웹사이트와 나란히 두고 대조하는 것이다. 많은 사람은 이 둘이 같은 것이라고 생각하지만, 이 둘을 나란히 놓고 보면 퍼널이라는 개념이 왜 우월한지 금방 알 수 있다.

웹사이트가 처음 생겼을 때, 사람들은 웹사이트가 무엇인지 또 웹사이트를 어떻게 사용해야 하는지 제대로 알지 못했다. 전략이란 것은 거의 없었고, 기업에 웹사이트를 만들어서 파는 사람들은 그저 예쁘고 기업주가 흐뭇해할 만한 웹사이트를 만들었다. 기업주가 그걸 원했기 때문이다. 그래서 인터넷 초기 일이십 년 동안에는 대부분의 웹사이트가 아름답게 꾸며진 브로슈어처럼 보였다. 그 웹사이트들은 멋져 보였으며 해당 기업이 고객을 위해서 할 수 있는 모든 것으로 이어지는 링크를 갖추고 있었다.

문제는 이런 웹사이트 뒤에는 아무런 전략도, 프로세스도 없다는 것이었다. 이건 말하자면 어떤 판매회사가 영업사원을 고용해서 가게 앞에서 지나가는 사람들에게 브로슈어를 나눠주게 하는 것과 비슷했다. 이때 유

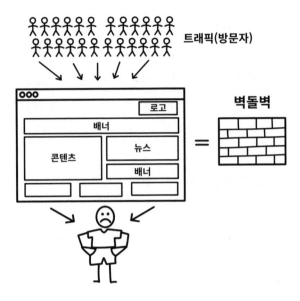

도표 0-10 전통적인 웹사이트는 자기 회사와 관련된 모든 것을 보여주는 브로슈어와 매우 비슷하다. 그러나 선택지가 그토록 많을 때 웹사이트 방문자들은 대개 무엇을 먼저 해야 할지 몰라 어려움을 겪는다.

일한 판매 전략이라고는 브로슈어를 받아든 사람이 이를 살펴본 다음 자기가 원하는 것을 발견하고 가던 걸음을 되돌려서 가게 안으로 들어오게 한다는 것이었다. 만일 내 회사 직원이 가게 앞에서 브로슈어를 나눠주면서 사람들이 자기 발로 찾아와서 물건을 살 때까지 기다리고 있다면, 나는 이 직원을 당장 해고할 것이다. 그런데 여전히 사람들 대부분은 웹사이트를 그런 식으로만 바라본다.

'마음이 혼란스러운 고객은 어김없이 구매를 거절한다.' 이것은 마케팅의 기본 규칙이다. 대부분의 웹사이트는 버튼이 너무 많고, 요구하는 행동도 너무 많으며, 수백 개의 다른 페이지로 이어지는 메뉴도 너무 많다. 이런 웹사이트가 잘하는 딱 한 가지가 있다면 바로 사람들을 혼란스럽게 만드는 것이다.

반면에 퍼널은 단순화를 목적으로 만들어졌다. 겉보기에는 웹사이트처럼 보일 수 있어도 각 웹페이지와 단계마다 **단 하나의** 실행만 선택할 수 있다. 누군가가 어떤 웹페이지를 본 뒤 이를 따라가는 것 뒤에는 전략이 놓여 있다. 말하자면 최고의 영업사원을 고용하고 매장 밖에 두고서 사람들이 걸어갈 때마다 이 직원이 다가가서 이름과 연락처를 묻게 하는 것이다. 이렇게 해서 원하는 정보를 얻고 나면 직원은 그 사람에게 무엇을 찾는지 묻는다. 그걸 알아내고 나면 직원은 그 사람을 가게로 데려가서, 그를 혼란스럽게 만드는 수십 가지 것들을 건너뛰고 곧바로 그가 원하는 것을 찾도록 돕는다. 또한 이 영업사원은 고객이 원하는 것을 정확하게 제공한 다음에, 구매 제품이나 서비스를 보완하는 다른 상품을 추가로 구매하도록 해서 고객에게 한층 더 높은 수준의 서비스를 제공한다. 영업사원이 이런 퍼널을 통해서 고객을 안내하면 두 가지 일이 일어난다.

- **고객은 한층 더 나은 사용자 경험을 한다.** 그들은 혼란스러운 감정에 사로잡히지 않으며 자기가 원하는 것을 정확하게 찾는다.
- **가게 주인은 더 많은 돈을 번다.** 가게 주인이 고객을 혼란스럽게 만들지 않기 때문에 고객은 자기에게 도움이 될 올바른 상품을 추가로 구매한다.

바로 이것이 퍼널 안에서 일어나는 과정이다. 나는 이름과 연락처 정보를 확보한다는 단 하나의 뚜렷한 목표가 있는 페이지로 방문자를 안내한다. 거기에서부터 상품에 관심이 있는 리드^{lead}, 즉 잠재고객들을 그들이 찾고 있는 제품이나 서비스를 판매하기 위한 과정으로 이끈다. 그리고 고객이 해당 구매를 마치면 상향판매 과정을 통해 그의 상품 주문을 고객 맞춤형으로 만들고, 또 나중에는 다른 퍼널들을 사용해서 그 고객을 내가 판매하는 다른 상품으로 유도한다.

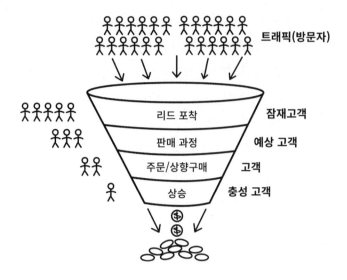

트래픽(방문자)

리드 포착 — 잠재고객

판매 과정 — 예상 고객

주문/상향구매 — 고객

상승 — 충성 고객

도표 0-11 세일즈 퍼널은 최고의 영업사원을 복제해서, 예상 고객이 자기가 원하는 목표에 도달할 때까지 그를 따라다니며 전체 판매 과정을 안내하게 하는 것과 비슷하다.

이 책에서 당신이 배울 각각의 퍼널 유형은 이 과정을 제각기 다른 방식으로 수행하는 것이지만, 과정 자체는 언제나 동일하다. 퍼널에서 각각의 페이지는 단순하며, 사람의 관심을 낚아채는 '후크hook'를 가지고 있고, 가치를 창조하는 '스토리story'를 들려주며, 또 퍼널의 다음 페이지로 그 사람을 이동시킬 '제안offer'을 한다.

비밀 공식

이제 당신은 퍼널 뒤에 놓여 있는 기본적인 사항들을 이해했을 것이다. 그렇다면 지금부터는 내가 '비밀의 공식'이라고 부르는 프레임워크에 대해 설명하겠다. 1부의 각 장에서 이 과정의 각 부분을 깊이 파고들 것인데, 그전에 여기에서 간략하게 소개하려고 한다. 전체 여정에서 지금 우리가 어디쯤 가고 있는지 쉽게 알 수 있도록 하기 위해서다. 비밀의 공식은 네 가지 간단한 질문을 던지는데, 이 질문들은 이 책에서 우리가 하게 될 모든 것들을 안내하는 지침이라고 봐도 좋다.

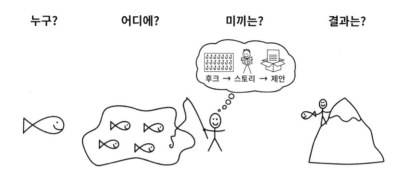

도표 0-12 만약 당신이 나에게 10만 달러를 주면서 컨설팅을 의뢰한다면, 다음과 같은 비밀의 공식 속 네 가지 질문에 대한 답을 찾는 과정을 함께할 수 있을 것이다.

질문-1 당신이 꿈에 그리는 고객은 '누구'인가?

만일 당신이 꿈에 그리는 고객(아침에 잠에서 깰 때마다 생각만 해도 일을 하고 싶은 마음에 힘이 불끈 솟는 그런 고객)이 있다면, 그런 고객은 어떤 유형일까? 고객의 유형을 더 구체적으로 특정하면 할수록 이런 고객을 찾는 일도 그만큼 더 쉬워질 것이다.

질문-2 그 고객은 '어디에' 모여 있는가?

그런 고객이 어떤 사람인지 알고 난 다음에 밟아야 할 단계는 그 고객이 '어디에' 숨어 있는지 알아내는 것이다. 이 사람들은 온라인상에서 주로 어디에서 시간을 보낼까? 그곳을 정확하게 특정할 수 있을 때 그들을 세일즈 퍼널로 유도하는 일은 한결 쉬워진다.

질문-3 그 고객의 관심을 사로잡기 위해서 당신이 사용할 수 있는 '미끼'는 무엇인가?

그 고객이 어디 있는지 안 다음에 할 일은 고객의 관심을 사로잡을 '미끼'를 던지는 일이다. 고객의 관심을 사로잡은 다음에는 그들과의 관계를 맺어나갈 '스토리'를 들려주고, 내가 제안하는 상품에 대해서 고객이 인지하는 가치를 높여야 한다. 그다음에는 고객이 나의 세상으로 들어와서 그것들을 구매하겠다는 실제 선택을 하게 만들 필요가 있다.

질문-4 그 고객을 위해 만들 수 있는 독특한 '결과'는 무엇인가?

고객이 나의 세상에 들어왔다면, 그래서 고객이 찾는 결과를 제공하려면 나는 무엇을 해야 할까? 고객이 당신에게 찾아온 것은 당신의 제품을 원해서가 아니라 특별한 결과를 원해서다. 그렇다면, 고객에게 한층 더 높은 수준의 서비스를 제공하고 그들의 삶을 진정으로 바꾸어놓을 결과를 주기 위해서 당신이 더 많은 가치를 제공하고자 한다면, 과연 어떤 과정을 거쳐야 할까?

이 네 가지 간단한 질문은 1부를 구성하는 기본적인 틀이다. 이 책에서 배우는 다른 모든 것들은 바로 이 네 가지 질문 구조의 어딘가에 딱 들어맞을 것이다. 이 네 가지 질문은 내가 개인적인 컨설팅 작업을 하면서 의뢰인에게 하는 질문과 똑같다. 나는 컨설팅을 의뢰하는 기업들이 이 공식을 비롯해 가치 사다리value ladder(고객이 점점 더 비싼 상품을 사려고 올라가는, 판매 과정상의 가상의 사다리 - 옮긴이)를 통해 사람들을 이동시키는 퍼널과 스크립트를 온전히 이해하도록 돕는 대가로 하루 10만 달러를 받는다. 그러니까 이만한 가치가 있는 내용을 바로 이 책을 통해 당신에게 제공하겠다는 말이다.

비록 당신은 그렇게 큰돈을 지불하지 않았지만 이 책에서 소개하는 공식과 모든 사례, 연습 문제를 10만 달러를 투자한 것처럼 열심히 배우고 익히기 바란다. 그렇게만 한다면 그만큼의 컨설팅 비용을 내고 나에게 개인적으로 컨설팅을 받은 것과 다름없을 것이고, 당신은 전보다 훨씬 더 많은 것을 얻을 것이다. 자, 지금부터 우리가 '비밀의 공식'이라고 부르는 과정을 자세하게 알아보자.

비밀 공식

'누구'   '어디에?'

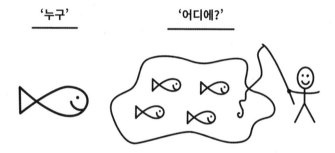

도표 1-1 우선 꿈에 그리던 고객이 '누구'인지 자기 스스로에게 물어라. 그런 다음 그 꿈의 고객이 어디에 모여 있는지 찾아 나서라.

월요일 오전 11시 27분이었다. 어쩐 일인지 아무리 침대에서 일어나려고 해도 일어날 수 없었다. 근육통이었다. 온몸의 근육이 아팠다. 도무지 이해할 수 없었지만 그랬다. 전날 운동을 했던 게 아니므로 운동을 많이 해서 아픈 건 아니었다. 마치 독감에라도 걸린 것처럼 온몸이 지독하게 아팠다. 내가 누군가에게 고용되어 있다면 얼마나 좋을까 하는 생각이 간절했다. 그러면 사장이 나를 해고할 것이고, 그러면 내가 침대에서 일어나서 맞닥뜨릴 그 지긋지긋한 악몽도 더는 없지 않겠느냐는 생각으로.

어쩌다가 내가 이런 상황으로까지 몰렸을까? 몇 년 전만 하더라도 나는 '공식적으로' 신생 기업을 창업한 기업가였다. 그동안 실수가 적은 편은 아니었지만 그래도 제법 성공한 기업가 축에 속했다. 내가 창업한 회사는 수익성이 좋았다. 우리는 고객에게 봉사하면서 성공 가도를 달렸다. 그런데 어떤 이유로 해서 비참한 신세가 되고 말았다.

지난날들을 돌이켜보면서 내가 도대체 어디에서부터 잘못했는지 알아내려고 애를 쓰고 또 썼다. 그런데 생각하면 할수록 내가 나의 제품으로 봉사하려고 했던 고객을 내가 진심으로 대하지 않았다는 사실이 또렷하게 떠올랐다. 왜 그랬을까? 나에게 문제가 있었던 걸까? 아니면 다른 데 문제가 있었을까?

몇 주 뒤에 나는 기업가 친구 한 명과 대화를 나누면서 이런 고민을 털어놓았다. 그러자 그 친구는 빙그레 웃으면서 이렇게 말했다.

"네가 고객을 진심으로 대하지 않았다면 그건 네 잘못이지 고객 잘못은 아니잖아. 너는 시장에 네가 내놓은 내용과 제안을 바탕으로 고객들을 끌어들였거든."

그리고 그 친구는 평생 잊을 수 없는 그 말로 뒤를 이었다.

"네가 미끼를 바꾼다면 그것은 네가 고객을 바꾼다는 뜻이야."

그 말을 듣는 순간, 처음 일을 시작할 때 내가 어떤 사람에게 봉사하고자 하는지 몰랐다는 사실을 통렬하게 깨달았다. 그저 제품 아이디어에만 빠져서 제품을 시장에 무작정 던져놓고는 그 제품에 매력을 느끼는 사람이 저절로 찾아오기만을 기다렸다. 그러나 안타깝게도 내가 시장에 던져놓은 그 제안을 받아들인 사람들은 내가 즐거운 마음으로 함께 걸어갈 수 있는 고객이 아니었다.

그때 나는 나의 모든 것을 송두리째 바꾸어놓을 강력한 질문 하나를 나 자신에게 던졌다.

"내가 진정으로 봉사하고자 하는 사람은 누구일까?"

사업을 한답시고 일을 벌이며 살아왔던 그날까지도 이 질문을 단 한 번도 머리에 떠올리지 않았었다. 나는 할 수만 있다면 모든 사람에게 내 제품을 팔려고 노력했었다. 나는 내가 누구를 위해 봉사하고 싶은지 전혀 생각하지 않았다. 그저 좋은 제품을 만들겠다는 마음만으로 거기에 모든 노력을 기울였다. 제품에 초점을 맞추는 것이 처음에는 똑똑한 접근법 같았다. 그러나 어쩐 일인지 나는 지치고 좌절했으며 또 공허했다. 만일 내가 꿈의 고객을 딱 꼬집어서 누구라고 말한다면, 과연 그들은 누구이며 어떻게 생겼고 또 내가 그들을 끌어당길 제안들은 무엇일까? 이것은 회사를 창업하거나 기존 회사를 비약적으로 성장시키려 할 때 가장 먼저 자기 자신에게 던져야 할 질문이기도 하다.

질문-1 당신이 꿈에 그리는 고객은 '누구'인가?

자기 자신에게 물어야 할 첫 번째 질문은 '내가 진정으로 함께하고 싶은 사람은 누구인가?'이다. 대부분의 사람들은 제품 아이디어에서 시작하며, 자기가 누구를 고객으로 삼고 싶은지는 생각하지 않는다. 그러나 사업하는 사람이 날마다 소통해야 할 대상은 바로 고객이다. 사업하는 사람은 때로 가족이나 친구보다도 고객과 더 많은 시간을 보낸다.

당신은 자기에게 중요한 사람을 신중하게 선택한다. 그렇지 않은가? 그런데 당신이 꿈에 그리는 고객을 누구로 정할지 결정할 때는 왜 그만큼의 시간과 관심을 들이지 않는가? 이제 막 사업을 시작했다면 이런 게 그다지 중요하지 않게 보일 수 있다. 그러나 장담하건대 만일 당신이 꿈의 고객을 의식적으로 선택하지 않는다면, 언젠가는 당신도 내가 그랬던 것처럼 고통스러운 각성의 시간을 경험할 것이다. 그래서 일에 지치고 진이 빠진 나머지 제발 누가 자기를 해고해주길 바라면서 악몽에서 허우적거릴 것이다.

내가 첫 번째 소프트웨어 회사를 창업해서 성공했을 때였다. 많은 사람이 온라인에서 거둔 나의 성공에 주목해서 내가 어떻게 회사를 시작했는지 물었다. 그때 나는 시장에 넘쳐나는 수요를 보았기 때문에, 온라인에서 다른 사람들에게 자기 사업을 시작하는 방법을 알려주는 것도 재미

있을 것 같았다.

실제로 재미있었을 뿐 아니라 우리는 돈도 많이 벌었다. 창업을 원하는 사람들이 많았고, 그 사람들을 가르치는 게 돈이 되었기 때문이다. 물론 단점도 있었다. 그 사람들 대부분이 돈이 없었던 (그래서 내가 팔고 싶었던 비싼 상품에 투자할 수 없었던) 것이다. 사업 경험이 전혀 없는 사람들이 대다수였다. 그래서 나는 기초적인 사항들에 많은 시간을 투자해야 했고, 그건 나로서는 미칠 만큼 힘든 일이었다. (아침에 침대에서 일어나기 싫어서 누가 나를 제발 좀 해고해주면 좋겠다고 생각했던 여러 이유 가운데 하나가 바로 그것이었다.) 나는 엄청나게 가치가 큰 것을 가지고 있었다. 사람들에게 내가 여러 회사를 성장시킨 방법과 잠재고객을 충성스러운 고객으로 전환하는 방법, 여러 퍼널을 구조화하는 방법을 **가르쳐주고 싶었다.** 그러나 내 시간의 99퍼센트는 도메인을 사들이고 호스팅을 설정하는 기초적인 방법을 가르치는 일에 소비되고 있었다.

나는 이 고객들에게 봉사하면서 여러 해를 보냈는데, 그 일이 나를 비참하게 만들었다. 우선 나의 가족이 고통을 받았다. 돈을 아무리 많이 벌어도 나는 행복하지 않았다. 결국 그렇게 여러 해를 보낸 뒤에야 비로소 나는 '누구'라는 질문을 새삼스럽게 떠올렸다. 다음과 같은 매우 중요한 질문들을 간과했음을 그제야 깨달은 것이다.

- 내가 꿈에 그리는 고객은 누구일까? 이 고객은 어떤 사람일까?
- 그들은 어떤 것에 열정을 가지고 있을까?
- 그들의 목표와 꿈과 소망은 무엇일까?
- 어떤 제안을 해야 이런 고객만 끌어들일 수 있을까?

'누구'와 관련된 이 질문을 놓고 나는 거의 한 주 동안 씨름했다. 그리고 마침내 고객 아바타 유형 두 개를 일단 만들었다. 하나는 내가 함께 일하고 싶은 남자를 대표하는 아바타고, 다른 하나는 내가 함께 일하고 싶은 여자를 대표하는 아바타였다.

여자 아바타에게는 줄리라는 이름을 붙였다. 그런 다음 줄리에 대해서 내가 아는 것들을 하나씩 적어나갔다. 줄리는 성공했으며 추진력이 있다. 다른 사람과 공유하고 싶은 메시지를 가지고 있다. 돈보다는 개인적인 성장을 소중하게 여긴다. 이미 사업을 시작했으며 어느 정도 성공을 거두었지만 회사를 한층 더 성장시킬 방법을 배우고 싶어 한다.

남자 아바타에게는 마이크라는 이름을 붙였다. 그에 대해서도 내가 아는 것들을 하나씩 적어나갔다. 마이크는 예전에 운동선수였다. 그는 어떤 시점에 다른 사람의 인생을 비록 작지만 의미 있게 바꾸어놓는 데 도움을 주었고, 이제는 보다 더 많은 사람의 인생을 긍정적으로 바꾸어놓는 방법을 배우고 싶어 한다. 돈보다는 성장을 소중하게 여기며, 이미 자기 회사를 가지고 있지만 한층 더 강력한 영향력을 가지길 원하고, 또 자기 회사를 성장시킬 방법을 배우고 싶어 한다.

그런 다음에는 '줄리'라는 이름과 내가 설정한 특성을 검색어로 해서 구글 이미지 검색을 했다. 그리고 내가 마음속으로 생각하던 여자와 꼭 닮은 사진을 하나 발견했다. '마이크'와 꼭 닮은 사진도 찾았다. 나는 이 두 아바타의 사진을 출력해서 벽에 붙여두었다.

그때만 하더라도 나의 이런 행동은 내가 봐도 우스꽝스러웠다. 그러나 그건 결코 우스꽝스러운 게 아니었다. 그 이유를 나는 바로 한 달 전에 있었던 일로도 설명할 수 있다. 그때 나는 컨설팅하고 있는 회사들의 대표 100명을 아이다호 보이즈에 있는 내 사무실에 초대해서 개인적인 행사를 열었다. 이 모임의 참석자는 5만 달러를 회비로 지불했고, 이들은 모두 연간 최소 100만 달러 매출의 사업을 하고 있었으며, 또한 하나같이 모두 나의 꿈의 고객들이었다. 모임 중에 나는 자리에서 일어나 여기에 모인 사람들 가운데 한 사람을 묘사하는 글을 써보았다고 말했다. 나는 그 사람이 누구일지 맞혀보라고 한 다음에 마이크와 줄리의 특징을 큰 소리로 하나씩 읽었다. 자기가 그 특징에 해당된다고 생각하는 사람은 손을 들어보라고 했더니, 참석자 대부분이 손을 들었다. 그 자리에 모인 나의 고객들이 대부분 줄리와 마이크였던 것이다.

그제야 나는 그 사람들에게 털어놓았다. 사실은 6년 전에 내가 꿈꾸던 고객 아바타의 특성을 구체적으로 적은 다음 이 사람을 나의 고객으로 끌어당길 제안과 콘텐츠 제작에 초점을 맞추어왔다고. 그로부터 6년 뒤에 내가 주의를 끌려고 했던 고객 100명과 한자리에 앉아 있다고….

물론 우스꽝스러운 행동처럼 보일 수 있지만, 어쨌거나 자기가 꿈에 그리는 고객을 구체적으로 특정하는 작업은 매우 중요하다. 이 작업은 당신의 사업과 회사를 바꾸어놓을 것이며 (이 책을 읽는 사람 대부분에게 해당되는 말이겠지만) 당신의 인생을 바꾸어놓을 것이다. 어떤 고객을 위해서 일하고 싶은지 시간을 내서 곰곰이 생각해보라. 그 사람들의 특징을 하나하나 적은 다음에 이 특징들을 보여줄 실제 이미지를 찾아보라. 당신이 생각하는 이상적인 고객에 대해 흐릿한 이미지가 아니라 생생하게 살아 있는 구체적인 이미지를 가질 때 당신의 시각이 어떻게 달라지는지 경험해보면 깜짝 놀랄 것이다.

팟캐스트 〈열정의 기업가The Entrepreneur on Fire〉의 존 리 듀마스John Lee Dumas는 자기가 팟캐스트를 처음 시작할 때 생각했던 '꿈의 청취자'가 이런 모습이었다고 설명했다.

〈열정의 기업가〉가 어떤 모습이어야 할지 알아내려고 고민했지만, 그건 내가 도저히 감당할 수 없을 정도로 어려운 일이었다. 내가 이 방송의 청취자들을 데리고 가고 싶은 길이 어디인지 찾기가 너무도 어려웠기 때문이다. 내 방송의 청취자(혹은 아바타)는 지미다. 지미는 서른일곱 살이고 아내와 두 아이가 있다. 아이들은 다섯 살과 세 살이다. 지미는 날마다 자가용으로 출근하는데, 출근 시간은 25분이다. 출근하면 칸막이가 있는 자리에 앉는데, 그 자리를 아홉 시간 동안 지키고 앉아서 하기 싫은 일을 한다. 퇴근해서 집으로 가는 데는 35분이 걸린다. 출근길보다 퇴근길이 조금 더 막힌다. 퇴근하면 아이들과 놀고, 저녁을 먹고, 아이들을 재우고, 아내랑 이런저런 이야기를 하면서 보내고, 잠자리에 들기 전에는 날마다 자기가 처한 상황을 자조하고 한탄한다. 혼자 소파에 앉아 자신에게 이런 질문을 던지면서.

나는 왜 깨어 있는 시간의 90퍼센트를 내가 전혀 즐기지 못하는 일을 하면서 보낼까? 내가 좋아하지도 않는 직장에 출근해서, 내가 좋아하지도 않는 일을 하고, 퇴근해서는 가족과 함께 시간을 보내지만, 좋아하는 일을 하는 시간은 내가 깨어 있는 시간의 10퍼센트밖에 되지 않잖아….

지미는 나의 아바타다. 지미는 출퇴근 때 운전하면서 팟캐스트 방송 〈열정의 기업가〉를 들을 사람이다. 지미는 이 방송을 들으면서, 방송에 출연한 초대손님이 기업가로서 자기가 맞았던 최악의 순간을 들려줄 때 실패해도 괜찮고 실패를 통해서 교훈을 얻을 수 있다는 사실을 이해할 수 있다. 퇴근길 내 방송의 초대손님이 깨달음의 순간을 말할 때, 지미는 그런 깨달음의 순간을 어떻게 맞이했는지에 대해 생각하고 그 순간을 성공의 계기로 삼는 방법을 배울 수도 있다. 밤에 혼자 소파에 앉아서 신세를 한탄하기보다는 내 방송의 초대손님이 전하는 최고의 조언이나 애독서나 혹은 자기가 좋아하는 자료에 대한 이야기를 듣고 결정적인 깨달음을 얻을 수도 있다.

그래서 나는 내 팟캐스트 방송이 나아갈 방향과 관련해서 궁금한 점이 있을 때마다 아바타 지미를 찾아가서 "만일 지미가 나라면 어떻게 할까?" 하고 묻는다. 그러면 지미가 해주는 대답이 바로 정답임을 나는 깨닫는다. 만약 당신이 진심을 다해 어떤 사람의 모습을 설정하고서 "이 사람은 정말 내 팟캐스트 방송의 완벽한 청취자야"라고 말할 때 당신은 그 사람을 속속들이 알게 된다. 그 사람이 주로 어디에서 어슬렁거리는지, 어떤 페이스북 그룹에 속하는지, 어떤 링크드인 그룹에 속하는지, 그 사람에는 어떻게 광고해야 할지, 그리고 페이스북에서 어떤 광고 문구가 그들에게 매력적으로 다가가서 그 사람이 다운로드를 하게 만드는지 알게 된다는 말이다.

바로 이 사람이야말로 당신의 이상적이고 완벽한 고객이다. 어쩌면 당신도 지금 이 사람을 상상하고 있을지 모른다. 그래서 이 사람이 당신 앞에 떠오를 때마다 당신은 "내가 가장 좋아하는 고객과 꼭 닮았군요"라고 말할 것이고 그 사람은 "내가 당신이 가장 좋아하는 고객인 거 나도 알아요"라고 말할 것이다. 이 사람이 바로 당신이 끌어당기고 싶은 바로 그 사람이다. 그래서 만약 당신이 자기의 이상적인 청취자가 누구인지 곰곰이 생각해서 알아낸다면, 그 시점부터 모든 것이 바뀌어서 당신이 내리는 모든 결정은 그 사람이 기준이 될 것이다. 팟캐스트 방송에 담을 모든 콘텐츠는 바로 그 아바타 한 사람을 위한 것이다. 당신이 하는 모든 행동과 선택, 즉 도입부에서 무슨 말을 할 것이며 마지막 인사를 어떻게 할 것인가 등 모든 내용이 하나의 특정한 목적에 초점이 맞추어진다.

여러 해 전에 있었던 일이다. 나의 고급 코칭 프로그램인 '이너서클Inner Circle'의 회원인 딘 홀랜드와 로빈 홀랜드 부부가 영국에서 화장품 브러시 회사를 창업했다. 로빈이 다낭성난소증후군이라는 질환을 앓고 있었기에 두 사람은 특수한 브러시 제품들을 개발했고, 이 브러시들은 그녀가 화장을 통해서 한층 높은 자존감과 자신감을 갖는 데 도움이 되었다.

두 사람은 훌륭한 기업가라면 당연히 할 수 있는 일을 했다. 즉 브러시를 제작할 사람을 찾았고, 재고 수준을 적정하게 유지했으며, 세일즈 퍼널을 만들었고, 또 이 화장용 브러시를 필요로 하는 전 세계 여성에게 팔기 시작했다.

그런데 2년 동안 이 브러시를 팔았지만 거의 아무런 일도 일어나지 않았다. 판매가 증가하는 계기도 없었고 매출도 생기지 않았다. 그러다가 어느 날 두 사람은 커다란 깨우침을 얻었다. 로빈이 거울을 바라보다가,

자기가 꿈에 그리던 고객이 자기를 쳐다보고 있음을 깨달았다. 그녀의 아바타는 화장을 하는 모든 여성이 아니었다. 그건 너무 광범위했다. 그녀가 노려야 하는 시장은 다낭성난소증후군에 시달리는 자기와 같은 부류의 여성이었다. 그 사실을 깨달은 순간 로빈은 이런 생각을 했다.

만약 우리가 세상의 모든 여성을 대상으로 브러시를 파는 것이 아니라면 어떨까? 우리 고객의 아바타를 거울에 비친 내 모습으로 바꾼다면 어떻게 될까?

그래서 두 사람은 자기들이 상상하는 꿈의 고객 아바타를 바꿨다. 그에 따라 세일즈 퍼널에 있는 랜딩 페이지(잠재고객이 인터넷에서 검색 엔진이나 광고 등을 통해 들어와서 최초로 보게 되는 판매자의 웹페이지 - 옮긴이)에 나오는 단어들을 자기 고객 아바타와 일치하는 특정 고객에 맞도록 바꾸었고, 광고도 해당 고객을 사로잡을 미끼로 바꾸었다. 또 꿈의 고객에 초점을 맞춰서 회사의 구조도 바꾸었다. 그랬더니 모든 게 바뀌었다. 회사의 전년도 수익이 3만 4000달러 정도였지만, 꿈의 고객에 초점을 맞춘 뒤 처음 두 달 동안의 수익만 10만 달러가 넘었다. 그 두 달 동안 1년치로 예상했던 재고 물량이 모두 소진되었다. 결국 제품을 새로 주문해서 마련하는 동안 광고를 중단해야 했을 정도로 전략 수정은 성공을 거두었다.

그 변화는 제품을 바꾸는 데서 비롯된 게 아니다. 꿈의 고객을 바꾸고 그들에게 직접 말을 걸고 그들을 끌어당긴 데서 비롯된 것이다. 비밀 공식에서 가장 먼저 물어봐야 할 질문은 바로 이것이다. '당신이 꿈에 그리는 고객은 누구인가?'

질문-2 당신이 꿈에 그리는 고객은 '어디에' 모여 있는가?

비밀의 공식의 두 번째 질문은 이것이다. 꿈에 그리는 고객을 '어디에서' 찾을 것인가? 온라인에서 그들이 이미 모여 있는 곳은 어디일까?

인터넷의 진정한 힘은 비슷한 성향끼리 모인 집단에 있다. 인터넷의 구석진 곳들에 있는 '신도들의 모임congregation'들은, 전통적인 미디어가 비싼 대가를 요구하는 그 모든 장벽과 장애물을 굳이 넘지 않고서도 당신이나 나 같은 사람들이 사업에 빠르게 뛰어들어서 성공할 수 있는 발판이 된다.

내가 '신도들의 모임'이라는 표현을 썼는데, 이 단어를 보면서 맨 먼저 떠올린 생각은 무엇인가? '신도'라는 단어에서 당신은 분명 종교를 떠올렸을 것이다. 예를 들어 교회는 비슷한 관심사를 매개로 모인 사람들의 집합소다. 침례교 신자는 모두 매주 자기와 비슷한 신앙과 가치관을 가진 사람들과 모인다. 가톨릭 신자도 그렇다. 모르몬교 신자나 제7일 재림교 신자나 무슬림이나 유대교 신자도 그렇다. 만약 내가 모르몬교 신자들에게 완벽하게 딱 맞는 제품을 팔려면 어디로 가야 할까? 당연히 모르몬교 회당에 가야 한다. 꿈의 고객이 모두 거기에 모여 있을 테니까. 내가 할 일은 그들 앞에서 내가 전하고 싶은 메시지를 알리기만 하면 된다. 내가 하는 제안이 충분히 훌륭하다면 거기에 모인 사람들 가운데 상당수는 내 제품을 살 것이다.

이 비유는 여기까지만 하는 게 좋겠다. 내가 말하고자 하는 요지는 교회나 종교 단체를 찾아가서 물건을 파는 법을 가르치는 게 아니니까 말이다. 내가 강조하고 싶은 것은 동일한 관심사를 가지고 모여 있는 사람들의 힘이 강력하다는 사실이다. 인터넷이 기업에 있어서 놀라울 정도로 환상적인 도구로 꼽히는 것도 바로 이런 이유에서다. 인터넷이 등장하기 전에는 전 세계 사람이 한자리에 모이기 힘들었다. 지리적인 위치와 의사소통 능력이 제약으로 작용했기 때문이다. 그러나 이제는 달라졌다. 관심사가 비슷한 사람이라면 누구나 한자리에 모여서 거의 모든 것에 대해 토론할 수 있게 되었다.

내가 고등학생 때였다. 함께 점심을 먹고 카드 게임도 하면서 몰려다니던 친구 대여섯 명이 있었다. 이 친구들이 하던 카드 게임 가운데 하나가 '매직: 더 개더링Magic: The Gathering'이었다. 날마다 점심시간이면 모여서 이 게임을 했다. 장담하건대 전국의 모든 고등학교에는 이런 친구들이 분명 몇 명씩은 있을 것이다, 물론 서로 알지는 못했겠지만 말이다. 인터넷이 등장하기 전에는 그랬다. 제각기 지리적으로 고립된 채로 자기들끼리만 어울렸다. 다른 학교의 다른 집단과는 알지도 못했고 연락이 닿지도 않았다. 이 학생들을 판매 대상으로 설정한 마케팅 담당자가 있었다면, 이 사람이 한 고등학교에서 다섯 명과 연락하고 다시 다른 학교에서 세 명과 연락한 다음에 또 다른 고등학교에서 예닐곱 명과 연락하기란 쉽지 않았을 것이다. 물론 그렇게 연락하는 데 성공할 수도 있었겠지만, 비용이 많이 들었을 것이다. 그러나 지금은 다르다. 내가 다녔던 고등학교에 다니는 대여섯 명의 아이들은 인터넷 덕분에 전 세계의 다른 아이들과 함께 모여서 '매직: 더 개더링' 게임을 할 수 있다. 이들은 온라인의 이런저런 포럼에 모여서 시간을 보내며 지구 반대편에 있는 사람들과도 카드 게임을 한다. 지금은 '매직: 더 개더링' 게임을 사랑하는 사람들이 모여 있는 곳에서 판매할 제품이 있다면 온라인에 접속해서 그들이 어디에 있는지 찾아낸 다음, 판매를 유도하는 메시지를 전달하기만 하면 된다. 이 일은 쉽고도 경제적으로 바뀌었다.

또 다른 사례가 있다. 나는 대학생 시절에 레슬링부 소속이었다. 그때는 모든 학생이 밤마다 두 시간 동안 자습실에서 과제를 했다. 그곳에서 나는 자연스럽게 레슬링부 친구들 옆자리에 앉았고 우리는 함께 온라인을 들락거리며 빈둥거렸다. 그런데 언젠가 하루는 모든 친구가 내가 보고 있던 바로 그 웹사이트를 보고 있었다. 우리는 그달의 레슬링 소식을 두고 잡담을 나누었으며 또 며칠 뒤에 벌어질 흥미진진한 큰 경기를 놓고도 한마디씩 했다.

밤마다 우리 레슬링부 소속 친구들은 한 명도 빠지지 않고 자습실에 두 시간 동안 모여서 과제는 하지 않고 레슬링 플랫폼인 더매트TheMat.com

에 접속해서 레슬링 이야기를 했던 것이다.

그런데 흥미롭게도 이것과 비슷한 일은 미국 전역의 대학교에서도 일어났다. 대학생 레슬링 선수들뿐 아니라 고등학생 선수들과 그들의 부모 그리고 레슬링 팬들까지도 모두, 즉 레슬링을 좋아하는 거의 모든 사람이 인터넷상의 한 장소에 모여서 모두가 무척이나 사랑하는 레슬링 이야기로 꽃을 피웠다. 자, 어떤 사람이 레슬링 관련 제품을 팔려 한다고 치자. 이 사람은 무엇을 해야 할까? 나라면 레슬링을 좋아하는 사람들이 모여 있는 곳을 찾아낸 다음에 그 사람들 앞에 미끼를 던지겠다. 정말 단순하지 않은가?

당신이 상상할 수 있는 '그 어떤 것'이든 간에 특정 제품이나 서비스에 관심을 가지고 한자리에 모인 사람들은 늘 있게 마련이다. 당신이 참여하는 온라인 모임은 어떤 것들이 있는가? 아마 당신이 관심 있는 대상은 적어도 열 개는 넘을 것이다. 그리고 당신이 소중하게 여기는 것을 놓고 여러 사람이 모여서 대화를 나누는 인터넷 공간이 어딘가에는 분명 있을 것이다.

자, 이제 당신이 꿈에 그리는 고객을 확보한다는 차원에서 그런 모임에 대해 깊이 생각해보라. 사람들이 이미 참여하고 있는 모임은 무엇인가? 스스로에게 다음과 같은 몇 가지 질문을 던져보자.

- 꿈의 고객이 드나드는 최고의 웹사이트는 어떤 것들이 있는가?
- 그 고객은 어떤 그룹이나 게시판에 글을 올리며 모임에 참여하는가?
- 그 고객이 참여하는 페이스북 그룹은 어떤 것들이 있는가?
- 그 고객이 페이스북이나 인스타그램에서 팔로우하는 인플루언서들은 누구인가?
- 그 고객은 어떤 팟캐스트 방송을 듣는가?

- 그 고객이 구독하는 이메일 뉴스레터는 어떤 것들이 있는가?
- 그 고객이 자주 찾아가는 블로그는 어떤 것들이 있는가?
- 그 고객은 유튜브에서 어떤 채널을 구독하는가?
- 그 고객이 정보를 찾을 때 사용하는 구글 검색어는 어떤 것들이 있는가?

관심사가 같은 사람들의 모임의 핵심 개념을 이해하고 나면 자기 웹페이지로 방문자를 유도하는 일은 믿을 수 없을 정도로 쉬워진다. 마케팅 책임자가 할 일은 자기가 고객으로 모시고 싶은 사람이 '누구'인지 알아낸 다음에 그러한 고객들이 자기들끼리 이미 모여 있는 곳이 '어디'인지 알아내는 것이다.

질문-3 꿈에 그리는 고객의 관심을 사로잡기 위해서 당신이 사용할 수 있는 '미끼(후크, 스토리, 제안)'는 무엇인가?

그 고객이 '어디'에 있는지 안 다음에는 그들의 관심을 사로잡을 올바른 후크를 만들어야 한다. 이 후크는 당신이 꿈의 고객에게 '스토리' 하나를 들려줄 동안 그들의 관심을 붙잡아두는 광고다. 이 스토리의 목표는 고객과 친밀감을 쌓는 한편 당신의 제안을 거부해야 한다는 고객의 잘못된 믿음을 깨뜨리는 것이다. 이 제안은 여러분이 꿈의 고객을 위해 만든 것이므로 고객이 원하는 바로 그 결과를 제공할 수 있다. 이 단계는 정확하게 수행하기만 한다면 당신이 표적으로 삼은 고객들만 끌어당길 것이며 표적이 아닌 고객은 제외될 것이다.

내 회사의 접근법이 구매 결정이 미심쩍은 초심자를 목표 대상으로 하는 판매에서 벗어나서 꿈에 그리는 고객을 유치하는 쪽으로 옮겨감에 따라, 우리의 첫 번째 단계는 마이크나 줄리 같은 고객을 끌어당길 새로운 제안을 만드는 것이 되었다.

내가 만든 첫 번째 새로운 제안은 '닷컴의 비밀 실험실DotCom Secrets Labs: 108 Proven Split Test Winners'이었다. 이 제안은 우리에게 매우 효과적으로 작용했다. 왜냐하면 대부분의 초심자들은 분할 테스트(많은 방문자를 대상으로 웹페이지의 여러 버전을 비교하는 검사법. 검사를 실행할 때 서로 다른 버전의 페이지에 트래픽을 나누고 이 트래픽을 추적해서 어떤 버전이 전환율이 높은지 관찰한다 - 옮긴이)가 무엇인지 모르기 때문이었다. 그러나 줄리나 마이크와 같은 우리의 꿈의 고객은 이 용어가 무엇을 의미하는지 알고 있으며 또한 관련 정보를 얻고 싶어 안달하고 있음을 우리는 잘 **알았다**. 이 새로운 제안을 제시한 지 며칠 만에 수천 명에 달하는 꿈의 고객이 우리에게 컨설팅을 받으려고 줄을 섰다. 당신도 꿈의 고객이 무엇을 원하는지 알기만 하면, 그들을 매우 쉽게 끌어당길 수 있다. 이 책 전반에 걸쳐서 나는 올바른 제안을 만드는 것과 관련한 많은 이야기를 할 것인데, 여기에서는 일단 그 제안이 당신의 꿈의 고객이 원하는 것과 일치해야 한다는 사실만 분명히 하고 넘어가자.

기적의 공식 가운데서 이 단계는 '후크, 스토리, 제안'이라는 고유의 프레임워크를 가지고 있는데, 다음 장에서 구체적이고도 깊게 다룰 것이다.

질문 - 4 ┃ 당신이 꿈에 그리는 고객을 위해서 만들 수 있는 독특한 '결과'는 무엇인가?

당신이 완벽한 제안으로 꿈의 고객을 사로잡은 다음에 던져야 할 마지막 질문은 어떤 **결과** 혹은 **가치**를 고객에게 줄 것인가이다. 당신이 고객에게 팔고자 하는 제품이나 서비스를 말하는 게 아니다. 사업이라는 것은 제품이나 서비스의 문제가 **아니다**. 사업에서의 핵심적인 문제는 고객에게 줄 수 있는 '결과'가 무엇이냐 하는 것에 있다. 당신이 (그리고 당신의 고객이) 이 개념을 이해하기만 하면 가격은 더는 장애물이 되지 않는다.

내 경우를 놓고 보면, 내가 꿈의 고객에게 서비스를 제공하는 가장 좋은 방법은 일정 수준 이상의 잠재고객 수 또는 매출액을 보장하는 세일즈 퍼널을 제공하는 것이며, 이렇게 하기 위한 최상의 방법은 그 모든 것을 오로지 고객을 위해서 하는 것이다. 바로 이것이 내가 고객에게 가장 큰 영향을 주면서 동시에 가장 높은 수준의 서비스를 제공하는 방법이다. 이상적으로만 보자면 나에게 컨설팅을 의뢰한 기업도 모두 이 방법을 채택하도록 만드는 것이 나의 목표이다. 이런 유형의 서비스는 저렴하지 않지만 내가 보장할 수 있는 이 서비스의 성과는 어마어마하다. 알기 쉽게 말하면 우리 회사가 이 서비스를 제공하는 대가로 청구하는 비용은 100만 달러 외에 매출액 가운데 일정 비율이다. 그러나 우리 회사의 컨설팅을 받는 기업이 누릴 개선 효과는 이런 비용을 부담해도 남는 게 훨씬 더 크다.

우리 회사의 많은 고객이 그런 수준의 서비스를 받으면서 해당 비용을 지불할 수 없음을 나도 잘 안다. 우리가 다른 제품 및 서비스를 개발하는 이유도 바로 여기에 있다. 그렇지만 꿈의 고객을 붙잡고자 하는 궁극적인 장소를 올바르게 이해하는 것이 이 단계의 핵심임은 분명하다.

당신의 고객이 자기가 바라는 결과를 얻을 수만 있다면 얼마든 지불할 수 있다고 상상해보자. 이때 당신은 그 고객의 성공을 확실하게 보장하기 위해서 무엇을 하겠는가? 당신은 그 고객을 어디로 데리고 가겠는가? 그곳은 어떤 곳일까? 그 장소를 마음에 깊이 새기자. 그 장소를 찾아내는 것이야말로 당신의 고객이 성공을 거두기 위한 핵심적인 요건이다. 바로 그곳으로 고객을 데리고 가야 한다.

비밀의 공식 가운데 이 단계의 프레임워크를 '가치 사다리'라고 부른다. 여기에 대해서는 세 번째 비밀을 다루는 장에서 자세하게 살펴볼 것이다. 가치 사다리 개념은 고객을 한층 더 높은 단계로 이끌 방법을 알려줄 것이다. 이를 통해 당신은 매출을 한층 더 높이고, 고객은 한층 더 많은 가치를 획득할 것이다.

그렇다. 비밀의 공식으로 나아가는 네 가지 질문을 다시 한번 더 정리하면 다음과 같다.

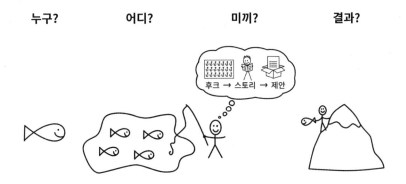

도표 1-2 | 비밀의 공식에 통달하는 것은 성공의 기본이다.

1. 당신의 꿈의 고객은 **누구**인가?
2. 그 고객은 **어디**에 모여 있는가?
3. 그 고객의 관심을 사로잡을 당신의 **미끼**는 무엇인가?
4. 당신이 그 고객에게 줄 수 있는 독특한 **결과**는 무엇인가?

후크, 스토리, 제안

나는 검은색 정장 차림으로 2000명을 앞에 두고 연단에 서 있었다. 평소
에 강연을 할 때는 정장을 잘 입지 않는데, 그날은 행사 주최 측에서 그렇
게 입으라고 해서 어쩔 수 없이 검은색 정장에 검은색 셔츠를 차려 입고
검은색 넥타이까지 맸다. 프레젠테이션을 시작하면서 나는 바짝 긴장했
다. 왜냐하면 내 말에 귀를 기울이던 그 사람들은 회사를 성장시키는 방
법뿐 아니라 사업과 인생과 인간관계에서 '모든 것을 가지는' 방법을 배
움으로써 사업에 성공하는 방법을 얻고자 온 사람들이기 때문이었다.

나를 그 자리에 초대한 사람은 개럿 화이트Garrett J. White였는데, 화이트
와 그의 직원들은 '깨어 일어나라 전사여!Wake Up Warrior'라는 운동을 벌이
고 있었다. 나는 거듭 고민했다. 그 자리에서 서서 높은 성취를 이룬 사람
들을 바라보며 내가 이들에게 나누어줄 수 있는 가장 가치 있는 것이 과연
무엇일까. 고민 끝에 나의 '후크, 스토리, 제안'이라는 프레임워크를 이야
기해줘야겠다고 마음먹었다. 왜냐하면 이 프레임워크는 사업에서만이 아
니라, 인생에서 원하는 것을 얻는 데 필요한 열쇠이기도 하기 때문이다.

나는 무대에 올라 강연의 요지를 설명하기 위해 주머니에서 아이폰을

꺼냈다. 그러고는 이 자리의 모든 '전사'들에게 마술의 속임수를 보여주겠다고 했다.

"지난주에 나는 새로 나온 이 아이폰을 600달러에 샀습니다. 그런데 앞으로 10분 안에, 이 자리에 있는 누군가가 10만 달러를 줄 테니 이 휴대폰을 사겠다고 할 것입니다."

나는 웃으면서 다음과 같이 물었다.

"혹시, 지금 이 휴대폰을 10만 달러에 살 사람이 있습니까?"

손을 드는 사람은 아무도 없었다. 그래서 나는 말을 계속 이어갔다.

"지난주에 이 휴대폰을 살 때 판매 직원이 예전 휴대폰에 들어 있던 자료를 복사해서 이 휴대폰에 전송해주겠다고 하더군요. 하지만 나는 그러지 말라고 했습니다. 나는 이 전화기를 깨끗한 상태에서 새롭게 쓰고 싶었기 때문입니다. 그래서 나는 집에 가서 나에게 꼭 필요한 것들만 하나씩 확인해서 일일이 옛날 휴대폰에서 새 휴대폰으로 옮겼습니다. 그런데 이렇게 하는 과정에서 엄청나게 흥분되더군요. 나는 황금을 옮기고 있었던 셈이니 말입니다."

계속해서 나는 새 휴대폰에 옮긴 몇 가지 자료를 설명하고는 그 휴대폰을 사는 사람은 휴대폰에 들어 있는 모든 것들을 곧바로 사용할 수 있다고 덧붙였다.

○ **전자책**: 나는 청중들에게 이렇게 말했다. "인터넷을 사용했던 지난 10년 동안 나는 무려 75만 달러가 넘는 돈을 들여서 온갖 강좌를 구입했습니다. 마케팅, 영업, 투자, 자기계발 등의 분야에서 지금까지 나온 수많은 강좌를 구입했으니까요. 우편으로 DVD 상자가 배달되면 나는 동생을 시켜서 오디오북 파일 형태로 전환하게 했습니다. 몇 번이고 반복해서 계속 들을 수 있도록 말입니다. 그런데 그 강좌가 신통찮으면 삭제합니다. 그러니까 지금까지 남아 있는 강좌들이라면 내가 가진 여러 가지

중요한 의문들에 속 시원한 해답을 가지고 있다고 볼 수 있겠죠." 거기까지 말한 다음에 나는 휴대폰에 저장된 강좌 제목들을 줄줄이 읽어나갔다. 대부분 매우 드물어서 온라인에서는 아무리 사려고 해도 살 수 없는 것들이었다.

○ 주소록: 나는 휴대폰 주소록에 들어 있는 몇몇 인사의 이름을 들려주었다. 그러면서 지난 10년 동안 수백 건의 행사에 직간접적으로 관여했다고 말했고, 전 세계에 정말 강력한 영향력을 행사하는 몇몇 유명 인사의 휴대폰 번호와 이메일 주소가 그 휴대폰에 들어 있다고 했다. "이 사람들의 이름만 해도 나에게는 수백만 달러의 가치가 있습니다. 만일 여러분이 이 주소록을 갖게 된다면 여러분은 그분들에게 전화해서 나를 알고 있으며 또 내가 여러분을 추천했다고 말할 수 있습니다. 그분들은 당신이 하는 말을 적어도 한 번은 들어줄 겁니다. 이건 내가 확실하게 보장합니다." 그런 다음에 나는 휴대폰 주소록에 들어 있는 사람들의 이름을 하나씩 읽어나갔다.

○ 복서: 나는 이렇게 말했다. "내가 하는 최고급 과정의 강의를 듣는 고객이 나의 개인적인 복서(모바일 네트워킹 앱 - 옮긴이) 채널의 접속권을 보장받는 대가로 나에게 지급하는 비용은 1년에 10만 달러입니다. 이 사람들은 언제 어떤 내용으로든 나에게 질문을 할 수 있습니다. 그러면 나는 그 사람의 세일즈 퍼널들을 살펴보기도 하고, 홍보 카피 문구를 수정하기도 하며, 내가 아는 사람들과 연결해주기도 하고 소개해주기도 합니다. 그러니까 복서를 통해서 나에게 메시지만 주면 나는 상대방이 필요로 하는 것을 제공합니다. 만일 여러분이 이 휴대폰을 가진다면, 나의 개인적인 복서 채널에 평생 무료로 접근할 수 있습니다."

○ 그 밖의 여러 앱: 또 나는 그 사람들에게 구글드라이브 앱을 보여주었다. 구글드라이브에 우리 회사 모든 부서의 표준운영절차SOP가 저장되어 있는 것을 보여주었고, 또 내가 하는 모든 투자 및 각각의 수익률 그리고 세계 최고의 재무 분석가들이 예측한 전망 등이 저장되어 있는 것을 보여주었다. 그리고 이 모든 것들이 실시간으로 업데이트된다는 사실도 일러주었다.

계속해서 나는 그 '전사들'에게 휴대폰에 설치된 각각의 앱을 설명하면서 이것들이 나의 네트워크와 순자산에 추가된 과정을 설명했다. 그렇게 약 10분 동안 설명한 뒤에 실시간 경매를 시작했다.

"자, 이 휴대폰을 600달러에 사실 분 있습니까?"

모두가 손을 들었다.

"이건 진짜 경매입니다. 장난으로 하시면 안 됩니다. 손을 드신 분은 제시한 금액을 실제로 내셔야 합니다. 아셨죠?"

다들 큰 소리로 대답했다.

"예!"

"1000달러!"

아무도 손을 내리지 않았다.

"5000달러!"

역시 아무도 손을 내리지 않았다.

"1만 달러! 2만 달러!"

한 번씩 금액이 올라갈 때마다 적지 않은 사람이 손을 내렸다.

"5만 달러! 7만 5000달러! 10만 달러!"

그래도 여전히 50명 넘게 손을 들고 있었다.

"25만 달러! 50만 달러!"

놀랍게도 몇 명이 여전히 손을 들고 있었다.

"75만 달러를 내겠다는 분이 계시면, 앞으로 나와주십시오."

세 사람이 통로를 뚜벅뚜벅 걸어서 연단으로 올라왔다. 그래서 나는 그 세 사람에게 우리 모두가 생각하는 질문을 했다.

"이 휴대폰 하나를 왜 75만 달러씩이나 내고 사시겠다는 겁니까?"

한 명이 이렇게 대답했다.

"그 휴대폰에 무엇이 들어 있는지 다 들었는데, 그 정도면 75만 달러를 줘도 괜찮은 거래라고 생각하니까요. 그 주소록에 있는 전화번호로 전화 통화를 한 번 하는 것만으로도 투자 효과는 충분하다고 봅니다. 원하신 다면 더 지불할 수도 있습니다."

나는 청중을 돌아보면서 말했다.

"여러분이 시장에 최저가 상품을 내놓는 데는 두 가지 방법이 있음을 아셔야 합니다. 하나는 여러분이 판매하는 상품의 **가격을 내리는 것**입니다. 이것은 여러분이 챙길 이윤을 그만큼 줄인다는 뜻입니다. 다른 하나 는 그 상품의 **가치를 높이는 것**입니다. 가치를 높였는데도 같은 가격으로 판다면 그 상품은 전혀 비싸게 보이지 않죠."

이어서 나는 '후크, 스토리, 제안'이라는 프레임워크를 어떻게 활용했 는지 설명했다.

"처음에 나는 여러분의 관심을 사로잡으려고 어떤 후크 하나로 시작했 습니다. '앞으로 10분 안에, 이 자리에 있는 누군가가 10만 달러를 줄 테 니 이 전화기를 사겠다고 할 것입니다'라고 말했죠? 그런 다음에 내 휴대 폰에 대한 사람들의 인지 가치perceived value(어떤 상품에 대해서 소비자가 주관적 으로 느끼는 가치 - 옮긴이)를 높이기 위해서 내 휴대폰과 관련된 **스토리**를 여 러분에게 들려줬습니다. 그런 다음에 **제안**을 했죠. 그런데 어떻게 됐습니 까? 불과 몇 분 만에 이 휴대폰의 가치는 600달러에서 75만 달러로 뛰었 습니다."

후크, 스토리, 제안

어떤 제품을 제안으로 바꾸고 또 스토리와 후크로 사람들의 관심을 사로잡아서 그 제품의 가치를 획기적으로 끌어올리는 간단한 사례를 살펴보았다. 이제부터는 '후크, 스토리, 제안'이라는 이 프레임워크 속으로 한층 더 깊이 들어가보자. 당연한 이야기지만 내가 바라는 것은 당신이 이 개념에 통달해서 당신 회사에 적용하는 것이다.

도표 2-1 당신이 내놓은 각각의 미끼 조각들, 즉 광고, 이메일, 랜딩 페이지(링크로 연결되는 첫 화면 - 옮긴이), **상향판매, 웨비나**(웹상에서 진행되는 세미나 - 옮긴이) 전화 통화 등은 모두 후크, 스토리, 제안을 담고 있어야 한다.

비밀의 공식에서 이 지점에 당도할 때쯤이면 당신은 도움을 주고 싶은 고객이 누구인지 정확하게 알고 있어야 하며, 이 고객이 온라인의 어디에 모여 있는지 파악하는 일을 이미 착수했어야 한다. 이제 우리가 해야할 일은 그 꿈의 고객을 당신의 세상으로 끌어들일 미끼를 만드는 일이다. 이 일은 '후크, 스토리, 제안'이라는 프레임워크를 통해서 할 수 있다.

세일즈 퍼널의 각 단계는 모두 후크와 스토리와 제안을 담고 있어야한다. 당신이 온라인에 배치한 광고, 당신이 보내는 이메일, 당신이 꾸며놓은 랜딩 페이지뿐 아니라 상향판매, 웨비나, 전화 통화 등 모든 단계에 후크와 스토리와 제안을 담고 있어야 한다. 만일 당신의 세일즈 퍼널에서 무언가 제대로 작동하지 않는다면 분명 이 세 가지 가운데 하나가 잘못되었기 때문이다.

이 프레임워크는 온라인 사업의 성공 여부를 좌우하는 핵심 요소다. 여기에서는 한층 더 깊이 들어가서, 꿈의 고객을 붙잡을 후크를 만드는 방법과 제안의 가치를 높여줄 스토리를 만들고 들려주는 방법 그리고 사람들이 거부할 수 없는 제안을 만들고 제시하는 방법을 살펴보도록 하겠다. 비록 이 프레임워크가 '후크, 스토리, 제안'이라고 불리긴 하지만 나는 '제안'에서부터 이야기를 풀어나가고자 한다. 거부할 수 없는 제안을 만드는 방법을 살펴본 다음에 이 제안의 가치를 높여줄 스토리를 만드는 방법을 알아보고, 마지막으로 그 스토리에 귀를 기울일 수 있도록 충분히 긴 시간 동안 사람들의 관심을 사로잡을 후크를 만드는 방법을 알아보기로 하자.

거부할 수 없는 제안

이 책을 읽는 사람이라면 온라인에서 어떤 제품이나 서비스를 이미 판매하고 있거나 앞으로 판매하고 싶은 사람일 가능성이 높다. 그렇다면 자신의 상품을 보다 더 많이 팔 방법을 당연히 알고 싶을 것이다. 아직 창업을 하지는 않았지만 온라인에서 성공하려면 무엇을 팔아야 할지 알고 싶은 사람도 쉽게 이해할 수 있도록 설명하자면, 온라인 기업은 대부분 다음 세 종류 가운데 하나다.

- **물리적인 제품을 판다.** 식품 보조제에서부터 손전등과 자동차 또는 그 이상의 것이 될 수 있다. 고객이 주문하면 배송할 수 있는 모든

유형의 물리적인 제품을 판다.

- **정보 제품을 판다.** 저자, 강연자, 코치, 컨설턴트 혹은 이들과 제휴한 사람들이 파는 정보 제품에는 디지털 강좌, 회원제 사이트, 라이브 이벤트, 교육 및 훈련 등이 있다.
- **서비스를 판다.** 식당, 치과병원, 척추지압 시술소, 부동산중개업체, 금융설계업체 등이 있으며, 소프트웨어 개발이나 디자인 등과 같은 온라인 서비스 부문도 여기에 포함된다.

만일 당신이 이 세 개 범주 가운데 어느 하나에 속한다면 당신은 내가 '상품commodity'이라고 부르는 것을 팔고 있을 게 분명하다. 나는 상품을 어떤 사람이 다른 곳에서도 살 수 있는 것이라고 정의한다. 당신이 판매하는 제품은 다른 제품들과 구분되는 독특한 특성을 가지고 있을 수 있다. 그러나 현실에서는 당신의 제품이 지닌 독특한 특성은 무시된다. 즉 누군가는 당신이 제공하는 것과 동일한 결과를 다른 사람으로부터도 얻을 수 있다는 말이다. 이것은 내가 앞에서 들었던 아이폰 예시와 똑같은 문제다. 내가 아이폰을 팔려고 한다고 치자. 그러면 나는 애플, 베스트바이, 아마존 등과 경쟁해야 하는데, 내가 이 경쟁에서 우위에 서는 유일한 방법은 가격을 낮춰서 내 이윤을 줄이는 것뿐이다.

댄 케네디는 "동네에서 두 번째로 저렴한 제품을 파는 업체에는 전략적 강점은 없지만, 가장 비싼 제품을 파는 업체의 전략적 강점은 매우 크다"라고 했는데, 나는 이 말이 사실이라고 믿는다. 가격을 놓고 싸울 때 어떤 일이 벌어질까? 이윤은 줄어들고, 광고비를 낼 여유도 없고, 최고의 팀을 비싸게 고용할 수도 없고, 꿈에 그리는 고객이 누릴 높은 가치를 제공할 수도 없다. 반면에 높은 가치를 담고 있어서 가치에 비해 오히려 저렴하다고 소비자가 인식할 만한 제안을 만든다면 고객에게 최고 수준의 이득을 제공할 수 있다. 바로 이것이 기업가가 진정한 성공을 위해 반드시 해야 하는 발상의 대전환이다.

상품 판매의 솔루션은 당신이 팔고 있는 것을 재구성해서 당신만의 특별한 제안으로 녹여내는 것이다. 해당 상품에 경쟁자들보다 더 많은 가치를 추가하면 굳이 가격 경쟁을 할 필요가 없다. 물리적인 제품 소유자와 정보 제품 소유자 그리고 서비스 사업자 모두 거쳐야 하는 첫 번째 단계는 바로 실질적인 제안을 만들어냄으로써 자기가 파는 상품의 가치를 높이는 것이다.

제안이 어떤 목표를 향해 나아가야 하는지 단순하게 표현한다면 다음과 같다.

- 판매되는 제품의 소비자 **인지 가치**를 높인다.
- 판매되는 제품을 경쟁자들의 다른 제품과 차별성을 가지도록 독특하게 만들며, 오로지 당신이 제시하는 특별한 제안을 수락할 때만 살 수 있게 만든다.

'깨어 일어나라 전사여!' 행사에서 아이폰 판매 제안을 했을 때로 잠시 돌아가보자. 나는 청중들에게 내 제안에서 얻을 수 있는 모든 것을 보여줌으로써 인지 가치를 높였다. 내가 팔고자 했던 아이폰을 다른 아이폰들과 구분되도록 독특한 것으로 만들기도 했다. 세상의 그 어떤 아이폰에도 없는 정보를 그 아이폰에 담았던 것이다. 내가 제시했던 제안 스택 **offer stack**('스택'에 대한 자세한 설명은 '비밀-22 완벽한 웨비나 스크립트'의 '스택' 항목 참조 - 옮긴이)은 아마도 다음 그림과 같이 보였을 것이다.

나는 어떤 제안을 하든 간에 내가 제안하는 상품의 전체 가치가 이 상품에 매기는 가격의 열 배가 되도록 만든다. 즉 내가 어떤 물건을 100달러에 팔려고 할 때는 그 물건에 1000달러의 가치를 담는다. 그러면 100달러 물건을 쉽게 팔 수 있다. 1000달러짜리 물건을 팔고 싶을 때는 이 물건

```
┌─────────────────────────────────────────┐
│              제안 스택                    │
│            ─────────                      │
│                                           │
│   • 전자책              75만 달러         │
│                                           │
│   • 복서                 1만 달러         │
│                                           │
│   • 그 밖의 앱들        15만 달러         │
│            ─────────                      │
│   • 총 가치            100만 달러         │
│                                           │
│   그러나 단돈 10만 달러에 판다            │
└─────────────────────────────────────────┘
```

도표 2-2 가격 저항을 극복하려면 당신이 제안하는 상품의 가치를 높여서, 이 가치가 가격의 열 배 이상 되도록 만들어라.

의 실제 가치가 1만 달러가 되도록 가치를 부여한다. 이렇게 하면 1000달러라는 가격이 소비자에게는 매우 싸게 보인다.

만일 당신이 어떤 물건을 팔려고 하는데 가격 저항이 존재한다고 치자. 이때 문제는 당신의 물건을 살 소비자가 충분히 많은 돈을 가지고 있지 않다는 사실이 아니라, 그 물건을 충분히 싸게 보일 정도로 충분하게 많은 가치를 만들어내지 못했다는 사실이다. 예를 들어보자. 내가 당신에게 신발 한 켤레를 1만 달러에 팔려고 한다고 치자. 당신은 분명 너무 비싸다고 하고 또 그런 돈을 가지고 있지 않다고 말할 것이다. 왜냐하면 그 신발이 비싸게 '보이기' 때문이다. 그러나 만일 내가 최신 모델의 페라리 제품을 1만 달러라는 싼값에 팔겠다고 하면 당신은 어떻게든 그 돈을 구해서 달려올 것이다. 페라리 제품의 가치가 그것보다 훨씬 더 높다는 것을 알고 있으므로, 1만 달러라는 가격이 싸게 '보이기' 때문이다.

당신의 제안 내용에 포함할 수 있는 항목들은 무엇인가? 제안을 만들어내는 과정에서 첫 번째 단계는 현재 판매하는 제품이나 서비스를 살펴본 후, 당신이 꿈에 그리는 고객에게 더 나은 결과를 가져올 만한 것들을 알아내는 것이다.

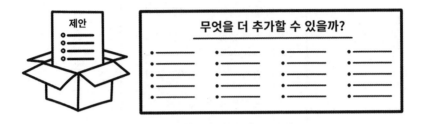

도표 2-3 핵심 제안의 가치를 높이기 위해 추가할 수 있는 모든 제품과 서비스를 적어보라.

새로운 제안을 만들 때 나는 대개 팀원들과 함께 화이트보드 앞에 앉아서 다음 질문을 던지고 브레인스토밍을 시작한다.

"우리 고객 기업의 확실한 성공을 위해 따로 제공할 만한 것은 뭘까?"

그러고는 모든 아이디어를 칠판에 적는다. 아무리 터무니없어 보이는 아이디어라도 빼놓지 않고 모두 다 적는다. 최근에는 클릭퍼널스닷컴의 무료 이용권 등록을 유도하기 위한 제안을 만들었는데, 이 제안에 추가로 제공할 만한 것을 놓고 브레인스토밍을 했다. 그 자리에서 팀원들은 이런 아이디어들을 내놓았다.

- "러셀이 신청자의 집으로 직접 날아가서 그들에게 필요한 퍼널을 만들어줄 수 있지 않을까?"
- "우리가 각각의 퍼널을 처음 마련할 때 사용하는 우리 회사의 표준 운영절차 관련 문서들을 제공할 수 있지 않을까?"
- "새로운 퍼널의 견본 100가지를 제공하자!"
- "우리가 기획하는 대형 행사의 녹화 영상 이용권을 주면 어떨까?"
- "사람들이 퍼널을 만들어 달라고 우리에게 의뢰할 때 우리가 사용

하는 계약서를 그 사람들에게 주는 것은 어때? 그들이 퍼널 설계 서비스를 다른 사람(기업)에 팔 수 있게 해주자!"

이런 아이디어는 점점 더 많이 쌓였고, 채 두 시간도 지나지 않아서 커다란 화이트보드는 온갖 아이디어로 빼곡해졌다. 함께 아이디어들을 살펴보던 중 한 팀원이 질문했다. "그런데 이 중에서 우리가 타협할 수 없는 것들도 있지 않을까요? 이 목록에 포함하고 싶지 않은 것도 있을 거고요."

나는 얼른 손을 들고는, 무료 이용권 등록을 한 사람의 집까지 날아가서 퍼널을 만들어주고 싶은 마음은 없다고 말했다. 곧바로 그 아이디어는 기각되었다. 그런 식으로 목록을 하나씩 검토했고, 수십 가지의 아주 멋진 요소들을 추가한 끝에 누구도 거부할 수 없는 제안을 완성했다. 이전의 제안은 무료 이용권 등록을 하면 14일 동안 우리의 소프트웨어를 무료로 사용할 수 있다는 것이었다. 나쁜 제안은 아니었지만 거부할 수 없을 정도로 매력적인 제안도 아니었다. 여기에 우리가 새로 추가한 생각들을 보태서 결코 거부할 수 없는 제안을 만들었고, 그 결과 수만 명의 신규 회원을 추가로 확보할 수 있었다.

나는 '비밀을 풀자Unlock the Secrets'라는 행사를 해마다 연다. 이 행사에는 기업가들과 그들의 자녀가 참석해서 온라인 창업법을 배운다. 이 자리에서 나는 제안을 만드는 모든 방법을 가르친다. 그런데 아이들보다도 어른들이, 그것도 많은 어른들이 혼란스러워했다. 그래서 한번은 아이 한 명을 연단으로 불러 제안을 만드는 작업이 얼마나 쉽고 단순한지 보여주기로 했다. 그때 연단에 올라왔던 아이는 '이너서클'의 회원인 라이언 리의 딸로 키아나라는 열두 살 소녀였다.

"키아나, 너는 무슨 사업을 하니?"

"저는 베이비시터예요."

"오, 멋진데! 같은 동네에 베이비시터는 몇 명이니? 다들 얼마를 받고 아이를 돌봐주고 있지?"

"내 친구들은 모두 베이비시터예요. 정말 많죠. 대부분은 시간당 5달러를 받아요."

그 말이 끝난 뒤에 나는 잠시 뜸을 들이고 사람들을 둘러보았다.

"자, 키아나는 어떤 상품 하나를 팔고 있습니다. 그런데 동네의 모든 베이비시터들이 동일한 가격에 동일한 서비스 상품을 팔고 있군요. 내가 생각하기에 저녁에 자기들끼리 데이트하러 나가는 부모들은 보통 동네의 베이비시터 목록을 보고는 차례대로 한 명씩 전화를 걸어 맨 처음 시간이 된다는 사람에게 아이를 맡길 겁니다. 그렇죠?"

나는 키아나가 만드는 핵심 제안을 "아이 돌봄"이라고 칠판에 적었다.

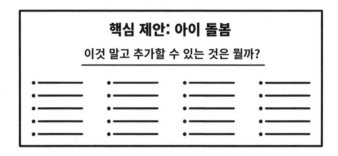

도표 2-4 당신의 핵심 제안에 더 많은 제품과 서비스를 추가할수록 당신이 제시하는 가격은 경쟁업체가 제시한 가격보다 싸게 보인다. 이런 식으로 당신의 제안을 거부할 수 없는 제안으로 만들 수 있다.

그런 다음 키아나에게 아이 돌봄의 가치를 높이기 위해서 추가할 수 있는 다른 일이 있는지 물었다. 그러자 놀랍게도 키아나는 추가로 할 수 있는 일들을 줄줄 읊었다.

"저는 저녁을 먹고 설거지와 청소를 할 수 있어요. 또 마당에서 아이와 함께 재밌게 놀아줄 수도 있어요. 스마트폰 게임은 안 시키고요. 또 제가 좋아하는 책을 가지고 와서 읽어주고 숙제하는 것도 도와주겠습니다!"

"오오, 놀랍군요. 또 추가할 내용이 있나요?"

그러자 키아나는 계속해서 이렇게 말했다.

"부모님이 돌아오시기 전에 아이를 재울 거예요. 아이에게 줄 간식을 가져오고 부모님이 집에 돌아오셨을 때도 음식을 해드릴 수 있습니다! 아이들이 멋진 일을 했을 때는 사진을 찍고 또 우리가 함께 활동한 사진을 모아 예쁘게 편집해드릴 수 있어요!"

키아나는 계속해서 온갖 아이디어를 냈고 결국 말려야만 했다. 나는 키아나에게 내 아이들을 돌봐준다면 시간당 20달러도 기꺼이 줄 수 있다고 말했다.

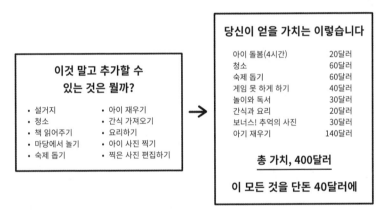

도표 2-5 키아나는 아이 돌봄뿐 아니라 다른 서비스도 함께 제공해서 자기 제안의 가치를 높일 수 있었다. 이렇게 함으로써 다른 베이비시터들을 제치고 부모들에게 선택될 (그리고 훨씬 높은 수준의 시급을 받을) 가능성을 높였다.

동네에 사는 베이비시터들 가운데 한 명이 이런 돌봄 서비스 제안 스택을 제시한다고 해보자. 부부가 함께 오붓한 저녁 시간을 보내려고 아이를 두고 외출할 때 베이비시터 목록을 보고 무작위로 전화해서 시간이 되는 아무나 선택하겠는가, 아니면 거부할 수 없는 제안을 한 베이비시터를 몇 주 전부터 예약하겠는가? 아마 후자를 선택할 것이다. 또한 그 동네의 다른 베이비시터들에게 주는 돈보다 두세 배나 많은 돈을 줄 것이다. 이유는 간단하다. 그 베이비시터가 더 많은 가치를 제공하기 때문이다.

제안을 할 때는 능숙하게 해야 한다. 세일즈 퍼널을 통해 성공을 거두기 위한 첫 번째 열쇠는 제안하는 방법을 배우는 것이다. 예컨대 당신이 게시하는 각각의 광고는 이런 식의 제안을 할 것이다. "_____하는 방법을 가르쳐주는 영상을 보려면 여기를 클릭하시오." 반면 세일즈 퍼널을 이용한다면 각 단계에서 이런 식으로 제안할 수 있다. "당신의 이메일 주소를 알려주면 _____을 무료로 보내드립니다."

가치 사다리 안의 각각의 단계에는 새로운 제안이 있고, 모든 이메일은 특정한 제안을 담아 전송될 것이다. 제안을 만드는 과정은 한 번 하고 끝나는 것이 아니라 계속해서 반복돼야 한다. 물론 회사를 운영하는 사람으로서 가장 중요한 할 일은 아닐 수도 있다. 그러나 반드시 해야 하는

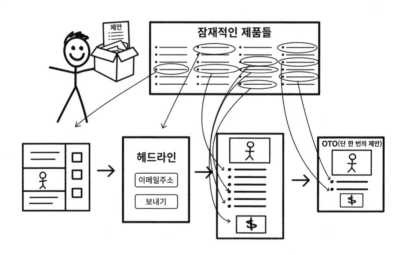

도표 2-6 당신은 광고와 이메일과 퍼널을 포함해서 시장의 모든 곳에 제안을 던져놓을 것이다.

일임은 분명하다.

이 과정에서 도움이 될 만한 사례로 현대 광고의 아버지, 클로드 홉킨스Claude Hopkins의 사례를 살펴보자. 홉킨스는 1900년대 초반에 맥주 판매량 5위에 머물던 슐리츠 맥주를 업계의 최강자이던 앤호이저 부쉬와 어깨를 나란히 할 정도로 끌어올렸다. 당시에 초기 광고업체들은 홉킨스와 같은 사람들을 '책략을 꾸미는 사람'이라고 불렀다. 이들이 하는 일은 광고라는 퍼즐에서 가장 중요한 조각인 '제안'의 내용을 구성하는 것이었다. 1907년에 클로드에게 그 일을 의뢰하려면 연간 5만 2000달러(오늘날의 가치로 환산하면 140만 달러 가까이)를 지불해야 했다. 그만큼 소비자에게 제시하는 제안의 구체적인 내용을 구성하는 일은 매우 중요하다.

따라서 지금 당장 수행해야 할 첫 번째 과제는, 제품을 하나의 제안으로 전환함으로써 그 제품의 가치를 높이려면 어떤 요소를 추가할 수 있을지 파악하는 일이다.

- **1단계**: 당신의 꿈의 고객이 반드시 성공하도록 돕기 위해서 추가로 제공할 수 있는 것이 무엇인지 떠올려야 한다. 그러려면 다양한 아이디어를 최대한 많이 브레인스토밍해야 한다.
- **2단계**: 거부할 수 없는 제안을 만들려면 이 아이디어들에서 어떤 요소들을 골라야 할까?

브레인스토밍에 시간을 할애하라. 그리고 당신이 대가로 요구하는 금액을 주지 않고는 배길 수 없을 정도로 완벽한 어떤 것, 즉 고객 입장에서는 절대 거부할 수 없는 어떤 것이 무엇인지 알아내라. 제안이 담고 있는 가치를 높일수록 고객의 수락을 얻어내기는 더 쉬워질 것이다.

자, 이제 첫 번째 제안을 완성했다. 이번에는 제안을 한층 더 가치 있게 만들어줄 또 다른 비밀을 공개하겠다.

스토리셀링Story-Selling

피트니스 트레이너인 드류 매닝Drew Manning은 최근에 사람들에게 케토제닉 식습관(탄수화물을 섭취를 최대한 낮추고 지방의 섭취를 늘리는 식습관 - 옮긴이)을 가르치는 교육 서비스 회사를 창업했다. 그는 처음부터 사람들이 거부할 수 없는 제안으로 사업을 시작했다. 그 제안은 '케토 점프스타트 Keto Jumpstart'인데, 여기에는 다음과 같은 것들이 포함되어 있다.

- 케토 점프스타트 식사 계획
  - 8주 케토 식사 계획
  - 8주 채소 목록
  - 35가지 케토 요리법
- 케토 음식 목록: 80여 가지의 음식을 먹을 수 있다
- 케토 운동 도전: 8주 체중 감량 운동
- 케토 친구 식당 가이드
- 케토 페이스북 커뮤니티 유지하기

제안은 좋았지만 온갖 사항이 적힌 목록을 보여준다고 해서 사람들을 바로 고객으로 만들 수는 없다. 그 제안에 녹아 있고 가치의 인지 수준을 높이는 스토리가 있어야 제안을 거부할 수 없게 된다. 드류의 제안 자체도 좋았지만, 사람들이 이 특별한 제안을 받아들이도록 만들 묘책은 따로 있었다. 바로 드류 자신의 스토리다.

드류는 자신이 이러한 제안을 할 수 있는 특별한 자격이 있다고 이야기했다. 그의 체중 감량 스토리는 다른 트레이너들의 스토리와는 다르다. 여러 해 전에 그는 직접 살을 많이 찌웠다가 빼면 고객의 상황을 생생하게 경험할 것이고 그러고 나면 더 높은 수준의 서비스를 할 수 있겠다고

생각했다. 그는 실제로 그렇게 했다! 여섯 달 만에 몸무게를 약 34킬로그램이나 늘렸고, 그 뒤 여섯 달 동안 그 몸무게를 다시 뺐다. 이런 경험을 통해서 그는 체중 감량에 대한 객관적인 사실뿐 아니라 다이어트를 하는 사람들이 반드시 겪게 되는 정서적이고 심리적인 불안감까지도 직접 체험하며 이해했다.

드류는 살을 일부러 찌웠다가 뺐던 이 경험을 광고와 랜딩 페이지에 활용했으며, 이런 과정을 거친 다음에야 비로소 고객에게 자기 상품을 제안했다. 드류의 스토리를 들은 사람들은 그와 인간관계를 쌓아가고 그가 자기 문제를 도울 유일한 사람이라고 생각하기 시작했다. 드류의 스토리는 그가 제공하는 상품에서 고객이 인지하는 가치를 높여준 것이다.

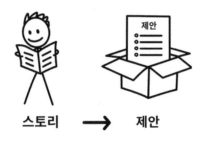

도표 2-7 아무리 위대한 제안이라도 그것만의 힘으로는 구매로 이어지기 쉽지 않다. 꿈의 고객이 판매자의 제안을 받아들이게 하려면 고객이 판매자를 신뢰하게 만드는 스토리가 필요하다.

드류는 이 제안과 자신의 스토리로 불과 몇 달 만에 100만 달러 이상을 벌었다. 그는 클릭퍼널스가 수여하는 '백만 달러 클럽Two Comma Club' 상을 받았고, 몇 년이 지난 뒤에는 천만 달러를 넘게 벌어서 '백만 달러 클럽 엑스Two Comma Club X'의 수상자가 되었다! 올바른 제안 뒤에 강력한 스토리를 들려줄 때 어떤 결과가 나타나는지 보이는가?

퍼널 안에 있는 모든 단계에서 스토리를 들려줘야 한다. 광고에 사람들이 클릭할 만한 스토리를 녹여넣어야 한다. 랜딩 페이지에도 첫 번째 제안을 받아들이도록 잠재고객을 설득하는 스토리가 들어가야 한다. 상향판매 페이지나 웨비나 프레젠테이션 등에도 스토리가 필요하다. 이 책의 3부에서 여러 세일즈 퍼널 안에서 사용할 수 있는 스토리의 다양한 프레임워크와 스크립트에 대해 설명할 것이다.

후크

우리가 날마다 페이스북 뉴스피드를 스크롤 하거나 이메일을 확인하거나 구글에서 무언가를 찾으려고 검색할 때, 방문한 웹페이지에서는 과연 어떤 일이 벌어지고 있을까? 우리가 어느 사이트를 방문하든 온라인 사업가들은 웹페이지의 헤드라인, 이미지, 영상과 같은 '후크'를 마구 던진다. 그들은 자기가 꿈꾸는 고객이 모여 있는 곳이면 어디든지 달려가서 후크를 던지고 사람들의 관심을 사로잡으려 한다. 그 사람들이 자기이야기를 들어줄 시간을 벌기 위해서다.

마트 계산대에 놓인 타블로이드 신문 《인콰이어러》의 헤드라인에 걸음을 멈췄던 기억이 있는가? 나는 후크를 《인콰이어러》의 가로막음

도표 2-8 비록 이 책에서는 역순으로 설명하고 있지만, 후크가 첫 번째 단계다. 이 단계에서 판매자는 꿈에 그리는 고객의 관심을 사로잡기 때문이다.

Enquire Interrupts'이라고 부르기도 한다. 온라인에서 해야 하는 일은 바로 《인콰이어러》의 헤드라인과 비슷하다. 온라인 공간에서 사람들이 가장 많고 또 가장 바쁘게 움직이는 여러 장소로 가서, 꿈의 고객이 모인 바로 거기에서 수십 개의 후크를 던져야 한다. 목표는 하나다. 당신의 스토리를 들려주기 위해서다. 관심을 끌어서 특별한 제안으로 가기까지 충분한 시간을 벌기 위해서다.

후크는 그 자체로는 아무런 가치도 제공하지 않지만, 사람들의 관심이 스토리에 쏠리게 만들어준다. 또 스토리 하나하나에는 수십 개의 제각기 다른 후크가 들어 있다. 예를 들어 드류는 '살을 찌웠다가 다시 뺐던 경험'이라는 자기 스토리를 가지고 있다. 그 스토리 안에는 쉽게 사용할 수 있는 후크가 여러 개 들어가 있다. 다음과 같은 것들이다.

- 제이 레노의 토크쇼에서 자기 스토리를 들려주는 드류의 영상
- 긴 여정을 보여주는 '비포 & 애프터' 사진
- 자신의 제품을 사용하는 모습을 찍은 사진
- 자신의 스토리를 사람들에게 들려주는 영상
- 사람들의 관심을 사로잡는 음식 사진
- 체중 감소와 관련된 헤드라인
- 체중 증가와 관련된 헤드라인

이 목록은 얼마든지 늘어날 수 있다. 우리가 시장에 내놓는 모든 스토리에는 어디에서든 적극 활용할 수 있는 수십 개의 잠재적인 후크가 들어 있다. 어떤 후크가 시장의 관심을 끌지는 알 수 없다. 그러므로 꿈의 고객을 효과적으로 사로잡을 수 있는 후크를 찾을 때까지 계속해서 다양한 후크를 던지고 또 던지는 것이 중요하다.

비밀 공식

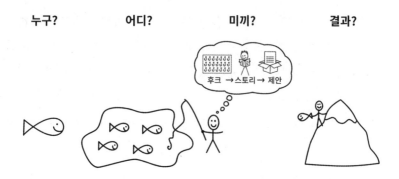

누구?   **어디?**   **미끼?**   **결과?**

후크 →스토리→ 제안

도표 2-9 꿈의 고객이 누구인지 파악하고, 그들이 어디에 모여 있는지 알아내고, 그들의 관심을 사로잡을 미끼를 던진다. 마지막 단계는 고객을 위해 어떤 결과를 만들어줄 수 있는지 분명히 보여주는 것이다.

후크, 스토리, 제안. 우리는 꿈에 그리는 고객이 누구인지 알아내고 그들이 모여 있는 곳을 찾아냈다. 고객들을 당신의 세상으로 끌어들여서 그들의 삶을 바꿀 미끼도 던졌다. 마침내 미끼는 비밀의 공식에서 마지막 단계인 결과로 우리를 이끌 것이다. 당신이 고객에게 전달하려는 가장 훌륭한 결과는 무엇인가? 이 결과는 가치 사다리와 밀접한 관련이 있다. 다음 장에서는 가치 사다리에 대해 알아보겠다. 가치 사다리는 당신이 꿈의 고객에게 한층 더 높은 수준의 이득을 제공하면서도 돈을 벌 수 있는 역량을 키워줄 것이다.

가치 사다리

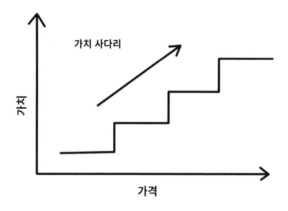

도표 3-1 고객이 당신의 가치 사다리에서 점점 높이 올라갈수록 당신이 하는 제안의 가치와 가격은 모두 상승한다.

"혹시 담배 피우세요?"

"네? 안 피우는데요? 평생 한 번도 안 피웠는데…… 근데 왜요?"

"치아가 좀 누렇게 변색됐네요. 담배를 피워서 그런지, 커피를 마셔서 그런지 확실치 않아서 물어본 겁니다."

"전 커피도 안 마시는데요? 그런데 제 치아가 그렇게 누렇나요?"

동네 치과에서 의사와 처음 만나고 약 10분 뒤에 나눈 대화다.

여러 해 전, 내가 사업을 새로 시작했을 때만 해도 아내와 나는 가입한 보험이 아무것도 없었다. 나는 직장도 없었고 온라인에서 물건을 팔려고 이리 뛰고 저리 뛰면서 하루하루 힘들게 살고 있었다.

나는 사업을 시작하고 약 5년 후부터 직원들을 채용했는데, 그때까지 '진짜' 회사는 직원들에게 이런저런 복지 혜택을 준다는 사실을 전혀 몰랐다. 직장을 다녀본 적이 없어서 직원에게 어떤 복지를 해줘야 하는지 알 수 없었다. 사실 하루 종일 직원들 옆에 있는 것이 최고의 복지라고만 생각했다! 그건 착각이었고 직원들은 의료보험과 치과보험을 원했다. 그래서 나는 나를 포함한 회사 직원들을 위한 복리후생 제도를 어떻게 마련해야 할지 따로 배워야 했다. 그런 다음 우리 모두는 의료보험과 치과보험에 가입했다. 그런데 보험에 가입하고 얼마 뒤, 동네 치과 병원에서 우편엽서를 보내왔다. 무료 스케일링을 받으라는 안내 우편이었다!

그때 나는 이런 생각을 했다.

우와, 진짜 좋네! 보험에 가입하니까 스케일링이 공짜라니. 이제 나도 진짜 보험 가입자야!

그렇게 해서 무료 스케일링을 받으러 갔고, 거기서 치과 의사와 내 치아의 색깔 이야기를 나누게 된 것이다.

"내 치아 색깔이 정말 그렇게 누렇나요?"

"예, 그렇긴 한데 걱정 마세요. 원하신다면 치아 미백 트레이를 만들어 드릴게요. 꾸준히 사용하면 효과가 있을 겁니다."

난 정말 안심하며 말했다.

"좋네요! 누런 치아는 싫거든요."

치과 의사가 내 치아를 계속해서 살펴보다가 조금 뒤에는 이렇게 말했다.

"어릴 때 치아 교정하셨나요?"

"예, 맞는데…… 어떻게 아셨어요?"

"아랫니 두 개가 제법 심하게 흔들리는데, 어릴 때 교정기를 꼈던 분들한테 자주 나타나는 현상이에요."

"이가 흔들린다고요? 심각한가요? 어떻게 해야 하죠?"

"원하신다면 치아 교정 유지장치를 만들어 드릴께요. 치아가 자리 잡는 데 도움이 되죠. 아니면 인비절라인 교정을 해서 가지런하게 바로잡을 수도 있습니다."

"예, 그렇게 해주세요."

그날 아침에 치과병원으로 들어설 때만 하더라도 나는 무료 스케일링을 받겠다는 생각뿐이었다. 그런데 채 한 시간도 지나지 않아서 2000달러를 썼다. 치아 미백 키트와 치아 교정기 값이다. 치과 의사는 내가 가치 사다리라고 부르는 강력한 판매 개념을 알고 있었고, 전략적으로 그 가치 사다리에 나를 넣었다.

첫째, 그는 미끼를 만들었다. 무료 스케일링이라는 미끼로 꿈의 고객인 나를 끌어당겼다.

둘째, 그는 나의 치아를 깨끗이 해주는 것으로 나에게 가치를 제공했고, 서비스를 제공하는 동안에 나의 치아가 누렇게 변색했음을 알아차렸다. 그 시점에 나는 가치를 제공받고 있었으므로 추가 가치를 받고 싶은 마음이 드는 건 당연했다.

그 뒤에 치과의사는 가치를 제공할 다른 방법을 찾았고 (그건 치아 교정 유지장치였다) 나는 그의 제안을 자연스럽게 받아들인 것이다.

요즘엔 많은 치과 의사가 성형 수술로 환자에게 매우 큰 가치를 제공하기도 한다. 만약 내가 그때 성형 수술까지 했다면 적어도 1만 달러 이상의 훨씬 더 많은 돈을 썼을지도 모른다.

그런데 이게 끝이 아니었다. 진료가 끝난 뒤 직원은 여섯 달 뒤에 예약을 잡으면서 나를 '연속 진료' 프로그램에 등록시켰다. 연속 진료 프로그램에 등록하면 당사자가 취소하기 전까지는 주 단위나 월 단위 혹은 연단위로 계속 진료비를 내야 한다. 그러니까 그 치과 의사는 완벽하게 구현된 가치 사다리를 가지고 있던 셈이다.

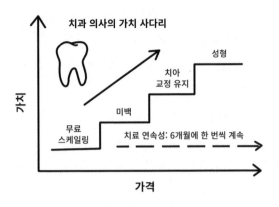

도표 3-2 치과 의사는 환자 고객을 자기의 가치 사다리에서 계속 위로 밀어 올리는 한편 지속적으로 정기 진료를 받게 하겠다는 생각으로 무료 스케일링 서비스를 제공했다.

가치 사다리 강령

내가 회사를 창업하거나 비즈니스 컨설팅을 제공할 때 가장 먼저 하는 것이 있다. 고객의 가치 사다리를 그리는 일이다. 가치 사다리를 그리면 고객들에게 어떻게 서비스를 제공할 것인지 또 그들을 어디로 데려가고 싶은지 등을 머릿속으로 정리하는 데 도움이 된다. 이렇게 하면 자기 회사의 진정한 목적, 즉 고객이 성취하도록 하고자 하는 주요 목표 또는 결과를 한층 쉽게 파악할 수 있다.

'이너서클' 회원인 스테이시 마르티노와 폴 마르티노는 자기들의 가치 사다리를 고객의 '노란 벽돌길'(『오즈의 마법사』에서 이상적인 도시인 에메랄드 시티로 이어지는 길의 이름이다 - 옮긴이)이라고 부른다. 두 사람은 자기들의 세상에 들어오는 고객은 누구든 마법의 나라인 '오즈'를 갖게 된다고 말한다. 즉 고객은 자기가 누리고 싶은 결과를 갖게 된다는 것이다. 이처럼 가치 사다리는 고객을 마법의 나라로 이끌기 위해 벽돌을 차곡차곡 쌓아서 만든 솔루션의 길이다.

이 과정은 당신의 꿈의 고객이 당신에게 찾아오는 목적인 바로 그 행복한 결과(혹은 마법의 나라)가 무엇인지 정의하는 것에서부터 시작되어야 한다. 나는 이것을 '가치 사다리 강령value ladder mission statement, VLMS'이라고 부른다. 나는 이 강령을 다음과 같이 요약한다.

우리는 우리가 제공하는 '어떤 것'을 통해서
'누군가가' '무엇을' 성취하도록 돕는다.

- 당신이 봉사하고 싶은 사람은 어떤 사람인가? 우리는 지금까지 기업가가 생각하는 꿈의 고객에 대해 계속 이야기했다. 우리는 그들을 끌어당기고 그들에게 봉사하기 위해서 이 가치 사다리 안에 많은 것들을 준비해야 한다.
- 당신은 꿈의 고객에게 어떤 결과를 줄 수 있는가? 고객이 성취하려고 했지만 아직도 성취하지 못한 것, 그러나 그들이 당신의 세상 안으로 발을 들여놓음으로써 성취할 목표, 즉 당신이 그들에게 보여줄 결과는 무엇인가?
- 당신이 고객에게 제공하고 싶은 새로운 기회는 무엇인가? 고객이 과거에 시도했던 것과는 전혀 달라야 할 것이다. 당신이 제공할 제안의 구체적인 내용은 무엇인가?
  만약 내가 치과 의사라면 나의 가치 사다리 강령은 다음과 같이 정리될 것이다.

우리는 동네 사람들이
자신 있게 아름다운 미소를 지을 수 있게 해줌으로써
자신감을 높이도록 돕는다.

가치 사다리를 이렇게 정리하고 나면, 당신이 만든 모든 것은 고객들을 마법의 나라로 이끌 수 있다. 가치 사다리의 각 단계에서 당신이 제시하는 모든 제안은 그 핵심 목표를 달성하는 데 도움을 준다. 나의 치과 의사는 무료 스케일링이라는 가치 사다리 강령에 맞는 제안을 가지고 있었다. 그는 가치 사다리의 아래쪽에 있던 나를 위쪽으로 끌어올려서 치아 미백 치료를 받게 했다. 이것은 해당 서비스를 구매하는 고객들을 대상으로 해서 치과의 가치 사다리 강령을 실천하는 새로운 제안이었다. 가치 사다리 안에 있는 모든 제안이 다 그렇다. 그것들은 동일한 강령을 완수하는 다른 방법들일 뿐이다.

예컨대 나의 회사인 클릭퍼널스닷컴의 가치 사다리 강령을 정리하면 다음과 같이 된다.

우리는 유망한 기업가들이
세일즈 퍼널이라는 프레임워크를 이용하여
자기 회사를 성장시키도록 돕는다.

이 강령은 매우 단순하다. 그러나 그것은 누가 나의 꿈의 고객인지 정확하게 규정한다(유망한 기업가들이다). 내가 고객에게 제공할 결과를 보여준다(자기 회사를 성장시키는 것이다). 또 내가 가르치는 중심적인 내용인 독특한 매개체vehicle를 명시한다(바로 세일즈 퍼널이다). 가치 사다리 안에 무엇을 만들든 간에 이 세 가지에 초점을 맞춘다.

우리는 책, 온라인 강좌, 행사, 소프트웨어, 강습, 마스터마인드 그룹 등을 통해서 이 가치 사다리 강령을 실행한다. 이때 각각의 매체는 우리 가치 사다리 안에서 별도의 제안이지만, 모두 하나의 강령 목표를 성취하도록 돕는다.

자, 이제 가치 사다리 강령을 만들어보고 싶지 않은가? 시작해보자.

가치 사다리는 사업 계획이다

당신은 고객에게 제안하고 싶은 커다란 결과가 무엇인지 알고 있다. 그러니까 이제부터는 그 약속을 이행할 제안을 만들어야 한다. 내가 고객에게 제공할 최종 결과는 사람들이 세일즈 퍼널을 만들어 자기 회사에 녹여내는 것 그리고 새로운 잠재고객을 지속적으로 유입시키는 트래픽 체계를 만드는 것이었다.

나는 거부할 수 없는 제안, 즉 모두가 좋다고 대답할 만한 (적어도 그럴 것이라고 생각하던) 제안을 만들었다. 이 제안에는 우리 팀이 고객에게 달려가서 퍼널과 프로세스를 만들어주는 것도 포함되어 있었다. 내가 꼬박한 주 동안 매달려야 하고 회사의 핵심 팀이 몇 달씩 힘을 쏟아야 하는 대단한 작업이었다. 거기에 들어가는 비용은 25만 달러에 달했고 그 작업의 기회비용도 적지 않았다. 그래서 나는 이 제안의 가격을 현금 100만 달러로 낮추되 그 회사의 지분 1퍼센트를 받는 것으로 정했다.

자, 정리해보자. 내가 어떤 제안 하나를 만들었고 이 제안은 가치 사다리 강령을 충실하게 이행한다. 이제 이 제안을 받아줄 고객만 있으면 된다. 그런데 내 제안의 가격이 너무 비싸서 고객들이 비용을 감당할 수가 없었다. 게다가 나의 고객이 되었으면 좋겠다고 생각한 사람들이 나의 제안을 진지하게 받아들이지 않는 것도 문제였다. 충분히 그럴 수 있는 일이었다. 당신이 길을 가다가 우연히 나를 만났는데, 내가 "만약 현금 100만 달러와 당신 회사의 지분 1퍼센트를 준다면, 당신 회사가 엄청난 성장을 하도록 도울게요"라고 말한다면 당신은 어떻게 하겠는가? 아마도 내가 미쳤다고 생각하고 도망칠 것이다.

왜 그럴까?

그 이유는 우리가 지금 막 만났기 때문이다. 난 얼핏 보면 열네 살 꼬맹이 같고, 당신에게 어떤 가치나 이득을 제공한 적이 없다. 그러니 내 제안의 가격이 비싸게 '보이는' 것은 당연하다.

한 번은 이런 일이 있었다. 나의 꿈의 고객 1000명이 참석한 가운데 어떤 행사를 진행할 때였다. 나는 며칠 동안 프레젠테이션을 하면서 청중들과 서로 많은 가치를 쌓았다. 행사가 끝날 때쯤 청중들에게 물었다. "만약 내가 100만 달러짜리 제안을 한다면 지금 이 제안을 받아들일 분이 계시나요?" 그러자 곧바로 50명이 넘는 사람이 손을 들었다. 그들은 내가 함께한다면 기꺼이 수표를 쓰고 자기 회사 지분을 떼주겠다고 했다. 어떻게 이럴 수 있을까? 정답은 가치 사다리에 있다.

이 책을 읽는 당신은 지금 내 가치 사다리 안에 들어와 있는 셈이다. 나는 이 책을 쓰는 데 엄청나게 많은 시간을 투자했다. 이 책이 독자에게 커다란 가치를 제공해서, 독자가 한층 더 많은 가치를 나와 함께 추구하기를 기대했기 때문이다. 이 책은 비싸지 않기 때문에 구매 저항은 크지 않았을 것이다. 당신은 이 책을 읽으면서 가치를 제공받는데, 그러면 당신은 자연스럽게 한층 더 많은 가치를 바라게 된다. 그 이후에는 가치 사다리 위로 계속 올라가면서 가치를 제공받을 또 다른 길은 없는지 찾아보게 된다.

당신은 내가 개설한 강좌를 들을 수도 있고 내가 마련한 행사에 참석할 수도 있다. 이때 당신은 자기가 바라던 가치를 제공받는다면 나의 고급 코칭 프로그램이나 마스터마인드 그룹에 등록할 수도 있다. 여기서도 내가 커다란 가치를 제공한다면, 당신은 당연히 나의 가치 사다리 위로 계속 올라가려 할 것이다. 바로 이것이 우리가 100만 달러짜리 패키지를 판매하는 방법이다. 우리는 가치 사다리의 각 단계에서 엄청나게 많은 가치를 제공한다. 고객들은 당연히 가치 사다리의 위쪽으로 올라가서 더 많은 가치를 얻길 바라고 기꺼이 돈을 지불한다. 가치를 얻은 곳에서 더 많은 것을 얻고자 하는 것은 인간의 본성이다.

생각해보자. 배우자를 선택할 때도 마찬가지다. 사람은 자기를 긍정적으로 여기는 사람에게 눈길을 주고 데이트 신청을 한다. 누군가와 좋은 시간을 함께 보내고 그 과정에서 가치를 제공받는다면, 아주 자연스럽게 그 사람에게 조금 더 많은 것을 원하게 된다. 데이트를 한 번 더 할 가능성도 높아진다. 가치 사다리에서 위로 계속 올라가는 것이다. 그렇게 해서 사랑하게 되고 결혼하게 되고 또 아기를 낳는다. 이것은 모든 사람이 가지고 있는 인간적인 경향성이다.

당신의 사업에서 가치 사다리는 실제 사업 계획이다. 그것은 고객을 어떻게 확보할 것인지, 돈을 어디에서 벌 것인지 고객이 성취할 수 있도록 당신이 도움을 준 결과가 무엇인지 보여준다. 가치 사다리를 마련해 두지 않은 사업가는 사업을 하는 게 아니다. 그저 어떤 제품이나 서비스를 파는 것일 뿐이다.

가치 사다리가 어떻게 구성되어 있는지 [도표 3-3]을 보자. 세로축이 가치를 나타내고 가로축이 가격을 나타낸다. 이 사다리에서 우상향으로 나아갈 때 고객들은 더 많은 돈을 지불하고 더 높은 수준의 가치를 얻게 된다. 가치 사다리의 각 층은 가치 사다리 강령을 이행하기 위해서 만들어진 제안이다.

일반적인 작가, 강연자, 코치 또는 컨설턴트의 가치 사다리를 보자. 이들의 가치 사다리는 보통 [도표 3-4]와 같다. 이 가치 사다리 맨 아래층에는 대개 책이나 보고서 또는 저렴한 가격으로 팔 수 있는 제품이 놓인다. 여기서 시작해서 그들은 자기 고객을 온라인 강좌나 행사 그리고 마스터마인드 집단으로 끌어올린다.

스테이시 마르티노와 폴 마르티노는 그들이 원하는 고객을 불러들일 수 있는 제품과 서비스에 딱 들어맞는 가치 사다리를 만들었다.

두 사람은 자기들의 가치 사다리 맨 아래에 무료 팟캐스트 방송 〈인간관계 전환기Relationship Transformer〉를 제공하는 잠재고객 퍼널을 만들었다. 여기에서 고객들을 위한 가치를 만들고, 도전 퍼널을 통해서 27달러

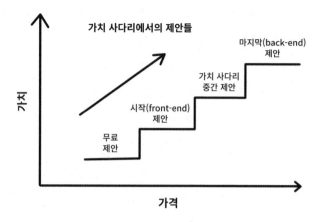

도표 3-3　판매자가 가치 사다리의 각 단계에서 가치를 제공할 때 고객은 자기에게 가치를 제공하는 판매자에게서 한층 더 많은 가치를 제공받고 싶어 한다.

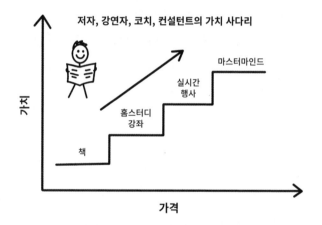

도표 3-4　저자, 강연자, 코치, 컨설턴트의 가치 사다리는 대개 이런 모습인데, 그 이유는 위쪽으로 나아갈수록 자기의 꿈의 고객과 한층 더 밀접하게 일할 수 있기 때문이다.

에 판매하는 상품인 '14일 부스트14-Day Boost' 프로그램을 사도록 고객들을 유도한다. 그리고 이 도전이 끝나면 고객을 한 번 더 위로 밀어 올려서, 웨비나 퍼널을 통해 997달러에 판매하는 '퀵스타트' 홈스터디 프로그램을 사도록 만든다.

'퀵스타트' 프로그램에서 가치를 제공받은 사람이라면 사흘 동안 열리며 참가비가 1997달러인 '인간관계 돌파 수행' 행사에 자연스럽게 참가하게 된다. 여기에서 스테이시와 폴은 더 높은 수준의 서비스를 제공하고, 행사가 끝날 무렵에는 수업료가 1만 4997달러인 '인간관계U 1년 코칭 프로그램'에 가입하라고 신청서 퍼널을 통해서 고객에게 제안한다. 이 가치 사다리를 통해 두 사람은 지금까지 수천 쌍의 부부를 구했으며 (이 프로그램에 참석한 사람의 이혼율은 1퍼센트밖에 되지 않는다) 단기간에 수백만 달러를 벌었다.

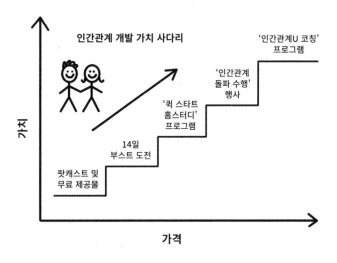

도표 3-5 스테이시와 폴은 꿈의 고객이 가치 사다리의 높은 곳으로 계속 올라갈 때 그 고객이 모든 인간관계에서 한층 더 많은 성공을 거두도록 도움을 줄 수 있다.

클릭퍼널스를 창업할 때 우리가 밟았던 첫 번째 단계는 가치 사다리를 대략적으로 그린 다음에 각각의 층에 적절한 제안을 위치시키는 것이었다. 이 사다리의 맨 아래층에는 다양한 책과 보고서를 놓았다. 퍼널이 필요한 이유와 퍼널을 회사에서 활용하는 방법을 사람들에게 가르치기 위한 것이다. 우리가 쓸모 있는 자료를 아주 많이 제공하는 것을 본다면, 퍼널을 이용해서 자기 회사를 싱장시키고 싶은 마음이 들 것이다. 그러면 한 달 이용료 97달러를 내고 '클릭퍼널스'를 사용하기 시작하게 된다. 또 여기에서 많은 가치를 얻은 사람은 한 달 297달러의 이용료에 '클릭퍼널스 플래티넘'으로 넘어갈 것이다. 그리고 마지막으로 오프라인 교육과 집단 강습 및 행사를 제공하는 최상층인 '클릭퍼널스 콜렉티브'로 올라갈 것이다.

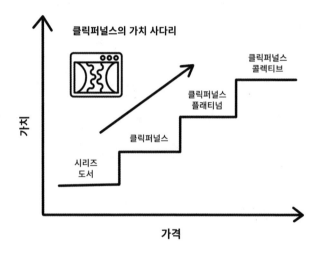

도표 3-6　우리 회사의 제품과 서비스로부터 가치를 제공받는 고객은 한층 더 많은 가치를 제공받는 다음 단계로 올라가고 싶어 하는데, 이것은 자연스러운 과정이다.

가치 사다리 설계하기

이 글을 읽는 사람들이 일하는 회사의 유형은 저마다 다르다. 당신은 가치 사다리를 자기 회사에 어떻게 적용할지 고민하고 있을 것이다. 그렇다면 사다리의 상층에 놓일 제품이나 서비스를 확보하고 있지 않은 회사의 가치 사다리는 어떻게 만들어야 할까?

나에게는 척추지압사 친구가 있다. 채드 울너 박사인데 나와는 오래전부터 알고 지낸 사이다. 척추지압사가 대부분 그렇듯이 그는 한 번 지압을 해주고 50달러를 받는다. 광고를 내고, 환자가 오면 약 10분 동안 지압을 한다. 지압이 끝나면 환자는 50달러를 내고 간다. 때로 상태가 심각한 환자에게는 연속 서비스 개념으로 몇 달에 걸쳐서 한 주에 몇 번씩 지압을 해주곤 한다. 척추지압 사업은 대개 이런 식으로 운영된다.

어느 날 이 친구가 나라면 이 척추지압 사업을 어떻게 운영하겠느냐고 물었다. 그 질문을 받고 며칠 동안 고민했는데 그때 재밌는 일이 일어났다. 당시 나는 올림픽 출전을 앞두고 훈련을 하던 레슬링 선수들을 상대로 컨설팅을 하고 있었는데, 흥미로운 이야기를 듣게 된 것이다. 척추지압사가 한 주에 한 번씩 와서 모든 선수에게 지압을 해주는데, 언젠가 한 번은 그 지압사가 오지 못했고, 선수들은 지압을 한 주 건너뛰게 되었다. 그러자 선수 가운데 한 명이 유튜브로 '척추지압 하는 법'을 검색해서 영상을 보고 한 30분쯤 연구한 다음, 다른 선수들을 불러서 한 명씩 척추지압을 해줬다.

이 이야기의 요지는 유튜브 영상을 보고 의술을 실행하라는 것이 아니다! 정식 교육을 전혀 받지 않은 사람이 30분 만에 전문가가 돈을 받고 해주는 척추지압 기술을 배웠다는 사실이 중요하다. 그걸 보고 나는 저절로 웃음이 나왔다. 그리고 곧바로 지압사 친구에게 전화해서 그 얘기를 들려주었다.

물론 그 친구는 위험한 행위라며 흥분하고 화를 냈다. 나는 그 친구의 말을 가까스로 막은 다음에 이렇게 말했다.

"화를 내라고 전화한 게 아니라 정말 중요한 사실을 일러주려고 전화한 거야. 너는 대학에 다니면서 여러 해 동안 공부해서 척추지압사가 되었는데, 어떤 레슬링 선수가 단 30분 만에 네가 하는 모든 것을 배울 수 있었다는 거잖아."

친구는 말이 없었고 우리 사이에는 침묵이 흘렀다. 나는 계속해서 말을 이었다.

"진짜 궁금해서 그러는데, 너는 학교에 다니는 동안에 지압 외에 또 뭘 배웠어?"

그러자 친구는 한껏 풀이 죽은 목소리로 학교에서 배우고 익혔던 것들을 모두 말했다.

"영양학과 자연치유를 여러 해 동안 공부했고… 섬유근육통과 손목터널증후군을 치료할 수도 있고, 또……"

나는 말을 끊고 물었다.

"잠깐, 근데 너는 이런 서비스를 고객에게 해준 적 있어? 아니면 50달러짜리 지압을 해주면 그걸로 고객에게 가치를 제공하는 게 끝이었던 거야?"

조금 다른 이야기일 수는 있지만, 내가 컨설팅하는 회사는 대부분 자기가 가치 사다리를 가지고 있다고 생각하더라도 실제로는 그 사다리의 일부만 가지고 있을 뿐이었다. 그래서 컨설팅 작업을 할 때 가치 사다리의 맨 아래층과 맨 위층에 그 회사가 제공할 수 있는 제품과 서비스를 채워넣는 일에 좀 더 집중하는 경우가 많다.

그 통화를 한 뒤에 나는 울너 박사와 마주 앉아서 그의 가치 사다리의 현재 모습을 그려보았다.

그런 다음 그가 더 많은 가치를 제공할 수 있는 다른 방법들을 찾고, 고객을 데려가고 싶은 곳을 정했다. 그렇게 해서 그는 5000달러의 가격을 매길 수 있는 프로그램을 새로 마련했다. 이 프로그램에 참가하는 고객은 울너 박사의 시술소를 한 번씩 방문할 때마다 열 배나 더 많은 가치를 제공받았다. 이 프로그램은 가치 사다리의 가장 높은 위치에 마지막back-end 제안으로 놓였다.

가치 사다리의 마지막 제안은 마련했지만 고객을 사로잡을 매력적인

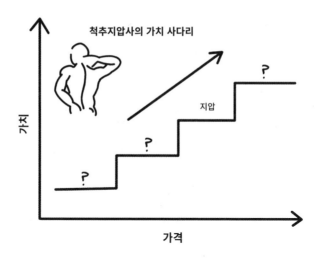

척추지압사의 가치 사다리

가치

지압

?

?

?

가격

도표 3-7 울러 박사의 사업은 지압이라는 단 하나의 기본 서비스만 제공하고 있어서 어려움을 겪었다.

시작front-end 제안은 아직 없었다. 이것이 없다면 고객을 마지막 제안까지 올릴 수가 없다. 척추지압은 그다지 매력적이지 않다. 기분 좋게 즐길 수도 없고, 매우 긴급한 약 처방이 필요해서 일반 의사를 찾아가는 경우와도 다르다. 사람들은 대개 웬만한 고통은 참고 지내다가 정말 고통이 심해지면 그제야 척추지압을 받는다.

시작 제안이 따분하고 재미없는 회사는 운영에 어려움을 겪을 수밖에 없다.

울너 박사는 조금이라도 매력적인 제안이 있을지 찾아보았다. '무료 테스트'를 해주는 대신 최초 진료를 예약하면 무료 마사지와 식품 보조제 그리고 명상 CD를 준다는 내용의 제안을 하기로 결정했다. 이 새로운 제안으로 무장한 그는 광고를 시작했다. 몇 달 후, 그의 시술소 풍경은 완전히 달라졌다. 그의 가치 사다리 앞에 사람들이 줄지어 늘어섰고, 일부 손님은 장기 치료나 건강 프로그램 등의 사다리 위쪽으로 올라갔다! 그의 시술소는 고객으로 가득 찼고, 그는 많은 돈을 벌었다. 고객들도 예전

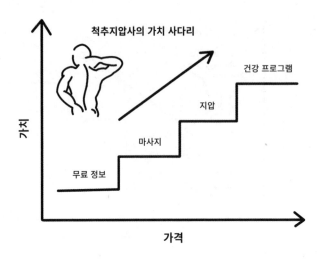

의 캡션

도표 3-8 울러 박사의 가치 사다리가 다양한 층위의 제안으로 채워지자 그의 사업은 날개를 달았다.

에는 상상도 하지 못했던 서비스 가치에 만족해했다.

어떤 기업은 가치 사다리에 새로운 제안을 추가하는 방법을 쉽게 알아내지 못한다. 정보 제품을 판매하는 기업은 비교적 쉽게 할 수 있다. 상승 퍼널이 수천 개의 다른 정보 기반 기업에서 이미 만들어져서 입증되었기 때문이다. 그런데 정보 제품이 아닌 다른 걸 파는 기업이라면 어떨까? 물리적 제품이나 퍼널이 명확하지 않은 전문 서비스를 판매하는 기업이라면 어떨까? 때로는 약간의 생각과 창의력만 있으면 이런 문제가 쉽게 해결된다.

가치 사다리에서 중간쯤의 위치에 놓이는 제품이나 서비스가 있다고 치자. 이때 꿈의 고객을 끌어당기기 위해서 어떤 유형의 '미끼'를 만들 수 있을까? 내 친구 한 명은 맞춤 정장을 만드는 회사를 운영한다. 그는 최고급 서비스를 파는 영역에 갇혀 있었다(당시에 그 회사의 시작 제안 가격은 2000달러였다). 견고한 가치 사다리를 만든다는 건 생각조차 하지 못했다. 그러다 그는 커프스링크를 온라인에서 무료로 나눠주기로 하고 광고를 냈다. 광고를 내고 며칠 뒤부터 완벽한 자격을 갖춘 잠재고객 수백 명이 형성되기 시작했다. 그러자 세일즈 퍼널을 통해 잠재고객에게 자기만의 맞춤 양복을 사도록 유도했다.

한편 시작 제안에 해당하는 제품은 있지만 수익성이 높은 마지막 제안의 제품이 없는 기업들도 많다. 이럴 때 나는 함께 묶어서 팔 수 있는 것이 있는지 살펴보곤 한다. 이 회사가 잠재고객을 대상으로 교육 프로그램을 제공할 수는 없을까? 오프라인 행사를 여는 건 어떨까? 이 회사가 고객에게 줄 수 있는 다른 결과나 가치는 없을까?

한두 가지 제안 정도로 가치 사다리를 채우는 기업들이 많다. 온전하게 꽉 찬 가치 사다리는 정말 찾아보기 어렵다. 이렇게 빠져 있는 가치 사다리의 여러 층을 적절한 상품이나 서비스 제안으로 채우기만 하면 그 회사는 비약적으로 성장할 수 있다. 추가할 수 있는 마지막 서비스와 경험의 수준은 한도가 없다. 계속해서 더 많은 가치를 사람들에게 제공하기만 하면 사람들은 계속해서 더 많은 돈을 쓸 것이다.

나는 '빌 글레이저-댄 케네디 티타늄 마스터마인드' 프로그램에 참가하려고 2만 5000달러를 낸 적이 있다. 당시에 나의 가치 사다리에서 고객에게 가장 비싸게 내놓았던 제안은 5000달러였다. 그 프로그램에 참석했던 누군가가 물었다.

"러셀, 5000달러를 내고 상품을 산 사람들에게 그다음에는 어떤 것을 팔 생각이죠?"

나는 그런 사람에게 더는 팔 게 없다고 대답했다. 그러자 그는 이렇게 말했다.

"러셀, 5000달러짜리 구매자가 잠재고객이에요! 그 사람들에게 다른 더 비싼 것을 팔아야죠!"

흥미롭게도 그날 밤 늦게 그 사람들(그렇다, 2만 5000달러를 내고 그 자리에 모여 있던 사람들이다)에게 3만 달러를 추가로 내고서 댄 케네디와 함께 영화 〈페노메논〉을 볼 기회가 제시되었다. 전체 18명 가운데 9명이 그 제안을 받아들였다. 그때 나는 가치 사다리의 위쪽 끝은 무한하다는 사실을 깨달았다. 바로 이것이 우리가 참가비 100만 달러인 프로그램을 만든 이유 중 하나다. 3만 달러짜리 영화 관람 제안에 누군가가 "예!"라고 말했을 때 내가 얼마나 큰 충격과 흥분을 느꼈을지 상상이 되는가? 당신의 말에 귀를 기울이는 독자나 청중 가운데 1퍼센트는, 당신에게서 더 많은 가치를 제공받을 수만 있다면 추가 비용을 기꺼이 지불할 것임을 명심해야 한다.

가치 제공을 제한하는 유일한 요인은 상상력이다. 더 높은 수준의 서비스를 계속 생각하기만 하면, 내놓는 제안에 계속해서 더 높은 가격을 매길 수 있다.

앞에서 피트라이프의 핵심 문제는 트래픽(방문자)이나 전환이 아니라고 언급했다. 그들이 가치 사다리를 전혀 가지고 있지 않았다는 점이 바로 단 한 가지 실질적인 이유다. 그 바람에 제대로 된 세일즈 퍼널을 만들 수 없었던 것이다. 이 경우 사람들을 퍼널 안으로 데려갔지만 그 뒤로는 관계가 이어지지 않은 것이다. 잠재고객은 피트라이프에게 돈을 주고 싶었지만 분명한 퍼널을 찾을 수 없었다. 그러다가 피트라이프가 그런 것들을 마련하자마자 사람들은 자연스럽게 가치 사다리에서 계속 위로 올라갔고, 결국 드류와 그의 팀은 큰 성공을 거두었다.

가치 사다리의 시작과 끝에 무엇을 추가해야 할지가 언제나 명확하지는 않다. 그러나 분명히 말하지만, 해결책은 있다. 만일 당신이 경쟁자들을 모두 제치고 성공하고 싶다면 이 가치 사다리를 확실하게 마련하고 그 내용을 채워야 한다.

가치 사다리의 각 단계에 필요한 퍼널의 유형

가치 사다리의 각 단계마다 제안 내용이 다르듯이, 각 유형의 제안을 판매하기 위해서 특별하게 설계된 다양한 유형의 세일즈 퍼널이 있다. 예를 들면 가치 사다리의 첫 번째 층에서는 대부분 무료 제안이 놓인다. 이 제안은 사람들이 가치 사다리 안으로 들어와서 가치를 제공받은 다음에 돈을 내더라도 가치 사다리의 높은 곳으로 가고 싶은 욕구를 자극하는 제안이다. 그중에는 '잠재고객 퍼널lead funnel'라고 부르는 특이한 유형의 퍼널들이 있는데, 꿈의 고객이 자기가 만든 세상에 합류하도록 설계하는 퍼널이다.

2부에서는 우리가 사용하는 정확한 잠재고객 퍼널과 함께 이를 모델로 삼아서 당신 회사의 잠재고객 퍼널을 만드는 방법을 알려줄 것이다.

가치 사다리에서 가격이 한층 더 높은 (그러나 상대적으로는 아직도 여전히 저가 제품인) 제품으로 이동할 때는 '언박싱unboxing 퍼널'을 이용한다.

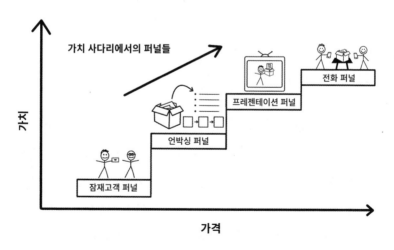

도표 3-9 가치 사다리 각 단계의 가격대가 제각기 다르므로, 각각의 단계에서는 그에 맞는 다른 유형의 퍼널을 사용해야 한다.

일반적으로 가격이 1달러에서 100달러 사이인 제품이 바로 이 언박싱 퍼널에서 판매된다. 우리가 사용하는 언박싱 퍼널에는 세 가지 유형이 있는데, 여기에 대해서도 2부에서 자세히 설명하겠다.

이 언박싱 퍼널에서 우리는 꿈의 고객을 다음 층으로 밀어 올리는데, 이 층에서 팔리는 제품의 가격대는 100달러에서 2000달러 사이다. 이 정도로 높은 가격의 제안이 고객에게 받아들여지려면 전혀 다른 유형의 퍼널이 필요하다. 우리는 이를 '프레젠테이션 퍼널'이라고 부르는데, 내가 좋아하는 이 퍼널에 대해서도 2부에서 자세하게 설명하겠다.

마지막으로 2000달러가 넘는 높은 가격으로 제품을 파는 퍼널이 있는데, 이 퍼널에서는 사람들을 오프라인으로 모으고 전화 연결도 한다. 고가의 제품을 판매할 때 우리가 사용하는 이 신청서application 퍼널과 스크립트도 설명할 것이다.

앞으로 각각의 퍼널을 구체적으로 살펴보겠지만, 이 퍼널들이 각각 가치 사다리의 어느 층에 놓이는지 제대로 이해해야 한다. 그래야 2부에서 설명하는 내용을 한층 더 쉽게 이해할 수 있기 때문이다.

가치 사다리의 첫 번째 퍼널

나는 누군가에게 가치 사다리의 개념을 처음 들려줄 때 살짝 긴장한다. 왜냐하면 사람들은 대개 자기 회사의 가치 사다리를 그려보고는 그다음 몇 달 또는 몇 년 동안 가치 사다리의 각 층에 맞는 제안을 만들려고 무척 노력하지만, 실제로는 아무것도 팔지 못하기 때문이다.

가치 사다리를 반드시 회사를 창업하기 전에 완성할 필요는 없다. '이너서클' 회원들에게도 나는 그렇게 말한다. 자기 회사의 가치 사다리가 어떨지 그려보라고 하고, 그런 다음에는 가치 사다리의 한 층을 선택해서 단 하나의 제안, 즉 단 하나의 퍼널에만 초점을 맞추라고 강조한다. 적어도 총합계 100만 달러의 수익을 올릴 때까지는 그렇게 하는 것이 좋다.

나는 보통 가치 사다리의 중간 제안이나 마지막 제안(즉 프레젠테이션 퍼널이나 전화 퍼널) 가운데 하나를 고르라고 한다. 여기서 판매하는 상품의 가격은 광고비를 감당할 수 있을 정도로 충분히 높기 때문이다.

리즈 베니는 몇 년 전에 '이너서클'에 등록했다. 리즈는 내가 온라인에서 설명하는 퍼널들을 보았으며, 내가 자기에게 먼저 책을 쓰도록 하고 그런 다음에는 코칭 프로그램을 시작하게 해줄 것이라고 생각했다. 그러나 나는 앞으로 90일 동안 초점을 맞춰야 할 목표가 웨비나 퍼널을 만들고 (웨비나 퍼널은 프레젠테이션 퍼널들 가운데 하나다) 1000달러짜리 강좌를 만들어서 판매하는 일이라고 말해줬다.

리즈는 열심히 노력했다. 강좌를 만들고, '완벽한 웨비나'의 스크립트를 쓰고, 해당 퍼널을 만들고, 광고를 했다. 몇 주 지나자 상품이 팔리기 시작했다. 리즈는 그 시기에 해야 하는 일들을 전부 해낸 다음 이렇게 물었다. "이 퍼널이 잘 팔리는데, 그다음에는 내가 무슨 제안을 만들어야 하죠?" 리즈는 그에 대한 내 대답에 깜짝 놀랐다. 수익이 100만 달러가 되기 전까지는 가치 사다리의 다음 단계 제안을 내놓지 말라고 했기 때문이다. 100만 달러의 수익을 달성하려면 1000달러짜리 강좌를 적어도 1000개는 팔아야 했다. 리즈는 다시 웨비나에 집중했고, 결국 1년 안에 100만 달러 수익을 냈다. 자기를 사랑하고 자기에게서 한층 더 많은 것을 원하는 1000명의 꿈의 고객을 확보한 것이다.

100만 달러 목표를 돌파한 리즈에게 나는 복서로 메시지를 보냈다. "됐습니다. 이제 고객들이 준비가 되었습니다." 이제 리즈는 가치 사다리의 다음 층에 놓일 값비싼 코칭 프로그램을 만들었고, 자기 고객들에게 이 프로그램을 홍보하는 이메일을 보냈다. 프로그램의 참가자는 며칠 만에 다 채워졌다.

이 단순한 2단계 가치 사다리만으로도 충분할 수 있다. 이것만으로도 많은 돈을 벌고 충분한 고객군을 얻을 수 있다. 나도 클릭퍼널스를 창업한 뒤에 비슷한 경험을 했다. 나는 클릭퍼널스에 접속할 수 있을 뿐 아니라 온라인 교육도 들을 수 있는 상품을 1000달러에 내놓았다. 첫해에 2500명이 넘는 사람이 이 상품을 샀고, 100명이 '이너서클' 프로그램에 등록했다. 문제는 이 1000달러짜리 상품을 계속 홍보하고 밀어붙이는 일이 어려워졌다는 것이다. 이미 1만 명이나 구매했기 때문이다.

그때 나는 이 책을 내기로 결심했다. 우리는 책 퍼널(언박싱 퍼널들 가운데 하나다)을 만들어서 이 책을 내놓았다. 이 책 덕분에 세일즈 퍼널이 무엇인지 모르는 완전히 새로운 사람들을 끌어당길 수 있었다. 이 사람들은 이 책에서 가치를 얻었고, 또 자연스럽게 가치 사다리의 높은 층으로 올라갔다.

내가 이런 사례들을 소개하는 것은, 가치 사다리를 그리고 나서 그 안의 모든 층에 퍼널을 만들 게 아니라 단 하나의 층에만 초점을 맞추는 것이 중요하기 때문이다. 단 한 개 층의 그 제안(상품)을 어떻게 판매해야 할지 알고 난 다음에, 그리고 더 많은 것을 원하는 고객의 요구를 충분히 축적한 후에 다음 단계로 넘어가야 한다. 그런 다음에야 비로소 가치 사다리의 최상층 단계인 마지막 퍼널을 열고서 충성스러운 고객들에게 한층 더 높은 수준의 가격으로, 한층 더 높은 수준의 가치를 제공하라는 말이다.

만약 핵심 제안을 광고해도 광고 효과가 없다면 그건 변화가 필요하다는 뜻이다. 그럴 때는 새로운 사람들을 가치 사다리로 끌어들인 다음에 이 사람들을 가치 사다리의 위쪽으로 올려 보내야 한다. 그러려면 새로운 사람들을 끌어당길 새로운 시작 제안을 만들어야 한다.

내가 비밀의 공식을 만든 것은 누구를 고객으로 모시고 싶은지, 고객을 어떻게 찾아야 하는지, 고객을 끌어당기려면 어떤 미끼를 사용해야 하는지, 고객을 어디로 데려가는 게 좋은지 등을 사람들이 쉽게 파악하

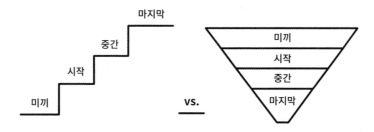

가치 사다리 vs. 세일즈 퍼널

도표 3-10 꿈의 고객이 가치 사다리에서 위로 올라갈 때(왼쪽) 당신이 하는 각 제안의 가격은 높아진다. 그렇기 때문에 꿈의 고객의 숫자는 갈수록 줄어들고(오른쪽) 마지막에 가서는 정말 충성스러운 고객만 남는다. 이들은 아무리 비싼 가격을 매긴 상품이라도 기꺼이 산다.

도록 하고 싶었기 때문이다.

가치 사다리라는 개념을 만든 것은 꿈에 그리는 고객을 미끼에서부터 가장 비싼 상품으로까지 유도하려면 어떤 제품과 서비스를 추가해야 할지 사람들이 쉽게 파악하도록 하고 싶었기 때문이다.

자, 이제 가치 사다리와 세일즈 퍼널이 어떻게 연관되는지 살펴보자. 이 책의 1부와 2부에서는 자기만의 세일즈 퍼널들을 만드는 데 필요한 전략, 심리, 전술을 자세히 알아볼 것이다. 세일즈 퍼널이 무엇이며 지금까지 살펴본 내용과는 어떤 관련이 있는지 짚고 넘어가야 한다. 이는 당신 회사의 성공 여부를 가를 정도로 중요하다.

현실이 동화 속 세상이라면 판매 전략은 필요 없다. 곧바로 꿈의 고객을 설득해서 가장 비싸고 가장 좋은 상품을 구매하라고 할 것이다. 그러나 앞에서도 말했듯이 고객에게 가치를 제공하지 않은 상태에서는 이런 설득이 성공할 가능성은 전혀 없다. 심지어 최고 수준의 서비스가 모든 고객에게 적합하다는 보장도 없다. 그래서 우리는 가장 비싼 상품을 곧바로 구매하도록 설득하는 대신에 다음 두 가지 작업을 수행하는 데 도움이 되는 퍼널부터 만든다.

- 각각의 고객에게 부담 없이 살 수 있는 특정한 수준의 서비스로 가치를 제공한다.
- 가장 높은 가격대의 제안에 기꺼이 응할 수 있는 꿈의 고객을 파악하면서 수익을 높이고 돈을 번다.

이러한 퍼널의 개념을 그림으로 표현하면 다음과 같다.

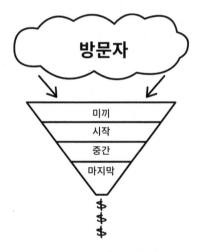

도표 3-11 퍼널의 개념은 판매 과정 안에 있는 사람들을 이동시키는 것이다. 이 사람들은 처음에는 잠재고객이었다. 당신이 할 일은 시작 퍼널과 중간 퍼널과 마지막 퍼널에서 이들에게 상품을 팔아서 최대한 많은 사람들을 반복 구매자로 만드는 것이다.

이 퍼널 위에는 잠재고객에 해당하는 모든 사람들의 집단이 있다. 퍼널의 맨 위층에는 꿈의 고객을 끌어당기는 '미끼'가 있는데, 이 미끼는 가치 사다리의 첫 번째 단계다. 내가 미끼를 담은 광고를 내기 시작하면, 잠재고객은 손을 들기 시작하고, 그 가운데 일부는 나의 시작 제안을 수락한다.

그러면 나는 퍼널의 다음 단계로 이동한다. 가치 사다리의 다음 제품이나 서비스를 소개하는 것이다. 이 제안은 한층 더 많은 금액을 요구하면서 한층 더 높은 수준의 가치를 제공한다. 안타깝게도 내가 던진 미끼에 반응한 사람들이 모두 다 이 상품을 구매하진 않는다. 그러나 일부는 분명 그 상품을 산다.

거기서부터는 퍼널 속으로 더 깊숙이 들어가 가치 사다리의 다음 제품이나 서비스를 소개한다. 다시 말하지만, 처음에 미끼에 반응했던 고객 가운데 '일부'는 구매할 것이다. 나는 가치 사다리의 모든 단계에서 이 작업을 반복한다. 퍼널의 마지막에 도달하면 최고가의 상품을 살 능력과 의지가 있는 소수의 사람이 나타날 것이다. 이 사람들이야말로 내가 꿈에 그리는 고객, 더 친밀한 수준에서 함께 하고 싶은 고객이다.

사실 10여 년 전 내가 처음으로 온라인 사업을 시작할 때는 지금처럼 경쟁이 치열하지 않았다. 나는 시작 제품을 마련할 수 있었으며 광고비로 1달러를 써서 2달러의 수익을 챙길 수 있었다. 그러나 온라인 사업을 하는 사람이 늘어나고 경쟁이 치열해지면서 광고비가 올랐고 소비자의 구매 저항이 높아지면서 온라인 상품 판매는 점점 어려워졌다. 내 주위에도 한 해에 수백만 달러를 벌었다가 시대의 흐름에 적응하지 못해서 사업을 접은 사람들이 있다.

나도 어려움을 느꼈지만 운이 좋았다. 한 단계 위의 제안을 함으로써 세일즈 퍼널을 더 깊게 만드는 것이 중요하다고 가르쳐준 멘토들이 있었다. 깊은 세일즈 퍼널일수록 고객에게 더 많은 것을 제공할 수 있고 고객은 한층 더 많은 가치를 얻게 된다. 가치가 있는 상품일수록 사람들은 그것을 얻으려고 더 많은 돈을 쓴다.

내가 온라인에서 판매하는 모든 제품이나 서비스는 한 단계 더 비싼 상품으로 유도하는 퍼널을 가지고 있다. 사실 일반적인 고객은 무언가를 구매한 직후에 (즉 그들이 세일즈 퍼널에서 바깥으로 나가기 전에) 한두 가지의 상향구매 제안을 받는다. 이것 역시 세일즈 퍼널의 한 가지 유형이다. 그러나 내 방식은 다르다. 고객이 무언가를 사면 나는 다른 여러 유형의 의사소통 및 '후속 퍼널들'을 활용해서 그들과 관계를 형성하고 우리가 판매하는 다른 제품이나 서비스를 사도록 권한다. 이런 특별한 의사소통 후속 퍼널에 대해서는 1부 끝부분에서 살펴볼 것이다. 우리가 판매하는 모든 상품은 고객에게 가치를 제공하는 것뿐 아니라, 고객을 한층 더 충성스러운 고급 고객으로 전환하기 위한 자체 세일즈 퍼널을 가지고 있다. 이런 퍼널 열 가지를 2부에서 소개하겠다.

매력적인 캐릭터

"다음 강연자를 소개합니다. 남성들에게 여성의 마음을 얻는 방법을 코칭하며 연간 수백만 달러를 벌어들인 사업가입니다. 모두 자리에서 일어나 존 앨러니스를 환영해주세요!"

나는 연단에 오르는 존을 지켜보았다. 그는 인터넷 사업자들에게 온라인 판매법을 가르치지는 않지만 사람들이 대부분 놓치는 비밀 하나를 안다고 말했다. 존은 그 비밀이 여성이 남성에게 다가오게 만드는 법을 가르칠 때 남성들이 모르고 있는 것과 다르지 않다고 설명했다.

"저는 여자가 스스로 다가오게 만드는 방법을 남자들에게 보여줍니다. 여기 계신 분들 중에 고객이 제 발로 걸어서 당신을 찾아오게 만들고 싶은 분 있나요? 손 한번 들어보세요."

나는 처음 보는 사람과 대화하는 것을 두려워하지만, 존이 그 질문을 던지자마자 손을 번쩍 들었다. 나 말고도 대부분이 손을 들었다.

"제가 의뢰인인 남자와 일을 시작할 때 가장 먼저 가르치는 것이 '매력적인 캐릭터'라는 개념입니다. 누군가를 끌어당기고 싶으면 매력적이어야 합니다. 외모를 말하는 게 아니라 성격과 개성을 말하는 겁니다."

존은 여자가 이끌리는 '매력적인 캐릭터'를 자기 고객인 남자가 만들수 있도록 인생과 스토리의 여러 요소를 끄집어내는 몇 가지 방법을 설명했다. 그러고는 잠시 말을 끊었다가 다시 이었다.

"제가 왜 이런 이야기를 하고 있을까요? 여러분의 사업과 무슨 관련이 있을까요? 자, 답은 이겁니다. 사람들이 여러분의 브랜드에 끌리도록 하려면 자기가 속한 시장이 매력을 느낄 만한 자기만의 '매력적인 캐릭터'를 설계해야 한다는 것이지요."

이어서 존은 그 방법과 관련된 몇 가지 아이디어를 제시했고, 나는 그 내용을 노트에 빠르게 받아적었다.

집에 돌아와서 방금 배운 것들을 최대한 빨리 행동으로 실천해보고 싶었다. 그러나 '매력적인 캐릭터'라는 개념은 어떻게 구현해야 할지 몰랐다. 그래서 노트를 훑어보면서 나만의 '매력적인 캐릭터' 요소들을 찾아 내가 온라인에서 하는 일들에 녹여내기 시작했다. 한편으로 그 요소들을 이메일로 사람들에게 알리기 시작했다. 팟캐스트 인터뷰 때는 물론 상품 프레젠테이션을 할 때도 나만의 '매력적인 캐릭터'와 관련된 이야기들을 사람들에게 들려주기 시작했다.

내가 처음 행사장에서 상품 판매 프레젠테이션을 했을 때는 아직 대학생이었다. 대학 레슬링부에 속한 운동선수였는데 내가 파는 상품의 프레젠테이션을 할 기회가 있을 때마다 레슬링과 레슬링부의 코치진에 대해서 이야기했다. 레슬링을 통해서 배운 교훈도 덧붙였다. 프레젠테이션이 끝나고 물건을 본격적으로 팔기 시작하면 그 물건을 사려고 다가오는 사람들은 대부분 남자 운동선수들이었다. 그들은 "저도 대학생 때 축구 선수였어요", "저는 라크로스 선수인데요"라고 말하곤 했다. 그때는 잘 몰랐지만 내가 했던 이야기는 다른 남자 운동선수들이 공감할 수 있는 나만의 '매력적인 캐릭터'의 어떤 부분을 홍보하는 것이었고 그들을 나의 세상으로 끌어당기는 것이었다.

그리고 여러 해 뒤에 아내와 나는 아이를 낳고 싶었지만 임신이 쉽게 되지 않았다. 길고 힘든 과정을 거친 뒤에 우리는 불임 전문 의사를 만났고 쌍둥이를 임신할 수 있었다. 그 후 어떤 세미나 자리였는데, 왠지 그 이야기를 꼭 해야겠다는 생각이 들었다. 평소에 사적이고 내밀한 이야기를 잘 하지 않는 편이라서 꽤 긴장이 되었다. 어떤 맥락에서 했는지는 기억나지 않지만 나는 그 이야기를 내가 팔려고 하는 상품과 연결시켜 이야기했다. 그런데 어쩐 일인지 그날의 청중 반응은 평소와 전혀 달랐다. 놀라운 일이 일어났다.

운동선수들말고도 처음 보는 많은 사람들이 내가 파는 상품을 사겠다고 길게 줄을 늘어섰다. 누군가의 아내, 엄마, 가족들이 내가 내놓은 상품을 사고 있었던 것이다. **나는 가족 이야기를 했는데, 나의 '매력적인 캐릭터'의 한 면에 매료된 사람들이 이렇게 떼를 지어서 나의 세상으로 들어오다니!** 이 새로운 사람들은 나와 공감한다고 느꼈고, 이렇게 형성된 신뢰감 때문에 그들은 내가 내놓은 상품에 선뜻 마음을 열었다.

지난 10년 동안 이 업계에 종사하면서 했던 모든 사업에서 나의 '매력적인 캐릭터'를 알려왔다. 소셜 플랫폼에 콘텐츠를 올릴 때도, 회사의 온라인 광고에도 그런 내용을 담았다. 우리의 제품을 파는 이메일 광고나 웨비나에서도 빼놓지 않았다. 우리가 판매하는 모든 것은 '매력적인 캐릭터'와 어떤 식으로든 연결되었다.

당신의 '매력적인 캐릭터'는 사람들을 당신의 가치 사다리와 단단하게 묶어준다. 사람들은 자기가 누리게 될 가치와 이득이라는 결과를 찾아서 당신의 세상으로 찾아갔다가 당신과 맺는 관계 때문에 그 세상에 머무른다. 내가 가장 좋아하는 인플루언서 가운데 한 명인 제나 커쳐Jenna Kutcher는 이렇게 말했다. "브랜드란 한 기업이 제안하는 것들에 적용하는 이미지이자 개성이다." 말하자면 '매력적인 캐릭터'는 당신이 가치 사다리를 통해 제시하는 모든 제안의 가치를 한층 더 높이기 위해 그 제안들에 응

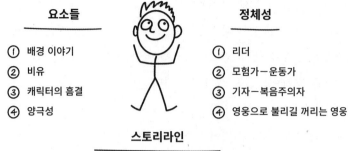

요소들

① 배경 이야기
② 비유
③ 캐릭터의 흠결
④ 양극성

정체성

① 리더
② 모험가-운동가
③ 기자-복음주의자
④ 영웅으로 불리길 꺼리는 영웅

스토리라인

① 상실과 구원
② 우리 대 그들
③ 이전 대 이후
④ 놀라운 발견
⑤ 비밀 말하기
⑥ 제3자 추천

도표 4-1 '매력적인 캐릭터'는 당신이 꿈의 고객과 관계를 만들어 나가는 데 도움이 된다.

용하는 브랜드다.

'매력적인 캐릭터'라는 개념은 반드시 이해해야 한다. 왜냐하면 당신이 여러 퍼널 안에서 실행하는 모든 것 속으로 녹아들 것이기 때문이다. 광고에서는 물론 잠재고객을 세일즈 퍼널로 끌어당기는 콘텐츠에서도 사용할 수 있다.

자신의 '매력적인 캐릭터'에 녹여 넣을 수 있는 것들을 고민할 때, 꼭 참조해야 할 것이 있다. 존 앨러니스의 강연을 들으면서 깨우쳤던 교훈들 가운데서 특히 중요한 사항들과 나만의 매력적인 캐릭터를 개발하면서 지난 10년 동안 발견한 사항들이다. 가장 먼저 살펴볼 것은 '매력적인 캐릭터'의 여러 가지 요소다.

'매력적인 캐릭터'의 요소들

'매력적인 캐릭터'를 가진 사람은 배경 이야기를 가지고 있고, 사람들에게 그에 대한 이야기를 자주 한다. 예전의 경험을 말할 때 중요한 점은, 당신 역시 사람들이 지금 경험하고 있는 삶을 지나왔다는 사실을 알려 줘야 한다는 것이다. 그렇지 않다면 사람들은 당신이 거둔 어떤 성공에도 관심이 없을 것이다. 당신을 따르기는커녕 당신의 충고를 귀담아 듣지도 않을 것이다. 사람들은 리더십의 핵심이 자기가 지금 얼마나 위대한지 보여주는 것이라고 생각한다. 하지만 그건 잘못된 생각이다. 추종자 집단을 만들려면 당신이 사람들을 데려가려는 그 길이 과거에 당신이 이미 걸었던 길이라는 사실을 알려야 한다. 당신은 사람들이 공감할 수 있을 만큼 충분히 취약한 인물이어야 하며, 또 지금의 당신이 있게 만들었던 그 힘들었던 여정을 사람들에게 들려줘야 한다.

울너 박사와 자기만의 '매력적인 캐릭터'를 만드는 문제를 놓고 나눴던 대화는 정말로 인상적이었다. 당시 내가 던진 첫 번째 질문은 '왜 척추 지압사가 되었나'였다. 내 물음에 그는 돈벌이도 괜찮고 금요일에는 일을 하지 않아서 그 길을 선택했다고 답했다.

그러나 울너가 척추지압사가 된 데는 또 다른 배경 이야기가 있을 게 분명했다. 나는 집요하게 캐물었다. 그러자 그는 속 깊은 얘기를 털어놓기 시작했다.

"사실은 아내가 교통사고를 당하기 전까지만 하더라도 치과대학에 진학하려고 했어. 그런데 교통사고 뒤로 아내가 너무 고통스러워서 하는데, 내가 도울 방법은 전혀 없었지. 진통제를 먹기도 하고 여러 의사를 찾아가기도 했지만 효과는 없었어. 그런데 누군가 척추지압사를 추천해서 반신반의하면서 찾아갔는데, 아내가 그 끔찍한 고통에서 풀려난 거야. 아직도 그 장면이 생생하게 기억나. 불과 몇 분 만에 아내의 통증이 눈에 띄게 줄어들었지. 그리고 몇 주 뒤에 아내는 통증에서 완전히 해방됐어. 그때 결심했지. 그 사람이 아내에게 해줬던 것처럼 나도 세상 사람들에게 그렇게 해주고 싶다고 말이야. 그래서 전공을 바꾸기로 마음먹고 몇 년 동안 그 기술을 익히면서 보냈어. 내가 척추지압사가 된 이유야."

정말 강력한 스토리다. 만일 당신이 단골로 찾는 척추지압사나 치과의사나 재무설계사가 어떻게 그 직업을 선택하게 되었는지 당신에게 이야기해준다면, 그 대화가 둘 사이의 관계를 단단하게 묶어주지 않을까? 사업에서도 마찬가지다. 배경 이야기를 공유하는 것은 다른 사람과의 관계를 형성하는 데 매우 효과적인 방법이다. 이 책을 여기까지 읽은 독자라면, 각 장을 시작할 때마다 내가 해당 장이 다루는 비밀을 어떻게 배웠는지 그 배경 이야기로 풀어나간다는 사실을 알아차렸을 것이다. 행사장에서 프레젠테이션할 때도 나는 나의 배경 이야기를 청중들에게 해준다. 또 이메일, 광고, 팟캐스트, 세일즈레터 등에도 배경 이야기를 동원한다. 너무 많이 반복해서 스스로도 지겹다고 느껴질 정도지만, 듣는 사람은 그렇지 않다. 당신이 상품을 파는 시장은 그렇게 반응하지 않는다는 말이다. 그러므로 자신의 배경 이야기를 최대한 **많이** 할 필요가 있다.

자, 그럼 이제 이 질문을 던질 시점이 됐다.

"당신과 '매력적인 캐릭터' 그리고 당신이 꿈꾸는 고객 사이의 관계를 한층 더 단단하게 만들어줄 당신의 배경 이야기는 무엇인가?"

'매력적인 캐릭터'를 가진 사람은 비유로 말한다. 최고의 교사는 비유를 들어서 가르친다. 종교적인 신념과 상관없이 하는 말인데, 당신이 혹시 신약성서를 읽었다면 예수 그리스도가 사역 기간에 거의 모든 가르침을 비유를 들어서 했음을 잘 알 것이다. 또 당신은 이 책을 읽으면서도 내가 비유나 소소한 이야기로 생각해온 아이디어나 개념을 가르치려고 한다는 사실을 알았을 것이다.

예를 들어보자. 내가 사람들에게 정보 상품을 팔아서 돈을 벌 수 있다는 사실을 가르칠 때 그저 "이렇게 하면 됩니다"라고 말하지 않는다. 감자총 만드는 법을 가르쳐주는 DVD를 팔면서도 나는 감자총을 만들게 된 배경 이야기를 들려주었다. 이러한 생생한 비유는 듣는 사람의 마음 속에 그 개념이 생생하게 살아 움직이게 함으로써 잊지 않게 해준다.

내 강연을 듣는 사람이 어려운 개념을 쉽게 알아들을 수 있도록 동원 하는 또 다른 이야기들이 있다. 우선 사람들에게 무언가를 팔려고 할 때 는 사람들이 투자와 구매의 개념을 이해하도록 만들어야 한다. 이때 내 제품을 사는 것이 자기에게 도움이 되는 투자라고 직설적으로 말할 수도 있다. 그러나 이런 말은 대부분 통하지 않는다. 나는 대학교 시절 레슬링 부 감독이었던 마크 슐츠에게서 배운 비유를 써먹는다. 구체적으로 말하 면 다음과 같다.

제가 대학생 때 이야기입니다. 기숙사에 들어간 지 얼마 되지 않았을 때였 는데, 레슬링부 첫 연습에 참가해서 팀원들과 코치진을 만나서 무척 즐거웠 습니다. 그런데 그날 밤, 누군가 방문을 두드려 문을 열어보니 슐츠 감독이 서 있었습니다. 그는 올림픽 금메달리스트이자 UFC 9의 우승자죠. 그는 금 메달을 땄던 그 경기가 열린다는 소식을 불과 하루 전에 들었습니다. 정식 훈련도 없이 상대 선수를 눕힌, 그야말로 전설의 주인공이죠. 슐츠 감독은 기숙사 방으로 들어오면서 "총체적 폭력Total Violence"이라는 제목이 붙은 비 디오테이프를 주더군요.

비디오테이프를 받아들자 그가 갑자기 제 지갑을 열고 돈을 모두 꺼내서 챙 기고는 빈 지갑을 돌려주더군요. 나는 영문을 모르고 혼란스러웠지만 그를 상대로 아무것도 할 수 없었습니다.

그때 감독님이 이렇게 말했습니다. "러셀, 만약 내가 너에게 그 테이프를 공 짜로 준다면 너는 절대 보지 않을 거야. 하지만 지금 나에게 돈을 지불했기 때문에 넌 반드시 비디오를 볼 거야. 그리고 많은 것을 배우겠지." 그러고는 나가버렸습니다. 그날 밤 슐츠 감독은 제게 투자의 힘을 가르쳤고, 그의 생 각이 옳았습니다. 저는 그 비디오테이프에 투자를 했기 때문에 비디오를 계속해서 보았고, 덕분에 더 나은 레슬링 선수가 되었던 겁니다.

나는 누군가에게 내가 내놓은 상품을 사라고, 즉 그 상품에 투자하라고 말할 때마다 이 비유를 들려준다. 나는 잠재고객의 성공을 바라지만, 투자하지 않으면 성공 가능성도 없기 때문이다. 이 비유를 들려주는 것이 투자에 대한 무미건조한 설명보다 얼마나 더 강력한지 잘 알 것이다.

장담하건대 누구든 자기가 살아온 인생을 찬찬히 들여다보면 중요한 사실들을 설명하는 데 도움이 될 소소한 비유들이 보일 것이다. 다른 사람의 삶에서 비유를 끌어낼 수도 있다. 사실만을 가르치지 않고 비유를 들어서 가르칠 때 당신의 메시지는 잠재고객의 기억에 더 오래 남는다는 사실을 명심해야 한다. 자, 그러니 지금부터 당신도 앞으로 계속해서 사용할 수 있는 비유의 창고를 차곡차곡 채우라.

'매력적인 캐릭터'를 가진 사람은 자기 성격의 결점을 사람들에게 말한다. 대부분의 사람들이 밝히기 어려워하지만, 성격의 결점은 사람들에게 말해야 하는 중요한 요소들 가운데 하나다. 그래야 현실에서 얼마든지 볼 수 있는 친근한 사람으로 비추어지기 때문이다. 믿을 수 있고 현실적인 '매력적인 캐릭터'의 소유자라고 해도 모두 결점을 가지고 있음을 알아야 한다. 영화, 책, 텔레비전 드라마에서 당신이 가장 좋아하는 등장인물을 떠올려보라. 감정이입 할 수 있는 등장인물은 모두 이런저런 결점을 가지고 있다. 내가 가장 좋아하는 캐릭터인 슈퍼맨도 그렇다. 슈퍼맨은 강철의 사나이다. 무적이다. 그 누구도 슈퍼맨을 죽일 수 없다. 그러나 슈퍼맨은 자기를 무력하게 만드는 가상의 화학 물질인 크립토나이트를 두려워하고 자기 가족의 안전을 걱정하기도 한다. 바로 이 순간에 그는 결점의 소유자가 되고, 그 덕분에 사람들이 관심을 갖는 흥미로운 인물이 된다.

만화책의 역사를 따라가다 보면, 마블 코믹스가 DC 코믹스보다 훨씬 짧은 역사를 가지고 있는데도 더 우세한 이유는 영화 제작자 스탠 리Stan Lee의 발상 덕분임을 알 수 있다. 그는 주인공이 결점을 가지고 있어야 관객의 공감을 얻는다는 걸 알았다. DC 코믹스 초기의 모든 캐릭터는 슈퍼맨과 비슷했지만, 스탠 리의 거의 모든 캐릭터들은 평범하던 사람이 어떤 계기로 인해 초능력을 가지는 설정이다(스파이더맨, 아이언맨, 헐크를 떠올려보자).

완벽한 사람에게 호기심을 품는 사람은 없다. 공감할 수 없기 때문이다. 우리는 완벽한 가면을 쓰고 타인을 만나려고 하지만, 상대방은 오히려 그 완벽함 때문에 우리에게서 멀어지고 만다. 그러니 반대로 행동해야 한다. 당신이 취약하고 결함을 갖고 있어서 완벽하지 않다는 사실을 보여줄 때 사람들은 당신에게 공감할 것이다. 사람들은 당신이 자기와 마찬가지로 완벽하지 않다는 이유만으로 당신을 더욱 좋아할 것이다.

'매력적인 캐릭터'를 가진 사람은 극단의 힘을 활용한다. 사람들이 잠재고객과 소통할 때 직면하는 또 하나의 어려운 과제는 그 누구의 기분도 상하지 않도록 노력해야 한다는 점이다. 그래서 강연을 하거나 프레젠테이션을 할 때 공감할 수 있는 사람이 되는 대신에 무미건조하게 중립을 유지하는 사람이 되어 모두가 좋아할 만한 무난하고 안전한 것들만 말한다.

이런 방식에는 문제가 있다. 이런 방식이 논리적일 것 같지만, 중립적인 것은 지루하다는 게 문제다. '매력적인 캐릭터'를 가진 사람이 모두의 표를 얻으려고 하면 모두의 표를 놓쳐버린다.

'매력적인 캐릭터'를 가진 사람들은 전형적으로 양극단 중 하나에 위치한 사람들이다. 그들은 어려운 문제에 대해 의견을 나누고, 아무리 많은 사람이 자기 의견에 동의하지 않더라도 끝까지 자기 의견을 고집한다. 그들은 자기가 믿는 것을 주장할 때 청중을 자기에게 동의하는 사람들과 중립적인 사람들과 자기에게 동의하지 않을 사람들이라는 세 개의 진영으로 나눈다. 이런 방식을 적용하면 충성심이 높지 않았던 사람도 당신이 하는 말을 무조건 따르고 당신의 메시지를 퍼나르며 당신이 파는 제품이나 서비스를 무조건 사는 충성심 높은 팬으로 바꿀 수 있다.

이 방식의 가장 좋은 사례로 거침없는 언행으로 유명한 미국의 방송인 하워드 스턴Howard Stern을 들 수 있다. 그는 극단적인 면 때문에 사람들 사이에서 호불호가 확실한 편이다. 그러나 그의 추종자들을 보면 알 수 있듯이 사람들은 그가 하는 말에 귀를 기울인다. 팟캐스트를 듣거나 블로그 또는 책을 읽을 때를 생각해보라. 강력한 유대감을 느끼며 팔로우한 '매력적인 캐릭터'의 소유자들이 당신에게 극단의 효과를 주지 않는가? 이 사람들이나 이들이 전하는 메시지가 견딜 수 없을 정도로 싫은데도 여전히 팔로우하는 사람들이 있지 않은가? 사람들이 가장 좋아하는 사람들의 지혜를 소중히 여기는 것처럼, 자기가 경멸하는 사람의 이야기에도 그렇게 열성적으로 귀 기울인다는 사실은 매우 흥미롭다. 그런데 만약 그들이 극단적인 성향이 아니었다면, 당신은 그들이 누구인지도 모를 것이다.

자기가 어떤 의견을 냈을 때 온라인에서 찬반이 격렬하게 갈린다면 이는 분명 두려운 일이다. 나 역시 그렇다. 내 이름을 인터넷에서 검색하면 나를 좋아하는 사람과 싫어하는 사람이 뚜렷하게 갈린다. 하지만 세상일이 원래 그렇다. 당신이 중립을 유지한다면 아무도 미워하지 않겠지만, 당신이 누군지 아무도 모를 것이다. 그렇다면 어떤 예민한 쟁점에 대해 어느 한 편에 선다면 어떤 일이 일어날까? 당신을 비난하고 욕하는 악플러들이 분명 떼로 나타날 것이다. 그렇지만 당신에게 열렬한 박수를 보내는 집단도 나타난다. 당신을 지지하는 이 집단이 바로 당신의 제품과 서비스를 살 사람들이다.

당신에 대해서 아무도 이런저런 말을 하지 않는다면, 그건 당신이 누군지 아무도 모른다는 뜻이다. 지금은 그런 중립성의 공간에서 벗어나 자기만의 의견을 내야 할 때다. 자신이 소중하게 여기는 것이 무엇인지 사람들에게 말해야 한다.

'매력적인 캐릭터'의 정체성

'매력적인 캐릭터'는 정체성에 따라 다음과 같은 몇 가지 유형으로 분류된다. 전체 유형을 모두 살펴보면서 당신이 되고자 하는 유형을 찾아보라. 자기 정체성을 올바르게 설정하면 잠재고객과 소통하고 상호작용하는 방법도 저절로 알게 될 것이다.

○ **지도자**: 사람들을 한 지점에서 다른 지점으로 이끄는 것이 목표인 사람들이다. 지도자는 대부분 자기가 상대하는 사람들과 비슷한 배경 스토리를 가지고 있어서, 그 사람들이 궁극적인 결과를 추구하는 여정에서 어떤 장애물이나 함정을 맞닥뜨릴지 이미 알고 있다. 지도자는 그 과정을 거쳐 목표를 달성했고, 사람들은 그와 같은 여정을 따르면서 지도자에게 도움을 청한다. 사람들은 살면서 새로운 국면을 맞을 때마다 따르는 지도자들이 있게 마련이다. 그러니 어쩌면 지도자라는 역할은 사람들과 소통할 때 가장 편할 역할일 수도 있다.

○ **모험가**: 모험가는 보통 호기심이 매우 많지만, 그렇다고 모든 문제에 대한 해답을 갖고 있는 건 아니다. 그래서 이들은 궁극적인 진실을 발견하려고 여정에 나선다. 그 길에서 보물을 구하고 다시 돌아와서는 사람들에게 이 보물을 나누어준다. 모험가는 지도자와 매우 비슷하지만, 결과를 찾

는 여정으로 사람들을 이끄는 게 아니라 자기가 직접 그 결과를 찾아와서 사람들에게 가르쳐준다는 점에서 다르다.

○ **기자**: 다른 사람들에게 가르쳐주고 싶은 새로운 길을 아직 개척한 것은 아니지만, 그러고 싶은 욕구가 있는 사람의 정체성이다. 이 정체성을 채택하는 사람들은 수백 명 심지어 수천 명이나 되는 사람에게 온갖 것들을 물어본 다음에 배운 것들을 다른 사람들에게 알려준다.

기자는 내가 처음 사업을 시작할 때 사용했던 정체성이다. 나는 온라인 마케팅에 대해서 잘 알지 못했기에 여러 사람에게 온갖 것들을 물어보며 일을 시작했다. 그러니까 나는 래리 킹이나 오프라 윈프리와 같은 기자가 되었던 셈이다. 나는 온갖 멋진 사람들을 찾아다니며 인터뷰하고 그 사람들의 이야기와 교훈을 사람들에게 알려주었고, 이 과정에서 나에게 호감을 갖는 청중 집단이 자연스럽게 형성되기 시작했다. 나는 유명하고 영향력이 있는 사람들과 자연스럽게 친해졌는데, 그런 모습이 다른 사람들의 눈에 띄면서 나의 지위도 내가 어울리는 사람들 수준으로 높아졌다. 기자 역할을 하면서 얻은 지식과 신뢰감은 자연스럽게 나의 컨설팅 경력을 탄탄하게 만들어주었다. 탐구하고 싶은 어떤 틈새시장을 개척하면서 자기만의 사업을 시작할 때, 기자의 정체성은 큰 도움이 된다.

○ **영웅으로 불리길 꺼리는 영웅**: 이것은 현재 나의 정체성이다. 또한 나와 같은 사람들에게 알려주고 싶은 정체성이기도 하다. 겸손한 영웅은 자기가 발견한 것이 요란한 스포트라이트와 찬사를 받는 걸 원하지 않는다. 하지만 알아낸 정보나 비밀이 매우 중요함을 잘 알기에, 부끄러움을 떨쳐내고 나서서 그것들을 세상 사람들에게 알리려고 한다. 이들은 자기 지식과 정보를 다른 사람들에게 알리는 걸 도덕적 의무로 여기기도 한

다. 스포트라이트가 불편하지만 참아내고 자기에게 주어진 역할을 해야 한다는 것을 안다. 만일 당신도 이런 감정을 느낀다면 '영웅으로 불리길 꺼리는 영웅'이 바로 당신의 정체성이다. 이 역할에 충실하라.

당신은 아마도 이 네 가지 유형 가운데 하나와 매우 비슷하다고 느낄 것이다. 어떤 유형이 당신에게 맞는지 판단한 다음에 그 정체성의 특성을 이용하여 당신만의 '매력적인 캐릭터'를 만들어보라. 만약 모험가라면 모험 이야기를 들려주라. 지도자라면 당신이 과거에 어디에 갔었는지 그리고 지금은 어디로 가려 하는지 사람들에게 말하라. 자기에게 맞는 정체성을 선택하면 그 역할을 수행하기란 어렵지 않다. 그런데 만약 자기만의 '매력적인 캐릭터'를 만드는 일이 매끄럽게 진행되지 않는다면, 선택한 정체성을 의심해볼 필요가 있다. 자신에게 맞는 정체성을 잘못 판단했을지도 모른다.

'매력적인 캐릭터'의 스토리라인

스토리텔링의 달인이 되는 것은 '매력적인 캐릭터'의 가장 중요한 덕목들 가운데 하나다. 여기에서는 사람들과 소통하면서 사용할 수 있는 가장 기본적인 여섯 가지 스토리라인을 간략히 소개한다.

○ **상실과 구원:** 상실과 구원의 이야기는 고난을 겪거나 도전에 맞닥뜨리는 경험과 연결되기 때문에 매우 강력한 효과를 발휘한다. 대부분의 이야기는 처음에 어느 정도의 성공을 거두었지만 시련으로 인해 모든 것을 잃었다는 내용으로 전개된다. 현재 상실감을 느끼고 있는 당신의 팬이나 팔로워라면 이 스토리라인에 공감할 것이다. 이때 당신이 구원의

여정을 이야기해준다면 이들은 당신을 따르게 되고 그러한 성공을 거둘 수 있다는 믿음과 희망을 얻을 것이다.

○ **우리 대 그들**: 극단의 효과를 얻을 목적으로 '우리 대 그들'이라는 스토리라인을 사용할 수 있다. 당신의 이야기를 듣는 청중(성공에 필요한 유형의 일들을 기꺼이 하는 사람들)과 '그들'(해야 할 필요가 있는 일에 응하지 않는 사람들) 가운데서 누구를 '우리'로 정의하는가? 이런 유형의 이야기는 당신에게 열광하는 팬을 더욱 가깝게 끌어당기고 그 사람들이 자기가 되고 싶지 않은 것에 강하게 반대하도록 만든다.

○ **이전 대 이후**: 변혁과 관련된 것으로 어느 시장에서나 매우 효과가 좋은 스토리라인이다. 다이어트 시장에서는 살을 빼기 전과 살을 뺀 후의 사진을 비교해서 보여주며 그 과정이 어떻게 진행되었는지에 대해 이야기를 풀어낼 수 있다. 금융 시장에서는 성공하기 전과 성공한 뒤에 집이 어떻게 달라졌는지 보여줄 수 있다. 모든 제품과 서비스는 결과를 약속하므로 "그 제품이나 서비스의 결과가 나타나기 전에는 당신의 삶이 어땠고, 또 그 결과가 나타난 지금은 어떤가?"라는 질문은 매우 효과적이다.

○ **놀라운 발견**: 꿈의 고객에게 가치와 이득을 제공하는 동시에 고객의 여정에 함께하면서 당신의 또 다른 상품을 선택하는 데 도움이 되는 새로운 것들을 끊임없이 발견해야 한다. 당신이 무엇을 발견했는지, 그것이 당신에게 어떻게 도움을 주었는지, 고객에게는 어떤 도움이 될 수 있는지 등의 이야기를 들려준다.

○ **비밀 말하기**: 당신의 말에 귀 기울이는 사람들에게 들려줄 수 있는 비밀이 있는가? 당신이 알고 있는 비밀, 또는 다른 사람으로부터 들은 비

밀이라도 좋다. 어린 시절에 나는 누군가가 어떤 비밀을 알고 있다고 말하면 그게 뭔지 알고 싶어서 미칠 것만 같았다. 당신도 그럴 것이다. 온라인에서도 마찬가지다. 좋은 비밀은 당신이 할 수 있는 다른 무엇보다도 강력하게 당신의 이야기 속으로 사람들을 끌어들인다.

○ 제3자 추천: 누군가가 당신의 제품이나 서비스 덕분에 성공을 거두었다는 사실을 널리 알려야 한다. 이는 이야기의 정당성을 강력하게 보장하는 사회적 증거다. 당신의 고객 또는 당신의 프레젠테이션이나 강의를 듣는 사람이 남기는 리뷰나 별점 등 제3자 추천을 최대한 많이 확보하라. 그런 다음 그 이야기를 사람들에게 반복해서 들려주라.

'매력적인 캐릭터' 만들기 연습

지금까지 '매력적인 캐릭터'의 요소와 정체성 그리고 기본적인 스토리라인을 알아보았다. 이제 자기만의 '매력적인 캐릭터'를 구축했던 사람들의 몇 가지 사례를 살펴볼 차례다. 이 사례의 주인공들은 내가 함께했던 '퍼널 해킹funnel hacking'(다음 장을 참조하라 - 옮긴이) 프로그램 참가자들이다. 이 사례들을 꼼꼼하게 읽은 다음에 꿈의 고객들에게 보여줄 당신만의 '매력적인 캐릭터'를 구축해보자.

평지풍파를 일으키는 사람들을 위한 매력적인 캐릭터

○ 이름

리즈(일명 '우당탕탕 평지풍파의 여왕')

○ 꿈의 고객

리즈의 꿈의 고객은 수익성이 높은 사업을 구축해서 세상에 긍정적인 충격을 주고 싶다는 강력한 열망을 가지고 있다. 이 사람들은 위대한 일을 수행해야 한다는 소명의식을 가지고 있으며, 재정적인 자유로움과 개인적인 충족감을 동시에 추구한다.

각각의 요소

○ 배경 스토리

• 안전 제일주의: 리즈는 어느 날 문득 자기가 다른 누군가의 꿈을 위해서 일하고 있다는 사실을 깨달았다. 리즈는 학위를 가지고 있었고 지시받는 대로만 일하면 되었으며 또 직장도 '안전'했지만, 삶에 대한 만족감이 매우 부족했다. 자기가 생각하는 삶의 목적에서 벗어나 있다고 느꼈기 때문이다. 그래서 세상을 바꾸어놓을 (그리고 돈도 많이 벌어다 줄) '거대한' 일을 시작함으로써 주어진 소명을 완수하기 위한 여정을 시작했다.

○ 비유

• 체계(시스템)가 수익을 창출한다: 사업을 시작한 지 1년이 지난 뒤에 리즈는 그토록 열심히 노력했음에도 1년 매출이 2만 5000달러밖에 되지 않는다는 사실에 상심했다. 어떻게든 해결책을 찾아야겠다는 절실한 마음으로 마이클 E. 거버의 『사업의 철학』을 읽었다. 그때 이후로 리즈는 사업을 체계화하는 작업에 미친 듯이 집중했고 다음 해에는 18만 1932달러를 이익으로 남겼다. 리즈는 지금 다른 사람들이 자기처럼 고통스러운 시행착오를 겪지 않도록 이미

입증된 자기의 사업 체계를 사람들에게 가르치고 있다.

○ 성격의 흠결

• 난독성: 리즈는 난독성이 있어서 발음을 틀리기도 하고 철자를 틀리기도 한다. 프레젠테이션을 할 때는 단어를 잘못 읽기도 한다. 리즈는 오히려 자기가 난독증임을 사람들에게 밝혀서 자기가 완벽하지 않은 사람임을 (아울러 완벽한 사람이 아니더라도 얼마든지 성공할 수 있음을) 다른 사람들에게 알리고 있다.

• 충분히 많이 알지 못한다는 근거 없는 공포: 처음 소셜미디어를 관리하는 회사를 창업했을 때 리즈는 자기가 충분히 많은 것을 알지 못하며 전문가가 아니라는 사실을 고객이 '눈치챌지 모른다'는 공포에 떨었다. 그러나 나중에는 남들보다 그저 한 발짝만 앞서가면 된다는 걸 깨달았다. 리즈는 이 이야기를 웨비나에 공유하여 성공하는 데는 굳이 '전문가'가 되지 않아도 된다는 사실을 사람들에게 일깨워주고 있다.

○ 극단 효과

• 스스로에게 완전히 솔직해도 되며, 또 그럼으로써 성공할 수 있다: 다른 사람들은 성공하려면 집이나 직장에서 혹은 가족에게 쓸데없는 일은 되도록 일으키지 말라고 하지만, 리즈의 팬들은 그래도 괜찮다는 말을 리즈에게서 질리도록 들었다. 리즈는 자기가 운영하는 '우당탕탕 평지풍파 커뮤니티'에 사람들이 가입해서 있는 그대로의 자기 모습을 정직하게 드러내도록 독려하고, 그렇게 함으로써 오히려 성공할 수 있음을 보여준다.

• 사기꾼들은 형편없다: 리즈는 여러 차례 사기를 당했다. 예를 들어

리즈의 강좌를 사기꾼들이 훔쳐서 이용했고, 거기에 속은 사람들은 그녀가 이 사기 행각에 가담했다고 주장하기도 했다. 그러나 리즈는 정직함과 성실함이 가장 중요하다고 계속해서 강조했다. 사기꾼들에게 질린 사람들이 '연막작전'이 아닌 단단하고 믿음직한 자의 편에 서려고 리즈의 주변으로 모여들었다.

정체성

리즈의 '매력적인 캐릭터'는 '영웅으로 불리길 꺼리는 영웅'이다. 다른 기업가들이 더 나은 결과를 더 빠르게 얻을 수 있도록 돕는 것이 주어진 소명이라고 느끼기 때문이다. 리즈는 이렇게 남들을 돕는 것을 자신의 성공보다 기뻐한다.

도표 4-2 리즈 베니Liz Benny가 작성한, 평지풍파를 일으키는 사람들을 위한 매력적인 캐릭터

현금흐름 전술을 위한 매력적인 캐릭터

만일 당신의 회사가 다른 사람과 공동으로 창업한 회사라면, 단일 브랜드를 유지하면서도 여러 개의 매력적인 캐릭터를 가질 수 있다.

○ 이름
라이언(일명 '캡틴 아메리카')
브래드(일명 '토니 스타크')
지미(일명 '헐크')

○ 꿈의 고객

이들의 꿈의 고객은 개인적인 자유를 매우 중시한다. 그들은 자유를 되찾기에 충분할 정도로 많은 돈을 벌고 싶어 한다. 그리고 이 목표를 이루기 위해 자신의 가장 소중한 자원인 시간을 들여서 돈을 추구한다.

각각의 요소

○ 배경 스토리

• **자유를 위한 투사:** 라이언은 회사의 401(k)(미국의 퇴직연금제도-옮긴이)에 투자하는 전통적인 방식을 고집하면서 언젠가는 좋은 결과를 가져다줄 것이라고 기대하는 건 꽉 막힌 인생으로 이어지는 길임을 깨달았다. 그는 시행착오 끝에 경제적 자유를 찾고 목적의식이 있는 삶을 살아갈 수 있는 퍼널을 구축했다.

• **미치광이 과학자:** 브래드는 영화 〈매트릭스〉의 네오처럼 숫자를 통해 세상을 바라본다. 그는 월스트리트의 전통적인 전략들을 구사해서 경제적 자유를 얻는 것은 수학적으로 거의 불가능하다는 사실을 직접 계산을 통해 확인했다. 그는 대략 10년 안에 경제적 자유를 획득할 수 있는 단 한가지 방법을 수학적으로 증명하는 일에 몰두했다.

• **엄격한 훈련 교관:** 나라 밖에서 오로지 자유를 위해서 싸웠던 지미는 고향에 돌아온 뒤 기업의 무한 경쟁 속에서 자유를 잃어버렸음을 깨달았다. 그는 자유를 갈망하는 내면의 열정을 모두 끌어모아서 경제적 자유로 향하는 길에 나섰다.

○ 비유
- **중력을 상대로 하는 싸움을 멈춘다**: 중력은 볼 수도 만질 수도 느낄 수도 없다. 그러나 절벽 밖으로 발을 디뎌보면 중력이 실제로 존재함을 알 수 있다. 이와 마찬가지로, 우리는 전통적인 방식의 재정적인 조언이 위험하거나 혹은 명백하게 **틀렸다**는 사실을 확신한다. 중력과 마찬가지로, 그런 사실을 부인할 수는 있겠지만 기존의 조언을 따르는 한 결코 자유로워질 수는 없다는 사실을 깨닫게 될 것이다. 따라서 그들은 정반대를 실천함으로써 돈을 바라보는 방법을 혁명적으로 바꾸어야 한다고 강조한다.

○ 성격의 흠결
- **목표를 쉬지 않고 좇는다**: 라이언은 개인적인 확장에 끊임없이 초점을 맞춘다. 그렇기 때문에 불만족스러운 때라도 이를 받아들이면서 진정한 자유는 항상 지금 현재라는 사실을 계속 상기해야 한다.

- **분석 프레임워크에 갇힌다**: 브래드가 결과를 도출하기 위한 행동을 하지 않고 데이터와 계산에만 지나치게 의존할 때 그의 최대 강점은 최대 약점으로 바뀐다. 라이언과 지미는 브래드가 숫자에 매몰되지 않고 앞을 향해 나아가도록 돕는다.

- **무작정 시작부터 한다**: 지미는 재미있고 신나는 일이 있으면 앞뒤 재지 않고 무작정 달려든다. 그러므로 성공에 필요한 집중력을 얻으려면 자유에 대한 자신의 원칙을 더 굳게 지켜야 한다.

○ 극단 효과
- **반대로 한다**: 성공하려면 다른 사람들이 하는 것을 하되 다른 사람

들보다 조금 더 잘하면 된다고 생각하는 것이 일반적이다. 그러나 다른 사람들이 하는 것을 하면 똑같은 결과를 얻을 뿐이다. 성공으로 나아가는 유일한 길은 다른 사람들이 하는 것을 조금 더 잘하는 것이 아니라 다른 사람들이 하지 않는 것을 하는 것이다.

- **금붕어 조언**: 아무리 선의의 조언이라고 하더라도 당신의 경제적 자유를 다른 사람들이 도와줄 수는 없다. 그 사람들이 경제적으로 자유롭지 않기 때문이다. 자기가 실천하지 않는 것을 주도적으로 이끌 수는 없다. 금붕어가 '물'이 무엇인지 모르면서 헤엄치듯이, 전통적인 조언자들이 모르는 것이 있다. 자신이 알지 못하는 것을 사람들에게 가르칠 수는 없다. 월스트리트의 전통적인 '금붕어' 조언이 바로 이런 것이다.

○ **정체성**
   제각기 다른 정체성을 지닌 이들의 '매력적인 정체성'은 다음과 같다. 라이언은 모험가다. 목적의식이 있는 삶과 모험을 추구함으로써 자유라는 이념을 구현하기 때문이다.

- **브래드는 기자다**. 논리와 수학을 사용해서 눈에 보이지 않는 혼란스러운 것들을 논리적이고 실행 가능하게 만들기 때문이다.

- **지미는 지도자다**. 행동과 결과를 추구하는 자기의 열정을 활용해서 다른 사람들이 생각만 하지 않고 실천하도록 자극하기 때문이다.

도표 4-3   라이언 리Ryan Lee와 브래드 깁Brad Gibb 그리고 지미 브리랜드Jimmy Vreeland가 작성한, 현금흐름 전술을 위한 매력적인 캐릭터

매력적인 캐릭터

○ 이름: _____

○ 꿈의 고객: _____

각각의 요소

○ **배경 스토리**(현재의 매력적인 캐릭터가 되기까지의 과정)

_____

_____

○ **비유**(당신의 꿈의 고객이 중요한 점을 이해하는 데 도움이 되는 이야기)

_____

_____

○ **성격의 흠결**(부족한 점을 사람들에게 알릴 때 꿈의 고객은 더 많이 공감한다)

_____

_____

_____

○ 극단 효과(매력적인 캐릭터가 가지고 있는 신념은 꿈의 고객을 끌
   어당기는 반면 다른 사람들은 모두 쫓아버린다)

_____

_____

_____

○ 정체성
• 한 가지만 선택하라: 지도자 / 모험가 / 기자 / 영웅으로 불리길 꺼
   리는 영웅
• 당신의 매력적인 캐릭터가 그 정체성을 가지는 이유는 무엇인가?

_____

_____

_____

도표 4-4 광고를 시작하기 전에 반드시 자기만의 매력적인 캐릭터에 알차게 살을 붙여야
한다.

퍼널 해킹

"선구자는 뒤에서 쏜 화살들을 등에 박은 채 흙바닥에 얼굴을 묻고 쓰러져 있다. 그렇기에 사람들은 선구자가 누구인지 언제나 알아볼 수 있다." 내가 대학생 시절에 강의실에서 처음 들었던 말이다. 그 교수님은 업계 최초의 선구자가 되는 것이 뒤에서 쏘아대는 화살을 맞기 때문에 늘 좋지만은 않다고 설명했다. 일리가 있는 말이었다. 그러나 이 말이 가진 힘을 나는 나중에야 온전히 깨달았다. 댄 케네디가 시카고의 어느 호텔 회의장에서 마련한 행사장에서였다. 그 행사의 기조연설자는 포터 스탠스베리Porter Stansberry였는데, 당시에 그는 아고라Agora에서 가장 큰 사업부인 스탠스베리 리서치Stansberry Research를 운영했다.

아고라는 정보 마케팅 업계의 거인으로 연간 수십억 달러 규모의 매출을 올리는 기업이다. 그날 나는 회의장 뒤쪽에 앉아 있었고, 포터는 자기 회사의 세일즈 퍼널을 놓고 이런저런 이야기를 들려주었다. 퍼널의 작동법부터 광고처, 가격 책정 구조 등 자세한 설명이 이어졌고, 심지어 그는 회사의 여러 퍼널과 관련된 구체적인 수치까지 알려주었다. 나는 최대한 빠르게 메모하며 그의 말을 경청하고 있었다. 그런데 설명을 이어가던 포터가 갑자기 뚝 멈추고는 이렇게 물었다.

"그런데 여기서 정말 흥미로운 것이 뭔지 압니까? 우리와 경쟁하겠다는 사람들은 해마다 나타난다는 겁니다. 이 사람들은 가격에서 우리를 이기겠다거나 우리와는 전혀 다른 방법, 혹은 새로운 모델로 매출액을 올릴 수 있다고 덤벼들지만 결국 실패하고 물러납니다. 우리가 현재 무엇을 하고 있는지는 정확히 보지도 않고 그저 흉내만 내면 된다고 생각한다는 사실이 저로서는 늘 놀라울 뿐입니다."

망치로 뒤통수를 한 대 얻어맞는 느낌이었다. 그의 말은 내게 거대한 충격이었다. 아고라에서는 말 그대로 수백 명이나 되는 직원이 영업 과정의 모든 변수를 검증하고 있었다. 그들의 등에는 수천 개의 화살이 박혀 있는 것이다! 현재 아고라가 어디에 있는지 살핀 다음에 아고라가 입증한 성공 퍼널을 모범으로 삼아서 자기만의 세일즈 퍼널을 만들면 되는데, 왜 굳이 똑같은 길로 나아가면서 똑같은 화살을 맞으려고 할까?

내 경우 나만의 새로운 세일즈 퍼널을 만들기 전에 가장 먼저 하고 싶은 것은, 내가 노리는 시장에서 이미 성공한 세일즈 퍼널로 상품을 파는 사람들을 찾는 일이다. 이런 사람 혹은 회사를 찾지 못한다면 나는 앞으로 나아가지 않을 것이다. 하지만 그 시장에서 이미 성공적으로 상품을 파는 사람을 찾을 수 있다면, 그들이 하는 일을 역설계 할 수 있다. 우리는 이 과정을 '퍼널 해킹'이라고 한다. 그래서 우리 업계 내부에서는 서로를 '퍼널 해커'라고 부른다.

이 개념의 토대가 된 것은 토니 로빈스의 말이었는데, 그는 "성공하고 싶다면 이미 성공한 사람들을 어떻게 본보기로 삼을 방법을 찾기만 하면 된다"고 말했다. 그 말을 듣고 나는 그동안 성공해온 일들을 떠올렸다. 첫 번째로 꼽을 수 있는 것은 레슬링 선수로서의 경력이었다. 대부분의 레슬링부 동료들과 마찬가지로 나 역시 처음 레슬링을 시작할 때는 실력이 정말 형편없었다. 그러자 나의 아버지는 시합이 있을 때마다 비디오카메라를 들고 와서 경기에 이기는 선수들을 촬영했다. 시합 일정이 모두 끝나면 우리는 경기에서 이긴 선수들의 동작을 반복해서 살피고 같은 동작을 몇 번이고 연습했다. 각급 경기 및 대회 때마다 우리는 이렇게 했다. 내가 고등학생일 때 아버지는 우승자의 경기를 촬영했고, 우리 부자는 그 선수들이 즐겨 구사하던 기술과 움직임을 분석하고 모델링했다. 이런 과정을 통해서 나는 짧은 시간 안에 주 챔피언 자리에 올랐고, 졸업반 때는 전국에서 2위에 오르면서 올아메리칸(미국 내에서 스포츠에 특출한 재능을 가진 선수들을 선발해 구성한 팀이나 그 학교의 선수-옮긴이)으로 선정되었다. 대학 레슬링부로 진학하면서 장학금도 받았다.

이런 일은 창업을 했을 때도 똑같이 일어났다. 나는 공식적으로 경영 관련 교육을 받지 못했지만 성공한 사람들의 방식을 본받아 내 나름대로 공부했다. 처음 모범으로 삼았던 사람은 아만드 모린Armand Morin이었다. 온라인에서 소프트웨어 제품을 팔고 있던 그를 보고 나 역시 나만의 소프트웨어 제품을 만들기로 결심했다. 아만드의 세일즈 퍼널을 살펴보며 그 퍼널을 모범으로 삼았다.

나는 웹페이지의 외관, 느낌, 배열 그리고 가격까지 모두 아만드가 만

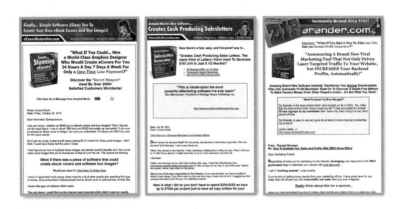

도표 5-1 나는 아만드의 소프트웨어 세일즈 퍼널 두 개(왼쪽부터)를 보고서 웹페이지 구조와 배열, 가격 전략을 모범으로 삼아 나의 소프트웨어 퍼널(오른쪽)을 만들었다.

든 것을 모델링해서 비슷하게 만들었다. 이때 중요한 것은 단 하나도 그대로 베끼지는 않았다는 점이다. 흔히 사람들은 모델링과 그대로 베끼기를 혼동한다. 하지만 나는 그의 제품을 베끼지 않았다. 내가 파는 제품은 누가 뭐래도 나의 제품이었다. 아만드의 세일즈레터를 그대로 쓰지도 않았을 뿐더러 모든 스크립트는 내가 만든 것이었다. 내가 아만드의 웹페이지 구조와 배열, 가격 전략을 모델링한 것은 내가 속해 있던 시장의 구매자들이 아만드가 만든 스타일에 이미 반응했기 때문이다. 그가 헤드라인을 둔 위치에 나도 헤드라인을 뒀다. 그가 자기 소프트웨어 제품 상자를 보여주는 곳과 같은 위치에 내 소프트웨어 제품 상자를 두었다. 그가 기능과 장점을 설명하는 문구를 배치한 곳에 나도 내 제품의 특징과 강점을 정리한 내용을 두었다. 베끼기는 불법이지만 지금 이 책에서 설명하는 것은 불법이 아니다. 퍼널 해킹은 효과가 검증된 과정(프로세스)이나 프레임워크를 모델링한 다음에 **나만의** 제품과 **나만의** 말 그리고 **나만의** 기술을 그 프레임워크 안에 넣는 것이다.

나는 새로운 퍼널을 만들 때마다 우선 어떤 종류의 퍼널을 만들 것인지 결정한다. 그런 다음에는 이런 종류의 퍼널들을 내가 속한 시장은 물론 다른 시장에서도 최대한 많이 찾으려고 노력한다. 내 퍼널에 가장 적합한 프레임워크를 찾고 그 프레임워크 안에 나만의 퍼널을 만들어야 하기 때문이다.

나는 다음 세 가지 방법 가운데 하나를 선택해서 모델링할 퍼널들을 찾는다.

- **직접적인 경쟁자**: 고객층이 같으며 판매하는 제품도 매우 비슷한 사람 또는 회사.
- **간접적인 경쟁자**: 고객층이 같지만 판매하는 제품은 전혀 다른 사람이나 회사.

- **동일한 유형의 세일즈 퍼널로 상품을 파는 사람:** 사실 시장에서 세일즈 퍼널을 통해서 자기 상품을 성공적으로 판매하는 사람을 찾기란 쉽지 않다. 하지만 그래도 괜찮다. 만약 당신이 제품 판매에 웨비나를 사용해야 한다면, 누구의 것인지 상관 없이 웨비나 퍼널을 해킹하면 된다. 무료 책 세일즈 퍼널을 통해서 무언가를 팔고자 한다면, 무료 책 세일즈 퍼널을 사용하는 사람이면 누구든 가리지 않고 모델링할 수 있다. 베끼는 것이 아니라 프레임워크를 모델링하는 것이므로, 꼭 특정 시장에 맞출 필요가 없다.

모델링하고 싶은 퍼널을 10개 이상 확보한 뒤에는 실제 고객의 입장에서 그들의 판매 과정을 모두 파악한다. 실제로 그들의 세일즈 퍼널에 들어가서 제품을 구매해보면서 그 세일즈 퍼널에서 진행되는 모든 것들을

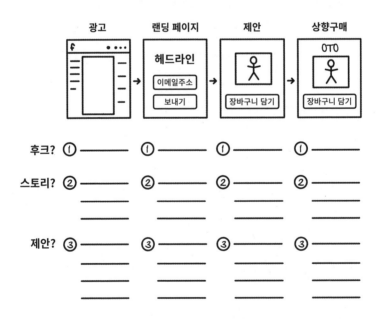

도표 5-2 다른 사람의 퍼널을 해킹하려면 그 판매 과정 전체를 좇으면서 광고와 퍼널 페이지 전체에서 후크, 스토리, 제안이 어떻게 배치되고 구성되어 있는지 살펴야 한다.

실시간으로 경험하고 확인하라는 뜻이다.

예를 들면 이렇다. 나는 보통의 고객 입장에서 구글에 들어가 특정 제품을 검색한다. 그런 다음에 해당 회사가 구매한 구글의 유료 광고를 클릭해서 세일즈 퍼널로 들어간다. 페이스북에 가서도 똑같이 한다. '좋아요'를 클릭하고, 페이스북이 비슷한 제품의 광고를 보여주길 기다린다. 광고가 나타나면 후크, 스토리, 제안이 각각 어떻게 나오는지 정리해서 메모한다. 다음으로 그 광고를 클릭해서 내가 어디로 이동하게 되는지 지켜본다.

내가 이동하는 곳이 사전 판매 페이지일 때도 있고, 이메일 주소를 수집하려는 랜딩 페이지일 때도 있다. 곧바로 영상 판매 페이지로 갈 때도 있다. 한 번의 광고 클릭으로 내가 어디로 가든 간에 그 과정들을 가만히 지켜본다. 즉 퍼널 해킹을 하는 것이다. 광고를 클릭했을 때 랜딩 페이지로 연결되면 그 페이지의 후크, 스토리, 제안이 어떤 것들인지 적는다. 그 뒤에는 그들이 바라는 대로 이동하면서 세일즈 퍼널을 따라간다.

판매 페이지와 주문서 작성 페이지 그리고 상향판매 페이지에서도 나는 똑같이 한다. 그들이 각각의 페이지에서 사용하는 후크와 스토리와 제안이 무엇인지 적는다. 이것이 바로 다른 사람들이 어떻게 해서 성공했는지 정확히 파악하기 위한 나만의 시장 조사 방식이다. 그들은 어떤 후크를 사용할까? 그들은 어떤 스토리를 나에게 들려주면서 관심을 끌까? 그들이 하는 제안은 무엇이며 또 그들은 거기에 어떤 요소를 추가해서 내가 도저히 거부할 수 없게 만들까?

하나만 봐서는 안 된다. 적어도 여섯 개 이상의 세일즈 퍼널에서 이렇게 해봐야 최근의 추세를 알 수 있고 현재 어떤 것들이 효과적으로 작동하는지 알 수 있다. 그제야 비로소 당신은 넘어야 할 기준선이 무엇인지 알 수 있다. 꿈의 고객이 경쟁자에게 등을 돌리고 당신을 찾아오게 만들려면 더 나은 후크와 더 나은 스토리, 더 나은 제안을 해야 한다.

마케팅 컨설턴트의 관점에서 바라보자. 당신이 찾아간 다른 사람의 세일즈 퍼널이 당신 회사의 세일즈 퍼널이라고 가정하고 어떻게 해야 차별성이 생기고 더 좋아질지 생각해보라. 어떻게 하면 그 후크가 한층 더 매력적으로 보일까? 어떻게 하면 그 스토리가 한층 더 흥미진진하게 들릴까? 제안이나 상향판매 항목에 어떤 것들을 추가하면 고객에게 도저히 거부할 수 없는 제안으로 다가갈까? 이런 생각을 하면 할수록 점점 더 유연하고 빠르게 생각이 정리될 것이고, 자기만의 퍼널을 만드는 일도 더 쉬워질 것이다.

지금까지 퍼널 해킹의 과정과 작동 방식을 알아보았다면 이제 퍼널의 일곱 단계에 대해 배울 차례다. 퍼널 해킹 과정을 거칠 때, 다른 사람들의 퍼널 안에서 각각의 일곱 단계를 경험하면서 내 것으로 만들어야 한다.

퍼널의 일곱 단계

어린 시절 나는 건강기능식품을 파는 GNC 가게를 무척 좋아했다. 들어
가서 건강보조제마다 붙어 있는 라벨을 읽곤 했다. 그러다 보면 몇 시간
이 금방 지나갔다. 가게에 있는 모든 식품 보조제 가운데서 신중하게 가
장 먹고 싶은 것을 골랐다. 돈이 많지 않아서 꼭 맞는 제품을 사려면 어쩔
수 없었다.

  그런데 이 가게에는 정말 끔찍하게 싫은 단점이 딱 하나 있다. 문을 열
고 들어갈 때마다 달려와서 "GNC에 온 걸 환영합니다. 무엇을 도와드릴
까요?"라고 말하는 직원의 서비스다. 뭐라고 대답해야 할지 몰라서 늘 불
편했다. 그래서 때로는 그 직원이 다른 손님에게 말을 걸고 대화할 때까
지 밖에서 기다렸다가 몰래 살짝 들어가서 그 직원과 눈을 마주치지 않
은 채 내 볼일을 보곤 했다.

  내성적인 성격이라서 그랬을 수도 있고 아니면 내가 어릴 때부터 워낙
마케팅과 판매 과정에 집착했기에 그랬을 수도 있다. 어찌 됐든 그 직원
이 내게 다른 질문을 했다면 불편해하지 않고 가게에서 더 오래 머무를
수 있었을 텐데 아쉽다고 느꼈던 것만은 분명하다.

나이가 들면서 각각의 사업들이 나를 어떤 과정으로 이끄는지, 그 안의 단계마다 내가 어떤 느낌에 사로잡히는지 알게 됐다. 호텔에 숙박했을 때를 떠올려본다. 호텔에 갔을 때 직원은 내게 어떻게 인사를 했을까? 객실 키를 건네줄 때는 어떻게 했을까? 로비에서 객실까지 나는 어떻게 갔을까? 벨보이가 따라왔던가? 객실을 쉽게 찾아갈 수 있도록 명확히 안내를 받았던가? 미로 같은 호텔 복도에서 길을 잃었던 적은 없었을까?

이런 판매 과정들은 일상의 모든 곳에서 확인할 수 있다. 식당에서 종업원이 나와 어떻게 소통하는지, 통신사를 바꾸려고 전화했을 때 통화가 어떤 식으로 진행되는지, 심지어 날마다 만나는 사람들과의 관계에서도 그런 판매 과정이 눈에 들어왔다. 어떤 판매 과정을 볼 때면 각각의 단계에서 내가 느끼는 감정에 많은 신경을 쓰게 되었다.

온라인으로 물건을 사기 시작하면서 특히 더 예민해졌다. 어떤 판매 과정이나 퍼널에서는 껄끄러움을 조금도 느낄 수 없었지만, 어떤 경우엔 지나치게 많은 장애물 탓에 구매를 포기한 적도 있다.

온라인에서 직접 제품과 서비스 판매를 하면서 고객이 거쳐야만 하는 여정에 더 집착하게 되었다. 각각의 단계에서 소비자가 어떤 느낌을 받는지 많이 알면 알수록 판매 과정에서 그들을 도울 메시지와 프로세스를 더 잘 만들 수 있었다. 당신도 마찬가지다. 고객이 판매 과정의 각 단계에서 긍정적인 느낌을 더 많이 받도록 만들어야 한다. 그들이 당신의 세일즈 퍼널에서 더 오래 머물고 가치 사다리의 높은 곳까지 당신과 함께할 가능성은 그만큼 더 높아진다.

세일즈 퍼널의 일곱 단계

세일즈 퍼널을 만든 지 10년이 지났다. 마침내 나는 고객이 우리의 세

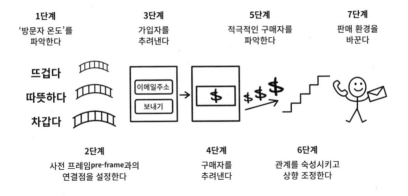

도표 6-1 잠재고객을 소개받는 순간부터 그 고객이 각 단계에서 좋은 경험을 쌓아가도록 돕고 그가 세일즈 퍼널을 계속해서 이어가도록 만들어야 한다.

상 안으로 발을 들여놓았을 때 그 고객이 지나는 길에는 일곱 단계가 있다는 사실을 알아냈다. 각 단계를 잘 이해하고 고객이 느끼는 감정에 초점을 잘 맞출수록 더 큰 성공이 뒤따른다.

앞에서 웹사이트와 세일즈 퍼널의 차이를 언급했다. '마음이 혼란스러운 고객은 어김없이 구매를 거절한다'라는 직접 반응 마케팅의 기본 원칙도 강조했다. 세일즈 퍼널의 일곱 개 단계를 살펴볼 때, 각각의 단계가 단 하나의 작업만 수행하도록 되어 있다는 점을 눈여겨봐야 한다. 각 단계는 주의를 끌기 위한 자체 '후크'와 고객이 느끼는 인지 가치를 쌓기 위한 자체 '스토리' 그리고 자체 '제안'(단 한 번의 실행 요청)을 담고 있다. 그런데 만약 고객에게 한 단계에서 두 가지 이상을 요구한다면 어떻게 될까? 이런 행위는 사람들이 퍼널을 따라가고 있을 때 벽돌담을 쌓고 막아버리는 것이다. 세일즈 퍼널의 목표는 1단계에서 7단계까지 이어지는 고객의 여정이 최대한 마찰 없이 매끄럽게 이어지도록 하는 것이다. 이 작업은 퍼널의 각 단계에서 어떤 목표를 이룰 것인지 생각하는 것에서부터 시작된다. 그리고 나면 각각의 단계에 담을 후크와 스토리, 제안을 만드는 일이 남는다.

사전 프레임은 모든 것과 관련 있다

경영학자인 오리 브래프먼과 심리학자인 롬 브래프먼이 함께 쓴 『스웨이』에는 MIT의 연구진의 매력적인 실험이 소개된다. 이 연구에서 실험 대상은 경제학과 학생 70명이었다. 학생들은 그 경제학과에 새로 부임한 젊고 낯선 교수의 놀라운 학문적 성취를 칭찬하는 글을 받았다. 학생들이 받은 글은 모든 내용이 같고 한 문장만 달랐다. 실험 참가자 집단의 절반이 받은 글에는 그 교수가 '매우 따뜻하다'고 묘사되었고, 나머지 절반이 받은 글에는 그 교수가 '쌀쌀맞고 차갑다'고 묘사되었다.

첫 강의를 마친 뒤에 연구자들은 학생들에게 그 교수가 어땠는지 물어보았다. 교수가 따뜻하다고 묘사된 글을 읽은 학생들은 그 교수가 매우 마음에 든다고 응답했다. 그 교수가 성격 좋고 남을 배려하며 사교성이 좋다고 생각했다. 그런데 교수가 차갑다고 묘사된 글을 읽은 학생들은 그 교수가 마음에 들지 않으며 그가 자기중심적이고 권위적이며 짜증을 잘 내고 인정이 없다고 응답했다. 두 집단의 학생들은 같은 강의를 들었지만, 해당 교수에 대한 인식은 정반대였다. 사전 프레임Pre-frame이 학생들이 본 것을 바꾸어버렸기 때문이다. 이 연구 실험은 사전 프레임의 원리가 어떻게 작동하는지 선명하게 보여주는 사례다.

퍼널의 일곱 단계를 살펴보기 전에 우선 사전 프레임이라는 개념부터 제대로 이해할 필요가 있다. 퍼널의 각 단계는 다음 단계를 위한 사전 프레임이기 때문이기도 하다. 이 단계들은 반드시 최적화되어야 한다. 수익 창출의 현금화 때문만이 아니다. 고객과의 관계를 만들어 나가는데도, 웹사이트 방문객이 자기가 알고 신뢰하는 당신에게서 지속적으로 상품을 구매하도록 하기 위해서도 이 점은 중요하다. 마케팅 담당자들 중에는 단기적인 수익 극대화에 초점을 맞추는 큰 실수를 저지르는 사람들이 많다. 이 사람들은 눈앞의 판매에 너무 집중한 나머지 지나치게 공격적인 태도를 취하고, 결국 그 바람에 고객으로부터 신뢰와 존경을 잃는다. 이런 실수 때문에 최초의 만남에서 벌어들인 돈의 열 배는 더 벌게 해줄 고객과의 장기적인 관계가 망가진다. 전형적인 소탐대실이다.

사전 프레임은 간단하게 말해서 세일즈 퍼널에 들어온 잠재고객이 한 단계에서 다음 단계로 넘어갈 때 이 사람이 놓이는 상태다. 당신이 세일즈 퍼널 안에서 잠재고객을 이동시키는 프레임을 바꾼다면 그 사람이 다음 단계에서 갖게 될 경험 혹은 마주할 어떤 질문에 대한 응답이 크게 바뀔 수 있다.

인터넷 마케팅 분야에서 나의 첫 멘토는 마크 조이너Mark Joyner였다. "클릭이라고 해서 다 똑같은 클릭이 아니다"라는 그의 말을 나는 똑똑히 기억한다. 클릭이 그냥 클릭이지, 왜 다 똑같지 않다는 걸까?

나는 이해할 수 없었다. 인터넷 판매를 하는 사람들은 대부분 특정 유형의 클릭을 따지지 않고 어떻게 하면 클릭 수를 높일까 하는 것에만 관심이 있기 때문이다. 하지만 마크의 이야기를 통해 나는 누군가가 세일즈 퍼널에 들어오기 직전에 거치는 프레임이 정말 중요하다는 사실을 깨달았다. 또한 그는 어떤 웹사이트에 들어오기 위해 경유하는 프레임 자체가 그 웹페이지에 쓰인 말보다 중요할 때가 더 많다고도 했다.

마크는 나를 예로 삼아서 설명했다.

"어떤 웹사이트에 네 웹페이지로 연결되는 버튼이 있는데 거기에 이런 글이 써 있다고 해보자. '러셀 브런슨은 사기꾼임. 이 사람은 내 돈을 훔쳤음. 난 그 사람 말 절대 믿지 않음. 그 사람이 파는 물건 보고 싶으면 클릭!' 이 내용을 읽은 사람이 그 버튼을 클릭하고 네가 파는 상품을 보러 들어왔을 때 과연 네 상품을 살까?"

이 경우의 사전 프레임은 그야말로 끔찍하다. 이렇게 해서 나의 세일즈 퍼널에 들어온 사람은 나를 싫어할 것이고 당연히 상품을 파는 일도 매우 어려워질 것이다.

반면에 누군가 다음과 같은 설명이 붙어 있는 버튼을 클릭하고 나를 찾아왔다면 어떤 일이 생길까?

"러셀은 진짜 대단해요! 우연히 한 시간 동안 대화를 나눈 적이 있는데, 그 한 시간이 내 인생과 사업을 완전히 변화시켰어요! 제로였던 우리 회사의 매출액이 1년 만에 100만 달러로 늘어났어요. 여기 들어가서 러셀이 파는 상품을 구경해보시길!"

이런 퍼널로 나를 찾아온 잠재고객이 충성도가 높은 고객으로 전환될 가능성은 매우 높다. 방문자가 어떤 사전 프레임을 통해 내 웹사이트에 들어오는지에 따라 결과는 천차만별이다. 그러므로 방문자가 통과하는 프레임을 제대로 만들고 관리하는 방법을 아는 것은 매우 중요하다.

내가 이 원리를 진정으로 이해하게 된 것은 아만드 모린의 '빅 세미나 Big Seminar'에서 프레젠테이션을 하려고 연단에 오르기 직전이었다. 그때 나는 무대 뒤에서 아만드와 이야기를 나누었는데, 그는 프레젠테이션을 마친 뒤에 자기의 매출에 가장 크게 영향을 미치는 요인은 연단에 오르기 전에 행사 기획자가 자기를 소개하는 내용이라고 말했다. 우리는 우리의 이력과 심지어 이름까지 잘못 말하는 진행자를 떠올리며 한숨을 쉬었다. 그러면서 그는 프레젠테이션을 듣기 전의 사전 프레임을 제대로 통제할 수만 있어도 모든 것이 달라질 것이라고 말했다.

"자, 내가 당신을 어떻게 소개하는지 잘 보시고, 당신이 프레젠테이션을 마친 뒤에 얼마나 많은 사람이 당신 제품을 사는지 한번 봅시다."

보통의 경우에 1997달러짜리 강좌를 사는 사람은 전체 참석자의 15퍼센트 정도였다. 그런데 그날은 전혀 달랐다. 아만드의 소개 내용 덕분에 무려 42퍼센트를 넘었다. 같은 프레젠테이션에 같은 제안이고 같은 가격이었는데도 사전 프레임 하나의 차이가 엄청난 결과를 만든 것이다.

그 뒤로 나는 사전 프레임에 완전히 꽂혀서 나만의 완벽한 사전 프레임을 제시하는 영상물까지 만들었다. 그 후 참여하는 행사에서는 사회자가 이 영상을 소개하도록 했고 판매율이 40퍼센트 미만으로 떨어진 경우가 거의 없었다.

나는 세일즈 퍼널의 모든 단계에서 이 사전 프레임의 교훈을 활용한다. 각각의 페이지에는 후크, 스토리, 제안도 담겨 있지만, 페이지 자체가 다음 단계를 위한 사전 프레임의 역할도 한다. 세일즈 퍼널에서 사전 프레임의 개념을 이해하고 통달하는 것이 매우 중요할 수밖에 없는 이유다. 그러니 자기의 세일즈 퍼널과 다른 사람들의 세일즈 퍼널을 비교해보고, 좋은 퍼널에서는 방문자가 다음 단계에서 "예"라고 대답하게 만드는 사전 프레임이 어떻게 작동하는지 눈여겨보자.

1단계 '방문자 온도'를 파악한다

대부분의 사람들은 세일즈 퍼널을 만들 때 랜딩 페이지에서부터 시작한다. 그런데 방문자가 랜딩 페이지로 이동하기도 전에 해당 퍼널의 성과에 커다란 영향을 주는 중요한 단계가 있다. '방문자 온도traffic temperature'라고 부르는 단계다. 방문자의 온도 수준은 '뜨겁다', '따뜻하다', '차갑다' 세 가지가 있다. 각기 다른 세 집단은 저마다 특별한 관리와 맞춤형 소통이 필요하다. 이 세 집단은 랜딩 페이지에 도달할 때 제각기 다른 다리를 건너야 한다. 방문자에 따라서 각각 다른 랜딩 페이지 세 개가 필요할 수도 있다는 말이다. 분명히 말하건대, 시간을 추가로 들여서 이 설정을 정확하게 할 필요가 있다.

전설적인 카피라이터 유진 슈워츠Eugene Schwartz가 했던 말이 있다. 이 말 덕분에 나는 제각기 다른 방문자 온도를 이해했고, 또 각각의 유형과 소통하는 방식이 달라야 한다는 사실을 깨달았다.

"잠재고객이 당신의 제품을 알고 있으며 그 제품이 자기의 욕구를 충족시킬 것임을 이미 알고 있다면, 당신이 쓸 헤드라인은 그 제품에서 시작해야 한다."

"잠재고객이 당신의 제품은 모르고 자기의 욕구만 알고 있다면, 헤드라인은
그 욕구에서 시작해야 한다."

"잠재고객이 자기가 진정으로 찾는 것이 무엇인지 아직 알지 못하지만 일반
적인 문제를 염려하고 있다면, 헤드라인은 그 문제에서 시작해서 그 문제를
특정한 필요성으로 구체화해야 한다."

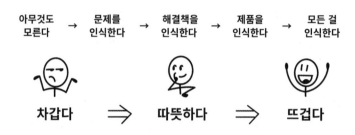

도표 6-2 카피는 잠재고객의 현재 상태에 따라서 결정해야 한다.

우선 잠재고객이 문제를 인식하고 있는지, 원하는 것을 인식하고 있는
지, 제품을 인식하고 있는지를 알아야 한다. 제품-인식의 연속선상에서
어느 위치에 있는지 파악해야 한다는 말이다. 이 위치가 잠재고객의 온
도를 결정한다.

○ **뜨거운 방문자:** 당신이 누구인지 또 당신이 어떤 상품을 파는지를
이미 알고 있다. 이들은 자기가 안고 있는 문제가 무엇인지 알고 있고, 이
문제를 해결할 모든 방법도 알고 있으며, 그 문제를 해결하는 데 도움이
될 당신의 상품도 알고 있다. 그들은 당신의 이메일 주소록에 이미 올라
와 있고, 당신의 팟캐스트를 구독하며, 당신의 블로그를 읽고, 페이스북
과 인스타그램에서 당신을 팔로우하며, 당신의 유튜브 채널을 구독한다.
당신은 이미 관계를 맺고 있는 그 사람들에게 친구처럼 말하며 '매력적

인 캐릭터'를 통해 그들과 소통한다.

○ **따뜻한 방문자**: 당신을 잘 모르지만 자신의 문제를 해결할 만한 여러 방법은 알고 있다. 당신은 그들의 문제를 해결줄 수 있다는 사실을 알려주기만 하면 된다. 그들 대부분은 당신이 속한 시장에 있는 다른 판매자들의 구독자이거나 팬이다.

○ **차가운 방문자**: 문제를 안고 있지만 어떤 해결책이 있는지 전혀 모른다. 이 사람들은 보통 찾기도 어렵고 쉽게 고객으로 전환되지도 않는다. 당신이 속한 시장의 그 어떤 판매자와도 관련 없기 때문이다. 우리가 방문자들에게 기울이는 노력의 대부분은 따뜻한 방문자를 향한 것이다. 하지만 회사가 성장하면 어느 시점에서는 그들만이 아니라 차가운 방문자를 고객으로 확보하는 방법을 배워야 한다.

방문자의 유형을 파악한 다음에는 해당 방문자의 마음을 사로잡고 '온도'를 높여서 랜딩 페이지로 나아가도록 사전 프레임의 다리를 설정해야 한다.

2단계 '사전 프레임 브리지'를 설정한다

두 번째 단계는 '사전 프레임 브리지pre-frame bridge'다. 이것은 광고일 수도 있고, 영상일 수도 있고, 이메일일 수도 있고, 기사일 수도 있다. 사람들이 사전 프레임을 제시받은 다음에 랜딩 페이지로 넘어가게 해준다. 방문자 유형이 다르면 이 브리지도 당연히 달라야 한다.

○ **뜨거운 방문자 브리지**: 일반적으로 매우 짧다. 당신은 이미 이 사람들과 관계를 맺고 있으므로 추가로 많은 신뢰를 쌓거나 사전 프레임을

제시하지 않아도 된다. 랜딩 페이지 링크가 포함된 간단한 이메일을 보내기만 하면 된다. 또는 블로그에 글을 올리거나 당신의 제안을 소개하는 팟캐스트 방송을 내놓을 수도 있다. 이 사람들은 당신을 이미 알고 있을 뿐 아니라 좋아하고 신뢰하므로 당신이 하는 말에 귀를 기울이고 당신의 제안을 받아들일 것이다.

○ **따뜻한 방문자 브리지**: 뜨거운 방문자 브리지보다 조금 더 길지만 많이 길지는 않다. 이런저런 소셜플랫폼에서 따뜻한 방문자를 표적으로 삼을 때는 영상을 사용하여 그 사람들이 현재 있는 위치(즉 다른 사용자의 팬 페이지 또는 유튜브)에서 당신이 이 사람들을 데려다 놓고 싶은 위치 사이의 간극을 좁힐 수 있다. 나의 경우를 예로 들어보자. 토니 로빈스의 페이스북 팔로워를 겨냥하는 광고를 하면서 나는 영상을 하나 만들었다. 이 영상에서 나는 '성장과 기여'라는 개념을 토니로부터 어떻게 배웠는지 설명한다. 그다음 배운 것을 전부 내 걸로 만드는 방법, 창업으로 사회에 기여하는 방법을 보여주는 책에 대해 언급하며 바로 그 책을 살 수 있는 퍼널로 사람들을 유도한다. 이 브리지가 어떻게 작동하는지 알겠는가? 이 사전 프레임 브리지는 그 사람들이 현재 어디에 있는지 또 필요한 것이 무엇인지 일러주어서 당신의 제품이나 서비스가 필요한 이유를 이해시킨다.

○ **차가운 방문자 브리지**: 가장 길다. 따뜻한 방문자에게는 그들이 안고 있는 문제를 해결해줄 방법이 당신에게 있다는 사실을 보여주기만 하면 된다. 하지만 차가운 방문자의 경우는 스스로 어떤 문제가 있다는 사실을 알아차리도록 도와야 한다. 이때에는 한자리에 모여 있는 고객 집단을 다른 자리로 이동시키는 것이 아니라, 완전히 새로운 고객 집단을 새로 만들어야 한다.

뜨거운 방문자와 따뜻한 방문자에게는 일반적으로 광고가 사전 프레임의 역할을 하고, 당신의 제안을 이해하기까지 추가적인 단계가 많이 필요하지 않다. 그러나 차가운 방문자가 랜딩 페이지까지 오게 만들려면 대개 별도의 페이지(이것을 우리는 '이어주는 다리'라는 뜻의 '브리지 페이지 bridge page'라고 부른다)가 필요하다. 이 별도의 사전 프레임 페이지는 당신의 제안을 더 잘 이해할 수 있도록 그들을 교육하고 충성도 높은 고객으로 전환시킨다.

나는 신경통을 완화해주는 건강보조제 판매 회사를 운영했다. 우리는 이메일을 보낼 우리만의 고객(뜨거운 방문자) 목록을 가지고 있었고, 그들은 우리가 판매하는 제품의 효과를 어필하기만 하면 재주문을 했다. 다음으로 우리는 따뜻한 방문자들을 모집하러 나섰다. 방법은 소셜플랫폼에 모여 있는 신경통에 시달리는 사람들(따뜻한 방문자)에게 우리의 새롭고 획기적인 제품을 알리는 것이었다. 이 따뜻한 방문자가 우리에게 연락해서 고객이 되도록 만드는 일은 어렵지 않았다.

그러나 다음 단계가 문제였다. 우리는 자기에게 신경 장애가 있는지 알지 못하는 사람을 대상으로 광고를 했다. 자기가 신경통을 앓는다는 사실은 알지만 '신경 장애'라는 말은 들어본 적 없는 사람들이 많다. 그런 차가운 방문자를 대상으로 한 우리의 차별화된 제안은 신경통(이 용어는 한결 쉽고 공감이 간다)을 앓는 사람들에게 다가간다. 나는 사전 프레임 페이지에서 "신경통을 앓고 계신다면, 아마도 '신경 장애' 때문일 것입니다"라는 스크립트를 사용했다. 페이지 내내 이 낯선 용어를 설명했다. 이 과정을 거친 방문자가 세일즈 퍼널의 랜딩 페이지에 다다르면 그 모든 말들을 이해할 수 있게 된다. 그들은 이제 신경통이 신경 장애 때문이라는 것도, 우리의 제품이 도움이 된다는 것도 알게 된다. 이때 우리의 세일즈 퍼널에는 어떤 일이 일어날까? 보이지 않던 잠재고객들이 기하급수적으로 늘어난다! 차가운 방문객을 따뜻한 상태로 변화시켜 랜딩 페이지로 넘어가게 한다면 회사의 비약적인 성장에 도움이 될 잠재고객을 획기적으로 늘릴 수 있다.

여기서 중요한 점은 어떤 제품을 판매하든 간에 방문자에게 주는 메시지를 방문자의 온도 및 지식과 일치시켜야 한다는 것이다. 방문자의 온도와 이들이 가지고 있는 지식을 알아야 방문자를 랜딩 페이지로 이동시키는 데 필요한 '브리지'의 종류를 결정할 수 있다.

3단계　가입자를 추려낸다

이 단계의 목표는 모든 방문객 중에서 우리에게 자기 이메일 주소를 알려주며 추가로 정보를 요청할 만한 사람이 누구인지 알아내는 것이다. 이 시점에서 자기 이메일 주소를 알려주지 않겠다는 사람은 나중에 우리 상품을 사지 않을 가능성이 매우 높다. 가입자 인증은 연락처를 제공하는 대가로 가치 있는 정보가 포함된 이메일이나 웹페이지를 제공하는 옵트인opt-in(메일에서 옵트인 방식은 수신자의 사전 동의를 얻어야 메일을 발송할 수 있는 방식이고, 반대로 옵트아웃은 수신자가 발송자에게 수신거부 의사를 밝히지 않는 한 발송자가 메일을 발송할 수 있는 방식이다 - 옮긴이) 페이지 혹은 스퀴즈 페이지를 통해서 이루어진다. 이것은 일반적으로 가치 사다리의 시작점이기도 하다. 우리의 경우에는 웹페이지 방문자에게 그들이 정말 알고 싶어 하는 내용 한 가지를 담은 무료 보고서나 영상을 제공한다.

당신의 사이트에 날마다 1000명이 방문한다고 치자. 만약 이 사이트의 전환율이 30퍼센트라면, 즉 이 방문자 가운데 30퍼센트가 당신이 제공하는 상품을 산다면, 당신이 제공하는 정보에 관심을 가지는 사람이 약 300명이라는 뜻이다. 자, 이제 당신은 따뜻한 잠재고객의 목록을 가지고 있다. 그러므로 당신은 세일즈 퍼널의 다른 단계로 이들을 데려갈 수 있다.

가입자를 인증하고 나면 그들 가운데 누가 실제로 당신의 상품을 살지 알아내고 싶을 것이다. 무료 정보를 얻은 300명 가운데 기꺼이 신용카드를 꺼내서 당신의 제품이나 서비스를 살 사람은 얼마나 될까? 가입자 인증 절차가 끝나면 즉시 잠재적인 구매자를 찾아내야 한다고 했던 말을 명심하기 바란다. 하루든 한 주든 기다리지 마라. 구매자를 곧바로 찾아내서 추려야 한다.

댄 케네디는 내게 **"구매자는 구매자이고 구매자이다** A buyer is a buyer is a buyer"라는 귀중한 가르침을 준 적이 있다. 만약 누군가가 당신에게서 상품을 사겠다고 나서면, 그 사람은 당신이 의미 있는 가치를 계속 제공하는 한 당신의 구매자로 계속 남을 것이다. 그러니까 자기 이름과 이메일 주소를 입력하고 보내기 버튼을 클릭하는 사람이 있으면, 즉시 이 사람을 당신이 처음 오픈하는 프리미엄 행사의 판매 페이지에 방문하도록 만들어야 한다.

내 경우에는 대개 배송비와 취급 비용만 구매자가 부담하는 무료 상품부터 7~10달러 정도의 상품을 이 단계에서 판매한다. 이 단계에서는 극단적일 정도로 저렴한 가격대의 상품을 제안해야 하는데, 이렇게 함으로써 구매자가 누구인지 파악할 수 있다. 과연 누가 신용카드를 꺼내서 내가 파는 물건을 살까? 나는 그 사람들이 누구인지가 정말 궁금하다. 그들이 나에게서 무언가를 구매할 의향이 있다면, 나는 마케팅 목적으로 그 상품의 가격보다 더 많은 돈을 쓸 의향이 있기 때문이다. 나는 기꺼이 그 구매자들에게 전화를 걸거나, 엽서나 편지를 보낼 것이다. 웹사이트 가입자(혹은 구독자)들에게는 하지 않는 특별한 제안을 할 수도 있다. 이 시점이 되면 나에게는 구독자 목록과 구매자 목록이라는 두 가지 목록이 확보된다. 각각의 목록은 서로 성격이 다르므로 취급도 물론 달라야 한다.

| 5단계 | 적극적인 구매자를 추려낸다 |

구매자를 추려내고 나면 **적극적인 구매자**가 누구인지 알고 싶어진다. 이 사람들이야말로 자신의 문제를 해결하기 위해 훨씬 더 많은 돈을 기꺼이 쓸 준비가 된 꿈의 고객이다.

나는 열정적으로 관심을 가진 시장에서는 적극적인 구매자라고 자처하는 사람이다. 세일즈 퍼널 안으로 들어오는 사람들 가운데 얼마나 많은 사람이 적극적인 구매자가 되는지 확인할 수 있는 간단한 이야기가 하나 있다.

몇 해 전, 직원들과 함께 볼링을 치러 갔다. 나는 볼링을 좋아하고 꽤 잘 치는데, 그날만큼은 실력이 형편없었다. 개인 공과 글러브와 신발까지 챙겨갔는데도 도무지 핀을 쓰러뜨릴 수 없었다. 함께 갔던 직원 한 명은 연이어 스트라이크를 치면서 최고 기록을 세웠다. 나는 직원들 앞에서 그야말로 굴욕을 당했다. 그날 밤 나는 무척 속이 쓰렸다. 난 볼링에 도움이 될 만한 것이 있을지 보려고 무작정 인터넷을 뒤졌다. 순식간에 어떤 사이트에서 볼링공을 새로 하나 사고 다른 사이트에 가서는 볼링 전용 신발도 하나 샀다. 책과 영상도 구매했다. 그때 나는 적극적인 구매자였는데, 우울한 기분을 날려버릴 수 있는 것이라면 무엇이든 사고 싶었다.

판매자라면 이런 적극적인 구매자를 가능한 한 빨리 찾아내서 도움이 될 만한 것을 제공해야 한다. 그러지 않으면 이 사람들은 당신의 경쟁자에게 달려가서 돈을 쓸 테니까 말이다. 고통 속에서 구원받길 원하는 그 사람들은 자기 문제를 해결할 수만 있다면 기꺼이 지갑을 열고 신용카드를 꺼낸다.

그 볼링 이야기는 재미있는 결말로 끝난다. 그로부터 며칠이 지난 뒤에 나는 고통에서 벗어났고 더는 볼링 생각을 하지 않았다. 나는 주문한 물건들을 배송받았고, 그 뒤 몇 년 동안 그 회사들로부터 물건을 사라는 이메일을 받았지만, 아무것도 구매하지 않았다. 그래야 할 만큼 강력한 고통에 휩싸이지 않았기 때문이다. 그 회사들과 나의 관계는 멀어졌다.

나는 사람들이 어떤 상품을 구매하려 할 때 재빨리 손에 쥐어주고 싶다. 세일즈 퍼널 안에 상향판매와 교차판매cross-selling(추가 판매라고도 한다. 고객이 구매하고자 하는 상품을 보완할 수 있는 추가 제품을 판매하는 기법, 혹은 고객이 원하는 상품이 판매 종료되거나 신제품 홍보가 필요할 때 다른 제품의 구매를 유도하는 판매 기법이다 - 옮긴이) 제안을 두는 것이 매우 중요한 이유도 바로 여기에 있는데, 구매자가 가려움을 느끼는 바로 그 순간에 긁어주지 않으면 이 구매자는 다른 사이트를 찾아갈 것이고 이번만이 아니라 나중에도 그곳에서 계속 돈을 쓸 것이기 때문이다. 만약 당신이 꿈의 고객에게 도움을 줄 수 있는 최고의 제품과 서비스를 가지고 있다고 진정으로 믿는다면, 그 사람이 당신의 세일즈 퍼널 안에서 상향구매를 쉽게 할 수 있도록 장치를 마련해야 한다. 그것이야말로 당신 자신과 고객에게 책임지고 해야 할 일이다.

6단계   더 깊은 관계로 나아간다

이 단계에서는 초기 판매 경험이 거의 끝난다. 1단계에서 5단계까지는 모두 5분에서 10분 사이에 끝나는 이른바 '판매 시점point of sale'(대금이 지불됨으로써 상품 거래가 완료되는 지점 - 옮긴이) 때 발생하는데, 6단계와 7단계에서는 '매력적인 캐릭터'가 새로운 꿈의 고객의 손을 잡고 그들이 가치 사다리의 높은 곳으로 올라가도록 돕는다. 이때 당신은 후속 퍼널들(일곱 번째 비밀)을 사용해서 그들과 유대 관계를 쌓고 그들을 가치 사다리의 다음 퍼널로 이동시켜야 한다.

7단계   판매 환경을 바꾼다

초고가 상품은 온라인에서 판매하기 어렵다. 1만 5000달러 또는 10만 달러짜리 제품을 '장바구니에 추가' 버튼을 클릭해서 구매하는 사람은 많지 않을 것이다. 물론 그런 사람도 있긴 하겠지만 일반적으로 보자면 이런 고가의 상품을 판매하려면 판매 환경을 바꿔야 한다. 환경을 바꾸는 가장 흔한 방법은 통신 판매나 DM 판매 또는 행사나 세미나를 통해서 파는 것이다.

가치 사다리의 마지막 지점에 있는 세일즈 퍼널들은 일반적으로 어떤 아이디어나 개념을 사람들에게 설득하는 방식으로 설계된다. 이때 판매자는 전화 통화 약속을 잡고 다음 과정을 진행한다. 그 과정에서 고객에게 맞춤형 상품을 제시할 수 있고 이전과는 완전히 다른 판매 환경에서 고객과 대화할 수 있다. 전화로 통화하는 고객은 판매자가 제시하는 상품 제안에 한층 더 귀를 기울이게 된다. 그리고 판매자는 고객의 반응을 빠르게 확인할 수 있고 즉석에서 결정하도록 도울 수 있다. 고객을 가치 사다리의 한층 더 높은 곳으로 이동시키기 쉬워지는 것이다.

지금까지 세일즈 퍼널의 일곱 가지 단계를 살펴보았다(세일즈 퍼널을 해킹하는 방법도 배웠다). 그러니 이제부터는 다른 사람들이 퍼널의 각 단계에서 무엇을 하는지 알아봐야 한다. 이 작업을 할 때는 철저히 '퍼널 컨설턴트' 관점에 서야 한다. 다른 사람들이 어떤 단계를 놓치는지, 각 단계에서 고객 혹은 잠재고객의 기분을 개선하려면 무엇을 어떻게 해야 할지 따져봐야 한다.

내가 어느 소매점에서 매출을 높이는 방법에 대해 컨설팅을 해준다고 가정해보자. 고객이 광고를 보는 시점에서부터 매장으로 들어와서 직원의 인사를 받는 순간 등을 포함해서 고객이 매장을 체험하는 동안에 일어나는 모든 것을 살펴볼 것이다. 또 고객이 어떤 것을 보고 특정 품목을 선택하는지, 마지막으로 고르는 상품은 무엇인지, 계산대에서 계산이 진행되는 도중에는 상향판매를 어떻게 하는지 등을 분석하겠다. 그런 다음에 그 고객이 나중에 다시 돌아와서 상품을 사도록 유도하는 후속 작업들을 분석하겠다.

온라인에서 매출을 높이는 것도 마찬가지다. 고객이 거쳐 가는 세일즈 퍼널의 각 단계를 세분해서 각각을 정밀하게 검토해야 한다. 제각기 다른 단계들을 제대로 파악하고 각각을 별도의 경험으로 구분할 때 부족하거나 잘못된 부분이 개선되어 고객들의 구매로 이어진다. 이렇게 할 때 세일즈 퍼널 안으로 들어온 사람들을 가치 사다리의 다음 단계로 올라가게 만들 수 있다.

만약 당신 회사의 매출이 지지부진하다면 이 일곱 단계 가운데 어느 곳에 문제가 있는 게 분명하다. 당신이 맞이하는 방문자의 온도 수준은 무엇인가? 잠재적인 구매자가 거쳐 가도록 만든 사전 프레임 브리지는 무엇인가? 랜딩 페이지에서 사이트의 가입자를 추려내는가? 판매 페이지와 상향판매 페이지에서는 구매자와 적극적인 구매자를 추려내는가? 고객이 가장 필요한 제안을 찾을 수 있도록 당신과 고객의 관계를 발전시키고 있는가? 고가 상품 제안이 가능하도록 판매 환경을 바꾸고 있는가? 마지막으로 가장 중요한 질문이 남아 있다. 서로 다른 집단이 특별한 맞춤형 경험을 하도록 그 집단들을 각기 다른 방식으로 대하고 있는가?

지금까지 살펴본 세일즈 퍼널의 일곱 단계를 요약하면 다음과 같다.

- 1단계 — '방문자의 온도'를 판정한다: 당신이 세일즈 퍼널 속으로 맞아들이는 방문자가 뜨거운가, 따뜻한가 혹은 차가운가?
- 2단계 — '사전 프레임 브리지'를 설정한다: 이 방문자의 유형을 기준으로 각각의 유형을 위해 어떤 사전 프레임 브리지를 만들어야 할까?
- 3단계 — 가입자를 추려낸다: 방문자들 가운데서 당신이 제안하는 무료 정보를 제공받는 대가로 자기 이메일 주소를 기꺼이 알려주는 사람은 누구인가?

- **4단계 — 구매자를 추려낸다**: 사이트의 가입자 가운데서 당신이 제시하는 첫 번째 제안을 기꺼이 받아들여 신용카드를 꺼내는 사람은 누구인가?
- **5단계 — 적극적인 구매자를 추려낸다**: 자기가 안고 있는 문제를 해결하기 위해서 기꺼이 더 많은 돈을 쓰겠다는 사람은 누구인가?
- **6단계 — 더 깊은 관계로 나아간다**: 고객의 연락처 정보를 확보한 뒤 어떻게 하면 '매력적인 캐릭터'로 그들과 인간관계를 쌓아갈 수 있을까?
- **7단계 — 판매 환경을 바꾼다**: 고객을 오프라인으로 유도해서 가치 사다리의 높은 곳으로 올라가게 만들려면 어떻게 해야 할까?

후속 퍼널

마케팅 컨설턴트인 도널드 밀러는 『무기가 되는 스토리』에서 브랜드는 영웅이 아니라고 설명한다. 그는 고객이 영웅이며, 브랜드가 하는 역할이란 이 영웅이 맞닥뜨리는 온갖 시련을 이겨내고 마침내 성공하도록 돕는 것이라고 말한다. 그러니까 브랜드라는 것은 〈스타트렉〉에서 루크 스카이워커를 이끌고 돕는 요다와 같은 존재라는 말이다.

바로 이런 관점으로 자기 회사를 바라보면 실제로 어떤 일을 해야 할지 보인다. 각자 시련과 과제를 안고 있는 사람들(영웅들)이 모여 있는 곳을 찾아내 그들의 관심을 사로잡을 후크를 던지는 것이다. 그런 다음에는 '매력적인 캐릭터'로서 성공의 여정으로 가는 길의 안내자가 되어서 그들이 당신의 가치 사다리를 올라가도록 이끌어준다. 그럼으로써 그들이 온갖 시련을 헤치고 나가 최종적으로 자기가 바라는 결과를 얻을 수 있도록 돕는다. 이것이 판매자가 할 일이다.

브랜드에 대한 제나 커처의 말을 복기해보자. "브랜드란 어떤 기업이 제안하는 것들에 적용하는 이미지이자 개성이다." 즉 당신이 브랜드이고 가이드라는 말이다. 이제 당신의 가치 사다리에 놓여 있는 제안에 본인

도표 7-1 고객은 자기가 원하는 목적지까지 어떻게 가야 할지 혼란스러워한다. 그러나 우리가 안내자가 되면 고객이 그 여정을 마치도록 도울 수 있다.

(브랜드, 가이드, '매력적인 캐릭터')을 적용할 차례다.

매력적인 캐릭터가 실제 어떤 판매 스크립트를 써야 할지는 3장에서 다룰 것이고, 여기에서는 가치 사다리 안에서 사람들을 단계별로 이동시키는 후속 퍼널(혹은 소통 퍼널)을 사용하는 방법에 집중할 것이다.

우리가 후속 퍼널에 담아서 보내는 메시지 유형은 두 가지가 있다. 하나는 우리가 '연속극 시퀀스soap opera sequence'라고 부르는 것인데, 이 메시지 유형의 목표는 고객들이 당신의 '매력적인 캐릭터'와 빠르게 관계를 구축하는 것이다. 또한 잠재고객을 최초의 퍼널을 통해서 끌어당기고, 이들을 가치 사다리의 다음 퍼널로 올려보내는 것이다(여기에서 '시퀀스'는 특정한 조건이 갖추어졌을 때 자동으로 발송되는 일련의 이메일 시리즈를 뜻한다-옮긴이). 다른 하나의 메시지 유형은 내가 시트콤 드라마 〈사인필드Seinfeld〉(코미디언 제리 사인필드가 직접 자신의 삶을 무대로 연기한 드라마-옮긴이)에 빗대서 '데일리 사인필드 이메일daily seinfeld email'이라고 부르는 것인데, 이 유형은 현재 당신의 후속 퍼널에 들어와 있지 않은 사람들을 후속 퍼널에 다시 불러들여서 가치 사다리로 되돌려 보낼 목적으로 발송하는 이메일이다.

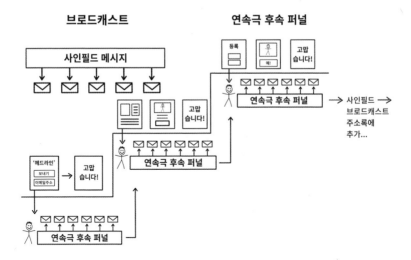

도표 7-2 당신의 잠재고객과 고객은 일련의 '연속극 시퀀스'를 거친 다음에 '데일리 사인필드 이메일' 주소록으로 이동한다. 여기서 브로드캐스트는 다중을 대상으로 보내는 단체 이메일을 말한다.

방문자의 세 가지 유형

이 두 가지 유형의 메시지 조작 방법을 정확하게 알아보기 전에, 후속 퍼널이 가지는 힘이 얼마나 강력한지 그리고 자기만의 주소록을 확보하는 것이 얼마나 중요한지 제대로 이해할 필요가 있다. 세일즈 퍼널의 일곱 가지 단계를 다룬 장에서 말했듯, 세일즈 퍼널의 3단계에서는 가입자를 추려내야 하는데, 여기에서부터 시작해보자. 판매자는 이 단계에서부터 '매력적인 캐릭터'를 통해 방문자들과 소통할 수 있다.

그렇다면 어떻게 해야 사람들이 당신에게 이메일 주소를 알려주고 사이트에 가입해서 후속 퍼널에 들어가게 할 수 있을까? 판매자가 자기 퍼널로 유도하는 방문자들은 아래와 같이 세 가지 유형으로 나눌 수 있다.

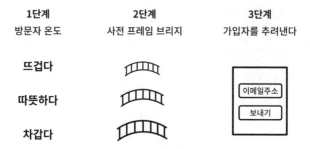

|1단계|2단계|3단계|
|방문자 온도|사전 프레임 브리지|가입자를 추려낸다|

도표 7-3 3단계에서 사람들이 자기 이메일주소를 알려주면, 이때부터 당신은 '매력적인 캐릭터'로 그들과 대화를 이어가면서 신뢰와 친분을 쌓을 수 있다.

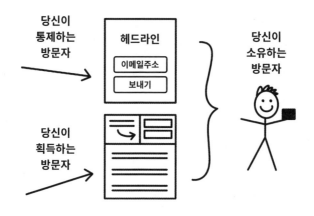

도표 7-4 당신의 목표는 모든 방문자를 당신이 소유하는 방문자로 전환하는 것이다.

1. 당신이 통제하는 방문자
2. 당신이 획득하는 방문자
3. 당신이 소유하는 방문자

방문자의 각 유형이 어떻게 행동하고 서로 연결되는지 알고 나면, 당신의 유일한 목표는 모든 방문자를 소유하는 것임을 깨달을 것이다.

○ 당신이 소유하는 방문자

세 번째 방문자 유형부터 살펴보자. 이 유형이 가장 중요하기 때문이다. 당신이 소유하는 방문자야말로 최고의 방문자다. 이들은 곧 당신의 이메일 주소록이고 메신저 주소록이며 고객의 주소록이다. '소유하는'이라는 표현을 쓴 것은 이메일을 보내거나 팔로워에게 메시지를 보내서 즉각적으로 방문자를 만들 수 있기 때문이다. 이렇게 되면 구글이나 페이스북에서 이 주소록을 사지 않아도 된다. 홍보를 하지 않아도 되고, 검색 엔진 최적화를 하지 않아도 된다. 이것은 오로지 나만의 유통 채널이다. 그래서 필요할 때면 언제든지 추가 마케팅 비용 없이 메시지를 보낼 수 있다. 나는 이들에게 반복적으로 내 상품을 팔 수 있고, 따라서 그 모든 수익은 순이익으로 돌아온다.

내가 처음 온라인 활동을 시작했을 때 운이 따르는 편이었다. 나의 첫 번째 멘토였던 마크 조이너가 잠재고객을 포함한 고객의 주소록을 방대한 규모로 만드는 데 집중함으로써 회사를 성장시키고 엄청나게 많은 돈을 번 사람이었기 때문이다. 내가 온라인 이곳저곳에 널려 있는 반짝이는 것들에 정신이 팔려 있을 때, 마크가 나에게 끊임없이 했던 조언은 바로 "러셀, 너만의 주소록을 만드는 데 집중해야 해"였다. 그가 내 마음 깊이 심어준 이 원칙은 이후 오랜 세월 동안 나의 유일한 관심사였다. 내 주소록의 규모가 커지면서 내가 벌어들이는 수입도 늘어났다.

같은 무렵에 마이크 필세임도 내게 주소록 확보가 중요하다고 강조했다. 그는 주소 하나당 평균 1달러의 돈을 벌 수 있다고 말했다. 처음에는 그게 어떻게 가능할 수 있을지 반신반의했다. 그러나 나는 그를 믿기로 했고, 실제로 내 경우에는 어떨지 확인하고 싶었다.

주소록 만드는 작업을 시작했던 첫 달에 나는 약 200명을 사이트에 가입시켰다. 그런데 정말 그달에 주소록에 있던 사람들로부터 200달러가 조금 넘는 매출을 올렸다. 나는 그 돈을 주소록 강화 작업에 재투자했고,

이 과정을 반복했다. 몇 달 만에 1000명 넘는 사람들이 내 주소록에 올랐고, 매달 평균 1000달러가 넘는 매출을 올렸다! 5000명일 때는 매출액 평균이 5000달러 이상이었다! 주소록의 규모가 커지면서 나의 영향력과 매출액도 함께 커졌다. 1년이 지났을 때 내 사이트에 가입한 사람은 10만 명이 넘었고, 5년 년 뒤에 100만 명이 넘었다.

당신이 버는 돈을 날마다 조금씩 늘리는 최고의 방법은 날마다 주소록을 강화할 새로운 방법을 찾아내고 거기에 집중하는 것이다. 사람들과의 소통을 더 잘하는 것을 포함해서, 이 책을 포함한 시리즈에서 설명하는 일련의 과정을 따르기만 하면, 주소록에 이름을 올린 사람 한 명당 한 달에 평균 1달러 넘게 벌 수 있다. 실제로 우리가 속한 대부분의 시장 안에서 그보다 훨씬 더 높은 수익을 올리기도 했다. 주소를 확보한 사람들과 좋은 관계를 맺고 유지한다면 당신도 비슷한 결과를 얻을 수 있다. 이런 결과를 통해 볼 때 잠재고객을 포함한 고객의 주소록을 확보하는 작업은 일의 우선순위에서 매우 높다는 걸 알 수 있다.

다른 두 가지 유형의 방문자(즉 당신이 통제하는 방문자와 당신이 획득하는 방문자)를 최대한 빨리 가입자나 구매자(당신이 소유하는 방문자)로 전환하는 작업이 중요한 이유도 바로 여기에 있다. 명심하라. 주소록의 규모가 크면 클수록 그만큼 더 많은 돈을 벌 수 있다.

○ 당신이 통제하는 방문자

어떤 방문자에게 여기로 혹은 저기로 가라고 말할 수 있다면 그 방문자는 당신이 통제하는 방문자다. 예를 들어 내가 구글에서 광고를 산다고 치자. 그 광고에서 발생하는 방문자를 나는 소유한다고 말할 수 없다(그 방문자는 구글이 소유할 뿐이다). 그러나 나는 광고를 사서 그 광고를 클릭하는 사람들에게 무언가를 보냄으로써 그들을 통제할 수 있다. 다음과 같은 광고 등을 통해 얻은 유료 방문자는 당신이 통제하는 방문자다.

- 이메일 광고: 단독 광고solo ad(제공할 제품이나 서비스가 있지만 마케팅할 잠재고객 목록이 없을 때 방대한 목록을 가진 다른 업체의 목록을 빌려서 하는 광고-옮긴이), 배너, 링크, 답글 달기
- 클릭당 광고비 지불 방식의 광고: 페이스북, 구글, 야후 등
- 배너 광고
- 네이티브 광고(인터넷 플랫폼이나 웹사이트를 기반으로 여기에 적합한 방식으로 기획·제작된 광고-옮긴이)
- 제휴 및 연대

나는 통제할 수 있는 방문자를 매우 좋아하지만 여기에는 커다란 문제가 하나 있다. 더 많은 방문자를 원할 때마다 그만큼 돈을 더 써야만 한

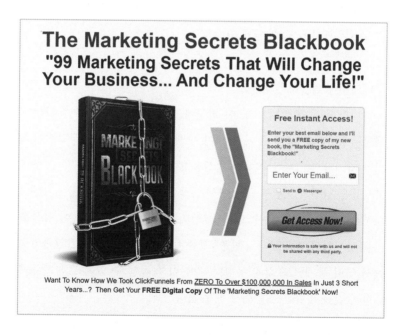

도표 7-5 스퀴즈 페이지에는 오로지 단 하나의 목표만 있으며, 사용자의 눈길을 어지럽게 만드는 다른 것은 전혀 담고 있지 않다. 이 페이지에서 방문자가 할 수 있는 것은 단 하나, 오른쪽 박스에 자기 이메일 주소를 써넣는 것뿐이다.

다는 점이다. 그래서 나의 목표는 내가 구매하게 되는 모든 방문자를 '스퀴즈squeeze 페이지'라는 랜딩 페이지로 항상 보내는 것이다. '스퀴즈'라는 이름이 붙은 것은 이 페이지를 통해 방문자들의 이메일 주소를 얻어낼 수 있기 때문이다.

스퀴즈 페이지는 **단 하나**의 목표만 있는 매우 단순한 페이지다. 바로 자기가 통제하는 방문자를 자기가 소유하는 방문자로 바꾸는 것이다. 나는 내 모든 유료 트래픽(방문자)을 스퀴즈 페이지로 보내고, 그 페이지에서 방문자가 할 일은 오로지 나에게 자기의 이메일 주소를 알려주는 것이다. 방문자는 이메일 주소만 알려주고 그 페이지에서 나간다. 중요한 것은 페이지 방문자 가운데서 일정한 비율의 방문자들만 이메일 주소를 남긴다는 것이다. 그들이 당신이 소유하는 방문자로 바뀌게 되고, 이제 당신은 잠재적인 후속 퍼널 속의 '연속극 시퀀스'를 통해서 당신의 제안을 구매자에게 보낼 수 있게 된다.

○ **당신이 획득하는 방문자**

마지막 유형을 살펴보자. 이 방문자는 당신이 통제할 수는 없어도 획득할 수는 있다. 예를 들어 당신이 팟캐스트에서 인터뷰를 하거나 누군가가 자기 블로그나 SNS에서 당신을 호의적으로 언급한다면, 그들의 팔로워들은 당신의 이름을 구글에서 검색할 수도 있고 당신 블로그를 찾아와서 게시된 글들을 볼 수 있다. 그런데 이 경우에 방문자들이 당신을 찾아온 것이지만(즉 당신이 그 방문자들을 획득했지만) 당신은 그 일련의 과정에서 어떤 통제력도 갖지 못한다. 당신이 획득할 수 있는 트래픽 유형은 다음과 같은 것들을 포함해서 매우 많다.

- 소셜미디어: 페이스북, 트위터, 인스타그램, 구글+, 링크드인, 핀터레스트 등

- 검색 트래픽(검색엔진 최적화SEO)
- 온라인 PR
- 입소문

　통제하는 방문자와 마찬가지로 획득하는 방문자에 대한 나의 유일한 목표는 그들을 내가 소유하는 방문자로 바꾸는 것이다. 그러기 위해 나는 획득한 모든 방문자를 나의 '퍼널 허브funnel hub'로 유도하려고 노력한다. 퍼널 허브는 기본적으로 나의 모든 퍼널을 갖춘 웹사이트다. 겉으로 보기에는 일반적인 웹사이트와 매우 비슷하다. 사람들이 이곳에서 할 수 있는 유일한 일은 자기 이메일 주소를 나에게 알려주는 퍼널로 들어가는 것뿐이다. 그러고 나면 그들은 내가 소유하는 방문자가 되고, 나는 그들을 나의 후속 퍼널에 넣을 수 있다.

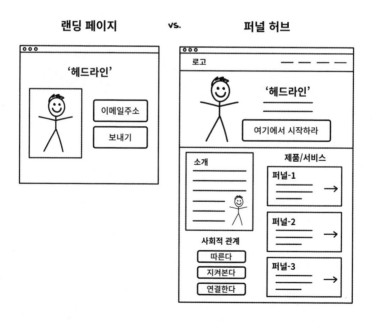

도표 7-6　랜딩 페이지와 퍼널 허브는 목표가 동일하다. 모든 방문자를 자기가 소유하는 방문자로 바꾸는 것이다.

도표 7-7 나는 최대한 많은 방문자를 획득하고 이들을 내가 소유하는 방문자로 바꿀 퍼널 허브 하나를 만들었다. 이 페이지에서 할 수 있는 유일한 일은 '원 퍼널 어웨이 챌린지'에 도전하는 것 한 가지뿐이다.

자, 이제 누군가가 당신이 만든 퍼널의 랜딩 페이지에 (통제하는 방문자로든, 획득하는 방문자로든 간에) 들어와서 이메일 주소를 입력하고 당신의 웹사이트에 회원으로 가입했다고 하자. 이제 당신의 '매력적인 캐릭터'는 후속 퍼널들을 통해 그들과 소통할 기회가 생긴다.

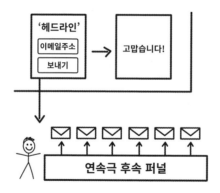

도표 7-8 잠재고객으로부터 이메일 주소를 받고 나면 그들에게 이메일을 보내는 것만으로 그들과 대화를 이어갈 수 있다.

연속극 시퀀스

누군가가 당신의 웹사이트에 처음 가입하면 당신의 '매력적인 캐릭터'가 나서서 신속하게 유대감을 형성하는 게 매우 중요하다. 나는 오랫동안 이 일을 잘하지 못해서 애를 먹었다. 수십 가지 방법을 시도했지만 계속 답답한 구석이 있었다. 그러던 중 문제가 쉽게 풀린 계기가 있었는데, 바로 '연속극 시퀀스Soap Opera Sequences'를 접하게 된 것이다. 이 시퀀스에서 목표는 이메일을 읽는 사람과 내가 즉각적인 유대감을 형성하는 것이었다. 잠재고객에게 맨 처음 보내는 이메일이 지루하면 그걸로 끝이다. 그 사람은 당신이 보내는 이메일을 두 번 다시 열지 않을 것이다. 반면에 당신이 흥미로운 것들을 제시하고, 첫 번째 이메일부터 어떤 스토리 라인을 통해 제대로 끌어당길 수만 있다면, 그 사람은 당신이 보내는 두 번째 이메일을 반갑게 열어볼 것이다. 그뿐 아니라 연속극의 다음 회를 기다리듯이 당신의 이메일을 계속 기다릴 것이다.

연속극을 한 번도 본 적이 없는 사람을 위해 설명하자면, 연속극에서는 긴박한 사건들이 끊임없이 이어진다. 다음 회에 무슨 일이 일어날지 모르는 아슬아슬한 순간에 해당 회가 끝난다. 그래서 사람들은 다음에 이어질 내용을 기대하며 날마다 텔레비전 앞에 앉는다. 연속극의 내용은 결코 결론이 나지 않는 연속적인 서사다. 등장인물들은 언제나 위기를 맞이하거나, 위기에서 벗어나거나, 사랑에 빠지거나, 헤어지거나, 감옥에 갇히거나, 감옥에서 탈출하거나, 죽거나, 기적적으로 살아난다. 등장인물들에 공감하다 보면 다음 회에 어떤 일이 일어날지 궁금해서 이야기에 계속 빨려들 수밖에 없다.

연속극의 이런 매력이 매회, 매시즌 시청자를 끌어당기는 것과 마찬가지로, 사람들이 당신의 이메일을 애타게 기다리고 이메일이 도착하면 열어보지 않고는 배길 수 없도록 연속극과 동일한 이야기 구조와 요소들을 동원해서 이메일을 구성해야 한다.

'연속극 시퀀스'를 만들 때 사용할 수 있는 스토리 구조는 다양하다. 나의 경우에는 가치 사다리 안에서 각각의 제품에 제각기 다른 구조를 사용한다. 이때 핵심은 어떤 스크립트를 사용해서 상품을 홍보할 것인지가

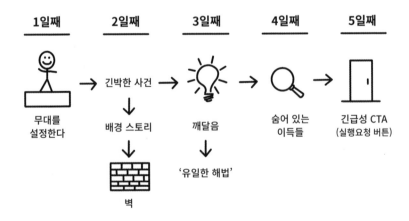

도표 7-9 연속극 시퀀스에서는 5일 동안 매일 하나씩 이메일을 보낸다. 제품이나 서비스의 판매를 위한 하나의 서사로 가입자들을 끌어당기는 일련의 이메일이다.

아니라, 다음번 이메일을 읽을 수밖에 없는 매력적인 스토리를 어떻게 구성할지에 있다.

잠재적인 구매자가 처음 나의 웹사이트에 회원으로 가입했을 때 내가 보냈던 이메일을 소개한다. 아주 간단한 다섯 개의 연속극 시퀀스 이메일, 즉 연속극처럼 꼬리에 꼬리를 물고 이어지는 이메일인데, 이 예시를 통해 효과적인 스토리 구성이란 무엇인지 쉽게 이해할 수 있을 것이다. 이 방식은 단순한 데다 '매력적인 캐릭터'가 신규 가입자와의 관계를 빠르게 형성하는 데도 효과가 있다. 내 경우를 보자. 어떤 사람이 내가 마련한 스퀴즈 페이지로 들어왔다. 그는 전문가 되기와 관련된 자세한 정보와 함께 이 이메일 시리즈에서 판매하는 책에 대한 정보를 요청하는 양식을 작성하고 내 사이트에 회원으로 가입했다. 나는 거기에 응답해서 다섯 편짜리 연속 이메일을 보냈다. 이 다섯 편의 이메일을 차례대로 소개하면 다음과 같다.

○ 첫 번째(1/5) 이메일 - 무대를 설정한다: 내게 이메일 주소를 제공하고 웹사이트에도 가입한 사람에게 처음으로 보내는 이메일이다. 다음에 계속 이어질 이메일들의 무대를 설정하고, 그 사람이 무엇을 기대하면 좋을지 미리 가르쳐주며, 또 그 사람이 뒤이어 보낼 이메일들을 계속 읽게 만드는 최초의 '후크' 역할을 한다.

[전문가] 1/5

안녕하세요, 저는 러셀입니다. 저와 함께하시게 된 것을 '공식적으로' 환영합니다.

저는 대략 10년 전인 대학 시절에 온라인 사업을 처음 시작했습니다.

(감자총 제작 과정을 담은 DVD를 팔았지요), 당시의 사소한 취미가 저의 열정이 되었습니다.

그 후로 지난 10년 동안 식품 보조제부터 다이어트나 데이트 조언에 이르기까지 온라인에서 상상할 수 있는 온갖 것을 팔았습니다. 대략 꼽아보면 스무 가지는 되는 것 같습니다.

운영해온 사업들에 대해 이 자리에서 모두 말씀 드릴 필요는 없을 것 같군요. 사실 이 사업들은 저에게 가장 좋은 아이디어를 테스트할 수 있는 필드와 같은 것입니다. 이 많은 사업들의 테스트 결과를 가입하신 '마케팅의 비밀들' 뉴스레터를 통해 전해드리려고 합니다.

저의 목표는 이 뉴스레터를 통해 다른 사람들이 제공하는 것보다 더 나은 내용을 **무료로** 제공하는 것입니다. (그러니까 유료 뉴스레터를 구독하는 것과 다르지 않지요!)

당장 내일부터 시작하려고 합니다. 정말입니다! 제가 판매하는 **최고의 제품들** 가운데 한 가지를 무료로 보내드릴 계획입니다. 그러나 제가 보낼 이메일을 열어보셔야만 그 제품을 받을 수 있습니다.

무슨 말씀인지 아시겠지요?

아마도 놀라울 정도로 가치 있는 제품을 받고서는 **깜짝** 놀랄 겁니다. 이 사람이 파는 건 모조리 다 사야겠다는 마음이 들 정도로요. (농담입니다.^^)

자, 어떻습니까?

그럼 내일 이메일로 다시 뵙죠.

고맙습니다.

당신의 새로운 마케팅 친구,

러셀 브런슨 드림

※ 추신: 다음에 내가 보낼 이메일의 제목은 '[전문가] 2/5: 내 교육이 실패로
끝났을 때'입니다. 놓치지 마세요!

도표 7-10 첫 번째 이메일은 그 뒤에 이어질 이메일들의 무대를 설정한다.

○ **두 번째(2/5) 이메일 – 긴박한 사건으로 시작한다:** 첫 번째 이메일을
제대로 잘 보냈다면, 받는 사람은 당신이 보낼 두 번째 이메일을 애타게
기다릴 것이다. 내 경우에는 이 두 번째 이메일에서부터 스토리 '판매' 과
정이 시작된다. 좋은 스토리는 **언제나** 긴박한 사건으로 시작한다. 그러나
사람들은 대부분 이야기를 시간 순서대로 전개하는데, 그러다 보면 중반
까지는 스토리가 밍밍하다. 그러므로 전체 스토리 중 가장 긴박한 사건
에서 시작하는 게 좋다. 그렇게 독자를 사로잡은 뒤에 다시 과거로 돌아
가서 비어 있는 배경 스토리를 채우면 된다.

• **배경 스토리:** 감성을 자극하는 드라마로 상대방의 관심을 사로잡고
나면 과거로 돌아가서 배경 스토리를 들려줄 차례다. 긴박한 사건
이 일어나게 된 배경을 이야기해야 한다. 도대체 어쩌다가 그런 위
기를 맞이하게 되었는지 설명해주라는 말이다. 일반적으로 당신이
들려주는 배경스토리는 독자가 현재 있을 법한 장소나 시점을 배경
으로 한다. 예컨대 당신이 다이어트 제품을 판다면, 당신이 과체중
이던 때로 독자를 데리고 가면 된다. 재정적인 자유를 얻는 방법에
대한 코칭 강좌를 판매한다면, 당신이 파산했던 시점으로 그 사람
을 데려가보라. 그 사람과 함께 개인적인 여정을 한다고 생각하면
쉽다.

• **벽:** 이 배경 스토리는 당신이 벽에 막혀서 좌절했던 시점으로 이어

질 것이다. 대개는 상대방이 놓여 있는 처지가 바로 그런 상황이다. 그 사람은 어렵고 힘든 상황에 놓여 있으므로 당신이 제시하는 해결책을 듣고자 마음을 열어두고 있다. 그러니 당신이 과거에 무엇 때문에 좌절했으며 어떻게 해결책을 찾아냈는지 설명해야 한다. 그러나 기억할 점은 이 시점에서 해결책을 제시하면 안 된다는 것이다. 세 번째 이메일에서 해결책을 제시하겠다는 약속을 마지막으로 이메일을 끝내라.

[전문가] 2/5: 내 교육이 실패로 끝났을 때

"어떻게 내가 여기까지 온 걸까?"

저는 사람들로 가득 찬 강당에 앉아 있었습니다. 온갖 일을 겪었지만 이제 모든 것이 여기에서 끝난다는 혼란스러운 감정에 휩싸인 채 말입니다.

15년 동안이나 단 하나의 목표를 맹목적으로 따랐습니다만, 그 모든 게 거짓말이었음을 깨닫고 말았습니다.

고개를 돌려 주위를 둘러보니 수백 명이 모두 저와 같은 심정임을 알 수 있었습니다. 그런데 오로지 그 **사람들만** 얼굴에 미소를 띠고 있었습니다.

그들은 우리에게 무슨 일이 일어날지 몰랐을까요?

2005년 5월 14일 토요일이었습니다.

그날은 제가 대학교를 졸업하는 날이었습니다. 부모님께서 언젠가는 내가 맞이해야 할 날이라고 말씀하셨던 바로 그날이었지요.

"번듯한 직장에 다니려면 대학교에서 공부를 열심히 해야 해."

물론 그날 밤에 많은 사람들이 졸업을 축하하고 기뻐할 겁니다.

그렇지만 다음 날 아침에는 어떨까요?

다음 날 아침은 모든 졸업생이 '현실 세상'을 만나게 됩니다.

머지않아 깨달은 사실이지만, 그 세상은 멋지지도 않고 만만하지도 않습니다.

저와 함께 졸업한 사람들이 대부분 그랬지만, **만약** 직장에 취직할 수 있다면, 연봉 3만 달러나 4만 달러를 받는 첫 직장에 취직하겠지요. 그 돈으로는 학자금 대출을 갚아나가기도 빠듯합니다.

빚은 결코 떨쳐낼 수 없는 것입니다. 설령 개인파산을 선언한다고 하더라도 말입니다.

빚의 굴레 그리고 학자금을 도저히 갚아나갈 수 없는 일자리, 이 둘은 우리 모두가 '현실 세상'에 발을 들여놓는 순간 물려받는 무거운 짐입니다.

그랬기에 졸업식장에서 얼굴에 미소를 띤 사람들을 바라보았을 때 혼란스러웠습니다.

제 자신 때문이 아니라, 그 사람들 때문에 그랬습니다.

왜냐하면 저는 제가 가야 할 길이 보였기 때문입니다. 두 해 전에 인생을 살면서 정말 잘하던 것들을 사업으로 삼는 멋진 길을 우연히 찾았습니다.

이 사업은 제가 4학년 때 25만 달러를 벌어다주었으며, 졸업하고 단 1년 만에 **100만** 달러 넘는 돈을 벌어다주었습니다.

제가 무엇을 발견했는지 알고 싶습니까? 학생 신분으로 레슬링부 활동을 하면서 또 결혼해서 아내와 함께 시간을 보내면서, 그야말로 무일푼 상태에서 어떻게 아이디어를 살려서 사업을 할 수 있었는지 궁금하지 않으십니까?

그렇다면 내일 보내드릴 이메일을 열어보십시오. 저에게 어떤 일이 일어났는지 보여드릴 겁니다. 하지만 그보다 중요한 건 당신이 제 경험을 읽고 제가 거두었던 것과 같은 결과를 어떻게 얻을 수 있는지 알게 될 거라는 사실입니다.

그럼, 내일 보내드릴 이메일을 기대하십시오. 이메일 제목은 '[전문가] 3/5: 퍼널'입니다.

고맙습니다.

> 당신이 잃어버린 직관을 되찾기를 바라며,
>
> 러셀 브런슨

※ 추신: 깜박 잊었습니다. 어제 제가 드릴 수 있는 최고의 제품을 무료로 드리겠다고 했는데, 그 제품은 아래 링크를 통해 받으면 됩니다. 부디 다른 사람에게는 알려주지 마시기 바랍니다. 저를 믿고 구독해주시는 분들께만 드리는 선물이니까요.

www.ExpertSecrets.com ← 제 인생 최고의 제품입니다. 배송비만 부담하시면 무료로 보내드립니다!

이 책은 제게 비법을 배운 많은 사람을 경제적으로 부유하게 만들어줬습니다. 과거에 우리가 했던 그 어떤 것보다도 훌륭하게 말입니다. 이 책을 받아볼 주소를 알려주시고, 이 책이 당신을 어떤 삶으로 데려다줄지 지켜봅시다.

그럼 내일 다시 뵙겠습니다!

도표 7-11 두 번째 이메일은 긴박한 사건에서 시작된다.

○ 세 번째(3/5) 이메일 - 깨달음: 이제 당신은 지금 팔고자 하는 제품과 연결되는 거대한 깨달음을 상대방에게 털어놓을 차례다. 그 깨달음의

순간은 당신의 모든 것을 바꾸어놓았던 위대한 순간이다. 지금쯤 상대방은 당신의 이야기에 푹 빠져 있을 것이므로 당신이 발견했던 것이 무엇인지 알고 싶어 할 것이다. 그 깨달음은 다음과 같이 시작되었을 수 있다.

- 나의 깨달음은 이메일 주소록을 구축해야 한다는 것이었고, 바로 그때 나는 _____에 대해서 알게 됐다.
- 내가 중독 상태에서 벗어나려면 어떤 지원 시스템의 도움을 받아야 했는데, 바로 그때 나는 _____에 대해서 알게 됐다.
- 나는 과식 습관의 근본적인 정서적 원인을 짚어봐야 했는데, 바로 그때 나는 _____에 대해서 알게 됐다.

이 깨달음은 당신이 팔고자 하는 솔루션('유일한 해법')과 연결된다. 만약 당신이 다른 사람의 제품을 판매한다면, 당신의 깨달음이 그 제품을 발견하는 것으로 이어졌다고 말하면 된다.

[전문가] 3/5: 퍼널

대학생 시절 어느 날이었습니다. 강의실에 앉아 수업을 듣다가 문득 앞에 계신 교수님이 시간당 얼마를 버는지 궁금해졌습니다. 그래서 계산을 해보았지요.

일단 그 교수님의 연봉이 대략 5만 달러라고 가정했습니다(물론 어디까지나 추정치일 뿐이었지요). 한 주에 40시간을 일한다면, 시간당 대략 25달러를 버는 셈이었습니다.

그러고는 전날 저녁에 샀던 '~하는 법'이라는 제목이 달린 책을 보았습니다. 50달러를 주고 산 책이었지요. 그 사실을 알고 나자 갑자기

소름이 돋을 정도로 놀라운 생각이 들었습니다.

그 책을 쓴 사람이 하루 평균 100권씩 책이 팔린다고 말했던 것이 기억났기 때문입니다. 하루에 무려 100권씩이나요!

그래서 또 계산을 해보았습니다. 하루에 100권이니까 그 사람은 그 책으로 하루에 대략 5000달러의 매출을 올리는 것이었습니다. 1년이면 무려 182만 5000달러였고요!

그런데 그보다 더 놀라운 사실은, 그 저자가 책을 쓰는 데 불과 며칠밖에 걸리지 않았다는 점입니다. (책의 내용은 이미지가 90퍼센트이고, 텍스트는 10퍼센트밖에 되지 않았습니다.) 또 저자는 그 책을 한 번 쓰고 나서는, 그 원고를 다시 쓸 일이 절대로 **없었습니다.** 게다가 그는 자기가 직접 나서서 사람들을 가르치지 않아도 되었습니다. 책이 그 일을 대신하니까 말입니다. 책을 쓰고 나서는 그 책 덕분에 일을 하지도 않으면서 계속해서 보수를 받을 수 있었던 겁니다.

바로 그 순간에 저는 깨달았습니다. 강의실의 교수처럼 시간당 노동으로 지식을 파는 것이 아니라 그 책의 저자가 했던 방식으로 지식을 팔고 싶다는 사실을 깨달은 겁니다!

그래서 저는 그 길로 나아갔습니다.

저는 4학년 학생 신분으로 약 25만 달러를 벌었습니다!

대학교를 졸업하고 1년 만에 100만 달러를 벌었습니다!

저는 이 모든 것을 **단 하나**에 초점을 맞춤으로써 해냈습니다.

제가 가진 지식을 올바른 방식으로 파는 것입니다!

제가 어떻게 했는지 알고 싶은가요?

그렇다면 제가 온라인에 올린 영상을 보시면 됩니다. 단돈 25달러와 아주 단순한 아이디어 하나로 시작해서 1년에 100만 달러를 벌어들였던 비밀이 거기에 있습니다.

이 영상은 www.ExpertSecrets.com에 올려뒀습니다.

링크를 클릭해서 들어가면 됩니다. 보시고 어떤 생각이 드는지 알려주시면 좋고요.

고맙습니다.

러셀 브런슨

※ 추신: 내일은 '전문가'가 될 때 누릴 수 있는 몇 가지 숨어 있는 이득을 얘기해드리겠습니다. 아마도 당신은 이런 게 있는지도 모를 겁니다. 내일 받으실 이메일을 기대하십시오.

도표 7-12   세 번째 이메일은 당신의 핵심 제품과 관련된 당신의 깨달음을 들려준다.

○ 네 번째(4/5) 이메일 – 숨어 있는 이득: 만일 그 사람이 아직도 당신의 제품을 사지 않고 있다면 그 제품이 자기에게 얼마나 가치 있는 것인지 아직 깨닫지 못했다는 뜻이다. 그러므로 네 번째 이메일에서는 그 제품을 샀을 때 미처 알지 못했던 이런저런 이득을 누리게 될 것임을 강조해야 한다.

[전문가] 4/5: 숨어 있는 이득

제가 처음 이른바 '전문가'가 되었을 때 사실 좀 걱정했습니다. 자격증도 없고 학위도 없고, 자신 있게 내놓을 무언가가 없었기 때문이지요. 하지만 저는 제가 사람들에게 보여주고 가르친 내용이 실제로 잘 통한다는 사실을 알고 있었고, 그 점을 널리 알리고 싶었습니다.

그런데 제가 생각지도 못했던 일이 일어났습니다. 사람들이 자기 인생을 살면서 자기가 하고 싶은 것을 잘하도록 돕기만 했을 뿐인데, 그 일이 제 인생을 완전히 바꾸어놓은 겁니다.

맞습니다. 그렇게 해서 저는 많은 돈을 벌었습니다. 그러나 더 중요한 점이 있습니다. 저에게 도움을 받은 사람들이 저를 위해 여러 가지 새로운 문을 열어준 것이지요. 저는 '전문가' 사업을 하면서 전 세계를 돌아다니며 토니 로빈슨이나 리처드 브랜슨과 같은 재계의 거물들을 만날 수 있게 되었습니다.

그러나 **실제로 중요한** 숨어 있는 이득은 충족감입니다. 저에게 도움을 받은 사람이 자기의 인생을 바꾸어나가는 모습을 바라볼 때의 충족감 말입니다. 바로 이것이 제가 이 사업을 하면서 가장 관심을 갖는 부분입니다. 아마 당신도 다르지 않을 겁니다. 그렇지 않습니까?

만일 그렇다면 저의 책 『브랜드 설계자』를 읽을 때입니다. 서점에서는 19.95달러를 받지만 이 책을 받아보실 곳의 주소를 알려주면 이번 주 안으로 보내드리겠습니다.

정말 괜찮은 거래 아닙니까?

자, 그럼 다음 웹페이지로 가서 증정본을 신청하십시오.

www.ExpertSecrets.com

고맙습니다.

러셀 브런슨

도표 7-13 네 번째 이메일은 상대방이 미처 생각하지 못했을 숨어 있는 이득을 설명한다.

○ **다섯 번째(5/5) 이메일 – 긴급성과 CTA:** 나의 '연속극 시퀀스'에서는 보통 이 다섯 번째 메일이 마지막 메일이다. 이 메일의 목표는 상대방이 지금 바로 행동을 취하도록 마지막으로 한 번 더 밀어붙이는 것이다. 이 작업은 긴급성을 주지시키면서 실행요청 버튼 CTA^Call to Action를 사용함으로써 이루어진다. 지금까지는 CTA를 통상적인 방식으로 사용했지만, 이 마지막 이메일에서는 상대방을 제법 강하게 밀어붙여야 한다. 상대방이 곧바로 행동에 나서도록 만드는 장치로는 다음과 같은 것들이 있다.

- 당신이 주최하는 웨비나가 내일부터 시작된다.
- 당신이 주최하는 오프라인 행사에 남은 좌석이 열 개밖에 없다.
- 새로 찍은 책이 1000권인데 거의 다 나가고 몇 권 남지 않았다.
- 며칠 뒤에 온라인 영상을 오프라인으로 돌릴 예정이다.

이유가 무엇이든 간에 당신이 강조하는 긴급성은 사실에 근거해야 한다. 허위 사실을 내세워서 긴급성을 강조하면 오히려 역효과가 나서, 여태까지 쌓은 모든 신뢰가 한꺼번에 무너진다. 당신이 팔고 있는 제품이 소진될 수밖에 없는 '이유'를 생각해보라. 재고가 소진될 수 없는 제품이라면 특별 세일 행사를 마련하거나 24시간 한정 쿠폰을 제공할 수도 있다. 창의성을 발휘해보라! 거짓이 아니라 진짜 긴급함을 만들어내는 방법은 얼마든지 있다.

[전문가] 5/5: 마지막 요청

지금까지 '퍼널'을 다루는 제 책에 대해 말씀드렸습니다.
이 책의 증정본을 어떻게 받을 수 있을지도 안내해드렸지요.

그러나 이 특별한 제안은 오늘 끝납니다.

만일 이 이메일을 내일 읽는다면, 어쩔 수 없습니다.

오늘이 지나고 내일 이 책을 원하신다면 정가대로 사야 합니다.

오늘 말씀 드린 특별한 제안을 받아들일 마음이 있다면 아래의 사이트에 가능한 빨리 찾아가십시오.

www.ExpertSecrets.com.

분명히 말씀드렸습니다.

책을 꼭 받아보십시오. 그럼 다시 인사 나눌 기회가 있을 겁니다.

고맙습니다.

러셀 브런슨

도표 7-14 다섯 번째 이메일에서는 강력한 CTA를 동원해서 긴급성과 희소성을 강조한다.

첫 번째 이메일이 두 번째 이메일을 읽게 만들고 두 번째 이메일이 세 번째 이메일을 읽게 만드는 식으로 마지막 이메일까지 읽게 만드는 것, 이것이 바로 '연속극 시퀀스'가 작동하는 방식이다.

이메일은 쉽게 읽을 수 있고 빠르게 훑어볼 수 있는 매체임을 명심해야 한다. 나는 이메일을 쓸 때 한 줄에 세 문장 이상 쓰지 않고, 여백도 많이 둔다. 단락 하나를 길게 쓰지 않는다. 그렇지 않으면 읽는 속도가 느려지고, 또 그 이메일을 열어보는 순간 읽고 싶은 마음이 사라지기 때문이다.

만약 이것이 내 가치 사다리에서 유일한 세일즈 퍼널이라면, 이 '연속극 시퀀스'에 있는 사람을 나의 '데일리 사인필드 이메일' 주소록으로 옮길 것이다. 만약 내 가치 사다리에 다른 세일즈 퍼널들이 있다면, 나는 이 사람들을 그 '연속극 시퀀스'에서 그 가치 사다리에 있는 다음 차례의 '연속극 시퀀스'로 옮길 것이다.

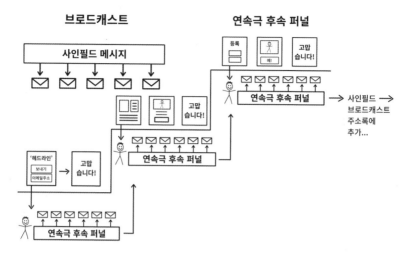

도표 7-15 후속 퍼널에 있는 '연속극 시퀀스'를 모두 거친 사람들은 데일리 사인필드 이메일 브로드캐스트 주소록에 추가된다.

데일리 사인필드 이메일

내가 가장 좋아하는 텔레비전 프로그램 가운데 시트콤 드라마 〈사인 필드〉가 있다. 특히 좋아하는 회차는 조지와 제리가 아무것도 아닌 것을 소재로 다루는 프로그램 아이디어를 NBC의 임원들에게 제시하려는 회차다. 이 회차는 정말 재미있었는데 〈사인필드〉야말로 사실상 아무것도 아닌 것을 다루는 프로그램이기 때문이다.

처음 주소록을 늘리기 시작했을 때 나 역시도 이메일을 보내는 일이 정말 힘들었다. 사람들이 읽고 싶어 할 만큼 중요하다고 여길 내용을 어떻게 써야 할지 고민하고 또 고민했다. 그러다가 훌륭한 이메일, 내용이 가득한 이메일을 쓰는 일에 집중하기 시작했다. 어떤 때는 이메일 하나를 쓰는 데 며칠씩이나 걸리곤 했다. 나는 그것이 해결책이라고 생각했다. 그러나 나중에 알게 된 사실이지만, 이메일로 '연속극 시퀀스'를 거쳤거나 받는 사람이 나의 '매력적인 캐릭터'와 유대감을 형성한 사람이라면 이메일의 내용은 중요하지 않다. 그들이 나에게 반응하는 방식은 내가 보내는 이메일의 내용과 상관없었다는 말이다. 내 이메일을 받은 사람들은 '아무것도 아닌 것'에 반응했다.

100퍼센트 알찬 내용이던 내 이메일은 90퍼센트가 우스갯소리이고 알찬 내용은 10퍼센트밖에 되지 않는 것으로 바뀌었다. 그러자 이메일을 열어보는 사람의 비율이나 클릭 수 그리고 매출액이 가파르게 증가했다.

당신은 자신의 '매력적인 캐릭터'가 재미있기를 바랄 것이다. 바로 그렇게 '데일리 사인필드 이메일을' 쓰면 된다. 그리고 '연속극 시퀀스'가 끝난 다음에는 **날마다** 그런 메일을 보내라.

온라인 판매를 하는 사람들 가운데 자기 주소록에 있는 고객 혹은 잠

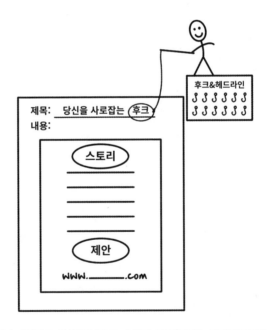

도표 7-16 데일리 사인필드 이메일은 '후크, 스토리, 제안'이라는 프레임워크를 사용한다. 사람들이 이메일을 열게 하고 당신의 스토리를 읽고 즐거워하게 만들며 또 당신이 제시하는 핵심 제안을 받아들이게 하기 위해서다.

재고객에게 얼마나 자주 이메일을 보내야 할지를 두고 고민하는 이들이 많다는 걸 나도 안다. 나 역시도 그랬다. 나는 한 달에 한 번씩 이메일을 보냈는데, 응답률은 끔찍할 정도로 낮았다. 그러다가 한 달에 두 번씩 이메일을 보내기 시작했다. 그러자 어떤 일이 일어났을까? 수입이 두 배 이상으로 늘어났다.

그러다가 일주일에 한 번으로 바꾸었고, 다시 일주일에 두 번으로, 그다음에는 이틀에 한 번 보내기로 결심했다. 이제 와서 알게 된 사실은 이메일을 날마다 보내지 않으면 날마다 돈을 잃는다는 것이다. 분명하게 말하지만 날마다 이메일을 보낼 것을 강력하게 추천한다. 이메일의 내용도 마찬가지다. 내가 지금 소개하는 사인필드 스타일로 쓰면 받는 사람들이 성가시다고는 생각하지 않을 것이다. 내용이 재미있으니 전혀 귀찮아하지 않는다.

이때 당신이 이메일에서 사용할 구조는 다름 아닌 '후크, 스토리, 제안'이다. 이메일의 제목은 사람들을 끌어당겨 이메일을 열어보게 만들고, 이메일 내용의 스토리는 사람들을 유쾌하게 해주며, 또한 이 스토리는 결말 부분에서 당신이 제시하는 핵심 제안을 사람들과 단단하게 엮는다.

내가 보내는 사인필드 이메일은 보통 다음 세 유형 가운데 하나다.

- 에피소드 스타일: 오늘 내 주변에서 일어난 일이나, 내가 제시하는 핵심 제안과 관련된 이야기, 또는 우리 업계에서 논란이 되는 주제를 소개하고 설명한다. 여기에서 내가 설정한 목표는 사람들이 내 세일즈 퍼널들 가운데 하나로 돌아가게 하는 것이다.
- 깨달음 스타일: 영감을 주는 말이나 계몽적인 발상과 같은 것들에 대해 이야기하거나 통념으로 굳어진 것들을 반박하기도 한다. 여기에서 내가 설정한 목표는 상대방이 나의 핵심 제안과 연결되는 깨달음을 얻도록 돕는 것이다.

- **교육 스타일:** 체크리스트, 사용법, Q&A, 자주 묻는 질문들이 포함된다. 이것들은 내가 답변을 해줄 수 있고 또 사람들이 나의 핵심 제안 및 세일즈 퍼널로 돌아가게 만든다.

사인필드 이메일은 '연속극 시퀀스' 경우와 다르게 정해진 순서가 없다. 사인필드 이메일을 보냄으로써 당신은 날마다 고객 혹은 잠재고객에게 후크를 던지는 능력과 어제와는 다른 이야기를 하는 능력, 그들이 반응하게 만드는 능력을 얻게 된다. 목표는 후크를 테스트하고, 스토리를 전달하고, 사람들을 당신이 판매하는 것(핵심적인 제안, 어떤 제품 또는 서비스, 혹은 다른 사람의 제품)으로 안내하는 것이다. 당신이 이 이메일에서 풀어놓는 모든 이야기는 당신이 판매하는 상품과 연관이 있어야 한다.

재미있기만 할 뿐 팔고 있는 제품이나 서비스와 아무런 연관이 없는 이메일만 보낸다면, 아무리 당신이 뛰어난 이야기꾼이라고 해도 돈은 한 푼도 벌지 못할 것이다. 모든 이메일과 모든 스토리는 사람들에게 판매

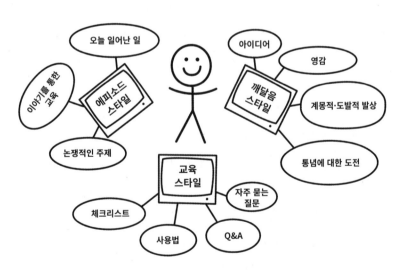

도표 7-17 사인필드 이메일에서 광범위한 주제를 다룬다면, 소재가 고갈되는 일 없이 사람들을 날마다 즐겁게 해줄 수 있다.

할 제안과 연결되어 있어야 한다.

내가 썼던 사인필드 이메일 두 가지를 소개하겠다. 이메일에서 풀어내는 스토리가 내가 판매하는 상품과 어떻게 연결되는지 눈여겨보기 바란다. 이 두 사례 모두 나에게 10만 달러가 넘는 돈을 벌어다주었다. 다시 말하지만 이것들은 아무것도 아닌 것을 다루는 이메일의 좋은 사례이다.

[충격 실화]

2000만 달러를 변기에 넣고 물을 내려버린 사람 이야기

어제 있었던 일입니다. 어떤 사람이 '이너서클' 코칭 프로그램에 가입 신청을 했습니다.

그런데 그의 신청서를 보고 나는 매우 놀랐습니다. 그 사람이 골프 시장에 몸 담고 있는 사람이었기 때문입니다.

저는 골프를 치지는 않습니다만, 한때 온라인 골프 시장에서 2000만 달러가 넘는 돈을 벌었습니다.

그 사람의 상품을 살펴보니 대박 날 제품임을 금방 알아보겠더군요.

그런데 그 사람에게 전화하려던 코치가 나에게 와서, 전화하기 전에 그의 사업과 관련해서 제 의견을 듣고 싶다고 했습니다. 그래서 10분 동안 다음 몇 가지 사항을 살펴보았습니다.

- 그 사람의 주요 경쟁자 셋
- 그 사람의 경쟁자들이 방문자들을 끌어모은 모든 사이트
- 그 사람의 경쟁자들이 진행하고 있는 전환율 최상위의 광고 셋
- 잠재고객을 고객으로 전환하는 세일즈 퍼널들

그런 다음에 저는 그 사람의 제품이 현재 온라인에서 잘 되지 않는 주

된 이유를 코치에게 설명했습니다.

이 정보를 가지고서 그 코치는 그 사람에게 전화를 걸었습니다.

그 사람은 상당히 거만했습니다. (그럴 만도 한 게, 그는 텔레비전 방송으로 이미 자기 제품 10만 개를 팔았으니까요.) 그러나 어떤 이유에선지 그는 까다롭기 짝이 없는 이 인터넷 시장에서는 힘을 쓰지 못하고 있었습니다.

코치는 내가 설명했던 내용을 그 사람에게 말하기 시작했는데, 그가 갑자기 코치의 말을 끊었습니다.

"이보세요. 나도 인터넷 마케팅 책은 스무 권 넘게 읽은 사람입니다. 굳이 러셀에게 배울 건 없을 것 같군요. 그 사람이 아는 건 나도 다 알고 있으니까."

그래도 코치는 계속 설명하려고 했습니다. "그래도… 주짓수 설명하는 책 백만 권 읽어도 길거리 막싸움 하는 데는 도움이 안 되잖아요."

그 비유는 상당히 재미있었습니다만 그 사람의 반응은 차가웠고 결국 안타까운 일이 일어났지요.

그 사람은 "러셀은 골프에 대해서 아무것도 몰라요"라고 말하고는 전화를 끊어버렸습니다.

그런데 제가 골프에 대해서 아무것도 모른다는 그 사람의 말은 맞습니다.

그러나 저는 골프용품을 **온라인**에서 판매하는 것에 대해서라면 모든 것을 알고 있습니다.

10년 넘게 그 일을 해왔으니 말입니다. 지금까지 여기 아이다호의 보이시에 있는 제 사무실에서 2500개가 넘는 회사를 대상으로 컨설팅을 해왔거든요.

지금까지 골프계의 수많은 거물들을 상대로 일을 했습니다.

지금까지 내가 생각할 수 있는 거의 모든 시장에 속한 사람들과 회사들을 상대로 컨설팅을 해왔습니다. (딱 하나 예외가 있는데 제가 가장 좋아하는 스포츠인 중 하나인 볼링과 관련한 일은 한 적이 없군요.)

자, 그건 그렇고…….

볼링을 제외하고는 제가 생각할 수 있는 모든 제품과 서비스의 세일즈 퍼널을 설계해보았습니다. 고객에게 그들이 무엇을 잘못하고 있는지 보여주었고, 그들을 내가 거래하는 미디어 광고업자에게 소개했고, 어떤 사이트에서 광고를 사면 좋을지 조언했고, 또 자기만의 특수한 시장에서 고객 한 사람을 확보하는 데 얼마까지의 비용을 감수해야 할지 가르쳐주었습니다. 이게 제가 하는 일입니다.

그런 다음에는 보통 고객을 해당 분야의 권위자들에게 소개합니다. 댄 케네디의 무대에서 6년 동안 강연을 하고 물건을 팔았던 경험 덕분에 저는 대부분의 산업 부문에 알고 지내는 권위자들이 있습니다. 고객들에게 그런 사람들을 소개해주는 것은 어려운 일이 아니지요.

이런 일들은 책에서는 도저히 배울 수 없는 것들입니다.

그리고 그런 일들은 제가 '이너서클' 가입자들에게만 해주는 일이기도 하고요.

'이너서클'에서 저의 목표는 그 사람들에게 많은 것을 가르쳐서 지식을 늘려주는 것이 아닙니다. 돈을 많이 벌게 해주는 것이죠.

아무튼 워낙 거만하거나 무지한 사람이 2000만 달러짜리 대박 상품을 변기에 처넣고 물을 내려버렸는데, 혹시라도 그걸 줍는 행운을 만난다면 저에게 연락 주십시오.

준비해야 할 것도 없습니다. 그냥 시작하면 됩니다.

팔아야 할 물건이 있다면, 어떤 것이든 상관없습니다. 제가 기꺼이 도움을 드리겠습니다. 다음 번 '이너서클' 모임은 5월에 보이시에서 열립니다. 참석하고 싶다면 바로 행동하셔야 합니다.

신청은 다음 웹페이지에서 하면 됩니다.

www.InnerCircleForLife.com

아 참, 한 가지 더. 우리는 괜찮은 사람만 받습니다. 변기에 돈을 넣고 물을 내리는 걸 좋아하는 사람이라면 제발 신청하지 말아주십시오. 고맙습니다.

러셀 브런슨

도표 7-18 이 이메일에서 나는 '2000만 달러를 화장실 변기에 넣고 물을 내려버린 사람'이라는 제목을 달았다. 1년에 2000만 달러를 벌어다줄 청사진을 만들어주었지만 거만함 때문에 나의 이런 도움을 내팽개친 어리석은 사람의 이야기를 들려주었고, 자기가 하는 사업에서 100만 달러를 벌어다줄 청사진을 함께 만들고 싶으면 나의 '이너서클'에 참여하라고 실행 요청을 했다.

늙고 뚱뚱한 사람들에게는 주짓수나 레슬링이나 똑같다

(마케팅 상품들도 마찬가지다)

내일 저는 주짓수 대회에 나갑니다. 토너먼트 대회입니다.

주짓수가 무슨 운동인지 잘 모르시는 분을 위해서 설명드리자면, 나이가 들고 뚱뚱한 사람들에게는 레슬링과 마찬가지인 운동입니다. (주짓수가 나에게는 최고의 운동입니다. 왜냐하면 저는 주짓수를 하는 동안은 열서너 살로밖에 안 보이거든요. 그렇지만 실제로는 그보다 나이가 훨씬 많은 서른네 살이고 또 예전에 레슬링을 할 때보다는 13킬로그램은 더 뚱뚱해졌습니다.)

아무튼 몇 시간 뒤에 계체량을 해야 하는데, 지금 당장 **3킬로그램을 더 줄여야 합니다.**

괜찮습니다. 저는 레슬링을 하는 사람이라서 몸무게를 줄이는 비법을 알고 있지요. 사실, 오늘 아침에 예전에 입었던 옷을 찾아서 입어봤습니다.

한번 보세요.

옷들이 조금 끼는 느낌이 들지만, 세 살 아이는 저더러 닌자 같다네요. 그럭저럭 괜찮게 보이지 않나요?

아무튼 약 한 시간 뒤에 저는 레슬링 경기장에 가 있을 것이고, 30~40분 안에 몸무게를 3킬로그램 줄일 겁니다. 내일 저는 매트 위에 올라갑니다. 저보다 어리고 빠른 친구들과 맞붙으려고요. 이 친구들의 목표는 오로지 제 목을 조르는 것뿐이겠지요. (혹은 제 팔을 부러뜨리는 것일지도 모릅니다. 어느 게 먼저일지는 모르겠습니다.)

사실 전 지금 정말 정말 정말 기분이 좋습니다.

왜냐하면 이번 주에 우리는 100만 달러 매출을 넘겼거든요.

이번 달이 아니라, **이번 주에 말입니다!**

추가 상품을 출시하지 않고서도 우리는 해냈습니다.

다른 회사와 제휴도 하지 않고서 말입니다.

맞습니다. 아마 짐작하셨겠지만……

저는 이번 주 내내 레슬링 연습장에만 있으면서 주말에 열릴 대회를 준비했습니다.

그러니까 회사 일에 손을 놓고 있는데도 100만 달러 기록을 달성했다는 말입니다.

어떻게 이런 일이 가능했는지 알고 싶지 않습니까?

당신이 회사를 비운 동안에도 당신이 회사에 있을 때와 똑같이 회사가 굴러가게 만드는 신박한 방법을 알고 싶지 않습니까?

당신은 회사를 한 단계 높은 수준으로 끌어올릴 준비가 되어 있습니까?

그렇다면 좋은 소식을 알려드리죠.

주말에 있을 경기에서 제가 크게 다쳐서 병원에 실려 가지만 않는다면, 다음 주에는 회사에 복귀할 겁니다.

출근하면 최소 두 사람 이상의 세일즈 퍼널 작업을 도울 수 있겠지요 (우리가 100만 달러 매출을 올리는 데 사용한 것과 **동일한** 유형의 세일즈 퍼널입니다).

만일 당신의 회사 수준을 한 단계 높여서, 당신이 진정으로 사랑하는 일들을 할 시간과 자유를 넉넉하게 보장해줄 사업을 새로 시작할 준비가 되어 있다면, 지금 바로 다음 웹페이지에서 바로 신청하십시오.

www.InnerCircleForLife.com

참, 그런데 만약 '빠르게 돈 버는 법'을 찾는다면 다른 데를 알아보셔야 합니다.

'열심히 일해서 끝내주는 회사를 만드는 길'을 찾으신다면, 그 길을 가르쳐드릴 수 있습니다.

오케이, 저는 이만 몸무게를 줄이러 가야 합니다.

이번 주말에 저의 승리를 빌어주십시오.

고맙습니다.

러셀 브런슨

※ 추신: 한 시간 만에 몸무게를 3킬로그램이나 줄이는 것이 건강에 좋지 않다는 건 잘 알고 있습니다. 그러니 이메일로 그런 얘기는 안 하셔도 됩니다. 건강에 나쁜 걸로 치자면 몸에서 수분 3킬로그램을 빼는 것보다 13킬로그램이나 더 무거운 어떤 청년을 상대로 매트에서 대결하는 것이 더 문제겠지요!

도표 7-19 이 이메일에서 나는 제목으로 사람들의 관심을 사로잡았고, 일주일 내내 주짓수 대회를 위해 훈련했던 이야기를 들려주었으며, 자기가 좋아하는 일을 하면서 돈 버는 사업을 새로 시작하는 사람이라면 실행 요청 버튼을 클릭해서 '이너서클'에 참여하라고 권했다.

지금까지 사인필드 이메일이 어떻게 작동하는지, 그리고 그 이메일 속에 담는 스토리가 판매할 제품이나 서비스와 어떻게 연결되는지 알아보았다. 이것이 당신의 '매력적인 캐릭터'가 '연속극 시퀀스'를 거친 뒤에 당신의 주소록에 포함되어 있는 고객 및 잠재고객과 소통하는 방법이다. 재미있지 않은가? 일단 요령만 터득하고 나면 글은 빠르게 쓸 수 있다. 심지어 이메일 내용을 글로 쓰는 것이 아니라 휴대폰으로 녹음하고 받아 적은 뒤 올릴 수도 있다.

그런데 한 가지 주의할 점이 있다. 사인필드 이메일은 브로드캐스트 이메일이지 후속 퍼널 시퀀스가 아니다. '연속극 시퀀스' 이메일은 후속 퍼널로 설정되어 있다. 즉 누군가가 자기 이메일 주소를 가르쳐주면서 당신 사이트에 가입하면 첫날에 이메일을 한 통 받고, 다음 날에 두 번째 이메일을 받는다는 말이다. [도표 7-15]로 다시 돌아가서 두 가지의 이메일이 어떻게 작동하는지 분명히 기억할 필요가 있다.

사인필드 이메일은 '연속극 시퀀스' 이메일과 다르다. 당신이 보낸 '연속극 시퀀스'를 모두 거친 사람들은 브로드캐스트 주소록으로 옮겨야 한다. 여기에서 그들은 당신이 날마다 보내는 사인필드 이메일을 받는다. 사인필드 이메일은 반드시 순차적으로 보낼 필요는 없다. 그렇다고 미리 작성한 이메일을 홍보 업체가 일괄적으로 뿌리는 것도 아니다. 일반적으로 보면 사인필드 이메일은 '매력적인 캐릭터'의 일상에서 일어나는 일들을 실시간으로 포착해서 이를 상품 제안과 연결시킨다.

사인필드 이메일은 당신과 회사에서 일어나는 일들을 바탕으로 해서 가치 사다리 안에 있는 다양한 세일즈 퍼널로 사람들을 밀어 넣는다. 새로운 책이나 행사를 시장에 내놓을 때 이 사람들을 세일즈 퍼널로 이동시킬 수 있다. 만약 제안할 새로운 상품이 없다면, 지금까지 최고의 성과를 냈던 전환 제안을 하나 골라서 그쪽으로 사람들을 유도하면 된다.

애초에 나는 이 개념을 이메일 마케팅 전문가인 벤 세틀Ben Settle에게서 배웠는데, 그는 핵심 제품을 하나밖에 가지고 있지 않았다. 월 구독료가 97달러인 종이 뉴스레터. 내가 알고 지낸 10년 동안 그는 날마다 이 제품에 대해 이야기하는 이메일을 사람들에게 보냈다. 같은 제품이고 같은 제안이었지만 날마다 새로운 후크와 새로운 스토리를 이메일에 담아서 보낸 것이다.

1부의 목표는 핵심적인 기본 정보를 이해함으로써 누구든 자기 회사의 세일즈 퍼널(즉 '수단')을 어떻게 사용할지 깨닫게 하는 것이었다. 이처럼 1부가 세일즈 퍼널의 전략을 다루었다면 2부는 세일즈 퍼널의 전술을 다룬다. 2부에서 온라인 회사에서 사용하는 열 가지 주요 퍼널을 살펴보자.

PART 2

퍼널 설계하기

목표는 더 높은 가치로 이끄는 것이다

1부에서는 세일즈 퍼널에서 사용하는 언어를 배웠다. 후크를 사용하고, 스토리를 전달하고, 제안을 작성하는 방법을 익혔다. 가치 사다리를 통해 꿈의 고객을 어떻게 위쪽으로 올려 보낼지, '매력적인 캐릭터' 통해서 그들과 어떻게 소통할지 이제 알 수 있을 것이다.

이제 2부에서는 가치 사다리의 각 단계를 자세히 들여다봄으로써 다음과 같은 질문에 막힘없이 대답할 수 있도록 도움을 주고자 한다.

- 가치 사다리 각 단계의 목표는 무엇인가?
- 그 목표를 달성하는 데는 어떤 퍼널을 사용하는 것이 가장 좋은가?
- 사람들이 그 퍼널에 들어가게 하려면 어떤 제안을 해야 할까? (혹은 어떤 제안을 만들 필요가 있을까?)
- 퍼널의 각 페이지에서 당신은 어떤 판매 스크립트 혹은 '퍼널 스크립트'를 사용해야 할까?

여기서 다룰 퍼널들 각각은 달성해야 할 목적뿐 아니라, 목적에 따른 스크립트도 각기 다르다. 이 스크립트에 대해서는 3부에서 자세히 설명하겠다. 세일즈 퍼널들과 판매 스크립트들은 둘 다 출발점을 형성하는 하나의 프레임워크일 뿐이다. 자기 자신을 제안과 연결하고, 자신의 개성('매력적인 캐릭터'의 요소들)으로 퍼널을 생생하게 만들어야 한다. 여기서 제시하는 퍼널들과 스크립트들을 참고할 만한 사례로 삼아서 시작점으로 활용하되, 당신이 맞닥뜨릴 이런저런 필요에 따라서 그것들을 적절하게 수정하면 된다. 이 수정 작업을 두려워할 필요는 전혀 없다.

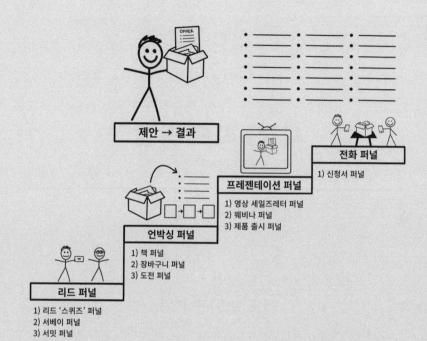

도표 8-1 가치 사다리의 각 층은 달성해야 할 목표가 서로 다르다. 그러므로 각 층마다 다른 세일즈 퍼널과 스크립트를 사용한다.

시작, 리드 퍼널

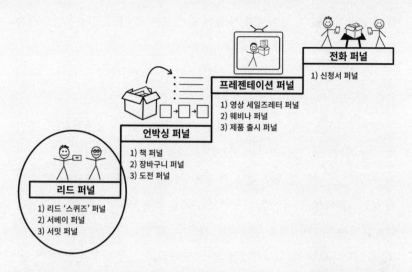

도표 8-2 사용했던 리드 퍼널 중 가장 좋았던 세 가지는 리드 '스퀴즈' 퍼널, 서베이 퍼널, 서밋 퍼널이다.

기업가들이 세일즈 퍼널을 사용해서 웹페이지 방문자와 이메일 주소록을 만들기 전에는 이른바 '팝업' 광고라는 것을 사용하곤 했다. 인터넷 초기에는 대부분의 웹페이지에서 무료 상품을 받을 수 있다거나 새로운 보고서 혹은 다른 제안 사항을 내려받을 수 있다고 알려주는 커다란 팝업 창이 나타났다. 나도 수백 달러를 들여 팝업 광고 패키지를 사서 수천 개의 웹사이트에 무작위로 광고를 했던 기억이 있다.

팝업 광고들은 웹사이트 방문자들에게는 무척 성가신 것이었지만, 마케팅 담당자들에게는 매우 반가운 것이었다. 마케팅 담당자들은 이 팝업 광고를 이용해서 방대한 이메일 주소록을 만들기 시작했다. 그러나 흔히 그렇듯이 시장에서 불만의 목소리가 터져 나왔고, 그래서 인터넷 익스플로러를 비롯한 몇몇 브라우저들은 사용자들이 이런 종류의 광고에 시달리지 않도록 팝업 차단 기능을 추가하기 시작했다. 그러자 하룻밤 사이에 팝업 광고에 의지하던 대부분의 마케팅 담당자들은 신규 잠재고객의 원천을 잃어버렸다. 그야말로 사업의 생명 줄이 끊어진 것이나 마찬가지였다.

그런데 다행스럽게도 몇몇 탁월한 마케팅 전문가들이 구원책을 제시했다.

"팝업을 따로 만들지 않고, 팝업을 아예 우리 웹사이트에서 가장 먼저 보이는 페이지로 만들면 어떨까? 관문 역할을 하는 페이지를 만드는 거지. 사람들이 원하는 페이지로 가려면 이메일 주소를 입력할 수밖에 없게 하는 거야! 좋은 제안을 그들에게 주기만 하면 돼. 말 그대로 사람들을 압박해서squeeze 이메일을 얻어내는 거야!"

그래서 이런 유형의 페이지를 흔히 '압박한다'는 뜻의 단어를 써서 '스퀴즈 페이지'라고 부른다.

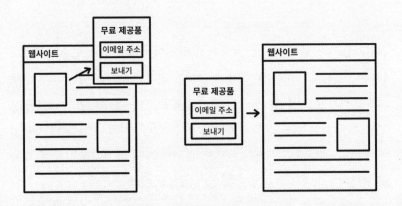

도표 8-3 팝업을 사용하는 대신에 이 팝업을 사이트 방문자가 가장 먼저 보게 되는 페이지로 만들어서, 자기 이메일 주소를 제공해야만 원하는 정보를 볼 수 있게 만든다.

처음에는 이런 개념이 실제 현실에서 효과가 있을지를 두고 갑론을박이 있었다. 과연 사람들은 웹사이트의 내용을 보기도 전에 자기 이메일 주소를 알려줄까? 그러나 이 논쟁은 몇 달 만에 끝났다. 스퀴즈 페이지(혹은 랜딩 페이지)에서 충분히 좋은 제안을 하기만 하면 (혹은 잠재고객을 끌어당길 충분한 매력을 보여주기만 하면) 사람들이 자기 이메일 주소를 알려준다는 사실이 확인되었다. 우리 웹사이트도 마찬가지였다. 비록 우리 웹사이트를 실제로 방문해서 둘러본 사람은 상대적으로 적었지만, 우리에게는 그 사람들을 계속해서 가치 사다리의 높은 곳으로 이동시킬 후속 장치가 있었기에 더 많은 돈을 벌 수 있었다.

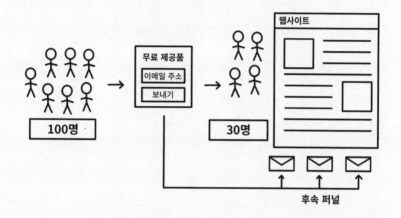

도표 8-4 우리 웹사이트의 방문자가 적은 편이기는 하지만 우리에게는 사람들을 계속해서 가치 사다리의 높은 곳으로 이동시킬 후속 장치가 마련되어 있었고, 이 새로운 스퀴즈 페이지를 도입하면서 한층 더 높은 매출을 올리게 되었다.

이렇게 해서 우리가 여기에서 살펴볼 세 가지 유형의 세일즈 퍼널들이 나타난다. 그렇다면 우선, 사람들에게 거의 아무런 비용도 부담시키지 않고 이메일 주소만 요구하며 꿈의 고객과 소통하겠다는 제안을 맨 처음 하는 지점, 즉 가치 사다리의 시작점에서부터 살펴보자. 우리가 이것들을 '리드 퍼널'이라고 부르는 이유는 기본적인 목표가 리드를 형성하고 이들을 후속 퍼널들로 이동시켜서 '매력적인 캐릭터'와 소통하도록 만드는 것이기 때문이다. 여기서 만들어낼 수 있는 리드 퍼널의 유형은 매우 많지만 나는 여기서 세 가지 유형만 보여주려고 한다. 수천 개의 리드 퍼널을 해킹하고 수백 가지의 다양한 유사 퍼널들을 검증한 끝에 남은 것이다.

- 단순한 리드 '스퀴즈' 퍼널lead 'squeeze' funnel
- 서베이 퍼널survey funnel
- 서밋 퍼널summit funnel

뒤에서 살펴보겠지만, 이 유형들은 리드를 형성한다는 비슷한 목표를 가지고 있긴 해도 그 과정은 약간씩 다르다. '스퀴즈'라는 이름이 붙을 만큼 강력하면서도 매우 단순한 리드 '스퀴즈' 퍼널부터 살펴보자.

리드 '스퀴즈' 퍼널

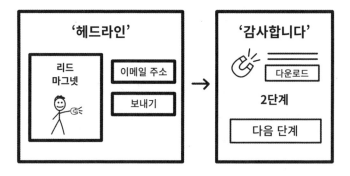

도표 8-5 리드 '스퀴즈' 퍼널에는 두 개의 페이지가 있다. 스퀴즈 페이지와 감사 페이지thank-you page인데, 여기에서 가치 사다리의 다음 단계를 제안한다.

"당신은 곧 대부분의 남자가 전혀 알지 못하는 여성의 비밀 몇 가지를 배우게 될 것이다."

이런 헤드라인을 발견했다.

이게 뭐지? 웹사이트는 분명 아니었지만 그렇다고 웹사이트가 아니라고 단정할 수도 없었다.

"지금 보고 있는 것이 바로 작년에 온라인에서 2000만 달러의 매출을 올린 웹사이트의 첫 페이지입니다."

마케팅 세미나에 참여하고 있던 내게 어떤 사람이 일러준 말이다.

"이 페이지로요? 이해가 안 되는데요?"

"저걸 스퀴즈 페이지라고 한답니다. 방문자의 이메일 주소를 받으려는 것이지요. 그 회사는 이 페이지를 이용해서 100만 개가 넘는 이메일 주소를 수집했고, 이 사람들에게 회사의 다른 제품들까지 팔 수 있었습니다. 이 회사의 모든 광고는 이 한 페이지에 초점을 맞춥니다."

그때 나는 스퀴즈 페이지를 처음으로 보았다. 이 웹페이지를 만든 회사는 '더블 유어 데이팅Double Your Dating'이라는 데이트 주선 업체였고, 당시 이 회사의 오너는 에벤 파간Eben Pagan이었다.

이 웹페이지를 계속 읽어내려가보니 이메일 주소를 알려주면 '키스 테스트'에 대해 알려주겠다는 약속이 나왔다. 마침 나는 그해 초에 결혼했

"당신은 곧 여성에 대해 전혀 몰랐던 몇 가지 비밀을 알게 될 것이다……"

당신이 배우게 될 것들은……

- '키스 테스트' - 여자가 키스를 허락할지 알아내는 법.
- 데이트에 대한 남자와 여자의 생각 차이 – 그리고 대부분의 여자가 당신이 데이트에 성공하지 못하길 바라는 이유.
- '비밀스러운' 신체 언어를 사용해서 여성의 관심을 유지하는 법.
- 만나보고 싶은 새로운 여자에게 접근하는 법 – '작업용 멘트' 없이 대화를 시작할 때 정확하게 무슨 말을 해야 할까
- 돈을 들이지 않고도 여성과 함께할 수 있는 재미있는 장소들 – 값비싼 데이트에 돈을 쓰지 않아도 된다.
- 그 밖에도 여러 가지 궁금한 것들…

성은 빼고 이름만 쓰면 되고, 비밀번호는 이메일 주소를 쓰면 됩니다. - 그런 다음에 '즉시 무료 접속!' 버튼을 클릭해서 입장하면 됩니다. (나중에도 동일한 비밀번호를 사용하세요. 모든 정보는 100퍼센트 안전하게 보존됩니다.) 다음 페이지가 열리기까지는 몇 초 걸립니다.

이름

이메일

즉시 무료 접속!

도표 8-6 내가 처음 본 스퀴즈 페이지는 데이트 주선 업체의 '키스 테스트'라는 리드 마그넷이었다.

던 터라서 내가 이메일 주소를 알려준다면 혹시라도 딴생각을 한다고 아내가 오해할지도 모른다는 생각이 들었다. 그래서 그 회사로 전화를 걸어서 그다음 페이지를 보고 싶다고 말했다. 그러나 마케팅 방침상 안 된다는 대답이 돌아왔다. 결국 나는 아내에게 허락을 받은 뒤에 그 회사의 방침을 따라 나의 이메일 주소를 알려주었다.

에벤 파간은 그다음 페이지에서 곧바로 첫 페이지의 약속을 지켰다. '키스 테스트'는 아래와 같이 제법 길게 설명되어 있었다.

만약 제가 어떤 여성과 오래 대화를 나누어왔던 사이인데 그 여성이 키스를 허락할 것인지 알고 싶다면, 대화하는 동안 손을 뻗어 여성의 머리카락을 만지면서 그와 관련된 말을 합니다. 예컨대 "머릿결이 정말 부드러워 보이네요"라고 말하면서 머리카락 끝부분을 살짝 만지는 것이지요. 여성이 이 행동을 받아들이는 태도를 보인다면, 이 '순수한' 신체 접촉을 허용한다는 뜻이고, 마침내 게임이 시작될 수 있다는 뜻입니다. 만약 여성이 자기 머리를 잡아당기지 않고 미소를 지으며 당신에게 조금이라도 더 가깝게 다가온다면, 그것은 **확실한 신호**입니다. 그건 '내 손길을 느낀다'는 뜻이니까요. 이것은 **이끌림**이라는 억제할 수 없고 멈출 수 없는 감정입니다. 반면에 이 상황에서 여성이 몸을 뒤로 빼거나 준비가 되지 않았다는 신호를 보인다면, 거기에서 멈추어야죠. 저는 이렇게 합니다. 당신도 이렇게 해야 합니다.

이게 키스 테스트였다. 사귀기 시작한 여자에게 키스를 해도 될지 고민하는 사람에게는 무척이나 소중한 조언이었다. 키스 테스트를 무료로 제공한 다음에 에벤은 같은 페이지에서 이렇게 말했다.

더 많은 것을 알고 싶은가요?
지금 바로 당신의 궁금증을 풀어줄 방법이 있습니다.

제가 쓴 전자책 『더블 유어 데이팅Double Your Dating』에는 '그녀가 나를 좋아할까?'라는 의문을 '그녀는 나를 너무 좋아해'라는 확신으로 돌려놓을 연애 팁과 도구와 기술이 수십 가지씩 담겨 있습니다.

이 책은 당신의 이상형이 단 몇 분 만에 당신에게 호감을 갖도록 만들어줄 것입니다. 다음을 클릭하세요!

에벤은 스퀴즈 페이지 방문자에게 가치를 제공하고 그다음 단계를 보여줌으로써 방문자가 가치 사다리의 위 단계로 올라가도록 만들었다. 에벤의 회사가 그토록 높은 성장을 할 수 있었던 토대가 바로 이 단순한 리드 퍼널에 있었다. 이 프레임워크를 보고 나는 재빨리 참여하고 있는 모든 시장에 에벤의 것과 비슷한 단순한 리드 퍼널을 만들었다.

이제부터 이 퍼널 안에 있는 각 페이지의 전략을 비롯해 후크와 스토리에 사용하는 판매 스크립트들에 대해 알아볼 것이다. 이 설명에는 각각의 특정 페이지에 필요한 제안을 조직하는 방법도 포함된다.

첫 번째 페이지: 스퀴즈 페이지(혹은 랜딩 페이지)

○ 제안: 스퀴즈 페이지의 목표는 어떤 제안을 하는 것인데, 여기에서 당신은 이 페이지 방문자인 잠재고객에게 '리드 마그넷lead magnet'(잠재고객의 세부 정보를 수집할 목적으로 무료로 제공되는 물품이나 서비스 - 옮긴이)을 주는 대가로 그 사람의 이메일 주소를 받게 된다. '리드 마그넷'이라는 이름이 붙은 이유는 꿈에 그리는 고객을 마치 자석처럼 끌어당기는 것이 목표이기 때문이다. 내 경우에는 비밀-1에서 설계한 고객 아바타가 좋아할 만하면서 동시에 내가 거래하고 싶지 않은 사람들을 물리칠 만한 리드 마그넷을 만들려고 노력한다.

앞서 소개한 사례인 '더블 유어 데이팅'의 리드 마그넷은 복잡하지 않다. 키스 테스트가 조금 길긴 했지만 실질적인 가치를 방문자에게 제공했다는 점이 핵심이다. 만약 당신의 리드 마그넷이 멋지고, 당신의 스퀴즈 페이지를 찾은 방문자가 정말 소중한 가치를 얻기만 한다면, 그들은 당신을 기억하고 이메일 주소를 제공할 것이다. 그뿐 아니라 당신의 가치 사다리의 높은 층으로 계속 올라가려 할 것이다. 리드 마그넷은 전자책, 쿠폰, 단순한 경연, 영상, 회원제 사이트 혹은 그 밖에 당신이 생각할 수 있는 모든 것이 다 될 수 있다. 당신이 무엇을 혹은 어떻게 전달하느냐 하는 것보다 당신의 사이트를 찾은 사람들이 진정으로 원하는 것이 더 중요하다. 당신이 만든 제안이 좋을수록, 스퀴즈 페이지를 방문한 사람들이 이메일 주소를 남길 가능성은 그만큼 더 높아진다. [도표 8-7]은 스퀴즈 페이지에 있는 리드 마그넷의 몇 가지 사례를 보여준다.

도표 8-7 나의 리드 '스퀴즈' 퍼널 페이지들은 단순하다. 방문자에게 이메일 주소만 묻기 때문이다.

ㅇ 후크: 리드 스퀴즈 퍼널 페이지는 단순하며 후크 역할을 하는 헤드라인이 있다. 헤드라인이 호기심을 많이 불러일으킬수록 방문자들이 이메일 주소를 남길 가능성이 높아진다. 스퀴즈 페이지에서 이메일 주소를 남기는 비율이 낮다면 대개 리드 마그넷 문제이거나 헤드라인이 호기심을 유발하지 않기 때문이다. '호기심을 기반으로 하는 헤드라인' 스크립트를 스퀴즈 페이지에서 사용하는 방법은 비밀-18에서 설명할 것이다.

ㅇ 스토리: 일반적인 스퀴즈 페이지의 스토리는 대개 길지 않다. 내 경우에는 하위 헤드라인이 짧은 스토리를 전달한다. 예를 들어보자. 『마케팅의 비밀들, 블랙북』의 스퀴즈 페이지에서 헤드라인(후크)은 "마케팅 비밀 99가지, 당신의 사업을 바꾸어놓고… 당신의 인생을 바꾸어놓는다!"이며, 하위 헤드라인(스토리)은 "매출액 제로의 클릭퍼널스를 단 3년 만에 1억 달러 기업으로 만든 비법을 알고 싶은가? 그렇다면 『마케팅의 비밀들, 블랙북』의 전자책을 무료로 받으라. 지금 바로!"이다.

나는 보통 스퀴즈 페이지에 담는 스토리를 매우 짧게 구성한다. 사람들이 나의 제안에 조금이라도 더 집중하게 만들고 싶기 때문이다. 만일 그 제안이 강력하고 이해하기 쉽다면 굳이 스토리에 많은 것을 할애할 필요가 없다. 만약 제안이 한층 더 많은 설명을 필요로 하는 것이라면, 우리가 '역방향 스퀴즈 페이지reverse squeeze page'라고 부르는 것을 사용할 수 있는데, 이 페이지에서 스토리를 들려주고 옵트인을 요구하는 (사진이 아니라) 영상을 걸어둘 수 있다. 일반적으로 역방향 스퀴즈 페이지에서는 전환율이 낮지만, 이곳을 거쳐서 이메일 주소를 남긴 사람들이 가치 사다리의 위쪽으로 올라갈 가능성은 상대적으로 더 높다. 역방향 스퀴즈 페이지의 영상에서 사용할 '누가 무엇을 왜 어떻게' 스크립트를 사용하는 방법은 비밀-19에서 자세하게 살펴볼 것이다.

도표 8-8 역방향 스퀴즈 페이지에서는 리드가 상대적으로 적지만 이 리드가 가치 사다리의 위쪽으로 올라갈 가능성이 상대적으로 높다. 이들은 이미 영상을 보았으며 한층 더 많은 정보를 원하기 때문이다.

두 번째 페이지: 감사 페이지

스퀴즈 페이지에서 리드 마그넷을 얻기 위해 이메일 주소를 써넣은 방문자는 곧바로 감사 페이지thank-you page로 넘어간다. 이 페이지에서 당신은 방문자에게 이메일 주소를 알려줘서 고맙다고 한 다음, 약속한 대로 리드 마그넷을 건네준다.

만일 이것이 당신의 첫 번째 세일즈 퍼널이라면, 여기에서 해당 방문자를 보낼 다른 퍼널이 없을 것이다. 그래도 괜찮다. 지금은 당신에게 이메일 주소를 가르쳐준 사람들을 대상으로 '연속극 시퀀스'를 사용해서 관계를 돈독하게 쌓아갈 때다. 나중에 두 번째 세일즈 퍼널을 만든다면,

감사 페이지에 링크를 추가하면 된다. 그러면 이 페이지의 방문자들은 그 링크를 클릭해서 가치 사다리의 다음 차례 퍼널로 이동할 수 있다.

도표 8-9 감사 페이지에서는 방문자들에게 약속했던 것을 제공하고, 가치 사다리에서 다음 단계 제안을 한다. (내 경우에는 '원 퍼널 어웨이 챌린지OFA Challenge'였다.)

서베이 퍼널

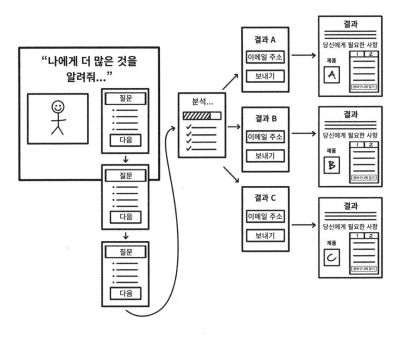

도표 9-1 서베이 퍼널에는 다음과 같은 페이지들이 들어간다. 조사 페이지, 각 집단별 스퀴즈 페이지, 그리고 각각의 개인 유형에 대한 결과 페이지(여기에는 개인별 맞춤형 메시지가 포함된다).

한때 나는 퍼널 해커의 선구자로서 어떤 유형이든 성공했다는 퍼널들은 모두 찾아서 살폈다. 그중에 FuzzyYellowBalls.com도 있었다. 여기에서는 테니스 서브 공의 속도를 높이고 싶은 사람들을 위한 '설문조사'를 진행하고 있었다. 이 퍼널은 엄청나게 많은 리드를 만들어내고 있었다. 찾아오는 사람들에게 개인 맞춤형 메시지를 제시했기 때문에 세일즈 퍼널에서의 전환율이 매우 높았던 것이다.

나는 그들이 어떻게 개인 맞춤형 메시지를 보여줄 수 있었는지 한참 조사한 끝에 알아낼 수 있었다. 해답은 바로 몇 가지 질문을 던지는 설문조사였다.

이 기술을 사용하면 정말 하룻밤 사이에 서브 공의 속도가 시속 16~24킬로미터 빨라질 수 있을까?
(힌트: 모든 것은 당신의 1번 서브 킬러를 제거하는 것과 관련 있다.)

설문지는 질문이 꽤 많았고, 마지막 질문이 끝난 다음에는 내 대답을 '분석'하고 있다는 페이지가 나왔다. 그리고 최종 페이지에서는 이런 문구가 등장했다.

답변을 분석한 결과, 당신이 서브한 공의 속도를 시속 16~24킬로미터 낮추는 요인을 찾아냈습니다. 아래에 이름과 이메일을 입력하면 공의 속도를 낮추는 1번 서브 킬러의 교정 방법을 보여주는 영상을 무료로 보내드립니다.

나는 시키는 대로 이메일 주소를 입력하고 '보내기'를 클릭했다. 그러자 다른 페이지로 넘어갔다. 이 페이지에서는 내가 안고 있는 문제와 함께, 이 프로그램이 어떻게 문제를 해결하는 데 도움을 될지 구체적으로 설명하고 있었다. 놀라운 점은 판매 메시지가 나의 답변 내용을 바탕으로 완벽하게 맞춤형으로 제시된다는 것이었다. 이럴 수가 있을까? 나는 흥분을 가라앉히지 못하고 여러 차례 퀴즈를 다시 풀었다. 처음에 받은 페이지가 아닌 다른 페이지로 넘어갈 수 있는지 알아보려고 일부러 처음과는 다른 답을 제시하기도 했다. 그런데 이럴 수가! 정말로 나는 다른 페이지로 안내되었다. 그들은 동일한 프로그램을 팔고 있었지만 그들의 판매 메시지는 고객이 안고 있는 특정한 문제들에 정확하게 초점을 맞추고 있었던 것이다!

이 세일즈 퍼널을 본 뒤로 우리는 이런 설문 방식을 수십 번에 걸쳐서 다양한 시장에서 사용했다. 이 방식은 판매자의 제안을 통해 이득을 누리는 사람들이 다양한 유형일수록 효과적으로 작동한다. 예를 들어 클릭퍼널스에는 우리의 소프트웨어를 사용할 수 있는 다양한 유형의 기업가가 찾아오는데, 이들 모두 제각기 다르게 소프트웨어를 사용한다. 우리는 설문조사로 그들이 어떤 유형의 회사를 운영하는지 파악하고, 이를 바탕으로 그들 각각의 회사가 클릭퍼널스를 어떻게 활용할 수 있는지 보여주는 세일즈 메시지를 제공한다.

첫 번째 페이지: 설문조사 페이지

이 유형의 퍼널에서는 제안 내용이 단순하다. "다음의 간단한 설문에 응답하면, 당신에게 _____을 알려주겠다"고만 하면 된다. 우리는 방문자가 간단한 설문에 응답하게 한 다음에 어떤 퍼널이 해당 방문자에게 가장 적합할지 일러준다.

이 설문조사에서 내가 설정한 목표는 몇 가지 질문을 통해서 방문자들이 그 프로세스에 몰입하게 하는 것이다. 여러 가지 질문이 있지만 그 가운데 정말 중요한 질문은 딱 한 가지다. 라이언 리버스키Ryan Levesque는 『질문하라Ask』에서 이 질문을 '버킷 질문bucket question'(최종 결과를 결정하는 질문 - 옮긴이)이라고 부른다. 이 질문의 답변에 따라 방문자에게 가장 적합한 랜딩 페이지가 결정된다.

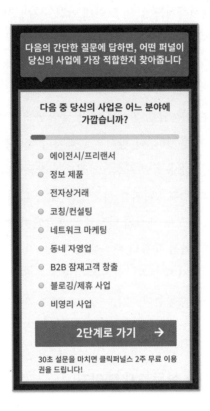

다음의 간단한 질문에 답하면, 어떤 퍼널이
당신의 사업에 가장 적합한지 찾아줍니다

다음 중 당신의 사업은 어느 분야에
가깝습니까?

○ 에이전시/프리랜서
○ 정보 제품
○ 전자상거래
○ 코칭/컨설팅
○ 네트워크 마케팅
○ 동네 자영업
○ B2B 잠재고객 창출
○ 블로깅/제휴 사업
○ 비영리 사업

2단계로 가기 →

30초 설문을 마치면 클릭퍼널스 2주 무료 이용
권을 드립니다!

도표 9-2 조사의 목적은 사이트에 찾아온 방문자들을 집단별로 구분한 다음에 그들에게
직접 말을 전하는 것이다.

우리가 했던 설문조사에서는 첫 번째 질문이 버킷 질문이었다. 나는
방문자가 어떤 종류의 사업을 하는지 알고 싶었고, 그런 다음에 클릭퍼
널스를 특정 사업에 사용할 때의 이점을 설명하는 판매 페이지로 안내하
고자 했다.

설문조사에서 버킷 질문이라는 것을 눈치채지 못하도록 깊이 숨길
수도 있다. 실제로 내가 처음에 여러 개의 서베이survey 퍼널을 분석했을
때 대부분의 설문조사가 객관식 유형임을 알아챘다. 예를 들면 이런 식
이다.

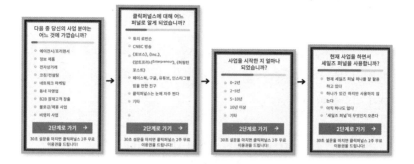

도표 9-3 질문은 많지만 방문자의 랜딩 페이지를 실제로 결정하는 것은 하나의 질문이다.

- 본인 확인 질문(성별, 연령 등)
- 주제별 본인 확인 질문(세일즈 퍼널을 사용하는가? 다이어트를 시도한 적이 있는가? 등)
- 본인이 밝히는 기술 수준(지금 하는 사업으로 얼마를 벌었는가? 해당 주제에 대해 얼마나 알고 있는가? 등)
- 해당 주제와 관련해서 본인이 밝히는 가장 힘든 점(나는 방문자가 적은 것이 가장 고민이다, 나는 탄수화물을 너무 좋아하는 게 고민이다 등)
- 교육 및 명확화(2번 반응을 보이는 사람들은 전형적으로 다음 세 가지 증상을 호소하는데, 세 가지 가운데 본인을 가장 힘들게 하는 것은 무엇인가?)
- 깜짝/무작위 호기심에 기반한 질문 (그런데 아침에 일어나서 가장 먼저 하는 일이 물을 마시는 건가요? 그렇게 하게 되면…… 등)

이 질문들 가운데 하나가 버킷 질문이 되며, 나중에 버킷 질문에 대한 답변을 토대로 방문자를 제각기 다른 결과 페이지로 보낸다.

두 번째 페이지: 스퀴즈 페이지

설문조사를 마치면 방문자는 '분석 중'이라는 팝업 창을 만나게 된다. 이 페이지는 꼭 필요한 것은 아니지만, 우리 경우에는 이 페이지를 추가하자 전환율이 높아졌다.

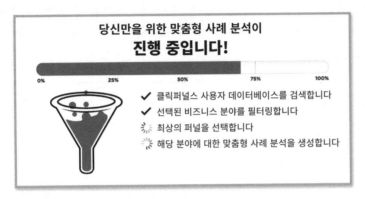

도표 9-4 '분석 중' 팝업은 방문자가 자신에게 맞는 맞춤형 정보를 받게 된다는 것을 알려준다.

버킷 질문에 대한 답변에 따라서 응답자는 자기가 속한 비즈니스 분야에 종사하는 다른 사람의 사례 분석을 받아본다. 우리는 버킷 질문의 9가지 옵션 각각에 대한 사례 분석을 마련해두고 있다. 방문자들은 이메일 주소를 적어달라는 요청을 수락하면 자신에게 맞는 사례 분석을 볼 수 있다.

도표 9-5 우리의 스퀴즈 페이지들은 맞춤형 결과를 보여주는데, 방문자가 이메일 주소를 입력하면 보내준다.

잠재고객은 또한 특정 '연속극 시퀀스' 후속 퍼널 대상에 포함되는데, 이는 그들이 속한 산업 부문에 대한 추가적인 정보, 또는 세일즈 퍼널들이 그들의 특수한 위치나 조건에 맞게 어떻게 작동하는지 알려준다.

세 번째 페이지: 결과 페이지

우리에게 이메일 주소를 준 방문자는 결과 페이지로 이동하게 되는데, 여기에서 우리는 그 사람과 비슷한 경우의 사례 분석 스토리를 보여주고 상품을 제안한다. 영상이나 맞춤형 PDF 파일, 혹은 그 페이지에서 글로 결과를 전달하는 웹사이트도 있다. 이 전달 구조보다 더 중요한 것은 바로 개개인에게 특화된 맞춤형 결과를 제공한다는 점이다. 당신도 아래의 사례를 참고해서 방문자, 즉 잠재고객이 지닌 문제의 해결책을 결과로 보여주고, 제품이나 서비스를 제시할 수 있을 것이다.

결과 페이지와 후속 퍼널의 내용을 방문자별 맞춤형으로 제시할수록 방문자가 당신의 제안을 받아들이는 전환율은 그만큼 더 높아진다.

도표 9-6 우리 사이트에서 설문조사 과정을 거친 방문자는 결과 페이지로 이동한 다음에 각자 처한 구체적인 상황을 알려주는 메시지를 받는다.

서밋 퍼널

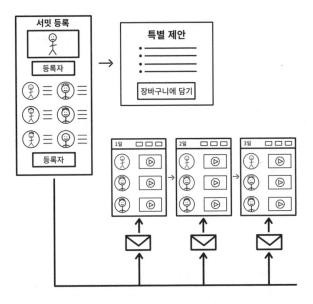

도표 10-1 서밋 퍼널은 세 개의 페이지로 구성된다. 등록 페이지와 특별 제안 페이지 그리고 등록자에게 내용을 전달하는 방송 페이지다.

서밋summit 퍼널은 리드 퍼널의 세 가지 유형 가운데 하나다. 이것은 다른 사람들의 트래픽(잠재고객 및 이들의 정보)을 이용하기 위해 만들어졌다. 또한 특정 시장에서 자기 권위를 강화하거나 제휴를 통한 공동 브랜드 설립을 위해 전략적으로 설계되었다. 내가 사업을 처음 시작했을 때 서밋 퍼널의 목표는 '주소록 빠르게 만들기' 또는 '시장에서 영향력이 큰 사람들과 관계 맺기' 등이었다.

우리는 한 해에 두 번 정도, 클릭퍼널스를 사용하는 새로운 유형의 사람들을 확보하기 위해 서밋 퍼널을 실행한다. 우리 팀의 베일리 리처드 Bailey Richert는 여러 해 동안 다양한 서밋 퍼널을 만들고 출시하는 작업을 했다. 이런 유형에 대해 전문성을 갖춘 베일리의 경험을 통해 이 장을 이어나가려고 한다.

베일리 리처드가 정리한 서밋 퍼널의 비밀

(지금부터 '비밀-10'은 베일리 리처드가 직접 설명한다.)

벌써 여러 해 전인데 처음 온라인 사업을 시작할 때 나에게는,

이메일 주소록도 없었다.
시장에서의 권위도 없었다.
사람들에게 줄 수 있는 신뢰나 믿음도 없었다.
'어디에서 본 듯한' 로고도 없었다.
휘황찬란한 제3자 추천 영상도 없었다.
인상적인 수익 기록도 없었다.

바로 이것이 내가 코칭 사업을 시작할 때의 절망적인 상황이었다.

창업을 하고 싶어 하는 사람들, 특히 개인 브랜드를 만들려는 사람들이 그렇듯 나 역시 내가 성공하려는 분야에 대한 경험과 지식, 열정을 가지고 있었다. 나는 온라인에서 정보 제품과 서비스 산업 분야에 종사하면서 상품을 만들고 마케팅하고 판매하는 방법을 배웠다. 또한 이 분야의 사업 컨설턴트로서 사람들에게 창업 관련 전문성을 심어주고 이 활동

을 통해서 수익을 창출할 준비가 되어 있었다.

그런데 문제가 있었다. 새로운 틈새시장에서 '새 출발'을 하다 보니, 새로운 잠재고객을 상대로 해서 재정적으로 생존할 수 있는 사업을 꾸려나가는 데 필요한 모든 게 부족했던 것이다. 문제는 여기서 끝나지 않았다. 나에게는 마케팅에 투자할 예산이 많지 않았다. 방문자를 웹사이트로 끌어오는 유료 광고를 장기적으로 이용할 수가 없었다. 그래서 나는 사람들을 끌어당기기 위해서 여러 방법들을 유기적으로 사용해야 했다.

사업을 하는 사람이면 당연히 하는 모든 마케팅 전략(블로그, 팟캐스트 인터뷰, SNS 등)을 나 역시 실천했다. 그러나 그 모든 전략은 내 성향과 다르게 너무 느리게 진행되었다. 그래서 나는 다른 방법을 시도하기로 결심했다. 바로 가상의 서밋이었다.

가상의 서밋은 무료 온라인 컨퍼런스이며, 올바르게 구성되고 실행되기만 하면 광고비 지출이 전혀 없는 놀라운 비즈니스 성장 전략이 될 수 있다. 그러므로 사업을 빠르게 추진하고자 하는 초보자에게 특히 탁월한 퍼널이다. 돈을 주고 광고를 사서 사람들을 끌어당기는 방식 대신에 가상의 서밋 방식을 채택하면, 자기가 속한 틈새시장 안의 다른 유명 회사들 수십 곳과 제휴 관계를 맺어서 그들의 이메일 주소록에 있는 사람들을 자기 퍼널로 유도함으로써 짧은 시간 안에 자기 사이트의 가입자 수를 늘릴 수 있다.

그뿐 아니라 오랜 세월 동안 사업을 이어나갈 영향력 있고 유명한 사람들을 인터뷰하면서 인맥을 쌓을 수도 있다. (아울러 서밋 등록 페이지나 홍보물, 영상 인터뷰에서 영향력 있는 유명 인사와 나란히 있는 모습을 게시하여 당신의 권위를 높일 수도 있다.)

사실 러셀 브런슨과 인연을 맺은 것도 내가 연례 '지식창업가 서밋'을 여러 차례 기획·실행하면서 쌓은 인간관계 덕분이다. 2015년 초부터 클릭퍼널스를 사용해온 나는 러셀의 브랜드를 잘 알고 있었고, 러셀이라면 가상 서밋을 활용해 온라인에서 더 많은 사람에게 다가갈 수 있으리라 생각했다. 하지만 러셀과 나는 만난 적이 없었기 때문에 우선 내가 아는 클릭퍼널스의 고위직 직원에게 내 아이디어를 들려주기로 했다. 그 사람들은 2년 전에 내가 마련했던 서밋에 게스트로 참석한 사람들이었다! 그렇게 해서 나는 러셀을 만났고 그가 주최자가 되는 가상 서밋을 열도록 설득했다. 설득 내용 가운데는 이 프로젝트의 책임자로 나를 임명하는 것도 포함되어 있었다.

첫 번째 서밋은 '30일 서밋'이었는데, '백만 달러 클럽' 수상자 30명이 돌아가면서 '지금 가지고 있는 것을 모두 다 잃어버린다면 어떻게 새 사업을 다시 일으킬 것인가 하는 질문에 대답하는 내용이었다. 이 서밋 퍼널은 2주 만에 100만 달러가 넘는 매출을 올렸다. 그 덕분에 나는 '백만 달러 클럽' 상을 처음 받았고, 가상의 서밋이 지닌 막강한 힘을 확인했다. 그 후로 나는 클릭퍼널스의 '제휴 부트캠프 서밋Affiliate Bootcamp Summit'과 '소매점 서밋Brick and Mortar Summit'을 기획하고 진행했다.

그럼 지금부터 가상의 서밋이 어떻게 진행되는지 살펴보자.

○ **초대**: 우선 이 서밋을 조직하는 사람, 즉 호스트는 관심 있는 틈새시장에 속한 한 무리의 사람들을 초대한다. 가장 이상적인 초대 대상자는 해당 틈새시장에 몸담고 있는 동시에 호스트에게 이상적인 고객의 주소록을 가진 사람이다. 제법 규모가 큰 서밋이라면 대략 30명쯤 참석하지만, 참가자가 확정되기 전의 섭외 과정에서는 이보다 훨씬 더 많은 사람을 접촉해야 한다.

○ **인터뷰**: 사회자는 초대된 사람들과 사전에 인터뷰를 녹화하는데, 서밋 행사 중 이 인터뷰 내용이 온라인으로 방송된다.

○ 홍보: 초대받은 사람들은 일정한 비율 혹은 금액의 제휴 수수료를 받으며 이런 행사에 초대되었다는 명성을 누릴 수 있다. 그렇기 때문에 이들은 인터뷰가 방송되기 전에 호스트와 함께 가상 서밋을 홍보한다. 이게 바로 핵심이다! 잘 구성된 가상 서밋 퍼널을 활용하면 호스트는 무료 서밋 이벤트를 시청하겠다고 등록하는 사람들의 이메일 주소를 수집할 수 있을 뿐 아니라 이 사람들에게 자기 상품을 판매할 수도 있다. 초대받은 사람들은 자신의 이메일 주소록을 통해서 당신이 조직한 서밋을 홍보하는데, 이때 그 사람들의 사이트에 가입한 이들 중 일부는 당신 사이트에도 가입하게 된다. 결국 당신의 이메일 주소록은 그만큼 더 방대해진다는 말이다.

자, 그렇다면 지금부터는 가상 서밋 퍼널을 구성하는 페이지들을 하나씩 자세하게 살펴보자.

첫 번째 페이지: 등록 페이지

가상 서밋 퍼널의 첫 번째 페이지는 등록 페이지이며, 이 페이지의 목적은 단순하다. 방문하는 사람에게 가상 서밋을 무료로 시청하는 방법을 알려주고, 그 대가로 이메일 주소를 받아서 그들을 '서밋 참석자'로 등록해주는 것이다. 이 페이지에서 가장 중요한 것 중 하나는 좋은 헤드라인으로 방문자의 호기심을 사로잡는 것이다.

등록 페이지는 서밋의 명칭과 주제(서밋에서 다룰 내용), 개최 날짜 등을 상세히 기재해야 하므로 형식 자체가 길어지는 경향이 있다. 또 여기에는 초대한 강연자의 이름, 사진, 기본 정보(웹사이트, 강연 주제) 등도 들어가야 한다. 강연자는 자신이 확보하고 있는 주소록을 통해서 이 등록 페이지를 홍보할 것이다. 이때 메일을 받는 사람이 등록 페이지에서 자

기가 좋아하는 유명 인사의 얼굴을 발견한다면 당신의 웹페이지 전환율
도 당연히 높아질 수밖에 없다.

도표 10-2 등록 페이지의 상단에는 후크와(헤드라인)과 스토리(영상)와 제안(무료 등록)이
놓인다.

도표 10-3 등록 페이지에 소개되는 리더들을 사람들이 알아본다면 한층 더 많은 사람이
등록할 것이다. 이 사람들은 '제휴 부트캠프 서밋'에 참석한 리더들이다.

두 번째 페이지: 특별 제안 페이지

등록 페이지에서 등록한 뒤에 다음 페이지로 이동한 방문자는 이 페이지에서 특별한 제안을 받는다. 이 유형의 페이지는 일반적으로 다음 세 가지 부분으로 구성되는 일종의 주문서 형식을 띤다.

- **등록 확인**: 이 페이지 상단에서 방문자는 자기가 무료 등록을 했다는 것과 이와 관련된 이메일을 받게 될 것임을 확인한다.
- **'자유 이용' 제안**: 그다음 방문자는 구매를 유도하는 제안을 받는다. 여기에서는 보통 서밋을 주최한 호스트가 등장하는 영상이 포함되는데, 이 영상 후반부에는 일반적인 판매 페이지와 마찬가지로 해당 상품을 자세하게 소개하는 텍스트와 이미지가 이어진다.
- **주문서**: 마지막으로 이 페이지 하단에는 해당 제품이나 서비스를 주문하는 버튼이 놓인다.

여기에서 '자유 이용'이 무엇일까? 가상 서밋 퍼널에서 리드 마그넷은 바로 제한된 기간에 강연자들의 인터뷰 영상을 볼 수 있는 무료 이용권이다. 그런데 '자유 이용'을 보장받는 사람은 해당 서밋의 모든 인터뷰 영상을 평생 무료로 볼 수 있다. 이 제안은 매력적일 수밖에 없는데, 기간 제한이 없어서 등록자가 원할 때 강연을 볼 수 있기 때문이다.

게다가 '자유 이용' 권한이 있으면 대개 서밋 내용과 관련된 추가 자료도 제공받을 수 있다. 이 자료에는 무료 행사 때는 공개되지 않았던 강연자의 보너스 인터뷰와 인터뷰 녹취본, 설명과 주석을 따로 모은 PDF 파일 혹은 관련 내용의 오디오 파일 등이 포함되기도 한다.

또는 고객 혹은 잠재고객을 가치 사다리 위쪽으로 이동시키는 또 다른 특별 제안을 할 수도 있다. 예를 들면 다음 장에서 다룰 도전 퍼널^{challenge}

도표 10-4 사람들이 클릭퍼널스 서밋에 등록하면 우리는 '원 퍼널 어웨이 챌린지' 프로그램에 등록하는 사람에게는 추가로 특별 보너스를 제안한다.

funnel을 제안할 수도 있는데, 이 경우 서밋 내용에 대한 자유 이용권은 도전 퍼널 제안에 대한 보너스 개념이 된다. 이것은 클릭퍼널스 팀이 30일 서밋 때 썼던 접근법이다.

두 경우 모두 초기에는 100달러 이하의 낮은 가격으로 특별 제안을 하기로 했다. 이 퍼널을 통해서 당신의 사이트로 들어오는 방문자들은 기본적으로 초빙 강연자의 이메일 주소록을 통한 사람들이기 때문에 방문자 온도는 대체로 따뜻하기만 할 뿐 뜨겁지는 않다. 그러므로 이들에게는 당신이 제공하는 가치로 깊은 인상을 심어줄 필요가 있으며, 동시에 이들을 대상으로 한 판매는 한층 더 놀라운 가격으로 시작해야 한다.

세 번째 페이지: 방송 페이지

마지막으로, 등록 신청한 참석자에게 가상 서밋 행사의 무료 시청권 제공 약속을 지키는 일이 남았다. 이 약속은 그들이 당신의 특별 제안을 수락하는지 여부와는 상관이 없다. 이 퍼널 페이지들은 방문자가 등록 페이지에서 등록한 직후에 곧바로 방문자에게 표시되지 않는다. 이 페이지들로 연결되는 링크는 등록자에게 발송된 이메일을 통해서 '라이브' 가상 서밋이 열리는 날짜에 공유된다.(참고로 초대한 강연자의 강연은 미리 녹화된 것이지만, 가상 서밋은 특정일에 열리는 행사다.)

서밋 첫날에는 정해진 강연들이 첫 번째 방송 페이지에 게시된다. 이 때 강연자의 사진과 함께 세부적인 강연 소개도 함께 제공된다. 이 페이지에서는 타이머를 설정해서 시청자가 영상을 무료로 시청할 수 있는 시간이 얼마나 남았는지 확인하도록 할 수 있다. 나는 하루 24시간 내내 시청할 수 있도록 설정할 것을 추천한다. 이렇게 할 때 전 세계 모든 시간대의 등록자들이 동등한 시청 기회를 가질 수 있다.

도표 10-5 서밋이 진행되는 기간 동안 영상들이 게시되고 얼마 뒤에는 종료된다. 실행요청 버튼 CTA는 모든 영상 게시물에 접근할 수 있어야 한다. 그래야 사람들이 자기가 편한 시각에 시청할 수 있다.

서밋 2일차가 시작되면 1일차 방송 페이지의 영상들은 삭제된다. 24시간 시청 기간이 끝난 후 등록자들이 이 영상들을 시청할 수 있는 유일한 방법은 특별 제안 상품을 구매하는 것이다. 1일차 영상이 삭제되는 동시에 2일차 영상이 2일차 방송 페이지에 게시된다. 2일차 페이지의 링크는 참석자들에게 이메일로 전송된다.

서밋의 강연이 모두 끝날 때까지 영상이 올라가고 종료되는 이 과정은 날마다 계속된다. 일반적으로 서밋 기간은 3~4일 정도로 잡는데, 행사 기간이 이보다 더 길어지면 행사에 대한 약속을 유지하기가 점점 어려워지기 때문이다.

서밋이 진행되는 기간 내내 그리고 끝난 뒤에도 서밋 영상을 판매하는 특별 제안은 계속해서 홍보할 수 있다. 유료 광고를 사서 이 서밋을 홍보한다면, 광고비를 빼고도 이익이 남도록 해야 한다. 또 서밋의 강연자들에게 그들이 창출하는 매출의 일정 수수료를 지불하는 조건으로 행사를 홍보하도록 할 수도 있다!

서밋 퍼널은 다른 사람들의 이메일 주소록을 활용해서 자기의 주소록을 빠르게 늘려나갈 수 있는 훌륭한 방법이다. 이것은 당신의 주소록에 새롭게 이름을 올리는 사람들에게 엄청난 가치를 제공하고, 당신은 호스트로서 그들과 관계를 구축할 수 있게 되며, 그들을 가치 사다리 위로 이동시킬 기반을 만들어준다.

언박싱 퍼널

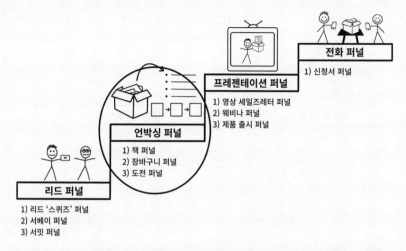

도표 11-1   우리가 사용해온 최고의 언박싱 퍼널은 장바구니 퍼널과 책 퍼널 그리고 도전 퍼널이다.

앞에서 살펴보았듯이, 성공을 보장하는 퍼널을 확보하는 핵심적인 요건은 상품을 만드는 것에서 실질적인 상품 제안을 마련하는 것으로 옮겨가고 있다. 이렇게 해서 어떤 제안을 만든 다음에 이것을 판매하는 방법은 여러 가지가 있다.

가격대가 100~2000달러인 제안은 프레젠테이션 퍼널을 사용해서 가치 사다리의 한층 더 높은 지점에서 판매할 수 있다. 적게는 20분, 많게는 3시간까지 온라인 프레젠테이션을 사용해보라. 비싸더라도 상품의 가치를 아는 고객에게 팔 수 있을 것이다. 프레젠테이션 퍼널은 뒤에서 자세히 설명하겠지만, 언박싱 퍼널unboxing funnel의 목적을 이해하는 데 필요하므로 여기에서는 간단히 소개만 하고 넘어간다.

이제 언박싱 퍼널에 대해 알아보자. 이 퍼널에서는 가령 모두 합해서 997달러에 팔 수 있는 여러 가지 상품을 하나로 묶어서 팔지 않는다. 묶음 패키지를 풀어서(언박싱) 각각의 상품을 하나씩 판매하는 페이지들을 퍼널 안에 마련한 다음 하나씩 판매한다.

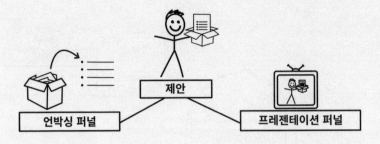

도표 11-2 고가의 제안을 팔 때는 해당 제안에 포함된 각각을 언박싱 퍼널의 각 페이지에서 하나씩 낱개로 팔 수도 있고, 프레젠테이션 퍼널에서 묶어서 통째로 팔 수도 있다.

예를 들어서 내가 『브랜드 설계자』를 판 경우를 살펴보자. 이때 나는 내가 가진 모든 제품을 하나로 묶어서 840달러에 팔 수 있었다.

내가 팔 수 있는 제품들	
『브랜드 설계자』 책	27달러
『브랜드 설계자』 오디오북	19달러
『전문가의 진화』 홈스터디 교재	297달러
『브랜드 설계자』 책	27달러
『트래픽 설계자』 홈스터디 교재	497달러
묶음 판매(번들) 가격	**840달러**

도표 11-3 규모가 큰 상품 제안을 할 때는 각각의 제품이나 서비스를 언박싱 퍼널에서 하나씩 낱개로 팔 수도 있고, 프레젠테이션 퍼널에서 하나로 묶어서 팔 수도 있다.

나는 프레젠테이션 퍼널(예를 들면 웨비나 또는 제품 출시 퍼널 등)을 사용해서 이 묶음 제안을 840달러에 판매할 수 있었지만, 그렇게 하지 않고 책 퍼널에 넣어서 가치 사다리의 낮은 층에서 판매하기로 했다. 각각의 제품을 따로 취급해서 언박싱 퍼널의 각 단계에 놓았다.

내가 제안을 '언박싱'했기 때문에 더 많은 사람이 고객이 되고 가치 사다리 위로 올라갈 수 있었다. 제대로만 한다면 각각의 판매에서 내가 벌

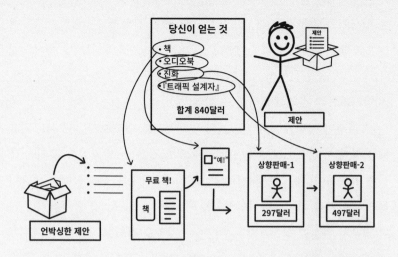

도표 11-4 우리의 제품들을 840달러 가격에 묶어서 팔지 않고 각각을 하나씩 따로 나누어서 팔 때 한층 더 많은 고객을 가치 사다리 위로 올라가게 만들 수 있다.

어들이는 평균 장바구니 가치는 고객을 유치하는 데 많은 돈을 쓸 수 있을 정도로, 회사에 훨씬 더 많은 연료(인력)를 투입할 수 있을 정도로 높아진다.

우리가 모든 언박싱 퍼널에 사용하는 몇 가지 핵심 개념이 있는데, 이것들을 하나씩 살피면서 이 개념들이 실제로 여러 퍼널에서 어떻게 작동하는지 알아보자.

배송비 별도 무료 퍼널

몇몇 퍼널은 배송비 별도 무료 퍼널이라고 불린다. 나는 이 퍼널을 '100명의 방문자 테스트'로 소개한 적이 있다. 이 테스트를 표적 고객도 다르고 상품도 다른 다양한 환경에서 여러 차례 진행했는데, 거의 모든 테스트에서 결과가 상당히 일관되게 나타났다. 우리는 수십만 명에 이르는 웹사이트 방문자를 대상으로 이 테스트를 진행했고(각각의 퍼널을 통해 보낸 방문자 100명이 각각 어떤 식으로 얼마의 매출을 올리는지 파악하는 것이었다), 그 결과를 분석하고 단순화한 끝에, 우리의 핵심 수치들이 어떻게 달라지는지 정확히 파악할 수 있었다.

이 과정이 어떻게 진행되었는지 구체적으로 살펴보자. 나는 100명을 제품 판매 사이트로 보냈다. 판매 제품의 가격은 197달러였다. 우리는 유능한 카피라이터를 고용해서 여러 차례 시행착오를 거친 끝에 전환율이 높은 페이지를 완성했다. 여러 차례의 조정과 테스트 끝에 차갑기만 하던 방문자 가운데 약 1퍼센트가 나중에 제품을 실제로 구매했다. 이렇게 해서 우리는 방문자 100명당 197달러를 벌었고, 새로운 고객 1명을 추가했다. 마케팅 담당자는 대부분 1퍼센트의 전환율을 평균으로 본다.

그런 다음에 우리는 판매 상황을 재설정해서 무언가를 무료로 제공하는 실험을 했다. 이 새로운 제안이 기존의 결과와 우리의 수입을 어떻게 바꿀 수 있을지 보고 싶었다. 그래서 여러 제품 가운데 가장 좋은 것 하나를 떼어내서 고객이 배송비만 부담하는 조건으로 무료로 제공했다. 우리는 이 제안 정보를 CD나 DVD 또는 책을 판매하는 제안에 끼워 넣었다. 그런데 사람들은 이 배송비 별도 무료 제안을 받아들이고 우리에게 이메일 주소를 알려준 뒤에 곧바로 예전의 그 197달러 제품을 상향구매했다. 애초에 나는 사람들이 197달러짜리 제안을 보기도 전에 배송비 부담 무료 상품 제안을 사게 만들었기 때문에 손해볼 것이라고 생각했다. 만약 잠재고객 가운데 10분의 1만이 197달러 제안을 본다면, 내가 손해라는 논리적인 결과가 나온다.

그런데 일은 그런 식으로 진행되지 않았다. 우리가 판매 사이트로 보낸 사람들 가운데 평균 약 8퍼센트가 배송비 부담 무료 상품을 구매했다. 자, 여기에서 이 비율은 무료 상품이 없던 애초의 조건 아래에서의 1퍼센트 전환율보다 높다는 사실을 기억해야 한다. 그리고 이 배송비 부담 무

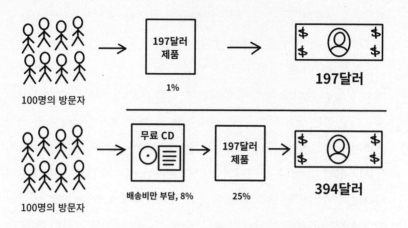

도표 11-5 '100명의 방문자 테스트'를 한 끝에 우리는, 구매자에게 어떤 제품을 팔기 전에 그들에게 먼저 무언가를 (소액의 배송비만 받고) 제공하면 더 많은 돈을 벌 수 있음을 발견했다.

료 상품 페이지에는 판매를 유도하기 위한 카피는 거의 아무것도 필요하지 않았던 반면에, 애초의 197달러 제품 판매 페이지에서는 방문자를 설득하기 위한 온갖 설득력 있는 문구를 동원해야 했다.

바로 그 지점에서 마법이 일어났다. 고객이 지갑에서 신용카드를 이미 꺼냈고 또 우리가 파는 개념을 믿어보겠다고 다짐한 상태이기 때문에, 배송비 부담 무료 상품을 구매한 고객 가운데 약 25퍼센트가 상향판매 제안을 수락했다. 이렇게 해서 우리는 방문객 100명당 394달러를 벌어들이고 새로운 구매자 여덟 명을 우리의 이메일 주소록에 추가할 수 있었다. 배송비 부담 무료 상품을 추가해서 우리는 돈을 두 배로 벌었고 고객도 일곱 명이 더 늘어났다!

우리가 이 상향판매를 처음 시작했을 때, 사람들은 각각의 상향구매 페이지에 이를 때마다 신용카드 정보를 다시 입력해야 했다. 그러나 고객이 감당해야 하는 이 불편함은 기술이 발전한 덕분에 해결됐다. 고객이 입력한 신용카드 정보를 저장해 두었다가, 고객이 상향판매 페이지에서 '예'를 클릭하는 순간 그 카드로 대금을 청구할 수 있게 된 것이다. 구매 과정이 훨씬 더 쉬워지면서 상향구매 전환율도 빠르게 늘어났다!

고객으로부터 맨 처음 '예'라는 대답을 이끌어내고 나면, 그의 마음속에서는 매우 강력한 마법이 일어난다. 그들은 자기 정보를 판매자에게 제공하는 힘든 일을 이미 거친 상태이며, 또 해당 상품이 제공하는 문제 해결 퍼널에 이미 올라탔으므로 그들이 두 번째로 '예'라고 말하기란 처음보다 훨씬 더 쉽다. 판매자의 제안을 받아들이는 데 대한 저항이 이미 사라졌기 때문이다. 그러니 고객 혹은 잠재고객에게 작은 것에 '예'라고 말하게 하는 것부터 시작하는 것이 좋다. 그러면 나중에 가격이 훨씬 더 비싼 제안에도 '예'라고 대답할 가능성이 훨씬 더 높아질 것이다.

그런데 사람들은 나에게 배송비 부담 무료 상품 대신 해당 상품의 디지털 제품을 무료로 주면 안 되겠느냐고 묻는다. 안 될 이유가 없다(우리는 리드 퍼널들 안에서 그렇게 하고 있다.) 그러나 이걸 알아야 한다. 그렇게 할 경우에는 구매자가 누구인지 빠르게 발견할 기회를 놓친다. 그냥 디지털 제품을 무료로 주면, 고객이 배송비를 지불하면서 자기도 의식하지 못한 채 작은 문턱을 하나 넘어가게 만드는 과정이 사라져버린다. 또한 판매자 입장에서도 상향판매 페이지에서 고객이 클릭 한 번으로 상향구매를 하게 만들 기회도 사라진다.

어떤 판매자들은 자기 제품을 공짜로 나눠주는 것을 부담스럽게 여긴다. 그래서 우리는 최근에 제품을 정가에 판매하되 '무료 배송'을 해주는 전략을 시험해봤다. 그랬더니 전환율이 거의 하락하지 않았으며, 오히려 전환율이 증가하는 경우도 종종 있었다.

어떤 전략을 쓰든 간에 한층 더 많은 잠재적인 구매자를 자기 세일즈 퍼널로 끌어당겨서 최초의 '예'를 말하게 한 다음에 당신이 준비한 다른 제안들을 제시하는 것이 핵심이다.

돌출 주문서

배송비 부담 무료 상품을 원클릭 상향판매와 결합하는 방법을 배운 뒤에 사람들은 흥분한 나머지, 시장에서 흔히 '상향판매 지옥upsell hell'이라고 불리는 것을 만들어냈다. 이것은 하나의 세일즈 퍼널에서 수십 개의 상향판매를 하는 것이다. 이 방식은 단기적으로는 돈을 벌어다주기도 했지만, 대개 구매자들은 화를 내고 재구매를 거부했다. 결국 상향판매 지옥은 고객이 가치 사다리 위로 올라가지 못하도록 발목을 붙잡는 결과만 초래했다.

많은 테스트 끝에 우리는 최적 지점을 발견했다. 언박싱 퍼널에 상향구매 버튼이 두 개까지 있을 때는 대부분의 고객이 불편해하지 않았고, 우리로서도 광고비를 제외하고도 이익을 남길 수 있었다. 그러나 상향구매 버튼이 세 개 이상일 때는 우리 고객의 평생 가치(어떤 고객이 특정 기업에 평생 기여하는 정도를 금전적으로 나타낸 수치 - 옮긴이)가 떨어진다. 또 상향구매 버튼이 하나 혹은 하나도 없을 때는 수익을 내기 어렵다.

그러던 어느 날, 인터넷에서 물건을 구매하며 새로운 것을 발견했다. 거기에는 특정한 이름은 없었고, 그래서 나는 그것을 '돌출 주문서order form bump'라고 부르기 시작했다. 주문서에서 신용카드 정보를 **입력**하고 보내기 버튼을 클릭하기 **전**에 확인하게 되어 있는 작은 버튼인데, 이 버튼은 한층 더 낮은 가격의 상품을 제공했다.

그것은 슈퍼마켓의 계산대를 연상시켰다. 껌, 은단, 잡지 등과 같이 충동구매를 자극하는 물품들이 놓여 있는, 계산대 옆의 작은 매대 말이다. 이것의 디지털 버전이 바로 돌출 주문서다.

나는 퍼널들에 이 돌출 주문서를 추가하기 시작했다. 내 제품을 처음 산 사람들 가운데 약 33퍼센트가 눈에 잘 띄지 않는 이 상향구매를 선택했고, 고객들의 평생 가치는 줄어들지 않았다. 사람들은 이를 세일즈 퍼

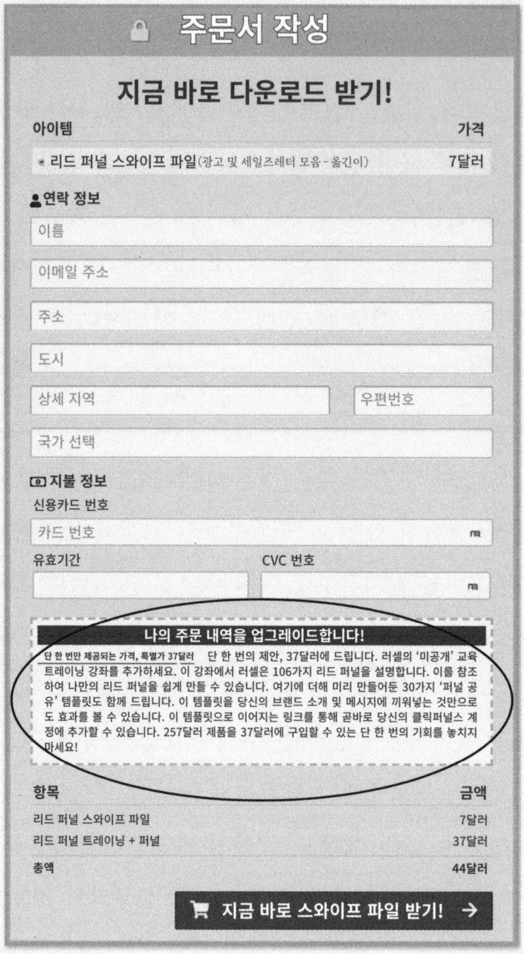

도표 11-6 사람들이 『리드 퍼널』 전자책을 구입하려고 신용카드 정보를 입력할 때 '돌출 주문서'라는 작은 버튼을 클릭하면 특별 할인 가격인 37달러로 우리 상품(리드 퍼널 홈스터 디 교재 및 리드 퍼널 디자인 템플릿 30개)을 추가 구매할 수 있다.

널의 상향구매로 여기지 않았다.

대부분의 세일즈 퍼널 안에서 돌출 주문서의 수익은 광고비를 상쇄하기 때문에 퍼널 안에서의 상향판매는 순수익으로 남게 된다!

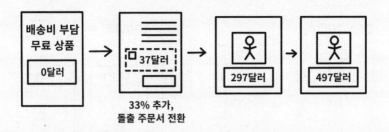

고객당 평균 매출액

세일즈 퍼널로 트래픽(방문자)을 유도할 때 내가 살펴보는 핵심적인 지표 두 가지가 있다. 현재의 퍼널이 잘 작동하지 않을 때 이 수치를 이용해서 퍼널을 바꾸는 방법을 비밀-28에서 설명하겠지만, 여기에서는 우선 그 수치들이 어떤 것인지만 이해하고 넘어가자.

첫 번째 수치는 신규 고객 한 명을 확보하는 데 드는 평균 비용인 CPA^{cost per acquisition}다. 내가 페이스북 광고를 내서 책을 판다면, 이 책 한 권을 파는 데 비용이 얼마나 들까? 만일 내가 책 한 권을 파는 데 광고비를 20달러 쓴다면, 나의 CPA는 20달러이다.

두 번째 수치는 고객당 평균 매출액ACV^{average cart value}이다. 이것은 어떤 세일즈 퍼널 안에서 고객 한 명으로부터 평균적으로 벌어들이는 돈이다. 어떤 세일즈 퍼널에서 10명이 내 책을 사게 하고 그 퍼널 전체에서 발생한 매출액 총액이 1000달러라면 나의 ACV는 100달러다.

이 두 개의 수치를 함께 놓고 보자. 나의 CPA(고객 한 명을 확보하는 데드는 비용)가 20달러이고 나의 ACV(고객당 평균 매출액)이 100달러라면, 각 고객에 대한 내 수익이 80달러임을 알 수 있다.

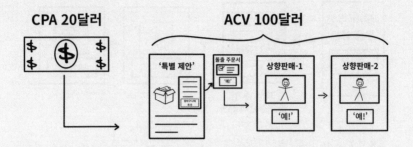

도표 11-8 만약 내가 20달러를 들여서 신규 고객 1명을 확보하고 해당 퍼널에서 1인당 평균 100달러의 매출을 올리면, 나는 고객 1인당 80달러를 버는 셈이다.

만약 나의 CPA가 ACV보다 낮으면 나의 세일즈 퍼널은 제대로 작동하는 것이며, 따라서 나는 최대한 많은 돈을 들여서 신규 고객을 유치할 수 있다. 20달러 넣고 100달러 돌려받는 슬롯머신이나 마찬가지이므로 이 퍼널이 통하는 한 계속 돈을 넣지 않을 이유가 없다. 그러나 만약 CPA가 ACV보다 크다면 세일즈 퍼널이 제대로 작동하지 않는다는 말이다. 이럴 때는 처음부터 다시 시작해야 한다.

이 장 전반에 걸쳐서 나는 고객 1인당 평균 매출액을 높일 수 있는 여러 가지 작업 방법을 제시할 것이다. CPA와 ACV를 통해서 세일즈 퍼널 안에서 수학의 원리가 어떻게 작동하는지 이해할 수 있을 것이다. 이 원리는 그다지 복잡하지 않다. 그러나 이것이야말로 당신 회사를 성장시킬 세일즈 퍼널들을 만들어내는 진정한 비밀이다.

언박싱 퍼널들도 리드 퍼널들처럼 상황별로 다양하다. 그중 핵심적인 것이 두 가지인데, 첫 번째가 '책 퍼널book funnel'이다. 저자, 강연자, 코치, 컨설턴트 혹은 자기의 가치 사다리 시작점에서 정보 제품을 사용하는 사람에 해당된다. 두 번째는 '장바구니 퍼널cart funnel'이다. 전자상거래 및 물리적인 형태의 제품을 다루는 회사에 해당된다. 이 두 개의 퍼널은 구조는 같지만 전략은 조금 다르다.

언박싱 퍼널의 마지막 유형은 도전 퍼널이다. 이것은 가치 사다리를 시작할 때 꿈의 고객들을 끌어당기는 가장 강력한 퍼널들 가운데 하나다. 도전 퍼널은 고객이 당신과 함께 빠른 결과를 얻고 거대한 가치를 얻도록 돕는다. 또한 당신은 자신과 같은 사람들과 함께하고 그들을 위해 일하는 것이 얼마나 멋진 경험인지 깨닫게 될 것이다.

책 퍼널

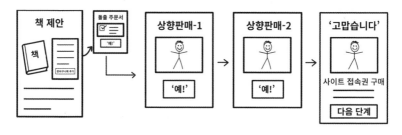

도표 11-9   책 구매 퍼널은 세 가지 페이지로 구성된다. 판매 페이지(흔히 돌출 주문서가 추가된다)와 상향판매 페이지 그리고 감사 페이지다.

오후 일곱 시 삼십 분이 조금 지났을 때였다. 나는 척추지압사 채드 울너와 함께 패스트푸드 체인점 칼스 주니어에 앉아 있었다. 우리는 다음 날 아침이면 분명 후회할 음식을 먹으며 아이들이 놀이방에서 노는 모습을 지켜보았다. 아이들을 바라보면서 미래에 대한 꿈 이야기를 나누었다. 그런데 울너가 내 인생을 바꿔놓은 질문을 했다.

"너는 네가 토니 로빈스나 브렌든 버처드와 어떻게 다른지 알아?"

"아니, 그 차이가 뭔데?"

"내 생각에는 네 콘텐츠도 그 사람들 콘텐츠만큼이나 훌륭하지만, 가장 큰 차이점은…… 그 사람들은 책을 가지고 있다는 거야. 뭔가 좀 더 정통한 것처럼 보이잖아."

오! 나는 그런 생각을 한 번도 한 적이 없었다. 나도 언젠가는 책을 쓰고 싶다는 생각은 했지만, 그날 울너의 말을 듣는 순간 망치로 머리를 한 대 얻어맞는 느낌이었다. 많은 사람이 내 이름을 알지 못하는 것은, 책이 가져다주는 권위나 신뢰가 나에게는 없었기 때문이다. 그날 밤 집에 돌아와서 나는 이 책을 쓰기로 결심했다.

거의 1년 가까이 작업한 끝에 원고를 완성했다. 나는 이 원고를 출판사에 보냈고, 몇 주 뒤에 출간된 책을 손에 받아들었다. 내가 쓴 책을 내 손으로 펼쳐본다는 것은 정말이지 내 인생에서 가장 멋진 순간들 가운데 하나로 꼽을 수 있다. 그 책을 한 시간쯤 살펴본 끝에 문득 이런 생각이 들었다.

'아마존에 올려서 몇 권 팔고 끝내는 책이 아니었으면 좋겠다.'

나는 세상 사람들이 이 책을 알아주길 바라는 마음으로 다른 사람들의 세일즈 퍼널을 분석했고 사람들이 온라인에서 책을 파는 방법을 알아보았다. 그 결과 수십 개의 책 퍼널을 찾을 수 있었다. 게다가 거기에서 내가 좋아하는 다양한 요소들도 보였다. 나는 그 아이디어들을 가지고 내 책의 퍼널을 어떻게 설계하면 좋을지 큰 그림을 그려보았다. 그런 다음에 클릭퍼널스에 이 책을 판매하는 퍼널을 만들었고, 개정판을 낼 때까지 10만 부 넘게 팔았다!

그 뒤로 나는 개인적으로 판매하는 다른 책과 정보 제품뿐 아니라 토니 로빈스, 데이브 애스프리, 그랜트 카돈, 로버트 기요사키 등 전 세계에서 존경받는 명사들의 책 세일즈 퍼널을 직접 만들었다. 이러한 경험을 통해 대부분의 책에 적용되는 책 퍼널의 프레임워크가 존재한다는 것을 알게 되었다.

이 세일즈 퍼널은 책을 팔기 위한 것만이 아니다. 그럼에도 우리가 이것을 책 퍼널이라고 부르는 이유가 있다. 사람들이 대부분 그렇게 사용하기 때문이기도 하지만 배송비 부담 무료 상품 방식의 정보 제품에 모두 적용되는 퍼널이기 때문이다. 예를 들어서 나는 내 팟캐스트 에피소드 257개가 저장된 MP3 플레이어를 파는 데도 바로 이 책 퍼널을 사용했다.

그 외에도 CD, DVD, MP3 플레이어, 보고서, 소책자 등을 포함해서 수십 가지 유형의 다른 제품을 팔았다.

도표 11-10 책 퍼널은 책만 파는 퍼널이 아니다. 바로 이 MP3 플레이어처럼 소액의 배송비만 받는 무료 정보 제품에도 이 퍼널을 이용할 수 있다. '완벽한 웨비나' 스크립트(종이 한 장)와 이 스크립트의 사용법을 담은 DVD도 책 퍼널을 이용해서 팔았다.

내가 굳이 이 이야기를 하는 것은 당신이 아직 책을 내지 않았더라도 얼마든지 이 책 퍼널을 사용할 수 있기 때문이다. 내 경우에는 책을 쓰는 일이 가장 힘들고 시간이 많이 걸린다. 반면에 CD나 DVD를 만들 때는 훨씬 쉽고 빠르게 작업하며 결과물의 효과도 뛰어나다.

첫 번째 페이지: 판매 페이지

내가 책 퍼널에 사용하는 페이지 레이아웃 유형은 두 가지다. 하나는 배송비 부담 무료 제품일 때 사용하는데, 이때 사람들의 관심을 사로잡을 후크로 '호기심을 기반으로 하는 헤드라인'(비밀-18 참조) 스크립트들을 페이지 상단에 놓는다.

이 페이지의 왼쪽에는 해당 제품의 '스토리'와 '제안'을 놓는다. 나는 보통 '누가 무엇을 왜 어떻게'라는 스크립트(비밀-19 참조) 또는 '스타, 스토리, 솔루션'(비밀-20 참조) 스크립트를 사용하는 영상을 하나 만든다. 이 두 종류의 스크립트는 자신의 스토리를 들려주고 어떤 제안을 하는 데에 매우 효과적이다.

도표 11-11 나의 두 책은 비슷한 퍼널 유형으로 팔려나간다. 즉 '호기심을 기반으로 하는 헤드라인'은 내가 던지는 후크가 되고, 영상은 내가 들려주는 스토리가 되며, 배송비 부담 무료 상품은 내가 제시하는 제안이 된다.

이 페이지의 오른쪽에는 주문서가 마련되어 있다. 이 주문서의 첫 번째 단계에서는 방문자에게 "어디로 보내드릴까요?"라고 묻는다. 방문자인 잠재고객이 배송지 주소를 입력하면 2단계로 넘어가는데, 여기에서는 배송비 결제를 위해서 신용카드 정보를 입력한다. 첫 번째 페이지에서 구매자가 배송비를 부담해야 한다는 사실을 반드시 언급해야 한다. 그렇게 하지 않으면 잠재고객을 속이는 일이 되고, 그들은 가치 사다리 위에 올라가기도 전에 분노하게 될 것이다.

잠재고객 대다수는 감정적인 구매자이고, 이 사람들은 이 페이지의 상단 블록 부분에서 구매를 결정할 것이다. 그러나 이성적이고 논리적인 구매자도 있다. 이 사람들을 위해서는 투자의 대가로 무엇을 배우게 될지 논리적으로 보여주는 긴 목록을 상단 블록 아래에 위치시킨다. 마지막으로 무료 상품 제안을 놓칠까봐 불안한 사람들을 위한 스크립트를 만들어야 한다. 페이지 아래 부분에 긴급성과 희소성을 강조한 스크립트를 배치하면 된다.

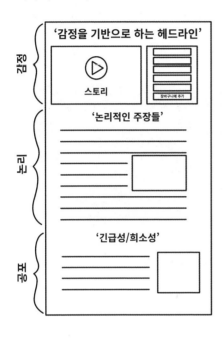

도표 11-12 퍼널을 만들 때는 잠재고객의 제품 구매를 돕기 위해서 세 개의 블록(위에서부터 아래로 감정 블록, 논리 블록, 공포 블록)을 쌓는다고 생각하라.

배송비 부담 무료 상품을 제안할 때 우리는 판매 페이지 상단에 2단계 주문서를 사용한다. 이 주문서의 이면에는 놀라운 심리학이 담겨 있다. 우선 신용카드 정보를 물어보는 서식이 보이지 않으므로 사람들은 큰 거부감 없이 첫 번째 단계를 작성한다. 그다음 신용카드 정보를 입력하는 단계에 들어가면, 이미 구매 절차를 진행하고 있었으므로 그 관성에 따라서 주문서 작성을 계속 이어간다. 그런데 흥미로운 사실은 이메일 주소가 아니라 거주지 주소를 요청하는데도 일반적인 이메일 스퀴즈 페이지보다 이 주문서에서 잠재고객의 전환율이 더 높은 경우가 자주 있다는 것이다. 이메일로 디지털 정보를 받는 것보다 오프라인 우편으로 물리적인 형태를 가진 제품을 받는 것이 소비자로서는 인지 가치가 더 높다고

돌출 주문서

도표 11-13 배송비 부담 무료 상품을 제안할 때 우리는 판매 페이지 상단에 2단계 주문서를 사용한다. 1단계에서 구매자는 상품을 배송받을 주소를 적고, 2단계에서는 신용카드 정보를 적는데, 여기에 돌출 주문서를 추가할 수도 있다.

판단하기 때문일 것이다.

가치를 쌓는 데 공을 들여야 하는 상품이라면 나는 주문서를 판매 페이지의 상단에 두지 않는다. 예를 들어 가격대가 7달러에서 27달러인 시작front-end 디지털 정보 제품을 판매할 때는 주문서를 판매 페이지 하단에 둔다. 왜냐하면 고객이 제품의 가치를 충분히 확인한 다음에 가격을 보

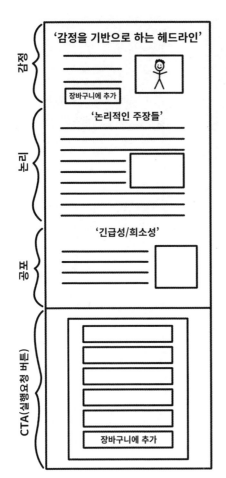

도표 11-14 가치 구축을 우선할 필요가 있는 제안을 할 때는 주문서를 판매 페이지 하단에 놓는다.

여주는 게 목적이기 때문이다. 그렇게 하지 않으면 고객이 제품의 가격을 보고 놀라서 제품의 가치를 따져보지도 않고 달아나버릴 수도 있다.

○ 돌출 주문서: 좋은 돌출 주문서는 설명이 별로 필요 없는 주문서다. 슈퍼마켓의 계산대에 놓여 있는 작은 매대를 다시 떠올려보자. 고객이 추가 주문을 하도록 설득하는 데 주어진 시간은 불과 몇 초밖에 되지 않는다. 이 짧은 시간 안에 고객을 설득해야 하므로, 돌출 주문서는 최대한

간단해야 한다. 책의 경우에 간단한 돌출 주문서의 사례를 들면 다음과 같은 것들이 있다.

"27달러에 오디오북을 추가하시겠습니까?"

"37달러에 _____를 배울 수 있는 특별 교육 과정을 추가하시겠습니까?"

"47달러를 추가하여 _____을 제공하는 서비스를 받으시겠습니까?"

이보다 더 많은 설명이 필요한 돌출 주문서라면 전환율이 그다지 높지 않을 것이다. 돌출 주문서는 고객이 신용카드 정보를 입력하고 보내기

□ 내 주문 업그레이드하기!

단 한 번의 제안 – 37달러에 드립니다! 우리의 3대 수익을 창출하는 세일즈 퍼널 템플릿을 원하십니까?

퍼널-1 무료 책 + 배송 트립 와이어 세일즈 퍼널
퍼널-2 최고의 VSL 세일즈 퍼널
퍼널-3 "완벽한 웨비나" 세일즈 퍼널

37달러를 제시하는 이 특별 가격의 상품을 주문서에 추가하려면 '예' 버튼을 눌러주세요. (이 제안의 혜택은 지금 여기에서만 누릴 수 있습니다.)

37달러에 제시하는 특가 상품을 주문서에 추가하려면 '예' 버튼을 눌러주세요. 오직 여기에서만 드리는 혜택입니다.

□ 내 주문 업그레이드하기!

『스토리 셀링의 비밀들』: 베스트셀러 교육 과정의 90퍼센트 할인 구매를 진행할까요?

이 과정은 거의 모든 판매에서 사용할 수 있는 매우 단순한 방식을 알려드립니다. 지금 실제로 판매하는 제품이 전혀 없어도 됩니다! 당신의 매출을 절반의 시간 동안 두 배로 올려드립니다.

197달러를 37달러로 할인하는 특별 가격 상품을 지금 주문하려면 '예' 버튼을 눌러주세요. (이 혜택은 지금 주문시에만 드립니다.)

가장 성공한 우리의 회원들 가운데 63퍼센트가 이 업그레이드를 선택합니다.

가장 성공한 우리 회원들 가운데 63퍼센트가 이 업그레이드를 선택합니다.

➡ ▪ 네! 나의 주문서를 지금 업드레이드합니다!

단 한 번의 제안, 37달러에 드립니다. 러셀의 '미공개' 교육 트레이닝 강좌를 추가하세요. 이 강좌로 러셀은 106가지 리드 퍼널을 설명합니다. 이를 참조하여 나만의 리드 퍼널을 쉽게 만들 수 있습니다. 여기에 더해 미리 만들어둔 30가지 '퍼널 공유' 템플릿도 함께 드립니다. 이 템플릿을 당신의 브랜드 소개 및 메시지에 끼워넣는 것만으로도 효과를 볼 수 있습니다. 이 템플릿으로 이어지는 링크를 통해 곧바로 당신의 클릭퍼널스 계정에 추가할 수 있습니다. 257달러 제품을 37달러에 구입할 수 있는 단 한 번의 기회를 놓치지 마세요!

도표 11-15 돌출 주문서는 몇 개의 문장으로 이루어질 정도로 단순해야 한다. 마지막으로 주문서를 작성해서 보내는 과정에서 구매자는 깊이 따지고 생각할 여유가 없기 때문이다. 위의 두 가지 돌출 주문서는 2단계 주문서이고, 아래쪽에 있는 돌출 주문서는 장기 판매 페이지에 있는 주문서이다.

버튼을 클릭하기 직전에 제시되어야 한다.

돌출 주문서를 너무 일찍 제시하면 고객의 구매율, 즉 전환율이 떨어진다. 고객이 돌출 주문서를 마주했을 때 이미 마음속에 해당 제품을 사겠다는 생각이 자리 잡고 있도록 돌출 주문서의 배치 순서를 결정해야 한다. 예컨대 슈퍼마켓과 같은 오프라인 매장에서는 고객이 계산대 앞에 서는 그 시점에, 즉 매장 바깥으로 걸어 나가기 직전에 충동적인 구매를 할 마음의 준비가 되어 있다.

두 번째 페이지: 상향판매 페이지

고객이 당신에게 어떤 제품을 산 뒤에도 당신은 이 사람에게 단 한 번의 제안OTO을 함으로써 상향구매를 유도할 수 있다.

이 페이지에서 가장 먼저 알아차려야 할 사항은 내가 구매의 순환고리buying loop를 계속 열어둔다는 점이다. 만일 내가 "구매해주셔서 감사합니다"라고 말해버리면 소비자의 마음속에서는 구매가 끝나버리고, 결국 전환이 더는 발생하지 않는다. 우리는 OTO 페이지를 통해서 구매의 순환고리를 계속 열어 놓는다. 이 페이지에서는 보통 "잠깐! 주문이 아직 완료되지 않았습니다. 지금 구매하신 내용을 살펴보고, 당신의 구매 내용을 최적화

도표 11-16 상향판매를 제안함으로써 구매의 순환고리를 계속 열어놓을 수 있다. 또한 세일즈 퍼널의 마지막 단계에서 전환율을 한층 더 높일 수도 있다. 이 페이지에서는 하단에 '내 주문 업그레이드 하기' 버튼이 크게 달려 있다.

하십시오"라는 식의 문구가 포함된다. 이렇게 할 때 구매의 순환고리는 열린 채로 유지되고, 세일즈 퍼널의 전환율은 조금이라도 높아질 것이다. 그다음 OTO 스크립트로 이동하여 구매자의 초기 결정을 확인하고 주문을 업그레이드하도록 유도한다.

OTO에 대해서는 '비밀-21'에서 설명하는 OTO 스크립트를 사용하면 된다. OTO에 대한 제안을 만들 때는 정보 제품의 상향판매에 적용되는 OTO 규칙을 알고 있어야 한다.

정보 제품 상향판매 규칙은 동일한 물건을 더 팔려고 하면 안 된다는 것이다. 그러나 많은 기업이 이런 실수를 저지른다. 식스팩 복근에 대한 전자책을 방금 구입한 고객에게 복근을 키우는 다른 방법과 훈련 과정을 상향판매해서는 안 된다는 것이다. 복근을 키우고 싶은 사람은 그 방법을 가르쳐주는 제품을 사는 순간, 아직 식스팩을 가지고 있지 않으면서도 이미 가졌다고 생각한다. 해결해야 할 문제가 있었는데 이 문제를 이미 해결했다고 생각하는 것이다.

그러니 그들이 필요로 하는 다음 제품이나 서비스를 팔아야 한다. 당신이 누군가를 위해서 어떤 문제를 해결해줄 때마다 그 사람에게는 새로운 문제가 나타난다. 예를 들어보자. 자동차를 새로 사면 우선 기름을 넣어야 한다. 지금 세일즈 퍼널을 설명하는 이 책을 읽는 당신은 아마 이 책을 다 읽고 나면 퍼널 소프트웨어가 필요하다고 느낄 것이다. 그러니 당신은 고객이 방금 구매한 제품이 무엇인지 생각한 다음에, 다음의 질문을 스스로에게 던져야 한다.

고객이 자기가 설정한 목표를 달성하기 위해 반드시 필요한 그다음 차례의 제품이나 서비스는 무엇일까?

OTO를 통해서 팔아야 할 제품이나 서비스가 바로 이것이다.

명심할 점은 주문 버튼 아래에 반드시 고객이 거절의 의사를 표시할수 있는 '사양합니다' 버튼이 마련되어 있어야 한다는 것이다. 나는 이 마무리 버튼을 주문 버튼과 멀리 떨어지지 않은 곳에, 고객이 쉽게 볼 수 있을 정도로 충분히 크게 배치한다. 그래야 고객은 주문 과정이 끝났다고 생각할 수 있다. 그렇지 않을 경우에는 고객이 감사 페이지로 넘어가지 못한다. 이렇게 되면 고객은 자기가 구매한 상품을 내려받을 수 없고, 판매자의 세일즈 퍼널에 있는 다른 상품들을 볼 수도 없다.

'사양합니다' 링크에서는 단어나 표현에 긍정적인 행동을 담지 않아야 한다. 예를 들어 "사양합니다. 대신 나를 회원 구역으로 데려다주시오."라고 쓰지 말라는 말이다. 왜냐하면 그 버튼을 누르는 행위가 구매자에게 긍정적인 결과도 가져다주기 때문이다. 당신의 OTO 제안을 거절하는 행위는 구매자에게 손해라는 인상을 심어줄 필요가 있다. '사양합니다' 버튼으로 굳이 클릭률을 올리지 않아도 된다. 그래서 나는 "사양합니다. 지금은 95퍼센트 할인가라는 놀라운 추가 혜택을 주문서에 추가하고 싶지 않습니다"라고 쓴다. '사양합니다' 버튼을 누르는 사람이 이 문구를 보고 자기가 엄청난 할인가 상품을 포기한다는 걸 인지하도록 해야 한다. 이때 이 문구는 구매자가 거절하기 전 OTO를 마지막으로 한 번 더 살펴보도록 자극하는 기능을 하게 된다.

○ 하향판매(선택): 만약 누군가가 나의 OTO를 거절한다면, 그 사람에게 하향판매를 제안할 수 있다. 이것은 해당 제안에 들어 있는 몇 가지 요소를 빼거나 물리적인 제품을 디지털 제품으로 대체해서 가격을 싸게 만드는 것이다. 또 대금 지불 방식을 다르게 제안할 수도 있다. 하향판매는 모든 세일즈 퍼널에서 필수적이지는 않지만, 약간의 추가 노력을 들이는 것만으로 평균 매출액을 높일 수 있는 강력한 방법이다.

○ 상향판매-2(선택): 이 페이지는 첫 번째 상향판매 페이지와 거의 같다. 단지 사람들에게 다른 제안을 하는 점이 다를 뿐이다. 같은 상품을 더

도표 11-17 만일 어떤 사람이 당신의 OTO(왼쪽)를 거부한다면, 하향판매를 제안할 수 있다. 그중에는 조금 싼 가격의 디지털 버전을 제안하는 것(오른쪽)이 있다.

팔지 말라는 정보 제품 상향판매에 대한 OTO 규칙을 명심하고, 스스로에게 "그들이 한층 더 성공하는 데 필요한 다음 차례의 논리적인 제안은 무엇인가?"라는 질문을 해보라. 보다 더 큰 성공을 추구하는 그들을 위해 당신이 만들 수 있는 새로운 기회는 무엇인가?

세 번째 페이지: 감사 페이지

세일즈 퍼널의 마지막 페이지에서는 구매자에게 고마운 마음을 전하고 디지털 제품을 얻는 방법(회원 자격의 사이트 접속권 등) 또는 제품 배송 정보를 제공할 수 있다. 또 이 페이지를 사용해서 가치 사다리의 다음 퍼널을 안내할 수도 있다.

구매자를 웨비나(프레젠테이션 퍼널의 일종)에 참석하도록 초대하거나 당신에게 직접 도움을 받을 수 있는 신청서(마지막 전화 퍼널의 일종)를 작성하도록 유도하는 것은 이 단계에 추가할 수 있는 강력한 제안이다.

고객이 딘 그라지오시Dean Graziosi의 무료 책 『백만장자의 아주 작은 성공 습관Millionaire Success Habits』을 요청할 때 딘은 이 고객에게 조만간에 열릴 인터넷 강좌에 등록하라고 권유한다. 이 프레젠테이션은 해당 책의 구매 제안 속에 포함되어 있다. 그러므로 딘은 그 고객이 인터넷 강좌에 등록해서 가치 사다리 위로 계속 올라가도록 권하는 것이다.

도표 11-18 감사 페이지에서는 고객이 당신의 다음 차례 퍼널(이 경우에는 웨비나)에 첫발을 디디게 함으로써 당신의 가치 사다리 위로 계속 올라가도록 권할 수 있다. 이 페이지의 상단에는 '보너스 트레이닝'으로 인터넷 강좌에 등록하도록 권유하고 있다.

장바구니 퍼널

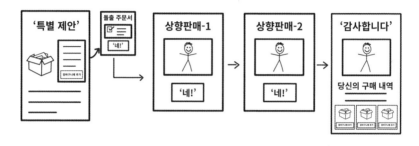

도표 12-1 장바구니 퍼널은 다음 세 개의 페이지로 구성된다. 판매 페이지(돌출 주문서가 포함 되기도 한다), 상향판매 페이지(다른 상향판매 또는 하향판매 페이지가 추가되기도 한다) 그리고 감 사 페이지다.

동료 레슬링 선수이자 나처럼 온라인 마케팅에 푹 빠져 있는 친구인 BJ 라이트와 함께 운동을 막 끝냈을 때였다. BJ가 내게 스쿼티포티(화장실 발 받침대 브랜드 – 옮긴이)의 새로운 광고를 봤는지 물었다.

나는 잠시 눈을 굴렸다. 사실 그 친구는 벌써 몇 년째 나에게 스쿼티포 티를 사용하라고 권했기 때문이다. 그때마다 그는 늘 "한 번만 써보면 대 변 보는 습관이 완전히 바뀐다니까!"라는 말부터 했다. 그러고는 자기 사 촌들이 발명한 이 새로운 제품을 선전하느라 목소리를 높이곤 했다. 그 해 초에 그의 사촌들이 〈샤크 탱크Shark Tank〉(미국 ABC 방송국의 사업 오디션 프로그램 – 옮긴이)에 출연해서 회사 지분 10퍼센트를 주는 대가로 로리 그라이너로부터 35만 달러를 받았고, 최근에 이들이 새로운 광고 영상을 내놓았는데 엄청나게 인기가 높다는 것이었다.

"거기에 똥 대신 아이스크림을 싸는 유니콘이 나와, 끝내주지 않아?"

황당했다. 나는 얼른 휴대폰을 집어 들고 그 광고 영상을 찾았다. 그리고 폭소를 터트렸다. 그 광고를 한번 보고 나면 스쿼티포티를 사지 않고는 도저히 배길 수 없을 정도였다. 그 뒤 몇 주 동안 나는 그 영상을 수백 명에게 보여주었고, 그 영상이 수천만 조회 수를 돌파하는 걸 지켜보았다.

그들이 거둔 성공을 지켜보자니 그 광고 영상을 만든 사람들을 꼭 만나보고 싶다는 생각이 점점 커졌다. 하몬 형제에게 연락했더니 며칠 뒤에 연락이 왔다. 그들 말로는 얼마 전에 피버픽스FiberFix라는 회사의 새로운 광고 영상을 내놓았는데, 영상은 인기가 좋은데 자기 웹사이트의 방문자 수에 비하면 매출은 별로 늘어나지 않는다는 것이었다. 그들은 내가 '세일즈 퍼널의 사나이'라는 말을 들었고, 이 별명에 걸맞게 자기네 세일즈 퍼널을 도와줄 수 있을지 물었다. 나로서는 클릭퍼널스 영상과 관련해서 그들의 도움이 필요했기에 그 제안이 반가웠다. 그래서 우리는 손을 잡았다. 나는 피버픽스에게 효과적인 세일즈 퍼널을 만들어주고, 그들은 클릭퍼널스 광고 영상의 스크립트 작업을 도와주기로 했다.

피버픽스는 아마존과 상품 목록을 보여주는 방식이 비슷한 전자상거래 사이트였다. 제품의 특징과 기능 몇 가지를 보여주었고, 그 옆에는 '장바구니에 추가' 버튼이 있었다. 제품 하나를 장바구니에 추가하면, 판매된 다른 비슷한 상품을 추천해준다. 매우 전통적인 전자상거래 장바구니였다. 그러다 보니까 하몬 형제가 말했던 것처럼, 방문자가 들어오기만 할 뿐 상품을 사지 않는 게 문제였다. 즉 전환이 문제였다.

이런 문제는 대부분의 전자상거래 사이트에서 나타난다. 대부분의 전자상거래 판매자들은 방문자를 끌어당기는 유료 광고를 따로 하지 않는

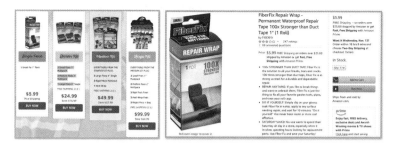

도표 12-2 사진과 기능 그리고 '즉시 구매' 버튼 등을 보면 피버픽스(왼쪽)와 아마존(오른쪽)은 상품 목록 제시 방식이 비슷하다.

다. 광고비 지출을 할 수 있을 만큼 구매자당 평균 구매 금액이 많지 않기 때문이다. 그런데 '마음이 혼란스러운 고객은 어김없이 구매를 거절한다'는 원리가 여기에서도 어김없이 작동한다는 게 문제다. 하나의 웹페이지에 수십 가지 상품을 빽빽하게 담아 놓으면 이걸 보는 구매자의 마음이 혼란스러워지는 건 당연하다. 결국 상품에 관심이 있는 사람조차도 구매를 포기해버린다.

전자상거래 회사에게 어떤 제안을 만들어줄 때 나는 보통 아마존에 있는 이 회사 페이지의 모든 스큐SKU(고객이 구매하는 상품 단위의 종류 – 옮긴이)들을 둘러본 다음에, 잠재고객이 처음 구매할 만한 가장 매력적으로 보이는 상품을 선택하려고 노력한다. 캠핑월드Camping World의 CEO인 마르커스 레모니스Marcus Lemonis에게 세일즈 퍼널을 만들어줄 때도 그랬다. 우리는 이 회사의 매장에 가서 10여 명의 직원 각각에게 가장 잘 팔리는 제품이 무엇인지 물었다. 그러자 물에 잘 풀리는 화장지라는 대답이 한결같이 돌아왔다. 그래서 우리는 이 회사의 장바구니 퍼널에서 물에 잘 풀리는 화장지 4롤을 시작 제안으로 정했다.

피버픽스 프로젝트를 진행하면서 나는 이 책에서 이야기하는 것과 똑같이 했다. 하몬 형제가 만든 광고 영상은 놀라운 후크와 스토리를 가지고 있었지만, 이 영상에서 제시하는 제안은 끔찍했다. 그저 "피버픽스 제

도표 12-3 장바구니 퍼널의 시작 제품으로 베스트셀러 제품이 가장 적합할 수 있다.

품을 좀 사세요"라고 말하는 게 다였다. 그래서 우리는 그 제안을 이렇게
바꾸었다.

"오늘 1인치 피버픽스 제품 3개를 사면, 2인치 무료 제품 2개와 4인치
무료 제품 1개를 드립니다!"

가장 잘 팔리는 제품에다 다소 덜 알려진 제품 몇 개를 공짜로 묶어서
주기로 한 것이었다. 그랬기에 헤드라인에서 '무료'라는 말을 두 번씩이
나 할 수 있었고, 그 덕분에 매우 매력적인 제안이 탄생했다.

피버픽스의 제품을 구매자에게 제시할 실질적인 제안으로 바꾸어놓
았으므로, 이제는 세일즈 퍼널을 만들 차례였다. 지금부터는 장바구니 퍼
널의 각 페이지를 살펴보면서 우리가 만든 퍼널을 설명할 텐데, 이 퍼널
을 구성하는 각각의 페이지에 적용한 여러 원리를 눈여겨보기 바란다.
이 원리들은 대체로 책 퍼널과 비슷하지만, 책 퍼널과는 몇 가지 핵심적
인 점에서 다르다.

도표 12-4 가장 잘 팔리는 제품을 판매하고 덜 알려진 제품을 무료로 제공하는 끼워팔기 제안을 만들 수 있다. 이 페이지의 헤드라인은 다음과 같다. "오늘 1인치 피버픽스 제품 3개를 사면, 2인치 **무료** 제품 2개와 4인치 **무료** 제품 1개를 드립니다"

첫 번째 페이지: 판매 페이지

실제 제품을 판매하는 가장 좋은 방법은 데모 영상을 동원하는 것이다. 어릴 때 나는 빌리 메이스Billy Mays가 옥시클린에서 퀵샵에 이르는 수십 가지 제품을 마구 던지는 모습을 텔레비전에서 보았다. 그는 미국에서 최고로 손꼽히는 상품 판매자가 되었고, 그가 만든 모든 광고에는 데모 영상이 있었다. 이 영상은 일반적으로 후크와 스토리를 내보낸 다음에 구매자에게 제안을 제시한다.

피버픽스 퍼널의 첫 페이지에서 우리는 제품 데모 영상을 보여주고, 헤드라인으로 제안 내용을 설명한다. 대부분의 전자상거래 상품에서 한 가지 흥미로운 사실은, 헤드라인이 대개 호기심을 유발하는 데는 비중을 덜 두고 제안 내용을 사람들에게 정확하게 말해주는 것에 초점을 맞춘다는 점이다.

이때 우리는 책 퍼널에서처럼 2단계 주문서 방식을 사용하는데, 1단계는 상품을 어디로 배송할지 묻고 2단계에서는 신용카드 정보를 묻는다.

○ 제품 선택지 및 돌출 주문서: 주문서의 두 번째 단계에서는 평균 구매액을 높이는 데 사용할 수 있는 장치 두 가지가 있다. 하나는 구매자가 구매하는 제품의 수량을 늘리는 것이고, 다른 하나는 돌출 주문서를 추가하는 것이다.

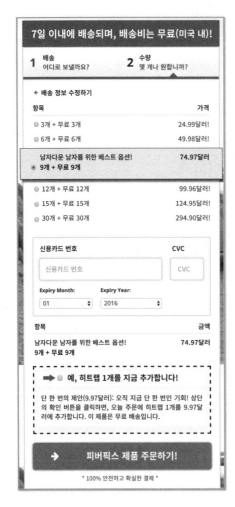

도표 12-5 장바구니 퍼널은 다른 퍼널들과 다르게, 구매 수량이 제각기 다른 선택지를 제시하는 것만으로도 구매자의 평균 구매 금액을 높일 수 있다.

돌출 주문서를 오프라인 슈퍼마켓 매장의 계산대 옆에 껌이나 사탕 등을 진열해놓은 자잘한 물품 매대라고 했던 말을 다시 상기해보라. 고객이 자기가 주문한 내용에 빠르게 추가할 수 있는 것들로는 어떤 것이 있을까? 물리적인 제품일 경우에는 신속 배송이 가능한 제품이나 기존 구매 제품을 보완하는 제품이 대개 그런 것들이다.

두 번째 페이지: 상향판매 페이지

고객이 첫 번째 페이지에서 가장 매력적인 제품을 구매해서 그들의 신용카드 정보를 얻은 뒤에는 원클릭 상향판매 기법을 이용해서 주문 내용에 다른 제품을 추가하도록 할 수 있다. 이것은 책 퍼널과 장바구니 퍼널의 가장 큰 차이점이다. 책 퍼널에서 정보 제품의 OTO(단 한 번의 제안) 규칙은 동일한 제품을 추가로 팔지 않는다는 것과 그 대신 그 제품을 구매함으로써 발생하는 또 다른 문제를 해결해줄 논리적인 해결책을 팔아야 한다는 것이다. 그런데 장바구니 퍼널에서는 고객이 방금 구매한 제품을 더 많이 팔되, 대신 할인된 가격으로 팔아야 한다.

피버픽스 제품의 첫 번째 상향판매에서는 보다 더 많은 수량의 리페어 랩을 할인 가격에 판매한다. 고객이 스타터 키트를 개당 가격 19.99달러에 (앞 페이지에는 개당 가격이 24.97달러였다) 한 개 혹은 두 개를 추가할 수 있게 해준다. 그들은 일단 제품을 구매했기 때문에, 자기가 쓰거나 혹은 다른 사람에게 선물하기 위한 용도로 한층 더 많은 수량을 할인 가격에 살 수 있다.

첫 번째 상향판매가 얼마나 단순한지 눈여겨볼 필요가 있다. 새로운 제안을 제시하면서 새롭게 설명하는 게 아니기 때문이다. 동일 제품을 할인된 가격으로 추가로 판매하는 것이기 때문에 영상이 추가로 필요하

도표 12-6 물리적인 제품을 산 사람에게는 동일한 제품을 할인된 가격에 제시해서 더 많이 사도록 하기란 어렵지 않다.

지 않다. 그저 특별한 OTO를 언급하기만 하면 된다. 그런데 책 퍼널과 마찬가지로 여기에서도 '사양합니다' 버튼이 '주문하기' 버튼과 멀리 떨어져 있지 않도록 하고, 또 이 제안을 거부할 때 자기가 무엇을 놓치는지 확실하게 알 수 있도록 '사양합니다' 버튼의 내용을 채워야 한다.

○ 추가 상향판매(선택): 두 번째 상향판매 버튼을 클릭하면 나오는 페이지는 온라인에서 볼 수 있는 전통적인 장바구니 모습으로 시작한다. 이 페이지를 설계하기 위해 우리는 피버픽스가 제공하는 다른 스큐들을 살펴본 다음에 고객이 장바구니에 추가할 수 있는, 논리적으로 적합한 제품을 찾기 시작했다. 만약 내가 핫도그를 판다면, 다음 차례의 상향판

매에서는 케첩과 머스타드 소스를 팔 것이다. 식품 보조제를 판다면 나는 꿈의 고객이 어떤 문제를 겪고 있는지 그리고 그 문제의 해결을 돕기 위해서 내가 제공할 수 있는 다른 식품 보조제로는 어떤 것이 있을지 생각할 것이다. 이런 것들을 머리에 떠올리면서 우리는 피버픽스의 홈페이지와 아마존에서 판매하는 피버픽스의 다른 스큐들을 살펴본 후, 잘 팔리는 제품 순서대로 나열했다.

도표 12-7 첫 번째 상향판매 뒤에도 베스트셀러 제품을 중심으로 특별한 OTO를 제시할 수 있다.

우리는 (아마존에서 두 번째로 잘 팔리는 피버픽스의 제품인) 히트랩을 상향판매 제안에 추가했다. 그 후 제안을 받아들인 사람과 거부한 사람 모두를 이 장바구니 퍼널에서 마지막 제안을 하는 페이지로 넘어가게 했

도표 12-8 고객이 필요로 하는, 다음 차례에 논리적으로 적합한 제품을 놓고 특별한 OTO
를 만들 수 있다.

다. 이 페이지에서는 '남자다운 남자' 키트를 49.95달러에 판매한다.

책 퍼널에서 내가 상향판매를 두 번(혹은 상향판매 한 번과 하향판매 한
번)보다 더 많이 하지 않았음을 눈치챘는가? 상향판매를 세 번 이상 하면
고객의 평생 가치가 하락하는 경향이 있기 때문에 나는 그렇게 하지 않
는다. 그런데 장바구니 퍼널에서는 다른 것 같다. 아마도 사람들이 아마
존이나 그보다 더 전통적인 전자상거래 플랫폼에 익숙해져서, 그리고 수
많은 선택지와 스큐에 워낙 익숙해져 있어서, 어떤 상품을 구매한 뒤에
도 세 번이나 네 번씩 이어지는 제안이 고객의 평생 가치를 훼손하지는
않는 것으로 보인다.

세 번째 페이지: 감사 페이지/오퍼월

장바구니 퍼널에서 감사 페이지는 두 가지 기본적인 기능을 수행한다. 첫 번째 기능은 제품을 구매해줘서 고맙다는 인사를 건네는 동시에 고객이 기대해야 할 일이 무엇인지 알려주는 것이다. 즉, 판매자는 이 페이지를 통해 고객에게 상품이 언제 배송되는지, 고객 서비스를 어떻게 받는지 등을 알려준다.

두 번째 기능은 사람들을 다음 퍼널로 안내하는 것이다. 장바구니 퍼널 안에서 우리는 '오퍼월offer wall'(다양한 광고를 리스트 형식으로 한곳에 모아두고, 각각의 광고를 클릭하거나 혹은 측정 앱을 설치한다든가 하는 식의 특정한 과제를 수행했을 때 보상을 지급하는 광고의 한 방식이다 - 옮긴이)을 만들어서 그렇게 하는데, 오퍼월에서 판매자는 갖고 있는 다른 제안들을 보여준다. 판매자는 이 오퍼월을 통해서 사람들을 자기가 만들어둔 다른 퍼널로 안내한다. 트레이 르웰른은 손전등 장바구니 퍼널의 감사 페이지에서 고객이 '더 많은 상품 보기Tell Me More' 버튼을 클릭하면 무료로 받을 수 있는 여러 가지 제안(예를 들면 병 표적, 총기 세척 오일, 영상 표적 등)을 보여준다.

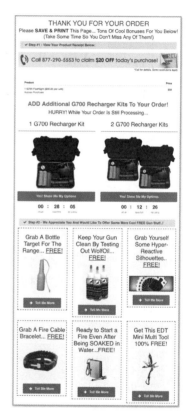

도표 12-9 감사 페이지에 오퍼월을 만들어서 고객을 자기가 만들어둔 다른 여러 퍼널로 이동시킴으로써 적극적인 구매자들의 매출을 유도할 수 있다.

도전 퍼널

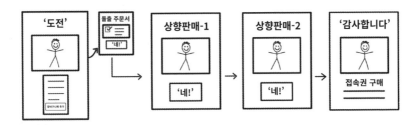

도표 13-1 도전 퍼널은 다음 세 개의 페이지로 구성된다. 판매 페이지(돌출 주문서가 포함되기도 한다) 상향판매 페이지(다른 상향판매 또는 하향판매 페이지가 추가되기도 한다) 그리고 감사 페이지다.

나는 사업가들이 자기가 하는 사업에서 신규 고객을 확보하려고 온갖 '도전(챌린지)' 프로그램을 운영하는 걸 오랫동안 지켜보았다. 가장 눈에 띄는 곳이 헬스클럽인데, 여기에서는 새해가 되면 살 빼기 도전 프로그램에 참여하는 사람들로 빽빽하다. 나도 여러 차례 이 도전 프로그램을 온라인 공간에서 시도했지만 경우에 따라서 성공과 실패가 엇갈렸다. 몇몇 버전이 나쁘지는 않았지만, 썩 잘 된 것은 없었다. 그래서 우리는 이것을 핵심 마케팅 전략으로는 채택하지 않고 있었다.

그런데 여러 해 전이었다. 나의 '이너서클' 회원인 나타샤 해즐럿Natasha Hazlett이 유료 도전을 운영할 수 있는 새로운 방법을 개발했다. 나는 나타샤가 어떤 결과를 얻고 있는지 멀리서 지켜보았는데, 어느 날 그의 새로운 퍼널을 보고 놀라움을 금치 못했다. 바로 그에게 전화를 걸어 퍼널 모델을 자세하게 설명해달라고 부탁했다. 그로부터 몇 분이 지난 뒤, 나는 흥분해서 펄쩍 뛰었다! 나는 이것이 우리 가치 사다리의 미래가 될 것이라고 예견했다. 모든 책 퍼널은 어떤 '도전'으로 이어졌고, 이 도전에서 우리는 다음과 같은 것들을 할 수 있다.

- 꿈의 고객에게서 빠르게 결과를 얻어낸다.
- 우리가 고객과 더 신속하게 협력하고 또 그들이 가치 사다리의 한 층 더 높은 지점으로 올라가도록, 모든 고객에게 비슷한 토대를 제공한다.
- 우리가 무엇을 하고 또 그것을 어떻게 하는지 고객에게 가르친다.
- 꿈의 고객을 차가운 상태에서 따뜻한 상태로 만들어서 우리 제품을 구입하게 하는 한편, 우리 고객이 되지 않을 사람들은 일찌감치 멀리 거리를 두도록 한다.

도전을 통해 얻을 수 있는 이점은 이것들 말고도 많지만, 바로 이것들이 나를 가장 짜릿하게 만들었다. 우리는 우리만의 '원 퍼널 어웨이 챌린지One Funnel Away Challenge, OFA'라는 프로그램을 만들고, 이 프로그램을 우리가 확보한 주소록에 이름을 올린 사람들을 대상으로 시험적으로 해보았다. 5000명 넘는 사람이 첫 번째 도전 프로그램을 거쳤는데, 이 프로그램은 우리가 과거에 했던 그 어떤 프로그램보다도 우리의 고객을 더 많이 바꾸어놓았고, 그뿐 아니라 우리의 사업까지 변화시켰다. 우리는 이 도전 개념을 모든 퍼널의 상향판매, 이메일 후속 퍼널, 온보딩(조직에 새로 합류한 사람이 빠르게 조직의 문화를 익히고 적응하도록 돕는 과정을 뜻하는데, 여기에서는 해당 웹을 설명하는 것이다-옮긴이) 요청 등에 녹여내기 시작했다. 결국 이 개념은 모든 구매자가 거치는 가치 사다리의 입구가 되었다.

그래서 나는 이 장을 나타샤에게 부탁했다. 이 퍼널 유형을 우리 회사와 클릭퍼널스 커뮤니티에 도입하는 데 결정적인 역할을 한 개척자의 생생한 목소리를 독자에게 들려주고 싶었기 때문이다.

나타샤 해즐럿이 정리한 도전 퍼널의 비밀들

(지금부터 '비밀-13'은 나타샤 해즐럿이 직접 설명한다.)

"더 나은 방법이 있을 거야!"

나의 첫 책 『멈출 수 없는 영향력Unstoppable Influence』이 나온 뒤에 머리에 떠오른 생각이었다. 그래서 최고의 방법을 찾으려고 고민하기 시작했다.

당시에 '배송비 부담 무료 책'이라는 모델은 주목받는 전략이었다. 그러나 남편이자 동업자인 리치가 그 전략의 손익을 따져보았는데, 우리에게 별로 이득이 되지 않는 것 같았다.

그때 우리는 이런 생각을 했다.

'우리 고객 한 명과 함께했던 도전 모델에 내 책을 한 권 추가한 다음에 러셀의 완벽한 웨비나Perfect Webinar도 함께 추가하면 어떨까? 그렇게 한다면 우리는 이 도전 모델을 47달러에 사람들에게 팔고 그 책들을 사람들의 손에 쥐어줄 수 있을 것이다. 이렇게 할 때 배송비 부담 무료 책 모델보다 시작 퍼널에서 훨씬 더 많은 돈을 벌 수 있지 않을까?'

우리는 그 모델이 얼마나 잘 작동할지 몰랐다. 솔직하게 말하면 우리 집에 쌓아둔 책 60권을 팔 수만 있다면 좋겠다는 마음이었다.

그때까지만 하더라도 나는 나중에 일어날 일들에 전혀 준비가 되어 있지 않았다.

우리는 페이스북 광고를 사서 아직 차갑기만 하던 잠재고객을 판매 페이지로 끌어당겼다. 우리는 그 판매 페이지에 47달러로 가격이 매겨진 도전 상품 제안을 해두고 있었는데, 놀랍게도 그 판매 페이지가 미친 듯이 뜨거워지기 시작했다!

어느새 450명이 우리의 첫 번째 도전 상품에 참여했고, 나는 창고와 주문 처리 회사를 서둘러 찾아야 했다. 빠른 시간 내에 추가로 많은 책을 인쇄해야 했고, 고객 서비스에 한층 더 많은 노력을 들여야 했다.

이건 뭐, 비행하면서 비행기를 만드는 일이나 마찬가지 아닌가 싶었다!

그런데 그 도전이 진행되는 **동안**에 벌어진 일들은 **한층** 더 흥미진진했다. 러셀의 '완벽한 웨비나'를 우리가 어떻게 추가했는지 기억하는가?

도전 퍼널을 도입하지 않았을 때 웨비나 참석률은 18퍼센트밖에 되지 않았으며 997달러이던 우리 제안의 전환율은 4퍼센트밖에 되지 않았다. 이전에는 참석자 가운데 24퍼센트가 넘는 사람이 상품을 구매했던 바로 그 프레젠테이션이었음에도 그랬다. 그 당시 시장에서는 웨비나에 피로감을 느끼는 사람들이 많았고, 우리는 그 피로감의 피해자가 된 듯했다.

그러나 우리의 도전 퍼널이 그 웨비나를 살렸다!

우리의 도전 등록자 가운데 75퍼센트가 웨비나에 등록했고, 무려 50퍼센트 이상이 웨비나에 참석했으며 또 끝까지 머물렀다. 웨비나에서의 전환율은 4퍼센트에서 24퍼센트로 치솟았다!

우리의 첫 번째 도전 퍼널은 10만 5000달러가 넘는 수익을 올렸고 그로부터 열 달 뒤에 꿈꿔왔던 '백만 달러 클럽' 상을 받는 데 결정적인 도움이 되었다.

무엇보다도 우리의 도전자들이 놀라운 결과를 얻었으며 친구 커뮤니티를 늘려나갔다. 그들은 우리 덕분에 엄청난 이득을 보았고, 덕분에 그 가운데 많은 사람이 우리가 제공하는 고가의 프로그램에 하루라도 빨리 참여하고 싶어 안달했다! 사실 47달러 도전자의 평균적인 고객 평생 가치는 420달러 이상이며, 이 금액은 지금도 계속해서 높아지고 있다!

당신의 가치 사다리에서 위로 올라갈 준비가 된 충실한 추종자 집단을 만들고 싶은가? 그렇다면 도전 퍼널이야말로 당신이 찾는 해결책일 수 있다! 리치와 내가 설계한 도전 퍼널의 마법은 도전 퍼널의 구조와 도전 방식 둘 다에 숨어 있다. 이 두 가지를 지금 당신에게 가르쳐주겠다.

도전 설계하기

도전이 이 퍼널의 실질적인 제안 내용이므로, 참고 사례로 삼아 연구할 수 있도록 우리가 진행했던 방식을 먼저 소개하겠다.

○ **도전 기간**: 우리는 도전이 진행되는 기간을 14일에서 30일 사이로 유지하려고 노력한다. 14일 미만은 신뢰를 쌓고 추종자 집단을 형성하기에는 너무 짧고, 30일 넘게 이어지는 도전에서는 사람들이 흥미를 잃는다. '멈출 수 없는 영향력Unstoppable Influence' 도전 프로그램은 21일 동안 진행되고, 러셀의 도전은 30일 동안 진행된다.

○ **도전 공간**: 러셀과 나는 닫혀 있는 페이스북 그룹 안에서 도전을 진행한다. 도전이 끝나면 그룹의 도전 내용을 저장하고, 또 다른 도전 그룹을 만든다. 내가 페이스북 그룹을 좋아하는 이유는 여기에 참여하는 사람들은 날마다 페이스북을 하는 사람이라서 페이스북 사용법을 잘 알고 있으며, 그 사람들의 일상에 이 프로그램을 맞추기 쉽기 때문이다.

○ **훈련 형식**: 우리가 하는 도전 방식의 비밀 양념 같은 것이 있다면, 우리의 도전이 매우 강력하고 목적에 충실하며 열띤 분위기의 집단을 형성하면서 사람들이 우리의 진정한 모습을 알게 해준다는 것이다. 많은 사람

을 그렇게 만드는 가장 좋은 방법은 영상을 통하는 것, 정확하게 말하면 **실시간 영상**을 통하는 것임을 알아냈다. 이유가 뭘까?

실시간 영상은 지정된 '수업 시간'에 참석해야 한다는 긴급성을 조성한다. 이 긴급성이 사람들에게 참석을 독려하는데, 이런 상황 덕분에 사람들이 행동을 실행할 가능성은 한층 더 커지고, 따라서 그 사람들이 좋은 결과를 얻을 가능성도 그만큼 더 커진다. 또 사람들이 자기가 원하는 결과를 얻으면, 당신을 믿고 의지하고 싶은 마음이 한층 더 커지지 않겠는가! 우리가 도전자들의 참여를 유도하는 데 초점을 맞추는 이유도 바로 여기에 있다. 실시간 영상 방식을 택할 때 추가로 누릴 수 있는 이점이 있다. 사람들이 함께 훈련을 시청하므로 자기들끼리 커뮤니티를 쉽게 형성한다는 점이다. 우리의 도전자들은 서로 소통하기를 좋아한다!

실시간 영상으로 진행하지 않을 수도 있지만, 그러니까 도전 콘텐츠를 미리 영상으로 녹화해둘 수 있지만, 이렇게 하면 도전자들의 커뮤니티 형성 잠재력과 참석률을 높이는 요소인 강의의 희소성을 놓치고 만다. 물론 사전에 녹화된 영상을 사용하면 시간을 많이 절약할 수 있다. 원스트림OneStream이나 라이브피존LIVEpigeon과 같은 소프트웨어 도구를 사용해서 미리 녹화된 콘텐츠를 실시간 스트리밍할 수 있다. 이 방법은 내게도 큰 도움이 되었다. 도저히 예측할 수 없는 방식으로 내 손길을 필요로 하는 쌍둥이 아기 곁을 지켜야 할 때는 특히 더 그랬다.

글로 쓴 게시물이나 이메일을 통해서 도전 훈련을 진행할 수도 있다. 그러나 오로지 이 방식에만 의지한다면, 도전자들과 깊은 유대감을 쌓을 기회를 놓칠 수밖에 없다. 따라서 서면 자료를 이용한 교육을 선택했을 때도 도전자들과 소통하고 그들과 유대감을 쌓기 위해서라도 영상 자료 (될 수 있으면 실시간 영상)를 추가하는 게 좋다.

나는 페이스북 그룹에 직접 콘텐츠를 전달하는데, 러셀은 클릭퍼널스 회원 공간에 도전 콘텐츠를 보관해둬서 날마다 이 콘텐츠가 자동으로 사람들에게 전달되도록 한다.

○ **도전자를 가치 사다리 위쪽으로 끌어올리기**: 도전이 거의 끝나갈 시점에 나는 러셀의 '완벽한 웨비나' 포맷에 맞추어 웨비나를 연다. 여기에서 나는 3개월 코칭 프로그램을 997달러에 판다. 도전사들 가운데 70퍼센트가 이 웨비나에 등록하는데, 반드시 달성하게 해주겠다고 내가 약속했던 결과를 이미 이루었기 때문이다. 우리 웨비나의 평균 참석율은 50퍼센트이고 (웨비나를 직접 광고해서 시작하는 경우에는 참석율이 18퍼센트였다), 평균 전환율도 4퍼센트에서 20퍼센트로 증가했다. 이것이 가능할 수 있었던 것은 우리가 시작했던 도전 퍼널 덕분일 것이다.

나의 도전 고객 가운데서 가장 성공한 사람은 크리스티 '코드레드' 니켈인데, 그는 맞춤형 영양 프로그램과 책임 코칭을 997달러에 제공한다. 우리와 달리 크리스티는 웨비나를 하지 않는다. 그 대신 특정 기간에 맞춤형 프로그램을 할인해서 판매하는데, 크리스티의 도전자들 가운데 거의 10퍼센트가 그의 제안을 받아들인다. 크리스티가 자기 프로그램에서 웨비나를 하지 않는다는 사실은 그가 제공하는 콘텐츠의 가치가 엄청나게 크다는 반증이다.

도전 프로그램을 진행하는 방법은 여러 가지가 있다. 그러나 여기에서 중요한 것은 도전 프로그램 자체가 다음 과제를 수행하는 가장 강력한 방법들 가운데 하나임을 이해하는 것이다.

• '매력적인 캐릭터'와의 관계를 구축한다.
• 꿈의 고객에게 가시적인 결과를 제공한다.
• 고객이 당신의 가치 사다리 위쪽으로 실제로 올라가게 만든다.

자, 그럼 지금부터 우리의 도전 퍼널을 구체적으로 살펴보자.

첫 번째 페이지: 판매 페이지

이런 유형의 퍼널에서는 '정해진 기간 안에 특정한 결과를 얻을 수 있는 도전'을 권유하는 것이 제안이 된다. 이때 이 메시지를 판매 페이지의 헤드라인에 분명하게 밝혀야 한다.

○ **선명한 후크**: 도전 퍼널의 판매 페이지에 넣어야 할 가장 중요한 항목은 선명한 후크다. 당신이 약속하는 결과를 분명하게 밝혀야 한다. 그리고 이 결과는 단순하고도 믿음직해야 한다.

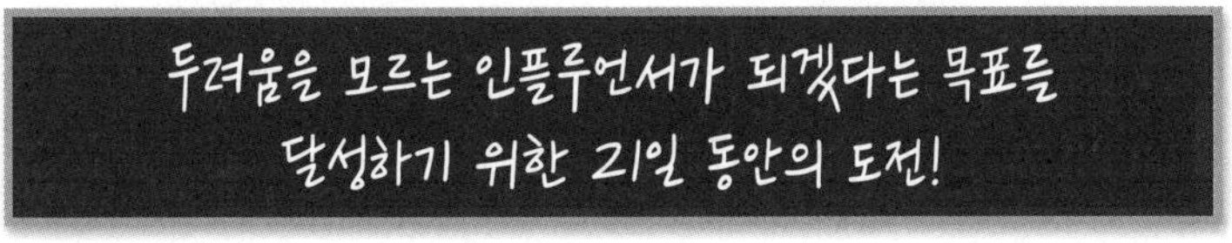

두려움을 모르는 인플루언서가 되겠다는 목표를 달성하기 위한 21일 동안의 도전!

도표 13-2 도전 프로그램이 성공하려면 이 프로그램이 약속하는 결과를 보여주는 선명한 후크가 있어야 한다.

우리는 꽤 많은 도전 퍼널을 시험해봤다. 이 과정에서 성공 사례도 많이 보았고, 휘청거리다 결국 실패한 사례도 역시 많이 보았다. 이 과정에서 우리가 발견한 것이 있다. 그것은 바로 도전 퍼널의 성패가 다음 세 가지에 따라서 갈린다는 사실이다.

• 약속의 명확성
• 반드시 목표를 달성할 수 있다는 자기 믿음
• 전문가의 신뢰성

체중 감량이라는 틈새시장에 몸담고 있던 크리스티가 내건 후크는 30일 만에 몸무게를 5킬로그램 줄여주겠다는 것이었다. 목표는 선명하고 믿을 만했으며, 이 도전의 헤드라인은 결과를 약속하는 후크였다. 크리스티의 도전 프로그램은 수만 명의 인생을 바꾸어놓았고, 광고비의 서너 배 수익을 지속적으로 창출했으며, 놀라울 정도로 빠른 시간 안에 그녀를 '백만 달러 클럽' 수상자로 만들었다.

도표 13-3 크리스티의 '10파운드 감량 도전'의 목표는 30일 만에 몸무게를 5킬로그램 줄이는 것이다.(위) 클릭퍼널스의 '원 퍼널 어웨이 챌린지' 목표는 자기만의 최초의 (혹은 두 번째의) 퍼널을 마련해서 시장에 내놓는 것이다.(아래)

이것 외에 도전 퍼널의 판매 페이지에서 중요한 요소들을 꼽으면 다음과 같다.

○ 스토리story: 스토리는 짧고 설득력이 있어야 한다. 방문자가 당신의 '매력적인 캐릭터'와 빠르게 유대감을 형성하도록 돕는 것이어야 하며, 방문자가 마침내 약속된 결과를 만들어내는 방법을 알아냈다는 믿음을 주어야 한다.

○ **경로**path: 도전이 진행되는 동안에 당신이 다룰 주제는 무엇인가? 그 도전이 방문자에게 어떤 이득을 가져다줄 것인가? 도전에 참여하는 사람이 변화 과정을 거치면서 앞으로 나아갈 여정이 어떤 것인지 명확하게 보여주어야 한다.

○ **상**prize: 상은 누구나 좋아한다. 상을 선택할 때는, 도전이 끝나는 시점에 당신이 제시할 제안의 씨앗을 뿌려야 한다는 사실을 늘 명심해야 한다. 그 제안은 도전자들을 당신의 가치 사다리 위쪽으로 올려보내기 위한 것이다.

도표 13-4   나타샤(위)와 크리스티(아래) 두 사람 다 자기의 가치 사다리에서 상대적으로 높은 위치에 있는 제품을 고객에게 알리고자 하는 의도를 가지고 상품을 선정했다.

○ **스택**stack: 2012년에 러셀이 우리에게 '스택' 개념을 가르쳐 준 뒤로 우리의 모든 제안에 이를 포함시켰다. 이 개념은 구매자가 도전 프로그램을 구매해서 참여할 때 얻는 모든 것을 합쳐서 요약한 것이다. 여기에서는 **가격**과 **가치**를 차별화하는 것이 중요하다. 가격은 해당 상품의 실제

'가격표'인 반면에 가치는 고객에게 가져다주는 변화 효과이다.

예를 들어보자. 우리가 진행하는 도전 프로그램의 가입비는 47달러이지만, 사람들은 이 프로그램에 참여해서 배운 것의 가치가 수천 달러나 된다고 말한다. 그러니까 21일 동안의 교육 훈련의 가치는 2100달러라고 말할 수 있다. 제안 스택을 만들 때는 변화 효과의 가치를 고려해야 함을 꼭 기억하기 바란다!

○ 추천 글: 첫 번째 도전 프로그램을 마친 뒤에는 도전자들에게 페이스북에 추천 글을 쓰도록 권하고, 당신은 그 추천 글을 공유하라. 소셜미디어 플랫폼의 캡처 사진이 있으면 추천 글의 신뢰도는 높아진다.

도표 13-5 나타샤의 스택(위)과 '원 퍼널 어웨이'의 스택(아래)에서 볼 수 있듯이, 제품과 서비스를 도전 프로그램에 많이 추가해서 가치를 좀 더 크게 쌓을 수 있다.

○ **돌출 주문서**: 돌출 주문서를 추가할 때는 이것이 단순한 무작위 추가 교육이 아님을 분명히 밝혀라. 그리고 도전자는 도전에서 반드시 성공할 필요가 있다고 믿어야 함을 분명히 주지시켜라. 당신은 도전자들이 모든 교육과 교재를 구입하길 바랄 것이다. 그러면 그들이 원하는 결과를 얻을 수 있기 때문이다. 도전자들이 바라던 결과를 얻는다면 더 많은 것을 구매하려 할 것이고, 그럼 당신은 그들이 더 큰 성공을 거두도록 도울 수 있다!

➡ ○ 네, 나타샤! 나의 주문을 업그레이드합니다.

'멈출 수 없는 영향력' 오디오 버전: 19.95달러로 '멈출 수 없는 영향' 오디오 버전을 주문 내역에 추가합니다!

당신은 인생을 바꾸고 있습니다. 이 말은 당신이 계속 앞으로 나아가고 있다는 뜻입니다! 바로 이것이, 자동차를 타고 있든 비행기를 타고 있든 헬스클럽에서 운동을 하든, 어디서든 자신의 실력을 향상시키고자 하는 사람들을 위한 오디오북을 내놓은 이유입니다.

'예' 버튼을 클릭해서 19.95달러에 드리는 이 특별 제안을 주문서에 추가하세요!

우리의 적극적인 인플루언서들은 이 업그레이드를 선택할 것입니다

○ **네, 크리스티! 19.95달러로 나의 주문을 업그레이드합니다.**

'코드레드 레볼루션' 디지털 및 오디오 버전: 5킬로그램 감량 목표에 좀 더 쉽게 다가가는 방법!

당신의 수많은 의문점을 시원하게 풀어줄 한 권의 책! 5킬로그램 이상 감량하는 것뿐 아니라 큰 상(코드레드 인증 코치를 포함하는 997달러 가치의 맞춤형 홈스터디 프로그램 포함)을 받는 데 확실한 도움을 줍니다. 어디에서든 읽고 들을 수 있는 책!

'예' 버튼을 클릭해서 19.95달러에 드리는 이 특별 제안을 당신의 주문서에 추가하세요 이 책의 디지털 버전과 오디오 버전을 가지세요, 지금 바로!

우리의 가장 성공적인 도전자들은 이 업그레이드를 선택할 것입니다

➡ ■ 예, 러셀! 나의 주문서를 지금 바로 업그레이드합니다!

단돈 37달러에 드리는 단 한 번의 제안: 사람들은 "내가 어떤 퍼널 하나를 만들면 어떤 일이 일어날까? 실패하지는 않을까?" 하고 늘 궁금해합니다. 그러나 걱정하지 마십시오. (사람들은 대부분 처음에는 그렇습니다!) 작년에 있었던 '퍼널 해킹 라이브'에서 나는 '퍼널 수정'이라는 특별 워크숍을 열었습니다. 이 워크숍은 실패한 어떤 퍼널 하나를 '깡통'에서 '대박'으로 바꾸는 과정을 보여줍니다! '예' 버튼을 클릭해서 이 훈련법을 구매하세요. 스크립트와 워크북도 포함됩니다. 37달러만 투자하면 '퍼널 수정'의 모범사례를 응용해서 당신만의 퍼널을 멋지게 만들 수 있습니다! (이 상품은 다른 곳에서는 판매하지 않으며, 지금 단 한번만 구매 기회가 제공됩니다.)

도표 13-6 돌출 주문서는 고객의 도전 경험을 향상시키는 것이어야 한다. 나타샤는 자기 책의 오디오 버전을 제안하고(위 왼쪽), 크리스티는 추가 전자책을 제안하며(위 오른쪽), '원 퍼널 어웨이'(아래)는 망가진 퍼널을 바로잡게 해줄 훈련법을 제안한다.

우리는 도전자들의 구매 내역에 책을 포함시켰기 때문에 오디오북을 돌출 주문서에 추가했다. 이 돌출 주문서를 통해 팔고자 하는 상품은 대단한 결심을 하고 도전에 나서는 이들이 진정으로 원하는 것이어야 한다. 그들이 어디를 가든 해당 내용을 가지고 다닐 수 있도록 하는 것이다. 이런 차원에서 마련한 우리의 돌출 주문서는 전환율이 30퍼센트를 꾸준히 웃돈다.

다른 종류의 좋은 돌출 주문서로는 디자인 템플릿, 워크북, 식품 보조제, 꽃 장식 등이 있다. 어떤 것을 선택할지 가능성은 무궁무진한데, 도전자들의 도전 경험을 생생하게 높일 수 있는 것이면 된다.

두 번째 페이지: 상향판매 페이지

상향판매는 적어도 한 번, 가능하다면 두 번 하는 게 좋다. 우리는 도전 퍼널에서 최고의 상향판매는 고객이 도전을 완수하는 데 도움이 될 만한 제품이라는 걸 확인했다. 우리의 상향판매 중에는 결과를 책임지고 보장하는 개인 책임 코칭이 있다. 이 상향판매의 가장 큰 장점은 도전자가 도전 과제를 잘 완수하도록 코치가 도와준다는 점인데, 이것은 고객이 바라는 가장 큰 소망이다.

디지털 파일 형태가 아닌 종이책 잡지와 워크북도 상향판매로 적합하다. 이 두 가지도 도전을 완수하는 데 필요한 자료다. 그래서 우리는 도전자들에게 직접 잡지를 사서 100쪽이 넘는 워크북을 출력할 수도 있고, 그게 아니면 우리가 자료를 우편으로 보내서 편리하게 이용할 수도 있다고 알려준다.

탄탄한 도전 퍼널 상향판매의 핵심은 바라는 결과를 얻기 위해 반드시 구매해야 한다고 도전자들이 생각하는 온갖 정보를 추가하는 것이 아니

도표 13-7 고객이 도전 프로그램을 구매한 뒤에는 도전을 완료할 수 있도록 상향판매를 제공해서 추가 구매로 계속 이어갈 수 있다. 판매하는 물리적 제품에 나타샤는 책임 코치(왼쪽)를, 크리스티(오른쪽)는 스타터 키트를 함께 제공해서 고객의 도전 성공을 돕는다.

다. 그들이 도전을 완료해서 놀라운 결과를 얻는 데 도움이 될 간단한 도구들을 추가하는 것이다.

세 번째 페이지: 감사 페이지

감사 페이지에서는 구매해줘서 고맙다는 인사를 전하면서, 도전 자료에 접근하는 방법을 설명한다. 또 도전자들에게 배송되는 제품이 있다면 그 제품이 언제 어떻게 배송될지 설명한다.

프레젠테이션 퍼널

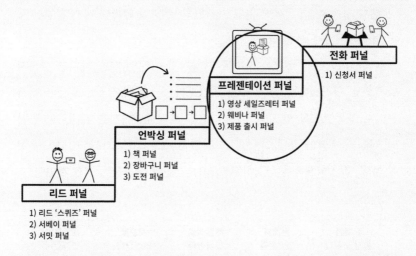

도표 14-1 지금까지 우리가 사용했던 최고의 프레젠테이션 퍼널 세 가지는, 영상 세일즈레터 퍼널과 웨비나 퍼널과 제품 출시 퍼널이다.

가치 사다리를 높이 올라갈수록 판매 상품의 가격도 올라간다. 일반적으로 리드 퍼널과 언박싱 퍼널의 상품들은 가격이 상대적으로 낮기 때문에 상품의 인지 가치를 방문자가 깨닫게 하는 데 많은 시간을 할애할 필요가 없다. 내 경우에는, 제품 데모 영상이나 '누가 무엇을 왜 어떻게' 스크립트를 사용하면 사람들은 몇 분 안에 해당 상품의 가치가 내가 매긴 가격보다 높다는 사실을 금방 알아본다.

하지만 가치 사다리에서 높은 곳으로 올라가서 가격이 높아질 때는 고객이 인식하는 판매 상품의 인지 가치를 높여야 한다. 이는 제안을 판매 프레젠테이션으로 만듦으로써 가능해진다.

『브랜드 설계자』에서 나는 많은 분량을 할애해 '완벽한 웨비나Perfect Webinar'를 만드는 방법을 다루었다. '완벽한 웨비나'라고 불리지만 어떤 종류의 프레젠테이션에서도 사용할 수 있다. 이제부터는 판매 스크립트에 담긴 심리와 이를 이용해서 매출을 높이는 법을 하나씩 살펴볼 것이다. 이 책의 3부에서 '완벽한 웨비나'의 간략한 버전을 볼 수 있긴 하지만,

『브랜드 설계자』를 꼼꼼히 읽고 자기만의 '완벽한 웨비나'에 통달해서 모든 퍼널에서 응용하면 더욱 좋을 것이다.

프레젠테이션의 목표는 사람들이 자기가 어떤 문제를 가지고 있는지 일깨우고, 당신의 상품을 사지 않게 가로막는 그들의 잘못된 믿음을 깨서 곧바로 행동하도록 만드는 것이다. 만일 프레젠테이션을 제대로만 한다면, 아무리 냉담한 잠재고객이라도 자기 문제를 깨닫고 다른 어떤 솔루션이 아닌 당신의 제품을 인식하고 마침내 당신의 제품을 구매할 것이다.

도표 14-2 프레젠테이션은 차가운 잠재고객을 뜨거운 고객으로 바꾸어놓는 것에 초점을 맞춰야 한다.

당신이 어떤 상품을 팔고 있는지, 그리고 그 상품이 얼마나 복잡한지 혹은 그 상품의 가격이 얼마인지에 따라서 프레젠테이션은 차가운 잠재고객을 뜨거운 고객으로 빠르게 바꾸어놓을 수 있다. 이때 걸리는 시간은 당신이 어떤 퍼널을 사용하느냐에 따라서 몇 분이 걸릴 수도 있고 며칠이 걸릴 수도 있고 또 몇 주가 걸릴 수도 있다. 프레젠테이션 퍼널의 유형은 판매 상품에 따라서 달라지긴 하지만 기본적으로 세 가지가 있다.

○ **영상 세일즈레터 퍼널(20~30분 길이의 프레젠테이션)**: 이것은 책 퍼널이나 장바구니 퍼널과 비슷해 보이지만, 제품을 설명하는 데 상대적으로 긴 프레젠테이션이 필요하거나 혹은 잠재고객이 주문서를 보기 전에

그가 가지고 있는 잘못된 믿음을 깨야 할 때 사용할 수 있다. 이 퍼널로는 대략 100달러 미만의 저가 상품을 판매할 수 있다. 그러나 상품 가격이 이보다 높다면, 웨비나 퍼널이나 제품 출시 퍼널을 이용하는 게 좋다. 나는 회원제 사이트 이용권이나 연속 프로그램 이용권을 팔 때 이 퍼널을 사용한 적이 있다.

○ 웨비나 퍼널(60~120분 길이의 프레젠테이션): 판매 상품의 가격대가 100~2000달러일 때 가장 좋은 솔루션은, 실시간 웨비나 또는 자동화된 웨비나 퍼널 내부에 설정된 상대적으로 긴 형식의 프레젠테이션을 사용하는 것이다.

○ 제품 출시 퍼널(며칠 혹은 몇 주에 걸친 프레젠테이션): 가격대가 100~2000달러인 신제품을 출시할 때 이 제품에 대한 기대를 높이려면 제품 출시 퍼널이 대체로 가장 좋다. 이 퍼널은 다른 프레젠테이션들과 마찬가지로 '완벽한 웨비나' 스크립트를 따르긴 하지만, 이 프레젠테이션은 며칠 또는 몇 주에 걸쳐서 진행된다.

영상 세일즈레터 퍼널

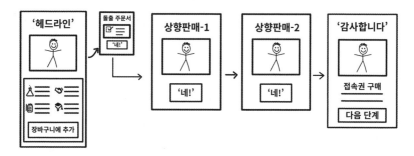

도표 14-3 영상 세일즈레터 퍼널은 다음 세 개의 페이지로 구성된다. 판매 페이지(돌출 주문서가 포함되기도 한다) 상향판매 페이지(다른 상향판매 또는 하향판매 페이지가 추가되기도 한다), 그리고 감사 페이지다.

10여 년 전이었고, 크리스마스 다음 날이었다. 온라인 마케팅 담당자 대부분은 크리스마스 전까지만 해도 대목을 노리고 자기 주소록의 사람들에게 부지런히 메일을 보냈다. 그러다 크리스마스가 되면 메일 발송이 뜸해졌다. 담당자들이 아이들과 함께하려고 퇴근했기 때문이었다. 그랬기에 나는 크리스마스 다음 날 아침에 이메일을 열었을 때 새로운 이메일이 많이 와 있으리라고는 생각도 하지 못했다. 그러나 방금 실시간으로 전송된 새로운 영상을 놓고 이야기하는 이메일 10여 통 와 있었다. 이유가 궁금했다.

링크를 클릭하니 한 번도 본 적 없는 웹사이트가 나왔다. 그런데 여기에서 미리 알아둬야 할 점이 있는데, 10년 전만 하더라도 온라인에서 물건을 팔려면 길고 긴 세일즈레터를 동원해야 했다. 이 방식은 예전의 직접 반응 세일즈레터를 모델로 삼은 방식이다. 우리 부모 세대가 받았을 그 세일즈레터는 우편으로 발송되었으며 또 수신자가 관심을 가질 만한 제품을 팔았다.

인터넷이 도입되어도 우리는 물건 파는 방식을 바꾸지 않았다. 판매에 동원하는 매체를 바꾸었을 뿐이다. 즉 잠재고객에게 보내는 긴 형식의 세일즈레터를 동일한 내용을 보여주는 긴 웹페이지로 바꾸었을 뿐이다. 다만 그 세일즈레터를 일반 사람들에게 보내는 대신에, 온라인에서 광고로 끌어들인 잠재고객들에게 보낸다.

그러니 내가 웹페이지에 들어갔을 때 헤드라인과 영상만 보여서 너무 당황했던 것이다. 재생 버튼을 눌러보니 영상은 간단했다. 이미지는 없고, 세일즈레터가 한 번에 한 문장씩 나타났다. 말하자면 문장을 음성으로 읽는 식이었다.

그들이 세일즈레터를 나에게 읽어주고 있었다! 믿을 수 없었다! 처음에는 멍청한 발상이라고 생각했는데, 나중에는 나도 모르게 계속 보게

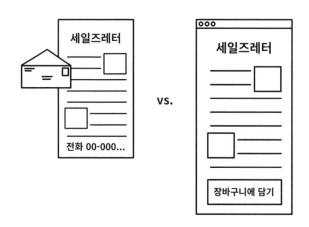

도표 14-4 구식 직접 반응 세일즈레터는 오늘날의 현대적인 영상 세일즈 퍼널로 바뀌었다.

도표 14-5 영상 세일즈레터는 영상 화면 위로 문자가 펼쳐지고, 누군가의 목소리가 이 텍스트를 소리내어 읽는다.

되었다. 지금과 달리 스크롤을 내려서 무슨 물건을 얼마에 파는지 미리볼 수도 없었다. 그저 한 문장씩 차례대로 들을 수밖에 없었다. 그런데 이상하게도 나는 거기에 빨려 들어갔고, 결국 30분 동안 그 영상의 모든 단어를 다 읽을 수밖에 없었다. 30여 분 뒤에 그 목소리는 신용카드를 꺼내서 주문하라고 했고, 영상 아래에 '장바구니에 담기' 버튼이 나타났다. 정말이지 마법과도 같았다!

바로 그 순간에 나는 온라인 판매 방식은 끝없이 바뀌고 또 바뀔 것임을 알았다. 그때만 하더라도 영상 올리는 데 드는 비용이 비쌌고 스트리밍도 어려웠지만, 그것이 미래의 판매 방식이 될 수밖에 없다고 느껴졌다. 그 뒤로 몇 년 동안 더 많은 사람들이 이런 종류의 영상을 만들기 시작했다. 처음에는 누군가가 텍스트를 읽는 단순한 영상이 등장했다면, 얼마 뒤에는 애드툰닷컴AdToons.com의 빈스 팔코Vince Palko와 그의 팀이 만들어낸 것과 같은 복잡한 영상들로 바뀌었다. 애드툰닷컴은 음성과 텍스트만이 아니라 만화를 이용하는 세일즈레터의 새로운 방식을 내놓았다.

지금은 '매력적인 캐릭터'가 등장해 직접 시청자에 말을 건네는 방식을 포함해 수십 가지에 이르는 영상 세일즈레터의 유형이 사용되고 있다. 나는 영상에서 특히 가장 중요한 부분이 프레젠테이션이라고 믿는다. (내가『브랜드 설계자』를 쓴 이유도 사람들이 가장 중요한 이 요소를 통달하도록 돕고 싶었기 때문이다.) 이때 메시지를 전달하는 방법보다 중요한 것은 메시지의 내용이다.

첫 번째 페이지: 판매 페이지

이 페이지는 책 퍼널이나 장바구니 퍼널의 판매 페이지와 비슷하게 보이지만, 주문서가 상단에 놓여 있지 않다. 가격을 밝히기 전에 제품의 인지 가치를 높이기 위한 프레젠테이션이 먼저 제시되어야 하기 때문이다. 따라서 페이지 상단에 배치되는 항목의 목표는 방문자가 프레젠테이션을 바로 보게 하는 것이다. 만일 '호기심을 기반으로 하는 헤드라인'(비밀-18 참조)이 여기에 들어간다면, 이 항목의 유일한 목표는 사람들이 영상을 열어서 보게 만드는 것이다.

도표 14-6 판매 페이지의 목표는 사람들이 프레젠테이션을 보게 만드는 것이다.

○ 퍼널 스크립트: 영상 프레젠테이션은 비밀-20의 '스타, 스토리, 솔루션'(비밀-20 참조) 스크립트 또는 '완벽한 웨비나'(비밀-22 참조) 스크립트를 따라야 한다. 이는 사람들의 관심을 사로잡고, 당신의 상품을 사지 못하게 막는 잘못된 믿음을 깨고 당신의 제안을 거부할 수 없도록 만들 것이다.

나는 영상 바로 아래쪽에 이 영상을 보도록 만드는 '영상 스포일러 박스'를 즐겨 둔다. 이 박스는 '오늘의 무료 프레젠테이션에서는……'이라는 말로 시작해서 프레젠테이션에서 배울 네 가지 사항을 보여준다. 이 네 가지는 '완벽한 웨비나' 스크립트 내용과 동일하다. 세 가지 비밀을 하나씩 설명하는 블록이 있고, 그다음 블록은 다음에 이어질 내용을 보여주면서 실행요청 버튼(CTA)이 있다는 걸 암시한다.

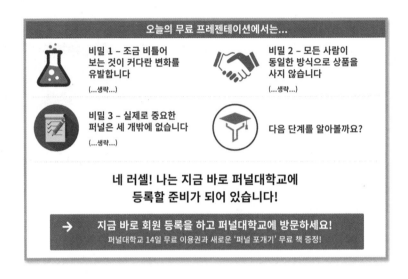

도표 14-7 스포일러 박스는 프레젠테이션이 진행되는 동안에 계속 떠 있다. 영상을 보는 사람들에 따라서, 프레젠테이션이 진행되는 동안에 CTA(즉, '네 러셀! 나는...') 부분이 보이게 할 수도 있고 혹은 프레젠테이션에서 CTA를 언급할 때 팝업처럼 튀어나오게 할 수도 있다.

나는 영상 스포일러 박스 아래쪽에 주문 버튼 CTA 영역을 배치한다. 이 영역을 숨기고 있다가 영상에서 CTA를 언급할 때 팝업 형태로 나타나게 하기도 하고, 처음부터 끝까지 그 자리에서 보이게 고정해두기도 한다. 우리는 이 두 가지 방법을 모두 테스트했는데, 엇갈리는 결과가 나왔다. 어떤 때는 CTA를 숨기는 게 효과가 좋았고 어떤 때는 CTA를 처음부터 끝까지 보이게 하는 게 효과가 좋았다. 지금 상품을 팔고 있는 시장에서 타깃으로 삼은 특정 잠재고객에게 두 가지 방식 가운데 어느 쪽이 더 효과적일지 테스트해보는 것은 충분히 그럴 만한 가치가 있다.

두 번째 페이지: 상향판매 페이지

이 퍼널에서의 상향판매 페이지는 책 퍼널 및 장바구니 퍼널의 경우와 동일하다. 정보 상품을 팔지 혹은 물리적인 실제 제품을 팔지는 이 페이지에서 팔아야 하는 상품의 유형(물리적인 제품을 추가로 더 많이 팔 수도 있고, 혹은 그렇게 하지 않고 그다음에는 정보 제품을 팔 수도 있다)에 따라서 달라진다. 상향판매 제안을 구성할 때는 무엇이 가장 좋을지 판단하기 전에 그 둘을 다루는 각각의 장을 먼저 꼼꼼하게 읽어보는 게 좋다.

세 번째 페이지: 감사 페이지

감사 페이지도 다른 퍼널과 비슷하다. 물리적인 실제 제품을 판다면 오퍼월을 추천하고, 정보 제품을 판다면 가치 사다리의 다음 퍼널로 초대하는 것이 낫다.

웨비나 퍼널

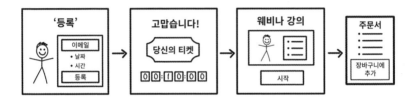

도표 15-1 웨비나 퍼널은 다음 다섯 가지 페이지로 구성된다. 등록 페이지, 감사 페이지, 웨비나 강의 페이지, 주문서 페이지, 재생 페이지다(이 페이지는 보이지 않는다). 그리고 물론 이 퍼널에도 돌출 주문서, 상향판매, 하향판매, 감사 페이지 등을 추가할 수 있다.

2018년 2월 23일 나는 라스베이거스 만달레이베이의 이벤트센터에 있었다. 그때 나는 그랜트 카돈Grant Cardone이 마련한 '열 배10X 행사'에서 프레젠테이션을 했다. 9000명이 넘는 사람들이 회사를 성장시키는 비법을 배우려고 모인 곳이었다. 드디어 내가 연단으로 올라갈 차례가 다가왔다.

온라인 프레젠테이션을 수백 번이나 했었지만, 그 경험은 전혀 도움이 되지 않는 것 같았다. 내 이름이 불리기를 기다리는 동안 내내 나는 조마조마했다. 무척 긴장되어 배까지 아픈 것 같았다. 마침내 회의장에서 들리는 소리가 점점 커지더니 나를 소개하는 목소리가 들렸다.

지난 10년 동안, 이 사람은 백만장자 기업가를 수도 없이 만들어냈습니다.

책을 써서 수십만 권을 팔기도 했습니다. 이 사람은 세일즈 퍼널 개념을 대중화했습니다. 그는 소프트웨어 회사인 클릭퍼널스의 공동설립자이기도 한데, 이 회사는 단 3년 만에 1억 달러가 넘는 매출을 올리고 5만 5000명에 이르는 고객을 확보하고 있습니다. 이 사람은 퍼널의 왕이자 인터넷에서 가장 인기 있는 기업가이며 마케팅 분야의 천재입니다. 미국의 이야기꾼이기도 하지요. 신사 숙녀 여러분, 우레와 같은 '열 배'의 박수로 무대로 맞이합시다. 러셀 브런슨을 소개합니다!

나는 이 말을 들으며 무대로 이어지는 작은 계단을 올랐다. 다 올라가서는 멈춰 서서 심호흡을 크게 한 번 했다. 그 순간 나는 지금껏 들어본 적이 없는 엄청난 환호성 속에 서 있었다. 고개를 들어보니 9000명이나 되는 사람들이 일어서서 나를 향해 환호하고 있었다.

이제는 돌이킬 수 없다는 생각을 하며 나는 연단에 섰다. 내 소개를 한 다음에 프레젠테이션을 시작했다. 강연을 하는 90분 동안, 나는 슬라이드를 하나씩 넘기면서 나의 '완벽한 웨비나' 스크립트를 하나도 틀리지 않고 그대로 했다. (내가 말한 내용은 이 책의 비밀-22에서 다루고 있으며 『브랜드 설계자』에서도 자세히 다룬다.) 프레젠테이션을 마치면서 나는 2997달러짜리 강좌를 상품으로 제안했다. 그러면서 클릭퍼널스를 1년 동안 무료로 이용할 수 있는 이용권을 제공하겠다고 했다. 그러자 사람들은 자리에서 일어나서 움직이기 시작했다. 바깥에 마련되어 있던 부스에 등록하러 나가는 사람들이었다. 그때 보았던 대기 행렬은 내가 지금까지 보았던 어떤 대기 줄보다도 길었다.

프레젠테이션을 마친 뒤에 나는 구매자들과 함께 기념사진을 찍으려고 등록 부스가 마련된 곳으로 갔다. 약간 높게 마련된 자리에 올라가서 보니 장관이었다. 내가 제안한 상품을 사겠다는 사람들의 줄이 만달레이베이 이벤트센터를 세 바퀴나 돌고 있었던 것이다. 기업가 수백 명이 퍼널이라는 개념이 어떤 결과를 낳는지 그리고 자기 회사에서는 어떻게 작동하고 있는지 이미 알고 있다는 뜻이었다. 그때 나는 무려 네 시간 반 동안이나 그 사람들과 한 명씩 사진을 찍었다.

다 끝나고 나니 힘이 빠져서 서 있을 수도 없었다. 프레젠테이션을 하고 또 네 시간 반 동안 카메라를 바라보며 웃었으니까 그럴 만도 했다. 아내와 나는 몰래 빠져나와 객실로 들어가서는 몇 시간 동안 기절해 있었다.

그리고 일어났는데 프레젠테이션 결과가 어떤지 궁금해 죽을 지경이었다. 얼마나 많은 사람이 등록 신청을 했을까? 우리가 돈을 얼마나 벌었을까? 방금 발표한 이 제안을 통해서 얼마나 많은 사람이 인생을 바꿀 수 있을까? 우리 부부는 직원들이 주문을 처리하고 있던 객실로 전화해서 결과가 어떤지 물었다.

직원들은 벌써 몇 시간째 주문을 처리하고 있었지만 끝나려면 아직 멀었다고 했다. 그리고 다음 몇 시간 동안 나는 그들이 보내주는 문자 업데이트를 계속해서 받았다.

65만 달러가 처리되었습니다.

120만 달러가 처리되었습니다.

180만 달러가 처리되었습니다.

230만 달러가 처리되었습니다.

290만 달러가 처리되었습니다.

320만 달러로 최종 마감되었습니다.

그랬다. 단 한 차례의 프레젠테이션으로 320만 달러의 매출액을 기록했다. 내가 원래 낙관적인 성격은 아니지만, 그 기록이 최단 시간에 가장 많은 매출액을 올린 세계 기록이라고 확신한다.

생각해보라. 판매 담당자라면 고객을 일 대 일로 상대해서는 평생 걸

려도 320만 달러 매출액을 올리지 못한다. 하지만 나는 사람들이 구매에 나설 수밖에 없도록 만드는 검증된 방식으로 프레젠테이션을 만들었기 때문에 90분 만에 그 일을 해낼 수 있었다. 나는 한 번에 한 명씩 상대한 게 아니라 한꺼번에 9000명을 상대로 프레젠테이션을 했다. 설령 나의 거래 완료율이 정말 훌륭한 마케팅 전문가에 비하면 훨씬 낮다고 하더라도(실제로 그렇다), 90분 만에 9000번의 프레젠테이션을 한 셈이었기에 나는 최고의 판매 전문가가 평생 할 수 있는 것보다 더 많은 판매를 90분 만에 한 것이다.

그러나 이 이야기에서 정말 흥미로운 점은 내가 90분 만에 320만 달러를 벌었다는 사실이 아니다. 더욱 흥미로운 점은 내가 무대에서 9000명을 앞에 두고 실시간으로 했던 이 프레젠테이션이 한 달에 3만 번 넘게 실시한 웨비나 및 자동화된 웨비나 퍼널을 통해 온라인으로 노출되면서 마치 시계처럼 한 치의 오차도 없이 꾸준하게 수익을 창출했다는 점이다.

보통 사람은 아마도 9000명을 앞에 두고 프레젠테이션을 할 기회가 없을 것이다. 그러나 프레젠테이션을 만들고 이것을 웨비나 퍼널에 넣어서 매달 수천 명이 이것을 보게 할 수는 있다! 연단에서 프레젠테이션을 하는 것은 확장성이 없지만, 웨비나 퍼널을 통할 때는 확장성이 무제한이다.

우리가 클릭퍼널스를 창업한 뒤에 이 회사를 성장시키기 위해서 사용했던 퍼널 유형이 바로 웨비나였다. 나의 역할은 실시간 웨비나를 최대한 많이 하는 것이었다. 실시간 웨비나를 시작했던 첫해에는 하루에 적어도 한 번씩은 했고, 두세 번도 했다. 프레젠테이션을 완벽하게 완성하기까지는 1년이 걸렸는데 그때 이 웨비나를 자동화된 웨비나로 바꿨다.

『브랜드 설계자』에서 판매 스크립트와 프레젠테이션을 완벽하게 하는 방법을 훨씬 자세하게 설명했으므로, 여기에서는 깊이 들어가지 않겠다. 다만 한 가지, 자동화된 웨비나 퍼널로 전환하기 전에 최대한 오랫동안 일반적인 실시간 웨비나 퍼널을 사용해야 한다는 점은 분명히 기억하기 바란다. 이 장에서는 이 두 가지의 모델을 모두 보여주겠지만, 실시간 웨비나에 더 많은 비중을 둘 것이다. 실시간 웨비나를 통달하는 것이 무엇보다 중요하기 때문이다.

첫 번째 페이지: 등록 페이지

등록 페이지의 목적은 잠재고객이 웨비나에 등록하게 만드는 것이다. 이 페이지에서는 호기심을 기반으로 하는 헤드라인, 즉 사람들을 끌어당겨서 등록하게 하고 프레젠테이션 현장에 나타나도록 하는 헤드라인을 만들어야 한다. (비밀-18에서 이 헤드라인을 활용할 수 있는 다양한 사례를 제시한다.) 이 페이지에서는 나는 내 스토리를 들려주는 데 시간을 할애하지 않는다. 그 대신 사람들을 끌어당겨서 등록하게 만드는 후크에 초점을 맞춘다. 다음 사례는 클릭퍼널스의 첫 번째 웨비나에서 사용한 첫 번째 등록 페이지이다.

도표 15-2 보다 더 많은 정보를 알아내려면 서둘러 등록해야 한다는 조급한 마음이 생기도록, 최대한 호기심을 유발하게 등록 페이지를 만들어야 한다.

이 페이지가 많은 호기심을 유발한다는 점에 주목해라. 아무리 봐도 궁금하지 않은가? "날마다 1만 7947달러를 벌어주는 나의 기묘한 틈새 퍼널! 10분 안에 끝장내는 법!"이라는 헤드라인은 많은 의문을 불러일으키지만, 이 페이지에서는 그에 대한 아무런 답을 주지 않는다. 우리는 웨비나 강의가 언제 시작하는지 구체적으로 알려서 사람들이 그 날짜를 달력에 표시해놓을 수 있도록 할 뿐, 그 외에 나머지는 오로지 '지금 바로 등록' 버튼에 집중하도록 만든다.

등록 버튼을 클릭하면 팝업 창이 나타나고, 여기에 이름과 이메일 주소를 입력해서 웨비나에 등록할 수 있다. 이렇게 해서 등록을 마치면 '연속극 시퀀스'가 추가된다. 그리고 본격적인 프레젠테이션 전에 이 잠재고객은 워밍업을 경험하며 차가운 상태에서 따뜻한 상태로 바뀐다.

클릭퍼널스는 자체 웨비나 소프트웨어를 가지고 있지는 않다. 대신에 클릭퍼널스를 이용해서 모든 퍼널 페이지를 만들고 고투웨비나GoToWebinar 혹은 줌Zoom과 같은 앱을 이용해서 웨비나를 실행하고 시청할 수 있다. 이런 플랫폼들 가운데 하나를 클릭퍼널스 페이지에서 간편하게 실행하면 된다.

두 번째 페이지: 감사 페이지

등록 페이지의 목표가 호기심을 유발해서 사람들이 등록하도록 만드는 것이라면, 감사 페이지의 목표는 그 사람들과 관계를 구축해서 웨비나에 참석하도록 유도하는 것이다.

○ 퍼널 스크립트: 나는 '누가 무엇을 왜 어떻게' 스크립트(비밀-19 참조)를 이용해서 영상을 만든다. 여기에서 나는 내가 누구인지, 시청자들

이 웨비나에서 무엇을 배우게 될지, 그 내용이 왜 중요한지 설명한다. 잊어버리지 않도록 달력에 표시해두는 방법도 알려준다.

도표 15-3　감사 페이지에서 가장 중요한 것은 등록한 사람들과 관계를 구축해서 웨비나에 참석하도록 유도하는 것이다. 이 페이지 하단에는 웨비나에 참석하기 전에 일정을 적어두고, 무료 클릭퍼널스 계정을 받으라고 안내하며, 웨비나에 실시간 참석하면 세일즈 퍼널과 5000달러 상당의 회원권을 무료 제공한다는 사실도 알려준다.

이 감사 페이지에서 할 수 있는 것이 한 가지 더 있다. 사람들이 웨비나를 경험하기 전에 이 사람들에게 저가품 제안을 하는 것이다. (이 저가품 제안은 보통 책 퍼널이나 장바구니 퍼널을 통해서 이루어진다.) 나는 사람들에게 웨비나를 준비하는 데 그런 상품이 도움이 될 것이라고 말한다. 물론 이 말은 틀린 말이 아니다. 그런데 다른 이점이 또 하나 있다. 광고비를 줄일 수 있다는 점이다. 내가 사람들이 웨비나에 등록하도록 유도하는 데 지출하는 광고비의 대부분은 이 감사 페이지를 통해서 곧바로 상쇄된다. 이것은 웨비나를 통해서 버는 돈은 순수익이 된다는 뜻이다.

그런데 유의할 점이 하나 있다. 감사 페이지에서 제시하는 제안이 웨비나에서 제시하는 제안과 경쟁하지 않도록 해야 한다는 것이다. 잘못하다간 이 제안이 웨비나 매출을 잠식할 수 있기 때문이다. 감사 페이지에서 제시하는 제안은 어디까지나 보완적인 것이며, 장차 웨비나에서 제시할 제안에 대한 필요성과 욕구를 강화하는 것이어야 함을 명심해야 한다.

세 번째 페이지: 웨비나 강의 페이지

웨비나는 웨비나 소프트웨어 안에서 진행된다. 사람들은 대부분 고투 웨비나 혹은 줌이라는 앱을 사용한다. 우리는 이 둘을 잘 사용하고 있다. 이 두 앱은 사람들에게 로그인 알림 메시지를 보내고 또 웨비나가 시작할 시간이 되면 완벽한 웨비나를 제공해준다.

도표 15-4   고투웨비나 혹은 줌이라는 앱으로 웨비나 프레젠테이션을 실시간으로 진행할 수 있다. (화면 오른쪽은 고투웨비나의 제어판이다.)

충분히 많은 시간을 들여서 프레젠테이션이 완벽하게 진행되도록 준비해야 한다는 점은 아무리 강조해도 지나치지 않다. 그에 따라 성공하는 웨비나와 실패하는 웨비나가 갈리고, 수백만 달러를 버느냐 벌지 못하느냐가 갈린다. 비밀-22에서 '완벽한 웨비나' 스크립트의 기본 구조를 배운 다음, 『브랜드 설계자』를 꼼꼼하게 읽고 말과 표현의 심리에 완벽하게 통달할 필요가 있다.

네 번째 페이지: 주문서 페이지

프레젠테이션의 마지막 부분에서는 사람들에게 주문서 작성을 강력하게 요구하는 실행요청 버튼(CTA)을 노출시켜야 한다. 이 페이지에서 흔히 저지르는 실수는 기존 고객, 즉 과거에 주문서를 냈던 사람들을 상대로 판매하려 한다는 것이다. 내 경험에 비추어보면 그럴 때마다 매출액이 타격을 입는다. 만약 사람들이 당신의 프레젠테이션을 보고 주문서 페이지로 갔다면, 당신이 해야 할 일은 제안을 요약 설명해서 그 사람들이 구매하게 만드는 것이다.

앞서 배웠거나 혹은 뒤에서 배울 것들 중 가장 모범적인 사례들을 여기에 적용할 수도 있다. 예를 들어서 돌출 주문서, 상향판매와 하향판매,

도표 15-5 주문서 페이지에서는 재판매는 생각하지 말고 제안을 요약해서 설명해야 한다.

오퍼월 또는 전화 퍼널로 이어지는 링크 등을 이 페이지에 얼마든지 추가할 수 있다는 말이다.

다섯 번째 페이지: 재생replay 페이지

라이브 웨비나에 사람들을 참여시키려고 아무리 노력해도 대다수의 사람(보통 80퍼센트)은 참여하지 않는다. 그래서 우리는 만들어둔 프레젠테이션을 재생하는 페이지를 설정했다. 이 페이지를 영원히 유지하지는 것은 아니다. 보통 48시간이나 72시간 카운트다운을 설정하고 그 시간이 지나면 내리기 때문에, 관심이 있는 사람이라면 그 시간 안에 프레젠테이션 영상을 시청해야 한다. 이런 긴급성과 희소성을 설정하지 않는다면, 80퍼센트의 사람들이 해당 프레젠테이션을 보게 만들기란 정말 어렵다. 이렇게 마감 시간을 설정하면 엄청나게 많은 사람이 이 재생 페이지를 찾아서 시청한다.

도표 15-6　웨비나 프레젠테이션 영상을 게시한 다음, 이틀이나 사흘 뒤에는 내리도록 설정해서 이 영상의 긴급성과 희소성을 강화하는 것이 좋다. 하단에는 "이 웨비나 영상은 곧 종료됩니다"라는 문구와 함께 종료까지 카운트다운되는 시간을 보여준다.

활용: 자동화된 웨비나 퍼널

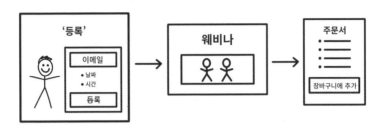

도표 15-7 프레젠테이션에 완벽하게 통달한 다음에 실시간 웨비나를 해야 한다. 실시간 웨비나를 할 때는 이를 녹화해서 자동화 웨비나로 사용할 수 있다.

○ 등록 페이지: 자동화된 웨비나는 실시간 행사나 줌과 같은 앱이 필요 없다는 점을 제외하면 전통적인 웨비나 퍼널과 비슷하다. 프레젠테이션은 미리 녹화되어 있고, 사람들은 이것을 실시간으로 또는 나중에 보려고 등록한다. 우리는 몇 분 후에 진행될 이 행사의 등록률을 높이기 위해서도 호기심을 유발하는 방법을 사용한다.

도표 15-8 웨비나 퍼널과 마찬가지로 자동화된 웨비나 등록 페이지는, 호기심을 기반으로 하는 헤드라인과 눈길을 사로잡는 이미지, 그 밖의 모든 것들의 초점이 등록 버튼을 향하도록 단순하게 구성되어야 한다.

○ 프레젠테이션 페이지: 등록한 사람들은 곧바로 프레젠테이션 페이지로 넘어가고(이 점은 전통적인 웨비나에서의 재생 페이지와 비슷하다) 여기에서 사람들은 실제 웨비나 영상을 시청할 수 있다.

도표 15-9 자동화된 웨비나 영상을 보여주는 페이지는 실시간 웨비나 재생 페이지와 비슷하다.

○ 주문서 페이지: 우리는 사람들을 웨비나에서 주문서 페이지로 이동시키고, 사람들은 이 페이지에서 우리가 웨비나에서 제시했던 제안을 구매할 수 있다.

도표 15-10 자동화된 웨비나의 주문서는 실시간 웨비나 주문서와 동일한데, 여기에서도 역시 재판매를 하려 들지 말고 제안을 요약해서 설명해야 한다.

또 해당 영상이 만료되기 전에 사람들이 프레젠테이션을 볼 수 있도록 권하는 이메일 시퀀스email sequence(고객별로 맞춤형으로 설정되어 있어서, 특정 시간에 혹은 특정 조건에서 해당 고객에게 자동으로 이메일이 발송되는 시스템 혹은 그런 이메일 - 옮긴이)가 있다.

나는 자동화된 웨비나를 좋아한다. 이런 웨비나야말로 내가 장기적으로 봤을 때 가장 좋아하는 퍼널로 꼽을 수 있다. 그러나 프레젠테이션에 통달하지 못한 사람에게는 자동화된 웨비나가 실행 가치가 없다는 점을 다시 한번 강조한다. 프레젠테이션에 완진히 통달할 때까지는 실시긴 웨비나에만 시간을 투자해야 한다. 전환율이 최고조에 도달한 프레젠테이션이 있을 때 비로소 이를 자동 웨비나의 콘텐츠 영상으로 사용하는 것이 좋다.

제품 출시 퍼널

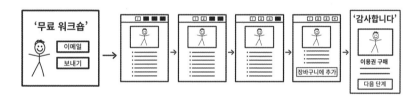

도표 16-1 제품 출시 퍼널은 다음 네 가지 페이지로 구성된다. '무료 워크숍' 페이지, 여러 개의 영상 페이지, 제안 페이지(하단이나 별도의 페이지에 들어가는 주문서 포함), 감사 페이지.

매달 우리는 할리우드 영화사가 새로운 영화를 개봉하는 과정을 자세하게 살펴본다. 그들은 우선 해당 영화에 대한 기대와 화제를 불러일으킬 목적의 예고편을 보여주는 것으로 시작한다. 그런 다음에는 광고를 시작해서 개봉일을 알리고 티켓을 살 수 있는 날짜를 일러준다. 개봉일이 점점 다가오면 예비 관객을 더욱 흥분시킬 목적으로 또 다른 예고 영상을 내놓는다.

티켓을 사야 할 시간이 다가오면 더 많은 사람들이 티켓을 산다. 개봉일이 며칠 앞으로 다가오면 텔레비전의 토크쇼에 배우들이 출연해서 영화 내용과 개봉에 대한 이야기를 나눈다. 이런 활동이 자극제가 되어서 한층 더 많은 사람이 티켓을 사고, 주말의 개봉일에는 영화관 객석이 관객으로 꽉 들어찬다.

수많은 사람이 개봉일에 맞춰서 영화관을 찾는다. 이 영화가 관객 동원에 성공하면, 주말 내내 더욱 많은 티켓이 판매된다. 월요일에는 주말에 관객을 얼마나 많이 몰렸는지 통계 수치가 나온다. 만약 이 첫 주말에 흥행이 성공하면, 이 영화의 티켓은 앞으로 몇 달 동안 계속해서 팔릴 것이다.

당신이 새로운 사업을 시작하거나 시장에 새로운 세품을 출시할 때 이런 식으로 사업이나 제품을 사람들에게 알린다고 상상해보자. 당신이 내놓을 제안을 사람들이 하루하루 혹은 매시간 손꼽아 기다리게 만들 수 있다면 어떨까? 과연 당신은 그렇게 할 수 있을까?

제프 워커Jeff Walker가 만든 제품 출시 퍼널을 사용하면 얼마든지 할 수 있다. 제프는 제품 출시 퍼널을 '측면 세일즈레터sideways sales letter'로 바라보라고 했다. 프레젠테이션은 동일하지만 이것을 위에서 아래로 순서대로 읽거나 보는 게 아니라, 옆으로 눕혀서 매일 일부분만 전달함으로써 기대와 화제를 불러일으키라는 것이다.

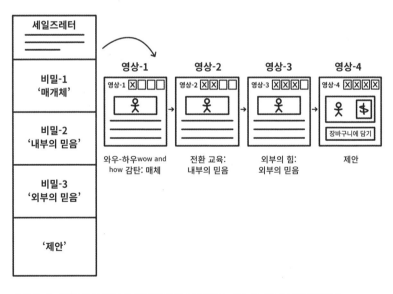

도표 16-2 제품 출시 퍼널은 세일즈레터를 옆으로 늘어놓은 것이나 마찬가지다.

제품 전환 퍼널을 가장 잘 활용할 수 있는 대상은 따뜻하거나 뜨거운 잠재고객이다. 우리는 보통 이메일에 링크를 담아서 영상을 보게 한다.(이 영상은 우리 자체의 목록에 있을 수도 있고 제휴업체의 목록에 있을 수도 있다.) 이때 프레젠테이션을 좀 더 쉽게 받아들일 수 있도록 며칠 또는 몇 주에 걸쳐서 여러 개로 나누어 보여줌으로써 기대감과 흥미를 높일 수도 있다. 이 경우, 처음 세 개의 영상에서는 정보를 알려주는 내용을 담고, 네 번째 영상에서 제품을 파는 게 좋다.

이 퍼널이 작동하는 방식은 이렇다. 누군가가 무료 온라인 워크숍에 등록하면, 네 개의 영상 가운데 첫 번째 영상과 프레젠테이션의 첫 번째 부분을 함께 보여준다. 이 부분에는 두 번째 영상을 보게 만드는 후크가 들어 있다.

며칠 뒤에는 두 번째 영상을 보여주는데, 이 영상은 프레젠테이션의 두 번째 부분이다. 이 영상의 말미에 사람들의 참여도를 높이기 위해서 페이지에 댓글을 달게 한 다음, 역시 또 다른 후크를 이용해서 다음 영상을 보게 만든다. 다시 며칠 뒤에 세 번째 영상을 보여주는데, 이 영상은 프레젠테이션의 마지막 부분이며, 네 번째 영상에서 제시할 특별 제안을 설정한다. 그리고 마지막 네 번째 영상에서는 제안을 보여주고 사람들을 주문서 페이지로 이동하게 만든다.

첫 번째 페이지: '무료 워크숍' 페이지

이 페이지는 리드 퍼널을 다룬 장에서 배운 단순한 스퀴즈 페이지처럼 보이지만, 여기에서 리드 마그넷은 실제 교육 워크숍이다. 사람들은 실시간 교육을 받으려고 등록한다! 나는 이 페이지의 하단에 영상의 스크린샷을 두는 경우가 많은데, 사람들이 자기가 특별한 결과를 얻는 데 도움이 될 일련의 영상을 보기 위해 등록한다는 사실을 쉽게 이해하도록 하기 위함이다.

도표 16-3 제품 출시 퍼널의 첫 번째 페이지에서는 교육 프로그램에 등록하는 사람에게 리드 마그넷(여기에서는 무료 워크숍)을 제시한다.

○ 퍼널 스크립트: 우리는 '호기심을 기반으로 하는 헤드라인' 스크립트(비밀-18)와 '누가 무엇을 왜 어떻게' 스크립트(비밀-19)를 사용해서 사람들이 자기가 등록하고자 하는 교육 프로그램에 흥미를 갖게 만든다.

두 번째~네 번째 페이지: 영상 페이지

영상 페이지는 간단하다. 그러나 여기에는 반드시 이해해야 할 몇 가지 필수 요소가 있다. 그중 하나는 각 페이지에서 각 영상의 썸네일을 볼 수 있게 구성해야 한다는 것이다. 실시간 영상은 보통 컬러이고 그 위에 재생 버튼이 놓여 있어서, 사람들은 자기가 놓친 영상들을 찾아서 볼 수 있다. 아직 나오지 않은 영상은 흑백이거나 자물쇠 아이콘이 달려 있는 경우가 많다.

도표 16-4 곧 배포될 영상 목록을 상단에 제시하면서, 며칠마다 한 번씩 새로운 영상을 배포하면 사람들의 기대감을 높일 수 있다.

○ 퍼널 스크립트: 우리는 썸네일 아래에 실제 영상을 둔다. 이때 사용하는 스크립트('완벽한 웨비나' 스크립트 혹은 '제품 출시' 스크립트)는 영상에 담길 내용에 따라 달라진다. 그러나 두 스크립트가 매우 유사하다는 점은 쉽게 알 수 있다.

- 영상 1 - 감탄과 방법wow and how: 커다란 발상으로 사람들을 감탄시키고, 당신과 다른 사람들이 이 개념을 어떻게 사용하는지 보여준다.
- 영상 2 - 전환 교육: 그 과정을 어떻게 풀어나가는지 직접 보여주면서, 이를 통해서 사람들이 배우게 한다.
- 영상 3 - 외부의 힘: 사람들이 갖고 있는 잘못된 믿음을 깨고, 그들

의 성공을 가로막는 외부 장애물을 제거하며, 그 문제들을 어떻게 풀어나가는지 보여준다.

이 영상들 아래쪽에 사람들이 무료로 내려받을 수 있는 리드 마그넷을 둔다. 이 리드 마그넷은 영상을 통해 가르치는 것에 가치를 부여하고 그들과의 연결성을 강화하며, 그래서 사람들은 나머지 영상들을 계속 보고 싶어 하게 된다.

우리는 보통 이 페이지에 댓글을 달 수 있도록 해서 사람들 사이에 화제를 불러일으키도록 한다. 사람들이 다는 댓글은 영상이 끼치는 영향력을 보여줄 뿐 아니라, 사람들이 영상을 매개로 해서 소통의 공동체감을 느끼게 해준다.

다섯 번째 페이지: 제안 페이지 및 주문서

네 번째 영상을 내놓으면서 제안을 한다. 네 번째 영상을 공개할 날짜가 정해지고 사람들이 찾아와서 구매할 준비가 되어 있을 때 사람들에게 이메일을 보낸다. 이때 사람들이 보게 될 메일은 매우 단순하다. 거기에는 판매자의 제안 내용을 담은 영상 주문서 링크만 덩그러니 놓여 있다.

사람들은 영상을 본 뒤에 주문서 링크를 클릭할 것이다. 판매자에 따라서 다르겠지만, 영상 바로 아래에 주문서를 놓기도 하고, 별도의 주문서 페이지로 넘어가도록 링크를 두기도 한다. 주문서를 구성할 때는 돌출 주문서나 원클릭 상향판매 등 앞에서 배웠던 모든 요소를 잊으면 안 된다. 이런 요소들을 페이지에 추가해서 고객당 평균 매출액을 높일 수 있기 때문이다.

사람들은 대부분 새로운 사업을 시작하거나 새로운 제품을 출시할 때

도표 16-5 주문서 페이지는 "거부할 수 없는 제안"이라는 헤드라인과 제안을 설명하는 영상 그리고 주문서로 이어지는 링크, 이 세 가지만으로 간단하게 구성해야 한다.

제품 출시 퍼널을 사용한다. 이때 퍼널을 실시간으로 한 번 실행한 뒤에는 클릭퍼널스에서 24시간 내내 자동으로 제어할 수 있는 이 퍼널의 자동 버전을 만들어 사용해도 된다. 이 일은 생각보다 간단하다. 이 자동 버전은 제품 출시 이후에도 잠재고객을 제품 출시 퍼널로 꾸준하게 끌어당길 수 있는 좋은 방법이다.

마지막, 전화 퍼널

신청서 퍼널

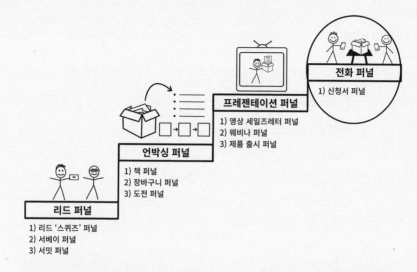

전화 퍼널

1) 신청서 퍼널

프레젠테이션 퍼널

1) 영상 세일즈레터 퍼널
2) 웨비나 퍼널
3) 제품 출시 퍼널

언박싱 퍼널

1) 책 퍼널
2) 장바구니 퍼널
3) 도전 퍼널

리드 퍼널

1) 리드 '스퀴즈' 퍼널
2) 서베이 퍼널
3) 서밋 퍼널

도표 17-1 판매하려는 제품이나 서비스의 가격이 2000달러를 넘을 때는 판매 환경을 온라인에서 오프라인으로 바꾸면 훨씬 높은 전환율을 기록할 수 있다.

퍼널의 일곱 단계 가운데 마지막은 판매 환경을 바꾸는 것이다. 판매 환경을 바꾼다는 말은 판매자가 고객을 온라인에서 오프라인으로 이끌어내서, 판매 프로세스를 완전히 통제할 수 있는 더욱 친밀한 판매 환경으로 전환한다는 뜻이다.

집이나 사무실에서 컴퓨터로 인터넷에 접속해 상품을 구매하고자 하는 사람은 판매 과정을 자기가 완전히 통제할 수 있다. 그들은 판매자의 홈페이지를 그냥 닫아버릴 수도 있고 판매자의 광고를 클릭하지 않을 수도 있다. 이런 환경에서 판매자인 당신이 할 수 있는 유일한 일은 더 나은 스토리로 그들의 관심을 사로잡는 것이다.

이 단계에서 우리는 우호적인 관계를 구축한 뒤에 잠재고객이 자신의 환경을 통제할 수 있는 컴퓨터 앞에서 벗어나서 **판매자인 우리가** 더 많은 통제력을 갖는 다른 상황으로 옮겨가도록 끊임없이 요청한다. 예를 들어 사람들을 오프라인 실시간 행사로 불러들이는 것이다. 이런 행사에서는

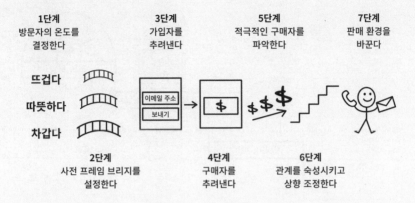

1단계
방문자의 온도를
결정한다

3단계
가입자를
추려낸다

5단계
적극적인 구매자를
파악한다

7단계
판매 환경을
바꾼다

뜨겁다

따뜻하다

차갑나

2단계
사전 프레임 브리지를
설정한다

4단계
구매자를
추려낸다

6단계
관계를 숙성시키고
상향 조정한다

도표 17-2 우리가 사용한 높은 가격의 퍼널 가운데 최고는 신청서 퍼널이다.

판매자가 판매 환경과 잠재고객의 관심을 완벽하게 통제할 수 있다. 즉 온라인 환경에서는 불가능한 판매 방식을 오프라인 환경에서는 얼마든지 실행할 수 있다는 말이다.

나는 가격이 2000달러가 넘는 (혹은 심지어 100만 달러가 넘는) 상품을 팔 때는 환경을 가능하면 빠르게 오프라인으로 전환하려고 노력한다. 이렇게 하는 방법은 여러 가지가 있지만, 가장 수익성이 높은 방법은 신청서 퍼널이다. 이 퍼널에서 우리는 상품을 사겠다는 사람에게 신청서를 작성하게 한 다음에, 그 신청서에 기입된 전화번호를 보고 직접 전화를 걸어서 제품이나 서비스를 판매한다.

몇몇 회사에서는 모든 판매가 전화를 통해서만 이루어진다. 이런 신청서 퍼널은 한층 더 질 높은 잠재고객을 끌어당기며, 당신의 전화를 받기도 전에 이미 제품이나 서비스를 구매하겠다는 의지가 충만하도록 만든다.

신청서 퍼널

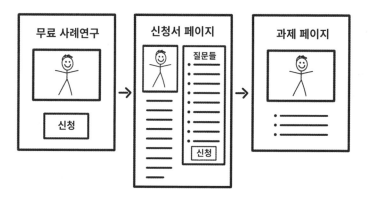

도표 17-3 신청서 퍼널은 랜딩 페이지, 신청서 페이지, 과제 페이지라는 세 가지 페이지로 구성된다.

나의 프레젠테이션 일정은 그날 아침으로 잡혀 있었다. 그런데 그 전날 밤에 매트 바카크Matt Bacak가 프레젠테이션을 한다는 소식을 듣고는 예정보다 일찍 호텔에 갔다. 그날 밤 나는 매트가 무대에서 세일즈 퍼널과 가치 사다리를 설명할 때 뒷자리에 앉아 열심히 메모했다.

"제가 가장 먼저 하는 일은 이 무료 CD를 파는 것입니다. 배송비를 포함해서 4.95달러 비용이 들지만 저는 곧바로 보내드립니다. 이 CD에는 나의 사업 모델이 그들에게 어떻게 도움이 될 수 있을지 설명하는 내용이 담겨 있습니다. 이 CD에서 저는 아무것도 숨기지 않습니다. 어떻게 해야 하는지 정확하게 알려줍니다. 그들이 CD를 배송받고 며칠이 지난 시점에, 그러니까 사람들이 아마도 CD의 내용을 확인했을 때쯤에 우리 팀의 담당자가 전화를 걸어서 8000달러짜리 제안을 합니다. 우리 사무실에 찾아오면 그들이 안고 있는 문제를 해결해주겠다는 제안을 말입니다. 그런데 이렇게 전화를 했을 때 열 명 가운데 한 명은 이 8000달러짜리 워크숍에 참가하겠다고 합니다!"

나는 깜짝 놀랐다. 온라인에서 수천 가지나 되는 물건을 팔았지만 단한 번도 고객에게 직접 전화를 걸어서 나의 가치 사다리에서 한층 더 높은 단계의 고가 상품을 제안한 적이 없었기 때문이다. 그러기는커녕 생각조차 해본 적이 없었다. 그날 밤 나는 잠을 이루지 못했다. 다음 날도 마찬가지였다. 무척 흥분되긴 했지만 나로서는 판매 담당자를 고용할 시간도 노하우도 없었다. 내 성격이 워낙 내성적이어서 직접 전화를 하지도 못했다.

그렇게 몇 달이 지났고, 크리스마스를 두 주 앞둔 12월의 추운 어느 날 밤이었다. 사람들이 대부분 가족과 함께 따뜻한 실내에서 오순도순 정다운 시간을 보내고 있을 때 나는 마당에서 금방이라도 부서질 듯한 사다리에 올라 크리스마스 장식 전구를 달고 있었다. 내가 입은 옷은 추위를 막기에는 터무니없이 얇았고 손가락은 너무 저린 나머지 감각도 없었다. 하지만 진짜 고통은 추위 때문이 아니었다. 크리스마스가 코앞인데 다음 날 사무실에 나가서 크리스마스 보너스는 없으며 모두의 일자리가 내일부터 없어질 것이라는 최악의 메시지를 직원들에게 전해야 한다는 자괴감 때문이었다. 나의 가장 친한 친구들 가운데 몇몇 그리고 심지어 내 가족들 가운데 몇 명도 나 때문에 일자리를 잃어야 했다. 사업은 바닥을 치고 있었고, 우리가 벌어들이는 돈으로는 사무실을 유지하기도 버거웠다.

나는 사다리를 옮겨가면서 얼어붙은 낙수받이 아래로 알전구를 스테이플러로 고정하면서도 머릿속으로는 죽어가는 내 사업을 구해낼 전략이나 기법을 찾는 일에 골몰했다. 그런데 바로 그때 그 생각이 떠올랐다.

매트가 말했던 바로 그 모델을 시도하면 어떨까? 나에게는 고객 명단이 있고, 제품도 있고, 또 코칭 프로그램도 있잖아!

적어도 몇 명의 고객에게는 전화를 하고 싶었고, 나로서는 그럴 필요성이 간절했다.

다음 날 아침, 나는 우리 팀을 붙잡고 내가 떠올린 새로운 모델을 설명했다. 그리고 가장 잘 팔리는 제품 가운데 하나를 DVD로 만들었다. 그다음 고객에게 이메일을 보냈고, 며칠 사이에 새로운 제품인 이 4.95달러짜리 DVD를 800장 넘게 팔았다! 그리고 이 DVD를 받은 고객이 그 내용을 충분히 보았을 시점에 그들에게 전화를 걸기 시작했다.

"우리가 보낸 DVD를 보셨습니까?"

대부분은 아직 보지 않았다고 했다. 그러면 한 시간 뒤에 다시 전화를 하겠다고 했다. 이렇게 우리는 800명의 '뜨거운' 고객에게 전화를 했고, 봤다는 사람에게는 그 내용을 실제로 구현하는 데 도움이 될 워크숍을 여니까 참석할 것을 권했다. 크리스마스 시즌이었기에 대부분의 고객과 연락되지 않았지만, 그래도 제법 많은 사람과 통화했고, 우리는 이렇게 말했다.

"워크숍 참석비는 5500달러이며 1월에 저희 사무실에서 열릴 예정입니다."

첫날만 해도 거절 의사를 밝힌 사람이 열 명이 넘었다. 넷째 날이 되어서야 처음으로 '예!' 대답을 들었다.

우리는 너무 좋아서 껑충껑충 뛰었다. 그리고 며칠 사이에 참가하겠다는 사람이 더 나타났고, 이렇게 해서 크리스마스까지 11명이 우리에게 워크숍 참석비 5500달러를 송금했다!

이 일이 나에게는 커다란 교훈이 되었다. 온라인에서 잠재고객을 만든 다음에 오프라인에서 상품을 판매하는 방식이 매우 강력한 효과가 있음을 확인한 것이다. 몇 달 안에 나는 담당 판매팀을 만들었고, 우리는 빠르게 성장하기 시작했다. 그로부터 1년이 지났을 때는 직원이 60명이 넘는 콜센터를 운영했고, DVD를 한 주에 6000장 넘게 팔면서 주문자 모두에게 판매 전화를 걸었다.

이 모델은 한동안 효과가 있었지만 매우 비효율적이었다. 그 사업에 매달 100만 달러 가까운 간접비가 지출되었기 때문이다. 결국 나는 비용을 감당하지 못해서 콜센터를 접어야 했고, 그 뒤 몇 년 동안 고객에게 직접 전화를 하지 않았다.

그 몇 년 동안, 우리는 가치 사다리의 (이 층을 제외한) 다른 모든 층을 구축해서 수익을 올렸다. 그러나 나는 엄청난 돈을 벌 수 있음에도 그 기회를 방치하고 있음을 잘 알고 있었다. 그러던 어느 날 우리는 이런 생각을 했다.

만약 우리의 제품을 산 모든 사람에게 전화하는 것이 아니라, 우리의 도움과 컨설팅에 관심이 있어서 신청하는 사람에게만 전화한다면 어떨까?

그렇게 할 수만 있다면 우리가 판매하는 상품을 구매할 가능성이 매우 높은 사람들에게만 전화하는 게 될 것이었다.

신청서가 첨부된 새로운 퍼널을 시험적으로 만들어서 우수 고객 일부에게 이메일을 보내는 간단한 테스트를 진행했다. 우리의 도움을 원하냐고 묻고, 만일 그렇다면 신청서를 작성해서 왜 우리의 도움이 필요한지 적어달라고 했다. 그리고 몇 시간도 안 되어 우리는 꿈의 고객들로부터 수십 개의 지원서를 받았다. 지원서에는 내가 그들에게 왜 도움이 되는지도 적혀 있었다. 나는 직원 두 명에게 이 지원서를 보낸 사람들에게 전화해서 어떤 코치와 함께하고 싶은지 알아보게 했다. 이렇게 우리는 인생에서 가장 수익성이 높고 스트레스도 없는 한 주를 보냈다.

나는 이 성과에 무척 고무되었다. 그래서 이 신청서 퍼널을 테스트하고 조정하기 시작했다. 이 퍼널은 한 페이지에서 두 페이지로 늘어났고,

그러다가 결국 세 페이지로 확정되었다. 우리는 완벽한 프로세스와 완벽한 전화 통화 스크립트를 마련할 때까지 테스트를 수백 번이나 했다. 이 장에서는 이 퍼널의 각 페이지를 살펴본 다음에 고가의 오프라인 행사 티켓을 팔 때 성사율이 높은 두 가지 스크립트를 제시하려 한다. 그 두 가지는 '판매 설정자Setter' 및 '판매 종결자Closer' 스크립트(비밀-25 → 판매원 2인용)와 '네 가지 질문의 판매 종결' 스크립트(비밀-24 → 판매원이 없는 기업 가용)이다.

첫 번째 페이지: '성공 사례' 혹은 '무료 사례분석' 랜딩 페이지

이 첫 페이지에서는 잠재고객이 얻을 수 있는 매우 긍정적인 결과를 보여준다. 즉 잠재고객이 당신의 도움을 받을 때 얼마나 멋진 일이 일어날 것인지 보여주는 페이지다. 여기에서는 보통 두 가지 방법 가운데 하나를 사용한다.

첫 번째는 과거에 당신의 도움을 받아서 원하는 바를 성취한 사람의 성공 사례를 보여주는 것이다. 이 페이지에서 나는 헤드라인으로 '나의 꿈의 고객을 추가로 몇 명 더 찾아서 함께 일하고 싶다'고 하고, 성공한 사업가인 리즈 베니가 이너서클에서 나의 도움을 받았던 이야기를 영상으로 보여준다. 이 영상을 본 사람들은 리즈 베니가 거둔 것과 같은 결과를 자기도 얻고 싶다는 마음에 지원서를 작성하게 된다.

어떤 분야의 사업에서든 간에 이런 성공 사례 유형을 사용할 수 있다. 예를 들어서 척추지압사인 채드 울너 박사도 이런 방식으로 자기 클리닉의 신청자를 모집했다.

이 퍼널의 시작점에서 사용할 수 있는 또 다른 유형의 페이지로 '무료

도표 17-4 성공 사례를 들려줌으로써 꿈의 고객이 당신과 함께할 때 얻을 수 있는 결과를 머릿속에서 그릴 수 있게 만든다.

도표 17-5 높은 가격대의 제품 또는 서비스 시장에서도 성공 사례 영상을 활용할 수 있다. "목의 통증과 허리 통증에서 벗어나자, 천연 치료법"이라는 헤드라인의 이 페이지에서는 1시간 무료 마사지와 개인 홈케어 키트를 특별 제안으로 제공한다.

사례분석' 페이지가 있다. 이 페이지는 작동 방식도 같고, 무엇이 가능한지 사람들에게 보여준다는 목표도 같다. 그러나 다른 점이 있다면, 당신의 도움으로 성공한 당사자가 직접 이야기를 들려주는 게 아니라, 그의 사례를 당신이 이야기하는 방식이라는 점이다.

도표 17-6 무료 '블랙박스 퍼널'을 원하는 사람은 이메일 주소를 적어서 전략 세션에 신청하도록 하는 페이지다. 여기의 사례분석 영상에서는 당신이나 다른 사람이 성공할 수 있었던 전략을 설명하되 구체적인 전술을 공개해서는 안 된다.

보통 사례분석 영상을 게시할 때 나는 **내가 했던 것**(전략)을 있는 그대로 하나씩 보여주지만 그것을 **실천한 방법**(전술)까지는 구체적으로 말하지 않는다. 그 방법까지 알아야 비로소 전체 과정을 알 수 있고, 사람들은 그 **방법**을 알고 싶어서 신청서를 작성한다.

신청서 퍼널 첫 번째 페이지의 목표는 다음과 같다.

- 사람들이 당신의 도움을 받을 때 어떤 것이 가능한지 보여주는 성공 사례 혹은 사례분석 영상을 시청하게 한다.
- 당신의 도움을 받아서 성공한 경험자와 동일한 결과를 얻으려는 목적으로 신청서를 쓰게 한다.
- 신청서를 다 쓰지 않은 사람이라도 이메일 주소를 확보한 다음에 나중에 전화해서 신청서를 마무리하게 한다.

다음에 이어지는 이 퍼널의 두 가지 페이지 즉, 신청서 페이지와 과제 페이지는 잠재고객이 등록해야만 하는 이유들을 토대로 내용을 채워야 한다.

두 번째 페이지: 신청서 페이지

첫 번째 페이지에서는 이메일 주소만 수집했기 때문에 잠재고객이 2단계 과정을 마칠 때까지 계속해서 후속 조치를 진행한다. 즉, 잠재고객이 더 긴 내용의 신청서를 작성하게 하는 것이다. 이 신청서의 목적은 판매자가 자기에게 도움을 주어야 하는 이유에 대해서 잠재고객 본인이 판매자를 설득하게 하는 것이다. 우리는 이것을 '테이크아웃 설득takeaway sale'이라고 부른다. 왜냐하면 판매자가 잠재고객을 설득하는 것이 아니라 잠재고객이 판매자를 설득하기 때문이다. 비밀-24와 비밀-25에서 전화 스크립트가 작동하는 방식을 보면 알겠지만, 신청서에서 시작하는 구매는 매우 강력하다.

내 경우에는 나의 도움을 받는 것이 어떤 모습일지 한층 더 자세히 설명하는 영상을 이 페이지에 추가하며, '사용자 후기testimonial rush' 항목도 함께 배치한다. 사용자 후기에서는 내가 몸값을 충분히 잘한다는 사실을 증언하는 영상을 될 수 있으면 많이 담는다. 이런 영상은 잠재고객이 신청서를 작성하는 동안 그들의 행동과 심리에 큰 영향을 끼친다.

신청서 페이지에서 묻고 싶은 질문이야 무척 많지만, 그중에서도 꿈에 그리는 고객의 상담 전화를 받을 때 준비해둬야 할 중요한 질문이 몇 가지 있다. 이 내용은 추후 고객에게 전화로 상품을 제안할 때 유용한 정보가 된다.

◦ **매출 보장 확인**: 이 질문은 어떤 시장에서 판매를 하느냐에 따라 다

도표 17-7 신청서는 최상의 잠재고객을 추려내는 것이어야 하며, 또 그들에게 상품을 제시하기 전에 그들의 정보를 최대한 많이 얻어내는 데 도움을 주는 것이어야 한다.

르겠지만, 내 경우에는 신청서를 작성하는 사람이 나의 고가 프로그램을 **구매할 의향**뿐 아니라 **구매할 능력**이 있는지도 확인한다. 물론 경제적인 여유가 있는지 대놓고 물어보지는 않는다. 그 대신 이 궁금증을 풀어줄 위장 질문을 한다. 예컨대 다음과 같은 질문들이 나에게 필요한 답을 일러준다.

- 어떤 유형의 회사를 운영하고 있습니까?
- 매달 광고비로는 얼마를 지출합니까?
- 외식은 얼마나 자주 합니까?
- 매달 얼마를 미래의 투자금으로 따로 챙겨둡니까?
- 이 문제를 해결하기 위해서 과거에는 비용을 얼마나 지출했습니까?

○ **당신에게 성공은 어떤 모습입니까?**: 나는 내 도움을 받으며 함께할 사람의 성공이 어떤 모습일지 정확하게 알고 싶다. 1년 안에 1000만 달러를 벌고 싶다면서 아직 판매할 제품도 없는 사람이라면 내 고객으로 삼을 생각이 없다. 이런 사람이 그리는 성공과 내가 해줄 수 있는 것 사이의

간극이 너무 커서 나로서는 이 사람을 행복하게 만들 방법이 없기 때문이다. 잠재고객이 상상하는 성공이 어떤 모습일지 알아내기 위해서 내가 즐겨 사용하는 질문은 댄 설리번Dan Sullivan의 저서『댄 설리번의 질문The Dan Sullivan Question』에서 뽑아서 쓴다.

3년 뒤에 당신이 지나간 3년을 뇌돌아본다고 치자. 개인적으로나 식업적으로나 자신이 거둔 발전에 만족감을 느낄 만한 일로는 어떤 것이 있을까?

○ 당신은 왜 이 그룹에 적합하다고 생각합니까?: 나의 교육과 훈련은 늘 그룹으로 진행된다. 그러므로 그룹 구성원은 다른 사람들과 잘 맞아야 한다는 게 나의 원칙이다. 따라서 그룹에 가입하고자 하는 사람은 자기가 나의 '이너서클' 클럽에 잘 맞는다는 사실을 증명해서 나를 설득시켜야 한다. 이런 방식은 해당 그룹의 기존 구성원 및 프로그램의 정체성을 지키는 데도 도움이 된다.

○ 당신은 이 그룹에 어떻게 기여할 수 있습니까?: 베푸는 사람이 받기만 하는 사람보다 더 많이 성공한다는 사실을 나는 알고 있다. 그렇기에 나는 베푸려는 사람은 끌어당기려 하고, 받기만 하려는 사람은 될 수 있으면 걸러내려고 한다. 이 질문에 대한 답변을 보면, 답변자가 두 부류 가운데 어디에 속하는지 파악할 수 있다.

세 번째 페이지: 과제 페이지

신청서 작성을 마친 사람은 과제homework 페이지로 넘어간다. 이 과제 페이지가 설정하는 목표는 다음과 같다.

○ **'매력적인 캐릭터'와의 연결성을 구축한다:** 이 단계까지 온 신청자들은 당신의 성공담, 또는 당신이 들려준 다른 성공 사례를 인지한 사람들이다. 그들은 자기가 들은 것과 비슷한 결과를 얻으려고 신청했지만, 이제 그들은 이 여행을 함께 떠나고 싶은 사람이 정말 당신이 맞는지 결정해야 한다. 내 경우에는 과제 페이지에 나의 스토리를 들려주는 영상을 올려두는데, 이 영상은 신청자들과의 연결성을 구축한다. 이 영상을 보고는 자기 스토리와 똑같다면서 나를 믿고 도움을 받고 싶다고 말하는 신청자가 제법 있다.

○ **신청자들에게 무엇을 기대해야 하는지 일러주고 과제를 내준다:** 다음에 어떤 일이 진행될지 미리 알려주고, 곧 있을 상담에 대비해서 영상을 보거나 무언가를 읽게 한다. 상담 전에 미리 일러두는 모든 것은 추후에 그들과의 대화를 효과적으로 이어가는 데 도움이 된다.

○ **신청자가 먼저 전화를 걸어오도록 유도한다:** 우리가 신청자에게 전화할 때보다 신청자가 우리에게 전화할 때 매출이 네 배로 늘어난다는 사실을 확인했다. 물론 우리는 접수되는 모든 신청자에게 전화하겠지만, 신청자가 먼저 우리에게 걸어오는 전화는 네 배의 가치가 있다는 뜻이된다. 그래서 나는 신청자가 신청서를 작성한 다음에 될 수 있으면 우리에게 전화하도록 유도한다. 먼저 전화를 하는 신청자가 '이너서클' 프로그램을 함께 할 수 있다고 보장할 수는 없지만, 적어도 우리는 이 사람들의 신청서를 우선적으로 살펴본다.

고가의 상품을 판매하는 이 퍼널은 만들기도 쉽고, 내가 본 다른 어떤

도표 17-8 과제 페이지에서는 '매력적인 캐릭터'와의 연결성을 구축하도록 노력하고, 무엇을 기대할 수 있을지 알려주어야 한다. 또한 사람들에게 앞으로 해야 할 과제를 제시하고, 전화 상담을 하도록 권고해야 한다.

퍼널보다도 잠재고객을 빠르게 추려내 그들의 온도를 따뜻하게 만들 수 있다. 이렇게 해서 우리는 60명의 상근 직원이 한 사람당 일주일에 수백 통씩 전화를 걸던 업무를 단 두 명이 맡아서 할 수 있게 바꾸었다. 또 지원자가 우리 프로그램에 참여하는 이유가 무엇인지도 충분히 들을 수 있게 되었다. 결국 이 단순한 퍼널을 사용해서 단 두 명의 인력만으로 60명의 인력을 동원할 때와 비슷한 매출액을 기록하고 순수익은 열 배나 많이 올렸다.

PART 3

스크립트 쓰기

모든 단계마다 설득의 언어가 다르다

"세계 최고 수준의 판매 직원이 아무 불평 없이 임금 인상을 요구하지도 않고, 하루 24시간 일주일 내내 쉬지도 않고 상품을 판매하게 하려면 어떻게 해야 할까요?"

고객을 직접 대면해서 제품을 팔아야 생계를 꾸려나갈 수 있는 사영업자들의 모임에서 내가 던진 질문이다. 그리고 답을 다음과 같이 제시했다.

"효과가 검증된 여러분의 판매 프레젠테이션을 가져와서, 제안 내용에 판매할 상품을 끼워 넣기만 하면 됩니다. 그러면 여러분은 따로 손댈 필요도 없이 계속 판매를 할 수 있습니다. 자동으로 진행되도록 설정하기만 하면 됩니다. 여러분은 이미 자기 제품을 어떻게 판매하면 될지 알고 있습니다. 상품 설명하는 모습을 영상으로 만들어서 세일즈 퍼널에 올려두기만 하면 됩니다. 이렇게 되면 판매에 얼마나 시간을 들이느냐는 중요한 문제가 아니게 됩니다. 날마다 늘 똑같이 자동적으로 상품을 팔 수 있습니다. 대면 판매만큼 효과적이지 않으므로 비록 전체적인 전환율이야 내려가겠지만, 훨씬 효율적인 판매 방법이므로 여러분이 실제로 손에 쥐는 수익은 크게 늘어날 것입니다."

처음 나만의 세일즈 퍼널을 만들기 시작할 때 깨달은 사실이 하나 있다. 내가 제시하는 상품을 누군가가 사게 만드는 전체 구조에서 이 퍼널의 구조와 퍼널이 거치는 프로세스가 작은 조각일 뿐이라는 것이다. 전체를 이루는 여러 조각들 가운데서 가장 큰 조각은 웹페이지 상의 피치pitch, 즉 잠재적인 구매자로 하여금 상품을 사도록 설득하는 홍보 문구나 대본이었다. 마케팅 분야에서는 이것을 '세일즈 카피sales copy'라고 부른다. 나는 이것이 어떻게 작동하며 또 나의 여러 퍼널에서 어떻게 사용할 수 있을지 분석하기 시작했고, 그 세월이 벌써 10년 넘게 흘렀다.

나는 나만의 퍼널을 하나씩 만들 때마다 이것과 비슷한 다른 사람들의 퍼널 수십 개를 분석했다. 또 다른 사람들의 판매 영상을 보고 녹취록을 만든 다음 읽고 또 읽으면서 효과적인 패턴을 찾았다. 다른 사람의 퍼널을 분석하면 할수록 그리고 다른 사람의 카피를 읽으면 읽을수록, 그 패턴들은 선명하게 드러났다. 그 결과 반복해서 사용할 수 있는 '퍼널 스크립트' 모음을 만들게 되었다. 내가 실제로 판매하는 제품에 끼워넣는 방식으로 사용한 이 스크립트들을 3부에서 따로 정리하여 쉽고 빠르게 참조할 수 있도록 했다. 여기서 소개하는 스크립트는 2부에서 배웠던 여러 퍼널에서 사용하는 핵심 스크립트다.

본격적으로 살펴보기 전에 한 가지 당부하고 싶은 사항이 있다. 여기서 다루는 스크립트들을 글자 그대로의 스크립트가 아니라 하나의 프레임워크 역할을 하는 것으로 인식하라는 것이다. 당신은 자기만의 스토리와 '매력적인 캐릭터' 그리고 메시지를 그 프레임워크 안에 조직해 넣어야 한다. 이것이야말로 당신의 퍼널이 성공을 거두는 비결이다. 당신의 고객과 잠재고객이 당신의 웹사이트를 다시 찾고 당신의 가치 사다리에서 한층 더 높은 곳으로 계속 올라가게 만드는 것은 오로지 하나, 당신의 개성이다.

사전, 리드 퍼널 스크립트

'호기심에 기반을 둔
헤드라인' 스크립트

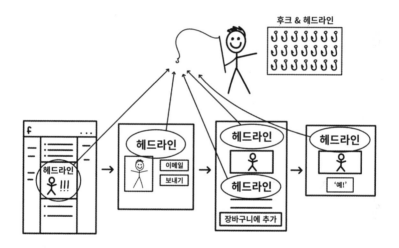

도표 18-1 헤드라인 쓰기에 통달하는 것은 성공의 필수 요소다. 광고, 랜딩 페이지, 판매 페이지, 상향판매 페이지 등 모든 상황에서 헤드라인을 써야 하기 때문이다.

모든 퍼널 스크립트 가운데 가장 중요하지만 그에 걸맞은 평가를 받지 못하는 것부터 살펴보자. 바로 헤드라인이다. 생각해보라. 광고와 랜딩 페이지에는 항상 헤드라인이 있다. 이메일을 보낼 때도 헤드라인에 해당하는 제목이 달려서 발송된다. 판매 페이지에서도 마찬가지다. 여기에는 보통 여러 개의 헤드라인과 서브 헤드라인이 있게 마련이다. 상향판매 페이지, 하향판매 페이지, 감사 페이지, 블로그 게시물, 기사 등에서도 마찬가지다.

이처럼 헤드라인의 중요성과 필요성이 작지 않기 때문에 나는 이 개정판을 쓰면서 짐 에드워즈에게 그가 좋아하는 헤드라인 스크립트를 다루는 이 장을 써달라고 부탁했다. 나의 친구이자 동업자인 짐은 이 책의 스크립트를 가지고 누구나 자신의 퍼널에 쓸 수 있도록 하는 놀라운 소프트웨어를 만들어낸 인물이다. 그는 아마존부터 이메일, 페이스북 광고 등 상상할 수 있는 거의 모든 판매 상황을 아우르는 스크립트를 추가로 만들기도 했다.

짐 에드워즈가 설명하는 헤드라인 스크립트

(지금부터 '비밀-18'은 짐 에드워드가 설명한다.)

누구든 이렇게 물을 수 있다.

헤드라인이 정말 중요합니까? 굳이 거기에 신경을 쓸 필요가 있습니까? 헤드라인을 읽는 사람이 있기나 합니까? 제품이나 서비스가 훌륭할 것, 이게 정말 중요하지 않습니까?

이 질문에 대답하기 전에 먼저 내가 집에서 5000킬로미터는 떨어진 캘리포니아로 날아가 부동산 중개업자들에게 강의를 했던 이야기를 잠깐 하겠다. 어느 부동산 물권 보험사가 오렌지 카운티에 있는 자신의 VIP 고객들에게 직접 반응 광고를 가르쳐달라며 나를 부른 자리였다. 그 회사의 영업부 책임자는 내 강의를 들을 사람들이 아주 똑똑하긴 하지만 거친 사람들이라고 일러줬다. 그들은 쉽게 감동받지 않으며 외지인이 와서 어떻게 사업을 해야 하는지 알려준답시며 이러쿵저러쿵 잘난 체하는 걸 달갑지 않게 여긴다고 했다. 이 말에 내가 겁을 먹었다면 과장이겠지만,

어쨌거나 그 사람들의 관심을 사로잡으려면 괜찮은 후크가 필요하겠다는 생각은 했다.

강의하기로 한 날 아침에 나는 호텔의 선물 가게에 들러서 《LA 타임스》 한 부를 샀다. 그리고 강의할 장소로 택시를 타고 이동하면서 신문 기사들의 제목(헤드라인)을 살펴보았다. 바로 그때 한 가지 생각이 갑자기 머리에 떠올랐다! 어떻게 하면 그 사람들의 관심을 사로잡고, 그들에게 중요한 교훈을 가르칠 수 있을지 좋은 생각이 떠오른 것이다.

강의할 곳의 사무실에 도착하자 나는 곧바로 책임자에게 덕트테이프나 마스킹테이프가 있는지 물었다. 그러자 그 사람은 책상에서 커다란 덕트테이프를 꺼내서 건네주었다. (그때 나는 그 직원에게 덕트테이프를 왜 가지고 있는지 묻지 않았다. 그저 그것은 운명이려니 생각했다.) 나는 강의를 할 회의실로 가서 '거친' 청중들을 맞을 준비를 했다. 강의가 시작될 때까지 10분 동안 나는 《LA 타임스》 1면에 있는 모든 헤드라인을 덕트테이프로 가렸다. 그런데 그 광고들 가운데는 내 강의를 들을 사람들이 속한 회사의 전면광고도 있었는데, 거기에는 아무것도 가리지 않았다.

참석자들이 들어와서 자리에 앉기 시작했는데 풍기는 분위기를 보니 영업부 책임자가 경고했던 말이 무슨 뜻인지 알 것 같았다. 그 사람들은 감동이나 감명을 쉽게 받을 사람들이 분명 아니었다. 강의가 시작되자 나는 내가 누구인지 그리고 무슨 내용으로 강의할 것인지 긴 서설을 늘어놓지 않고 대뜸 신문을 들어 보이며 물었다.

"여기에 뭐가 빠져 있습니까?"

그러자 모두가 한목소리로 대답했다.

"헤드라인!"

"내가 헤드라인을 가린 게 왜 문제가 됩니까?"

그러자 그들은 이렇게 말했다.

"그 기사들이 무슨 내용을 다루는지 알 수가 없잖소!"

"그게 왜 중요합니까?"

"헤드라인이 없으면 우리가 기사에 관심이 있는지 없는지 알 수가 없잖소!"

"아, 그거 말이 되네요. 헤드라인이 없으면 우리가 이 콘텐츠에 관심이 있는지 없는지 모른다……. 그렇다면 헤드라인이 없으면 콘텐츠는 아무 쓸모가 없다는 뜻이네요, 맞습니까?"

"예!"

다들 크게 고함을 질렀다. 그때 나는 같은 신문의 뒷면에 있는 그들 회사의 광고를 보여주면서 이렇게 물었다.

"그럼 이 광고에는 무엇이 빠져 있습니까?"

그러자 한 사람이 고함을 질렀다.

"우리가 그걸 어떻게 압니까? 거기는 아무것도 가리지 않았잖소!"

그 대답을 듣고 나는 딱 한마디로 핵심을 찔렀다.

"그겁니다."

그리고 약 10초 동안 침묵이 이어졌다. 바늘이 떨어지는 소리조차도 들릴 정도로 완벽한 침묵이었다. 이 상황을 의도적으로 조장한 나조차도 불편함을 느낄 정도였다. 그 침묵을 깨고 나는 말했다.

"이 광고에는 헤드라인이 없어서 나는 아무것도 가리지 않았습니다. 헤드라인이 없으니 사람들이 이 광고를 흥미롭게 여길지 혹은 그렇지 않을지 어떻게 알겠습니까?"

그렇게 강의가 시작되었고 하루 일정이 끝났을 때 관리자는 나에게 그날 강의가 자기들이 받은 교육 가운데서 가장 충격적인 교육이었다고 말했다. 또 자기가 관리하는 부동산 중개업자들이 그날처럼 광고문 작성이나 직접 반응 마케팅 기술을 열심히 배우려는 모습을 본 것도 처음이라고 말했다. 그들은 헤드라인이 얼마나 중요한지 이해했고, 그 결과 그들의 인생과 사업은 완전히 달라졌다.

세일즈 카피를 작성할 때 사람들 대부분은 맨 나중에 덧붙이면 된다는 생각으로 헤드라인 작성을 미룬다. 그러나 이것은 아주 커다란 실수다. 이유는 간단하다. 최고의 세일즈 카피를 써서 세계에서 가장 훌륭한 제품으로 포장해낼 수 있다 해도, 헤드라인이 쓰레기 수준이라면 많이 팔리지 않기 때문이다.

반대로 만약 당신이 정말 멋진 헤드라인을 가지고 있다고 치자. 당신이 꿈에 그리는 고객의 발길을 멈추게 하고 그들의 시선을 사로잡으며 당신의 제품이 마치 천상에서 내려온 선물이라도 되는 것처럼 사람들이 반갑게 맞이할 무대를 만드는 그런 헤드라인을 가지고 있다면 어떨까? 당신의 세일즈 카피가 아무리 형편없다고 하더라도, 나쁜 헤드라인을 가지고 있는 경우보다 그 제품을 훨씬 더 많이 팔 수 있을 것이다.

이유는 정말 간단하다. 좋은 헤드라인일수록 보다 더 많은 사람이 하던 일을 멈추고 당신이 제시하는 메시지를 읽게 만들기 때문이다. 그것은 마치 야구에서의 타자와 마찬가지다. 타자가 타석에 많이 설수록 이 타자가 치는 안타는 많아진다. 타율이 형편없을 수도 있지만 배트를 충분히 제대로 휘두르기만 하면 조만간에 멋진 안타를 뽑아낼 수 있다.

당신은 세계 최고의 타자일 수도 있다. 그러나 타석에 서지 못하면 (즉, 당신의 헤드라인이 엉망진창이라면) 절대로 공을 제대로 맞힐 수 없다. 멋진 헤드라인만 가지고 있으면 당신은 벤치를 벗어나지 못하는 다른 선수들을 능가할 수 있다. 헤드라인이 나쁘다는 건 영원히 후보 선수 신세를 면하지 못한다는 뜻이다. 헤드라인이 좋다는 것은 당신이 팀에서 최악의 선수일지라도 후보 선수 신세는 아니라는 뜻이다!

많은 사람이 헤드라인에 대해서 잘못 알고 있다. 그들은 헤드라인이 상품을 사게 만든다고 생각한다. 하지만 그렇지 않다. 헤드라인의 가장 큰 목적은 최적의 잠재고객이 자기가 하던 일을 멈추고 관심을 갖게 만드는 것이다. 당신의 스토리와 세일즈 메시지에 젖어들게 만들며, 그들을 당신의 세일즈 카피에서 다음 단계로 넘어가게 만드는 것이다.

- **광고에서** 좋은 헤드라인은 사람들이 멈춰서서 광고를 읽은 다음에 랜딩 페이지를 클릭하게 만든다.
- **실제 퍼널 페이지에서** 좋은 헤드라인은 사람들을 멈춰서게 하고, 호기심과 더 알고 싶나는 욕구를 불러일으키며, 세일즈 카피의 다음 단계(예를 들면 세일즈 영상을 보거나 세일즈레터의 처음 몇 단락을 읽는 것)로 넘어가게 한다.
- **이메일에서** 좋은 헤드라인은 이메일을 열도록 유도하는 제목이다.
- **영상에서** 좋은 헤드라인은 사람들이 다음에 나오는 문장에 호기심을 갖게 만드는, 맨 처음에 나오는 문장이다.

헤드라인을 어디에서 사용하든 간에, 헤드라인의 기능은 **판매가 아니다**! 헤드라인이 하는 역할은 잠재고객이 하던 일을 **멈추고** 호기심을 가지게 해서 다음 단계로 매끄럽게 넘어가도록 유도하는 것이다. 헤드라인에서는 호기심이 핵심이다!

○ **의문형 헤드라인**: 호기심을 유발하는 **빠른** 방법은 목표 잠재고객이 진정으로 바라거나 혹은 진정으로 피하고 싶은 것에 대해 질문하는 것이다.
- (고통pain이) 없다면 당신의 (바람desire은) 무엇인가?
- 당신은 (고통이) 걱정스러운가?
- 당신은 이제 (고통과) 싸우는 일을 멈춰야 할 때가 아닌가?
- 당신은 어떤 (바람을) 가지고 있지 않아서 지겹고 지치지 않았는가?
- 당신은 충분히 많은 (바람을) 가지고 있는가?
- 당신은 성공한 (바람직한 어떤 사람)이 되고 싶은가?

• 당신이 진정한 (바람을) 실현할 때가 되지 않았는가?

지금부터는 광고에서, 특히 경쟁이 치열한 시장의 광고에서 헤드라인이 왜 그렇게 중요한지 살펴보자. 만약 당신이 어떤 헤드라인의 광고를 다른 헤드라인의 광고보다 두 배 더 많은 사람이 클릭하게 할 수 있다면, 당신은 두 배의 수익을 올릴 것이다. 이건 아주 간단한 산수다. 광고를 클릭해서 당신의 세일즈 퍼널로 들어오는 방문자의 수가 두 배로 늘어나면 당신의 매출액은 두 배로 늘어난다.

또한 두 배나 많은 사람이 광고를 클릭하고 당신의 세일즈 퍼널로 들어와서 세일즈 카피를 읽게 할 수 있다면, 트래픽(방문자) 유도 비용을 **절반**으로 줄이는 셈이 된다! 만약 500명이 당신의 세일즈 카피를 읽도록 하는 데 1000달러를 쓴다면, 당신은 한 사람당 2달러를 지출하는 셈이다. 그런데 광고를 클릭하는 사람의 수를 두 배로 늘린다면 그 비용은 1인당 1달러로 떨어진다.

하지만 진짜 중요한 사실은 여기서부터 시작된다. 당신이 판매하는 제품의 가격이 1000달러이고 제품 하나를 팔 때마다 900달러를 광고비로 지출한다고 치자. 그러면 제품 하나를 팔 때마다 수익은 100달러씩 발생한다. 그런데 광고를 클릭하는 사람의 수를 두 배로 늘린다면 수익은 두 배로 늘지만 광고비 지출은 늘어나지 않는다. 그래서 이 경우에는 수익은 100달러가 아니라 1100달러가 된다.(매출 2000달러 - 광고 900달러 = 수익 1100달러) 그러니까 광고 클릭 수가 두 배로 늘어날 때 수익은 두 배가 아니라 열 배 넘게 늘어나는 셈이다!

바로 이것이 헤드라인의 힘이다. 그런데 문제는 어떤 헤드라인이 가장 좋을지 수많은 테스트를 해보기 전까지는 정말 제대로 된 헤드라인이 무엇인지 알 수 없다는 것이다. 좋은 헤드라인을 빠른 속도로 여러 개 작성하려면 미리 만들어둔 스크립트를 사용할 필요가 있다. 누구의 도움도 받지 않고 오로지 자기 손으로만 좋은 헤드라인을 만들겠다는 것은 깜깜한 금광에서 손전등 하나 없이 무턱대고 달려드는 것이나 마찬가지다. 바로 그 자리에 황금이 있다는 건 틀림없는 사실인데 그 황금이 눈에 보이지 않는다. 이래가지고는 눈에 보이지 않는 것이다. 이런 상황에서는 황금을 코앞에 두고 평생을 어둠 속에서 헤맬 수밖에 없다.

헤드라인 스크립트는 금광 안에서 번쩍이는 심광이다. 스크립트야말로 세일즈 퍼널을 통해서 최대한 빨리 돈을 벌 수 있는 열쇠다.

헤드라인은 다양한 형태와 크기로 나타난다. 헤드라인이 얼마나 길어야 하는지, 어떻게 표현해야 하는지, 따옴표로 묶어야 하는지 말아야 하는지, 심지어 글자색이 무슨 색이어야 하는지 등에 대해서는 사람마다 의견이 다르다! 그러니 이미 검증된 템플릿과 스크립트를 모범으로 삼아서 모델링해야 한다. 그 외에 내가 줄 수 있는 가장 도움될 만한 조언은 당신의 헤드라인이 표적으로 삼는 고객이 어떤 사람들인지 파악하라는 것이다.

러셀은 일찍이 유진 슈워츠의 발상을 토대로 웹페이지 방문자를 온도로 구분했다. 러셀의 개념에 따르면, 뜨거운 방문자는 제품에 대해서도, 또 당신에 대해서도 잘 안다. 반면에 따뜻한 방문자는 자기가 안고 있는 문제의 해결책이 어딘가에 있다는 건 알지만, 아직 당신의 제품에 대해서는 아는 게 없다. 그리고 차가운 방문자는 자기가 문제를 안고 있다는 사실조차 알지 못한다.

제각기 다른 유형의 방문자를 동일한 랜딩 페이지로 보내지 않는 것은 일반적인 규칙이다. 각각의 유형을 상대로 상품 판매 대화를 시작하려면 해당 온도에 맞는 헤드라인이 필요하다.

o **뜨거운 방문자를 위한 헤드라인:** 여기에서는 당신의 이름과 제품을 헤드라인에 언급할 수 있다. 예를 들면 다음과 같다.

- 드디어! (제품이나 서비스의 이름)이 당신에게 (엄청나게 좋은 결과)를 아무런 (고통 없이) 오늘 당장 안겨주는 비밀을 확인하라!
- (제품이나 서비스의 이름)이 당신에게 (엄청나게 좋은 결과)를 안겨주는 비밀이다!
- 이 무료 영상을 보고 (기본 주제)와 관련해서 (제품이나 서비스의 이름)이 당신에게 말도 안 되는 이득을 안겨주는지 보라!
- 이것은 진짜다! (제품이나 서비스의 이름)을 사용하면 당신도 (특정 기간) 안에 (엄청나게 좋은 결과)를 해낼 수 있다!
- (제품이나 서비스의 이름)으로 (엄청나게 좋은 결과)를 누려라!

○ **따뜻한 방문자를 위한 헤드라인:** 그들이 찾는 이득에 대해서 말한다.
  - 아무런 (고통) 없이 얼마나 쉽게 (엄청나게 좋은 결과)를 누릴 수 있는지 확인하라!
  - (엄청나게 좋은 결과)를 바라지만 엄두를 내지 못했던 (표적 대상)을 위한 제품!
  - 아무런 (고통) 없이 자동으로 (엄청나게 좋은 결과)를 보장하는 비밀!
  - (엄청나게 좋은 결과)를 보장하는 가장 쉬운 선택!
  - 당신과 같은 (표적 대상)이 (특정 기간) 안에 (엄청나게 좋은 결과)를 얻는 방법!
  - 아무런 (고통) 없이 (엄청나게 좋은 결과)를 얻는 비법에 관한 진실

○ **차가운 방문자를 위한 헤드라인:** 그들이 안고 있는 문제를 이용해서 마음을 사로잡는다.
  - (고통)이 당신을 멈춰서게 내버려두지 마라!
  - 이 계획을 따르기만 하면 (기본 주제)에 대해서는 웃을 수 있다

- (표적 대상)이 (고통)을 지우는 방법
- 전문적인 (표적 대상)이 (기본 주제)의 문제를 안고 있을 때 해야 할 일이 바로 이것이다
- 당신의 인생에서 (고통)을 제거하는 방법, 보장한다!

'뜨겁다, 따뜻하다, 차갑다'는 좋은 출발점이다. 그러나 이 온도 구분은 반드시 따라야 하는 철의 규율이 아니다. 헤드라인의 목적은 적절한 잠재고객의 관심을 사로잡고(후크) 그들이 하던 일을 멈추고 더 많은 것을 알고 싶도록 호기심을 느끼게 하며, 다음에 이어질 것(즉 세일즈 카피/스토리의 나머지 부분)에 대비해서 미리 프레임워크를 짜는 것이다. 결국 사람들은 자신이 바라는 걸 충족하거나 자기의 문제를 해결하기 위해 무언가를 구매하는데(강한 정서적 충격의 차원인 경우가 많다), 100명이면 99명에서 헤드라인이 구매 대화buying conversation의 출발점이 된다.

○ 호기심 유발 헤드라인: 때로는 다음에서 소개하는 것들처럼 옛날 방식으로 호기심을 유발하는 헤드라인이 여러분의 인생과 사업을 완전히 바꾸어놓을 수 있다. 그런데 이런 헤드라인의 가장 큰 문제는 사람들이 자기가 원하는 것이 무엇인지 모르는 경우가 있다는 것이다. 그러므로 만약 당신의 헤드라인이 어떤 커다란 보상을 사람들에게 약속한다면, 당신은 승자가 된다.
- 당신의 (바람이) 30분 뒤에 이루어진다고 상상해보라
- 지금 당신의 (기본 주제)가 성공하지 못하게 막는 것은 당신 자신일 수 있다……
- 이것을 읽지 않고서는 당신의 (바람)은 꿈도 꾸지 말라!
- 경쟁자들은 당신이 모르길 바라는 (기본 주제)의 진실이 여기 있다

사실 헤드라인을 작성할 때 정서적인 충격을 한껏 높이고 싶다면 (방문자의 온도와 상관없이) 반드시 주목해야 할 세 가지 중요한 영역이 있다.

- 그들이 만족시키고 싶어 하는 선명한 바람/욕구
- 그들이 진정으로 해결하고 싶은 힘든 문제
- 그들이 회피하거나 없애고 싶어 하는, 끈질기거나 격렬한 고통

마지막으로 주의할 사항은 결국 당신이 헤드라인을 쓸 때 반드시 경청해야 할 것은 당신이 만든 세일즈 카피를 보고서 지갑을 열 것인지 말 것인지 결정하는 사람의 의견이다. 왜 그런지 정확히 보여주는 이야기가 하나 있다.

2000년대 초였고 나는 〈당신이 원하는 모든 것을 얻는 다섯 단계Five Steps to Getting Anything You Want〉라는 제목의 CD를 냈다. 두 장짜리 이 CD 세트는 실제 존재하는 것이든, 정신적인 것이든, 혹은 재정적인 것이든 간에 당신이 상상할 수 있는 모든 것을 구현할 수 있는 실용적인 시스템을 다룬다. 우리는 MP3 플레이어가 등장하기 훨씬 전에 스튜디오에서 많은 시간과 녹음 비용을 들여 하나의 제품을 만들었다. 나는 그 제품에 금전적으로나 정서적으로나 크게 매여 있었다. 마치 내 영혼의 일부를 사람들에게 나누어준다는 느낌이었다.

그 제품을 출시하는 날이 다가왔고 준비되었다고 생각했다. 나는 세일즈 카피를 만들고, 다수의 사용 후기를 확보했으며, 사람들이 이 제품을 사야만 하는 근거를 정리했다. 그 제품 출시에 나의 많은 것이 걸려 있었다. 이 제품이 출시되는 판은 내가 온라인 마케팅의 잔뼈를 키워왔던 곳이며 온라인 마케팅의 '빅 리그'이기도 했다.

나는 이메일을 정성껏 작성해서 내 이메일 주소록에 있는 사람들에게 발송했다. 내가 보낸 이메일을 읽은 사람들이 나의 세일즈 퍼널로 들어

오게 만드는 것이 이메일의 목적이었다. 그때 나는 놀라운 제품으로 내가 바꾸어놓을 수많은 사람의 인생을 상상하면서 한껏 흥분해 있었다. 드디어 방문자들이 랜딩 페이지에 나타나기 시작했고, 나는 장바구니 페이지에서 '새로고침' 버튼을 계속 눌렀다. 이제 곧 주문이 마구 쏟아져 들어오리라고 생각했다.

방문자가 100명이 왔다…… 그런데 아무도 사지 않았다.

방문자가 200명이 되었다…… 그래도 아무도 사지 않았다. 어떻게 된 걸까? (장바구니를 확인해봤지만, 모든 것이 정상적으로 작동하고 있었다.)

방문자가 300명이 되었다…… 여전히 아무도 사지 않았다. 내 이메일 주소록은 방대하지 않았고, 이제 곧 올 사람은 다 왔을 시점이 되었지만 판매는 일어나지 않고 있었다. 그때 이런 생각이 들었다.

이로써 나의 온라인 경력은 끝나고 마는구나! 이걸로는 안 돼! 다른 일자리를 알아봐야 할 것 같아!

나는 심호흡을 크게 한 번 했다.

그리고 나 자신에게 '위대한 마케터나 카피라이터라면 이런 상황에서 어떻게 할까?'라는 질문을 던졌다. 이 질문이 좋은 질문이었음은 분명하다. 왜냐하면 그날 곧바로 나를 구해주는 답을 얻었고, 또 내가 그때까지 해왔던 그 어떤 것보다 더 많은 돈을 벌 수 있는 원칙을 깨우쳤으니까 말이다. 내가 얻은 답은 간단했다.

"훌륭한 마케터나 카피라이터라면 다른 헤드라인들을 시험할 것이다……. 지금 바로!"

내가 작성했던 애초의 헤드라인은 "나는 어떻게 해서 쓰레기 더미에서 현금 더미로 갈 수 있었을까?"였는데, 쓸 때만 해도 정말 대단한 헤드라인이라고 생각했다. (그러나 그 헤드라인을 마음에 들어한 사람은 나뿐이었다. 바로 거기에 뼈아픈 교훈이 놓여 있었다. 내 경험에 비추어보자면, 내가 정말 좋다고 생각하는 헤드라인이 실제로 효과가 있었던 경우는 드물었다. 제대로 작동하는 헤드라인은 **언제나 표적 대상을 상대로 해서, 내가** 아니라 그들이 관심을 가질 만한 것을 정서적인 차원에서 언급하는 헤드라인이었다.)

그래서 다른 헤드라인을 최대한 빨리 시도했다. 그게 정확히 무엇이었는지는 기억나지 않는다. 다만 헤드라인을 바꾸고 나서 3분쯤 지난 뒤부터 사람들이 내 제품을 사기 시작했다는 것만큼은 분명히 기억한다. (얼마나 다행이었던가!) 그런데 많은 판매자들이 거기에서 멈춘다. 그러고는 이렇게 말한다.

"드디어 사람들이 내 물건을 사기 시작했어. 내가 안고 있던 문제가 이제 해결됐어. 계속 이렇게 나아가야지. 내가 생각하기에는 이 헤드라인이 최고는 아니지만, 그래도 지금까지 쓴 것 중에는 가장 좋아."

하지만 나는 거기에서 멈추지 않았다. 훨씬 더 잘할 수 있겠다는 생각이 들었다. 그래서 다른 사이트에서 잘 먹혔던 헤드라인을 모범으로 삼아서 응용했다. 최근에 그곳에서 내가 돈을 내고 물건을 샀기 때문에 그 헤드라인이 효과가 있음을 잘 알았다. (어쨌거나 그것은 위대한 교훈이다. 어떤 사이트의 세일즈 카피가 나의 관심을 사로잡고 내가 상품을 구매하게 만들었다면, 그것은 좋은 카피이고 관심을 기울여서 연구할 가치가 있는 카피다.) 그 특별한 헤드라인은 '검색엔진 전쟁에서 나만 편파적인 이익을 누리는 방법'이었다. 그래서 나는 그 헤드라인을 모방해서 '사업과 인생에서 나만 편파적인 이익을 누리는 방법'으로 바꾸었다.

나는 헤드라인 말고는 아무것도 바꾸지 않았다. 그런데 5분 만에 추가 매출이 다섯 건 발생했다. 두 번째 헤드라인에 비해서 500퍼센트 상승한 셈이었고, 단 하나도 팔지 못했던 첫 번째 헤드라인에 비하면 무한대 상승이었다.

매출에서의 이런 커다란 변화가 어째서 헤드라인 때문에 나타날까? 거기에는 두 가지 이유가 있다.

- 새로 만든 두 가지 헤드라인은 내가 아니라 잠재고객을 대변하는 것이었다.
- 마지막 세 번째 헤드라인은 독특한 방식으로 잠재고객의 호기심을 자극했다. ('편파적인 이익'이 인생에서 갖는 의미는 개인마다 모두 다르다.)

여기에 커다란 교훈이 있다. 헤드라인을 만들 때는 (혹은 어떤 세일즈 카피를 만들 때든 간에) 고객과 관련된 헤드라인을 만들어야 하며, 이미 효과가 입증된 템플릿이나 스크립트를 사용해서 헤드라인을 만드는 과정을 간결하게 줄여야 한다는 것이다.

나는 처음 만들었던 잘못된 헤드라인을 고집하면서 몇 주, 어쩌면 몇 달이나 깜깜한 어둠 속에서 헤맬 수도 있었다. 그러나 이미 효과가 입증된 스크립트를 활용하겠다고 마음먹고 나서는 채 1분도 걸리지 않아서 효과가 보장되는 헤드라인을 만들 수 있었다.

'누가 무엇을 왜 어떻게' 스크립트

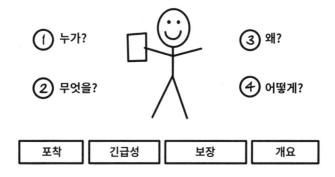

① 누가?　　　　③ 왜?

② 무엇을?　　　④ 어떻게?

| 포착 | 긴급성 | 보장 | 개요 |

도표 19-1 이 스크립트의 사용처에 대한 보다 많은 정보는 다음을 참조하라. '비밀-8 리드 '스퀴즈' 퍼널', '비밀-11 책 퍼널', '비밀-12 장바구니 퍼널', '비밀-15 웨비나 퍼널', '비밀-16 제품 출신 퍼널'.

'누가 무엇을 왜 어떻게' 스크립트는 단순한데다 명칭 때문에 이해하기 쉽다. 당신이 늘 사용하게 될 스크립트이기도 하다. 나는 이 스크립트를 날마다 사용한다. 영상 광고와 텍스트 광고 모두에서 사용하며, 사람들이 링크를 클릭해 세일즈 퍼널로 들어오게 하고, 랜딩 페이지에서 내가 제안한 프로그램에 참여하게 하거나 웨비나에 등록하도록 할 때 쓴다. 책 퍼널이나 장바구니 퍼널에서 저가 제품을 판매할 때도 사용한다.

스크립트의 구조

이 스크립트는 기본적인 네 가지 질문에 답한 후 빠른 CTA(실행요청 버튼)로 넘어간다.

질문-1 당신은 누구인가? 이 스크립트는 보통 차가운 방문자를 대상으로 하는 가치 사다리의 초입에서 사용된다. 이 영상을 보거나 문자 정보를 읽는 사람 대부분에게 이 지점은 당신을 처음으로 대하는 곳이다. 그러므로 당신은 자기 소개를 빠르게 해야 한다.

> 안녕하십니까. 나는 러셀 브런슨이고, 클릭퍼널스의 공동창업자입니다.

질문-2 사람들은 무엇을 필요로 하는가? 여기에서는 방문자의 마음을 단시간에 사로잡고 당신의 제안을 소개해야 한다.

> 지난 5년 동안 10만 명이 넘는 기업가가 번듯한 퍼널 하나를 마련하지 못해서 결국 자기 웹사이트를 망치고 말았습니다. 나는 오늘 당신에게 클릭퍼널스 2주 접속권을 무료로 제공하려고 합니다. 이 기회를 이용해서 당신만의 첫 번째 퍼널을 무료로 만들어 보세요!

질문-3 사람들은 왜 그것을 필요로 하는가? 여기에서는 당신의 제안이 필요한 이유를 이해시켜야 한다. PAS^Problem·Agitate·Solve(문제·자극·해결)라는 오래된 카피라이팅 공식이 있는데, 여기에서 나는 이 공식을 자주 사용한다. 나는 사람들이 문제를 묘사할 때 사용하는 것과 동일한 단어들을 사용해서 문제를 제기하고, 이 문제를 새삼스럽게 헤집어서 자극함으로써 우리의 제안이 해결책으로 떠오르게 만든다.

- **문제:** 당신의 웹사이트가 바라는 만큼 방문자를 만들어내지 못하고 또 매출을 발생시키지도 못한다는 것을 나는 잘 압니다.
- **자극:** 사람들은 수천 달러를 들여서 웹사이트를 만들지만, 그런 웹사이트는 대부분 겉만 번지르르할 뿐 실질적으로는 아무것도 하지 않고 있으나마나입니다.
- **해결:** 바로 이것이 당신에게 클릭퍼널스 2주 무료 이용권을 제공하는 이유입니다. 이 기회를 이용해서 당신은 방문자를 끌어당기고 매출을 발생시키는 번듯한 세일즈 퍼널을 만들 수 있습니다. 굳이 수천 달러를 들이지 않아도 됩니다. 무료 이용권으로도 방문자를 끌어당기고 매출을 발생시킬 수 있습니다. 지금 시작하세요!

질문-4 사람들은 이 제안을 어떻게 받아들일 수 있을까? 여기에서는 방금 제시한 제안에 접근하려면 어떻게 해야 하는지 정확하게 일러줘야 한다.

아래에 있는 링크를 클릭하세요. 혹은 클릭퍼널스닷컴에 접속해서 지금 바로 무료 이용을 시작하세요!

이것이 '누가 무엇을 왜 어떻게' 스크립트의 핵심 부분이다. 무료 치아세척, 무료 보고서, 무료 웨비나 등을 제공하는 경우에도 동일한 프로세스를 적용하면 된다.

내 경우에는 여기서 스크립트의 효과를 더욱 증폭하기 위해 다음 네 가지 요소를 추가해서 전환율을 높이곤 한다.

○ **숨은 의도:** 이런 멋진 거래 제안을 하는 의도를 사람들에게 설명하는 것이다. 사람들은 당신의 제안에는 분명 어떤 의도가 숨어 있다고 생

각하게 마련이다. 그러므로 논점을 회피하지 말고, 숨은 의도가 있다면 그게 무엇인지 알려주는 것이 좋다.

당신은 내가 이 무료 이용권을 주는 이유가 뭔지 궁금할 것입니다. 그 이유는, 당신의 첫 번째 퍼널이 활성화되어 최소 비용으로도 당신의 웹사이트에 많은 방문자가 몰려들면, 당신은 클릭퍼널스에서 떠나고 싶은 마음이 들지 않을 테고, 그러면 나는 당신을 평생 고객으로 모실 수 있기 때문입니다.

○ **긴급성과 희소성**: 당신의 제안 속에 조직해 넣을 수 있는 긴급성과 희소성의 진정한 요소는 무엇인가?

이번 주에 무료 이용권을 받는 분께는 우리가 가장 자주 사용하는 리드 퍼널 템플릿 10개를 추가 증정합니다. 방문자를 잠재고객으로 전환하는 데 유용하다는 사실이 입증된 템플릿들입니다. 기억하세요! 금요일 자정 이전에 등록하면 이 템플릿들이 무료입니다. 그 이후에도 무료 이용권은 계속 사용할 수 있지만 무료 템플릿은 받을 수 없습니다.

○ **보장**: 제품을 주문함으로써 발생할 수 있는 위험을 최소화해야 한다.

어떤 이유에서든 간에, 날마다 클릭퍼널스를 이용하는 10만 명의 기업가들과 다르게 클릭퍼널스와 더는 함께하지 않겠다고 결정한다면 곧바로 알려주십시오. 당신의 계정은 즉시 취소되며 번거로운 일은 없을 것입니다. 로그인 후 간단히 취소 버튼을 누르기만 해도 계정 삭제가 가능합니다. 하지만 만일 클릭퍼널스와 여전히 함께하고 싶다면 그냥 회원으로 남으면 됩니다!

○ **개요 말하기**: 자신이 무엇을 얻게 되는지 상기시켜야 한다.

클릭퍼널스닷컴에서 또는 아래에 있는 링크를 클릭해서 클릭퍼널스 2주 무료 이용권을 받으십시오. 금요일 자정 이전에 계정을 만들면 리드 퍼널 템플릿 10개도 함께 **무료로 드린다는** 사실, 잊지 마세요!

언박싱 퍼널 스크립트

'스타, 스토리, 솔루션' 스크립트

도표 20-1 이 스크립트의 사용처에 대한 보다 더 많은 정보는 '비밀-14'를 참조하라.

'스타, 스토리, 솔루션' 스크립트의 개념을 발명한 사람은 내가 아니다. 식품 보조제 판매로 23개월 동안 1억 달러를 번 빈스 제임스Vince James를 만나 인터뷰하면서 나는 이 말을 처음 들었다. 그가 백만장자가 되기까 지의 여정을 기록한 『12개월 백만장자The 12-Month Millionaire』는 내가 가장 좋아하는 책 중 하나다.

인터뷰에서 빈스는 어떤 제품을 판매할 때든 늘 사용하는 스크립트가 있다고 했다. 그런데 듣고 보니 이 스크립트의 공식은 너무나 간단했다! 우선 스타가 필요하다. (이 책을 여기까지 읽은 사람은 알겠지만, 이 '스타'를 나는 '매력적인 캐릭터'라고 부른다.) 그다음에는 문제를 자극하는 스토리가 필요하며, 마지막으로는 솔루션(당신이 소비자에게 제시하는 제안)이 나와야 한다.

이건 정말로 강력한 포맷이다. 내가 이 스크립트의 각 부분을 모아서 하나로 조직하는 방법을 알기까지 10년 가까운 시간이 걸렸다. 잠재고객이 각 부분을 통과하도록 이끄는 방법을 파악한 뒤에야 비로소 나의 고객 회사들과 수백 명의 고객이 반복해서 사용할 수 있는 프레임워크를 만들 수 있었다. 이 프레임워크는 텍스트 형식이든 영상 형식이든 세일즈레터 모두에 효과가 있었다. 영상 형식에서 이 스크립트는 보통 20~30분 길이이며, 일반적으로 저가 제품이지만 (제품을 설명하거나 우리 제안을 보기 전에 그들이 가지고 있는 잘못된 믿음을 깨뜨리는 목적의) 상대적으로 긴 프레젠테이션이 필요한 제품을 판매할 때 사용된다. 우리는 이 스크립트를 100달러 이하의 낮은 가격대 제품을 판매할 때 사용한다.

다른 모든 스크립트와 마찬가지로 '스타, 스토리, 솔루션' 스크립트 역시 하나의 프레임워크다. 그러므로 그 단어들이 담고 있는 뜻 그대로 사용해서는 안 된다. 이 스크립트를 생동감 넘치게 만들려면 자신의 '매력적인 캐릭터'와 스토리 그리고 제안을 생동감 있고 솜씨 좋게 엮어야 한다. 그렇다면 지금부터 이 스크립트를 스타, 스토리, 솔루션의 세 가지 영역에서 살펴보자.

첫 번째 영역: 스타

○ **패턴 깨기 혹은 후크:** 이 영역은 보통 잠재고객의 눈에 가장 먼저 띈다. 여기에서는 잠재고객의 관심을 사로잡아서 현재 그가 놓여 있는 환경이나 활동에서 벗어나게 한 다음에 그를 당신의 세일즈 카피나 스토리로 끌어당기는 것이 중요하다. 여기에서 내가 자주 사용하는 후크는, 프레젠테이션을 위해 만들었던 호기심 기반 헤드라인을 본떠서 만든 것이

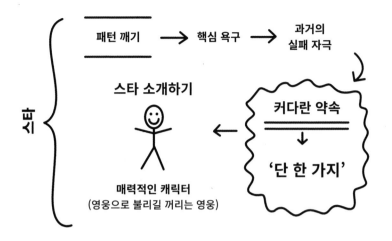

도표 20-2　이 스크립트의 첫 번째 부분은 '매력적인 캐릭터'를 '스타'로 소개한다.

다. 내 경우에는 이 후크를 패턴을 깨는 도구로 사용하고 그들이 프레젠테이션을 통해서 배우게 될 것과 관련된 커다란 약속을 한다. 나는 순환고리가 시작되는 지점의 문을 열고 그 안으로 들어간다.

> 이 프레젠테이션에서 하루 1만 7947달러를 벌어다주는 나의 기묘한 틈새 퍼널을 소개하고, 이것을 단 10분 안에 파악하는 방법도 설명하려고 합니다. 하지만 그 전에 몇 가지 질문에 대한 답이 필요합니다.

○ **핵심 욕구 질문:** 이제 그들의 관심을 사로잡았으니 그들의 핵심 욕망에 대한 질문을 던져야 한다. 이 질문들은 그들이 토론하고 싶은 주제, 즉 성취하길 바라는 결과들에 초점을 맞추게 만든다. 재택근무하는 방법을 다루는 상품을 팔 때 나는 다음과 같이 핵심 욕구에 대한 질문을 던졌다.

> 재택근무를 하고 싶었던 적이 있습니까? 자기 회사를 가지고 있습니까?

사람들이 당신의 제품이나 서비스와 관련된 핵심 욕구에 대해 생각할 때 이런 질문들은 마음속으로 '예!'라고 대답할 수밖에 없게 만든다.

○ **과거 실패 자극:** 일부러 시간을 내어 당신이 보낸 세일즈레터를 읽는 잠재고객을 상상해보라. 이 사람이 자기 문제를 해결하려고 하는 게 이번이 처음이 아닐 가능성이 높다. 그러니 그 사람이 안고 있는 문제를 적극적으로 부각해야 한다.

당신이 파는 제품이나 서비스를 사는 사람의 구매 이유는 무엇일까? 모든 구매의 목적은 자신의 핵심 욕구들 가운데 하나를 충족하는 것에 있다. 그러므로 그 욕구가 무엇인지 알면 잠재고객을 이 스크립트 안으로 끌어들이기는 어렵지 않다.

ㅇ **커다란 약속/단 한 가지**: 당신이 제공할 수 있는 커다란 약속을 소개한다. 잠재고객이 안고 있는 문제를 해결하는 데 도움을 주고자 한다면, 그들은 당신의 이런 노력에 걸맞은 대가를 기꺼이 치르려 할 것이다. 자, 당신이 사람들에게 해줄 수 있는 커다란 약속은 무엇인가?

> 이 영상을 끝까지 보고 나면, 모든 것이 완전히 바뀔 겁니다. 그 변화가 무엇인지 당신에게 명명백백히 보여드리겠습니다! [당신에게 드리는 나의 커다란 약속은 _____입니다!]

ㅇ **스타 소개하기**: 커다란 약속을 소개한 뒤에 곧바로 스토리의 주인공(스타)인 '매력적인 캐릭터'를 소개한다. 그다음에는 이 스크립트의 두 번째 영역으로 넘어가서 그 사람의 스토리를 들려준다.

두 번째 영역: 스토리

이번에는 세일즈레터의 두 번째 부분이다. 이제 '매력적인 캐릭터'의 스토리로 넘어간다. 만약 자기만의 '연속극 시퀀스'를 이미 써두었다면 이 부분이 낯설지 않을 것이다.

ㅇ **긴박한 사건**: 어떤 스토리를 들려줄 때는 긴박한 사건에서부터 시작하는 게 좋다. 보통 하나의 이야기에서 시작 부분은 지루하기 때문에 전체 내용에서 긴장이 가장 고조되는 흥미진진한 부분이 어디인지 파악한 다음에 거기에서부터 이야기를 시작해야 한다. 이런 식으로 사람들의 관심을 사로잡은 뒤에, 다시 과거로 돌아가 거기까지 오는 과정에 어떤 일이 있었는지 세부적인 사항들을 배경 이야기를 통해서 들려준다.

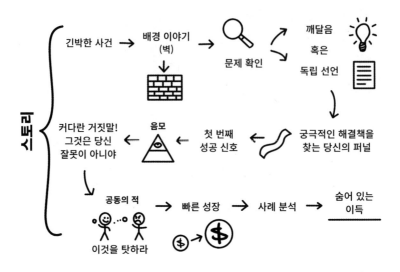

도표 20-3 이 스크립트의 두 번째 부분에서는 잠재고객이 안고 있는 문제를 자극하는 스토리를 들려준다.

책상 아래에서 기어 나와 간신히 수화기를 들었을 때는 책상에 머리를 찧을 뻔했습니다.

"여보세요?"

수화기 너머로 낯선 사람이 고함을 질러댔습니다.

"당신 도대체 뭐 하자는 거야!"

영문을 알 수 없었습니다.

"여섯 시간 동안 당신 IP 주소에서 발송했다는 스팸 신고를 서른 건 넘게 받았다고! 러셀, 당신은 짜증 나는 스팸 투척기야, 지금 당장 인터넷 끊어버릴 거니까 그렇게 알아!"

"예?"

도무지 무슨 말인지 알 수 없었습니다.

전화를 끊으면서 기분이 착잡했습니다. 결혼한 지 이제 겨우 한 달 반인데, 나 때문에 인터넷이 끊긴다는 사실을 아내에게 어떻게 설명해야 하나……

이 이야기가 사람들의 관심을 어떻게 사로잡는지 알겠는가? 나에게 그렇게 전화를 한 사람이 누구인지 또 그 사람이 왜 나를 스팸메일 발송자라고 불렀는지 당신도 궁금할 것이다. 자, 이렇게 사람들의 관심을 사로잡은 덕분에 그런 일이 일어난 배경에 대해 좀 더 많은 시간을 들여서 차분하게 이야기할 수 있다.

○ 배경 이야기(벽): 그다음에는 긴박한 사건이 일어나기까지의 배경 이야기를 해야 한다. 당신이나 당신의 '매력적인 캐릭터'는 어떻게 해서 그런 상황에 놓였을까? 주인공이 마침내 심각한 난관에 봉착했다는 사실이 중요하다. 그런데 잠재고객이 놓여 있는 상황이 바로 그런 상황이다. 그들은 아마도 온라인 사업으로 돈을 벌려고, 혹은 살을 빼려고, 아니면 당신이 약속하는 희망적인 결과를 성취하려고 노력해왔을 것이다. 그러나 안타깝게도 그들은 자기가 바라는 결과를 얻을 것 같지 않다. 희망이 보이지 않는다.

어떻게 된 일이냐 하면, 여섯 시간 전에 저는 이메일 마케터로서의 새로운 일을 '공식적으로' 시작했습니다.
……아니, 그렇게 생각만 했던 것일지도 모릅니다.
저는 거의 1년 동안 온라인 마케팅을 배우려고 노력했고, 온라인 마케터라면 반드시 확보해야 하는 중요한 것이 무엇인지 사람들이 하는 이야기를 귀담아 들었습니다.
그것은 바로 자기만의 이메일 주소록을 확보하라는 것이었습니다.
맞는 말 같았습니다.
그래서 간단히 계산을 해봤습니다. 만일 제가 50달러 가격의 어떤 제품을 팔고 있고, ○○만 명의 이메일 주소를 알고 있다고 칩시다. 그러면 제가 이메일 주소를 확보한 사람들 가운데 1퍼센트만 저의 제품을 구매해도 나

○ **문제가 무엇인지 확인한다**: 이제는 고객이 맞닥뜨린 문제의 정체를 드러내야 한다. 당신의 '매력적인 캐릭터'가 난관에 봉착한 이유를 알려줘야 한다. 그 난관은 잠재고객이 현재 맞닥뜨린 문제이기도 한데, 그렇기 때문에 '매력적인 캐릭터'의 문제를 잠재고객의 문제와 가깝게 연관 지을수록 좋다.

○ **깨달음 혹은 독립 선언**: 일단 '매력적인 캐릭터'가 문제를 포착하고 나면, 대개 얼마 지나지 않아서 자신의 행동이나 사고방식을 크게 바꾸기로 결정한다. 예를 들어 당신의 '매력적인 캐릭터'가 온라인에서 돈을 벌려면 이메일 주소록을 확보해야 한다는 깨달음을 얻을 수 있다. 혹은 살을 빼려면 식습관을 완전히 바꿔야 한다는 깨달음일 수도 있다.

• **깨달음의 사례**: 무엇을 해야 할지 곰곰이 생각했는데, 문득 떠오른 생각이……

• **독립 선언의 사례**: 저는 해답이 무엇인지 알고 있었습니다만, 그렇게

하고 싶지 않았습니다. 하지만 바로 그때, 저를 바꾸어야겠다는 결심을 했습니다. 그래서 저는……

○ **궁극적인 해결책을 찾아 나서는 퍼널**: 잠재고객을 당신이 준비한 여정으로 데리고 가라. 당신이나 '매력적인 캐릭터'가 성공을 거두기 전에 시도했던 여러 가지 것들을 묘사해보라. 단, 그 이야기는 잠재고객이 당신의 스토리 안에서 당신이 약속하는 결과를 얻기 위해 시도했거나 하고 있는 것들과 비슷해야 한다.

제가 맨 처음 시도한 것은 _____이었습니다. 그러나 제가 발견한 문제는 _____이었습니다. 그래서 저는 _____을 시도했습니다. 그러나 아무 효과도 없는 것 같았습니다. 그런데……

○ **성공의 첫 번째 신호**: 이제 잠재고객은 당신의 여정 안에서 성공의 어떤 조짐을 처음으로 얼핏 보게 된다. 이것은 당신이 궁극적으로 발견했던 것이기도 하다.

마침내 제가 _____을 처음으로 시도했을 때입니다. 어떻게 되었느냐고요? 드디어 결과가 나오기 시작했습니다!

○ **음모**: 처음부터 모든 것이 당신에게 불리하게 설정되어 있었다는 깨달음을 당신이 어떻게 얻었는지 사람들에게 보여주라. 당신의 잠재고객은 아마도 지금 모든 것이 자기에게 불리하게 되어 있다고 굳게 믿고 있을 것이다. 그러므로 당신은 '매력적인 캐릭터'의 스토리를 통해서 그로 인한 두려움을 깨끗하게 씻어줄 필요가 있다.

바로 그때 저는 그게 제 잘못이 아님을 깨달았습니다! 그 오랜 세월의 모든 실패는 사실 _____ 때문이었습니다. 제가 그토록 힘들었던 것도 어쩌면 당연한 일이었습니다!

○ **커다란 거짓말**: 잠재고객이 지금까지 성공하지 못한 게 본인의 잘못 때문이 아닌 이유를 설명해야 한다.

여러 해 동안 그 사람들은 저에게 _____라고 말했습니다. 그리고 마침내 그게 사실이 아님을 깨달았을 때 저는 그 실패의 고리를 끊고 제가 마땅히 누릴 자격이 있는 결과를 얻었습니다.

○ **공공의 적**: 이들은 '매력적인 캐릭터'가 성공을 거두지 못하도록 커다란 거짓말로 방해한 책임이 있다.

진정한 문제는 _____입니다. 이들은 당신과 제가 _____하지 못하도록 가로막고 있었습니다.

○ **빠른 성장**: 이제는 진실을 깨달은 '매력적인 캐릭터'가 얼마나 빠르게 성장했는지 보여줘야 한다.

제가 _____을 깨달은 순간부터 우리는 엄청나게 빠른 속도로 _____하기 시작했습니다.

○ **사례 분석**: 당신이나 당신의 '매력적인 캐릭터' 스토리와 비슷한 성공을 거둔 다른 사람들의 사례를 강조해서 소개하라.

> 그런데 저만 그런 게 아니었습니다. 예를 들어 _____가 어떻게 했는지 살펴보십시오.

○ 숨어 있는 이득: 당신이 사람들에게 소개하는 제품이나 발견에서 예전에는 기대도 하지 않았던 이득이 발생한다는 사실을 설명해야 한다.

> 처음 시작할 때 저는 그것이 _____할 뿐 아니라 _____하고 또 _____할 줄은 생각도 하지 못했습니다.

세 번째 영역: 솔루션(해결책)

이제는 그 모든 것을 하나로 묶어서 잠재고객이 설득될 수 있도록 멋지고 깔끔하게 선전 문구를 포장해야 한다.

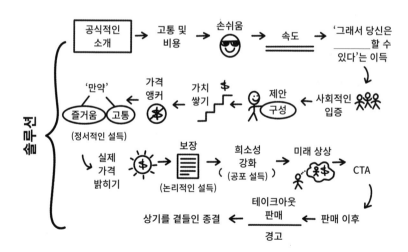

도표 20-4 이 스크립트의 세 번째 부분은 당신이 제시하는 제안이야말로 잠재고객의 문제를 해결하는 솔루션이라고 소개한다.

○ **공식적인 소개**: 제안을 소개한다.

> 이것이 바로 내가 _____을 만든 이유입니다.

○ **고통 및 비용**: 당신이 그 제품을 만들기 위해서 감당해야 했던 것들을 들려주라.

> 이것을 만들기까지 _____이라는 시간과 _____이라는 비용이 들었습니다. 그러나 충분히 그럴 만한 가치가 있었습니다. 왜냐하면 지금 당신은, 이 해결책을 찾기 위해서 내가 들였던 그 모든 시간과 비용을 들이지 않고도 그 해결책을 사용할 수 있으니까 말입니다.

○ **손쉬움**: 당신이 많은 고통과 비용을 감당해야만 했지만, 이제는 당신이 힘들게 닦아놓은 길을 따라서 사람들이 손쉽게 동일한 결과를 얻을 수 있게 되었다는 사실을 강조하라.

> 이 제안을 하기까지 나는 숱한 고통을 감내해야 했기에, 이제 당신은 내가 겪었던 그 고통을 경험하지 않아도 됩니다! 당신은 이제 훨씬 더 쉽게 갈 수 있습니다!

○ **속도**: 그 제품 덕분에 당신이 얼마나 많은 시간을 절약했는지 설명하라.

> 예전에는 시간이 _____이나 걸렸지만, 지금은 이 제품 덕분에 _____밖에 걸리지 않습니다.

○ '그래서 당신은 _____할 수 있다'의 이득: 여기서는 '그래서 당신은 ____할 수 있다'는 문구를 동원해서 해당 제품의 기능이 가져다주는 이득을 설명한다. 많은 판매자가 제품의 기능을 소리 높여 설명하지만, 실제 현실에서 사람들은 제품의 기능이 아니라 그 기능이 가져다주는 이득을 보고 구매 판단을 한다. 각각의 기능 뒤에 '그래서 당신은 ____할 수 있다'는 문구를 추가하면 해당 기능을 통해 얻을 수 있는 이득을 사람들이 쉽게 깨달을 수 있다.

> 잠자는 동안 지방을 태우기 때문에 운동하지 않고도 살을 뺄 수 있습니다. 이메일 주소록을 자동화로 업데이트하면 사업에 한층 더 집중할 수 있습니다.

○ 사회적인 입증: 여기에서는 당신이 제시하는 제품이나 서비스로 성공을 거둔 사람이 당신만이 아니며, 다른 많은 사람도 그 상품으로 성공을 거두었음을 보여주어야 한다.

> 이 제품을 사용한 사람들의 후기를 확인해보세요.

○ 제안 구성 및 가치 쌓기: 당신의 제안을 받아들일 때 얻을 수 있는 이득을 하나도 빼놓지 말고 모두 설명하라. 비밀-22에서 설명하는 '완벽한 웨비나' 스크립트의 '스택 슬라이드Stack Slide' 방식을 추천한다. 어떤 제안을 제시하는 데는 최고의 방법이다.

○ 가격 앵커: 해당 제안의 총가치를 설명하라. 이 총가치는 실제 가격의 최소 10배는 되어야 한다. 만약 그렇지 않다면, 제안에 보다 더 많은 것들을 추가하라.

> 이 제안을 받아들일 때 당신이 얻는 총가치는 _____달러입니다.

○ **정서적 설득('만약')**: 나는 사람들이 방금 공유한 제안을 가치 있는 제안이라고 믿게 하고 싶다. 우리는 '만약'이라는 문구를 사용하여 이렇게 묻는다. "만약 이 모든 것이 _____라면, 제값을 하기에 충분한 가치가 있지 않을까?" 나는 그 사람들에게서 '예'라는 대답을 이끌어내고, 그 사람들은 나의 제안이 내가 매긴 가격의 값어치를 한다는 점에 무의식적으로 동의한다.

> 만약 이 모든 것이 당신이 꿈꾸던 집을 제공하는 것이라면, 충분히 가치 있지 않을까요?
> 만약 이 모든 것이 당신의 상사를 해고하는 것이라면, 충분히 가치 있지 않을까요?

○ **실제 가격 드러내기**: 여기에서는 가격을 깎아서 제시하고, 가격을 내리는 이유가 무엇인지도 설명한다.

> 나는 이 제품의 가치인 _____달러로 가격을 매길 생각은 없습니다.
> 심지어 나는 당신이 예상하는 _____달러라는 가격에 이 제품을 판매할 생각도 전혀 없습니다.
> 지금 바로 구매한다면 이 제품을 특별가 _____달러에 드립니다.

○ **보장(논리적 설득)**: 이제 사람들이 가격을 알았으니, 해당 상품을 구매한 뒤에 부담해야 할지도 모르는 위험을 제거해야 한다. 이 사람들의 논리적인 생각에 호소하는 보장을 제안한다.

나는 당신이 이 제안을 있는 그대로 받아들이기를 바라며 내가 한 말에 책임을 지겠습니다. 구매 후 30일 동안 전액 환불을 보장하겠습니다. 어떤 이유로든 간에 이 제안의 결과가 마음에 들지 않는다면 연락 주십시오. 100퍼센트 환불해드리겠습니다.

○ **긴급성과 희소성 강화**(공포 설득): 잠재고객에게 지금 바로 구매해야만 하는 이유를 제시한다.

그러나 지금 당장 행동해야 합니다. 왜냐하면 _____이기 때문입니다.

○ **미래 상상**: 당신의 제품이나 서비스를 구매한 뒤에 누리게 될 생활이 얼마나 멋질지 상상하게 만들라.

이런 결과가 나타나기 시작할 때 당신의 인생이 얼마나 멋지게 바뀔지 상상해보십시오.

○ **CTA**(실행요청 버튼): 구매를 하려면 어떻게 해야 하는지 알려준다. 아울러 그다음에는 어떻게 일이 진행되는지도 안내한다.

지금 아래의 버튼을 클릭하면 '안전하게 주문하기'로 이동합니다. 이 페이지에서 신용카드 정보를 입력하면 안전회원 영역으로 이동하여 _____을 내려받을 수 있습니다.

○ **판매 이후**: 구매를 마친 사람에게는 서두르지 않으면 다른 사람들에게 뒤처질지 모른다는 느낌이 들도록 만든다.

등록을 마치면 주문과 동시에 자기 계정을 만들 수 있는 페이지로 이동합니다. 회원 페이지로 이동한 다음 가장 먼저 _____을 진행해주세요.

∘ 테이크아웃 판매 혹은 경고: 구매자는 결정을 내릴 필요가 있는데, 그들이 주문을 하든, 하지 않든 당신에게는 중요하지 않다는 점을 설명한다.

지금 바로 등록하지 않아도 좋습니다.
당신이 우리 팀에 합류하지 않아도 늘 그렇듯 우리는 재정적인 목표를 달성할 수 있으리라는 확신을 갖고 매일의 사업 활동을 해나갈 것입니다.
하지만 우리의 도움을 받지 않는다면 당신은 늘 필요 이상으로 힘들게 노력해야 할 것입니다.
불편한 말씀이라면 죄송합니다. 그러나 이것이 사실이라는 점에는 동의하시리라 생각합니다.

∘ 리마인드와 함께 종결하기: 이것은 해당 페이지를 훑어보고 지나가는 사람들을 위한 요약이며, 모든 사람에게 해당 제안 내용을 상기시키는 것이기도 하다.

오늘 이 제품을 구매하는 사람에게는 추가로 _____을 제공합니다. [제안 내용을 추가한다]

'단 한 번의 제안ᴼᵀᴼ' 스크립트

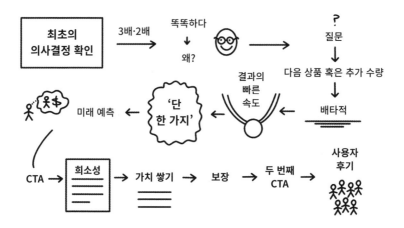

도표 21-1 이 스크립트를 '단 한 번의 제안'에서 사용할 수 있다. 이 스크립트의 사용법과 관련해서 한층 더 많은 것을 알고 싶으면 '비밀-11 책 퍼널'을 참조하라.

과거에 나는 '단 한 번의 제안ᴼᵀᴼ' 판매 영상에서 큰 실수를 한 적이 있다. 그 바람에 그 뒤로 전환율이 줄곧 정말 낮은 수준으로 유지되었다. 그때 나는 '스타, 스토리, 솔루션' 스크립트를 다시 한번 훑어보고는, 사람들이 상향구매를 하도록 할 필요가 있겠다고 생각했다. 그래서 상향판매 영상들을 20~30분 길이로 조정했으며, 사람들에게 새로운 스토리를 들려주면서 추가 상향구매를 유도했다.

그러던 어느 날이었다. 지인이던 팀 어웨이가 내가 팔던 제품 중 하나를 샀다. 그런데 팀은 나의 세일즈 퍼널을 속속들이 돌아본 뒤에 페이스북으로 나에게 메시지를 보냈다.

"세일즈 퍼널에서 전환이 잘 돼?"(여기서 '전환'은 고객이 가치 사다리의 한층 더 높은 곳에 있는 상품을 구매한다는 뜻이다 - 옮긴이)

그리고 몇 초 뒤에 이렇게 물었다.

"상향판매로의 전환이 원활하지 않지? 그렇지?"

"어떻게 알았어?"

"하하, 딱 보면 알지! 네가 상향판매의 기본적인 것에서 실수했기 때문에 그래. 너는 고객이 너한테서 구매해야 하는 이유를 설명하려고 했어. 그런데 그들은 이미 네 상품을 샀던 사람들이잖아. 너에게 이미 '예'라고 대답했던 사람들이란 말이야. 그러니까 그냥 한 번 더 '예'라고 말하도록 설득하기만 하면 돼. 그렇게 하려면 스크립트가 훨씬 더 짧고 간단해야지."

그러고는 자신의 상향판매 퍼널 몇 가지를 보여주었다. 그제야 내가 무슨 실수를 했는지 알아차렸다. 나는 곧바로 12개가 넘는 나의 세일즈 퍼널로 들어가서, 모든 상향판매 영상을 새로운 OTO 스크립트로 다시 제작했다. 그러자 미미하기만 하던 전환율이 하룻밤 사이에 두 자리 숫자로 바뀌었다!

이 스크립트는 초기 구매 결정이 끝난 다음부터 시작된다. 곧바로 고객이 원하는 결과를 달성하는 데 더 많은 도움이 될 제안을 하고, 고객이 다시 한번 '예'라고 대답하도록 설득하는 데 초점을 맞추는 것이다. 이때 고객에게 제안할 상품은 앞서 판매한 제품의 종류에 따라서 달라진다. 예컨대 정보 제품을 판매했다면, 상향판매에서는 고객이 이 제품을 받은 다음에 발생할 문제를 해결하는 데 도움이 될 만한 제품이나 서비스를 팔아야 한다.

예를 들어 세일즈 퍼널 만드는 방법을 설명하는 책을 판매한다고 치자. 이 책을 산 사람이라면 세일즈 퍼널 개념이 필요하다는 걸 알았을 것이다. 그러니 이 사람에게 다음으로 제시할 만한 논리적인 제안은 퍼널 소프트웨어 제품이나 새로운 퍼널로 방문자를 끌어당기는 방법에 대한 교육 과정이 될 것이다. 만약 물리적인 제품을 판매한다면, 앞서 장바구니 퍼널을 다룰 때 설명했던 것처럼 동일한 제품을 할인 가격으로 판매하는 것이 가능하다.

이 OTO 영상의 길이는 보통 3분에서 5분 정도이지만, 27달러에서 997달러, 또는 그 이상 가격대의 제품에서 효과가 있을 것이다

스크립트의 구조

○ **최초의 의사결정 확인:** 고객이 내린 최초의 구매 결정을 강화해서 구매자가 혹시라도 할 수 있는 후회를 잠재우는 것이 중요하다. 특히 이 단계에서는 '열린 순환고리open loop'를 유지해야 한다. 우리는 보통 상향 판매 제안을 하기 전에 '감사합니다. 주문이 완료되었습니다'라고 말하곤 하는데, 이는 판매의 순환고리를 닫아버리는 말이다. 이 말을 듣는(보는) 잠재고객은 머릿속으로 '나의 쇼핑이 끝났구나'라고 생각할 것이고, 따라서 두 번째 상품 구매를 시작하는 건 심리적으로 어려운 상태가 된다. 그런데 우리가 인사말을 '잠깐! 당신의 주문은 아직 끝나지 않았습니다'로 바꾸자, 판매의 순환고리가 열린 상태로 유지되었고, 그 결과 전환율도 높아졌다. 이유가 뭘까? 고객이 자기도 모르게 다른 상품을 구매할 가능성에 마음을 열어두었기 때문이다.

_____을 구매해주셔서 감사합니다! 하지만 아직 이 창을 닫지 마세요!

주문이 아직 끝나지 않았습니다.

○ **똑똑하다 → 왜**: 최초의 구매 결정에 대해 구매자에게 훌륭한 결정을 내렸다고 이유와 함께 말하라.

훌륭한 선택입니다! 왜냐하면 _____입니다.
혹은,
당신은 _____을 원했기 때문에 이 제품을 주문하셨는데, 이 제품이야말로 목적에 딱 맞는 것입니다.

○ **질문(다음 상품 혹은 추가 수량)**: 여기에서는 제품의 유형을 토대로 다음 차례 당신이 제시할 상품에 대해 묻거나, 혹은 동일한 상품을 할인 가격으로 추가 주문할지 묻는다.

• **정보 제품**: 질문을 하나 드리겠습니다. 당신이 _____을 구매하셨는데, 많은 사람들이 _____에 대해서 나에게 묻습니다.
• **물리적인 제품**: 질문을 하나 드리겠습니다. 동일한 제품_____을 대폭 할인된 가격에 추가로 구매할 의향이 있습니까?

○ **배타적**: 이 OTO가 모든 사람을 위한 제안은 아니라는 점과 그 이유를 안내하라.

모든 분께 이 제안을 드리는 것이 아닙니다. 지금 이 제안을 드리는 이유는 당신이 _____(최초의 제안)이 어떤 결과를 가져올지 곧바로 알아보고 빠르게 행동하는 고객이기 때문입니다. 따라서 특별히 지금만 주문 가능한 '단 한 번의 제안OTO'을 드리려고 합니다.

○ **결과의 빠른 속도**: 이 OTO는 더 나은 결과를 더 빠르게 제공함으로써 고객의 첫 번째 구매를 보완할 것이라고 설명하라.

> 지금 제안하는 상품은 고객이 _____[고객이 바라는 결과]를 재빨리 얻을 수 있도록 돕는 상품입니다.

○ **'단 한 가지'**: 당신의 제품에서 구매자가 성공이라는 목표를 달성하는 데 관건이 되는 '단 한 가지'를 찾아야 한다. 이렇게 하기가 쉽지 않은데, 왜냐하면 판매자는 대개 자기 상품 제안의 모든 것을 설명하고 싶은 유혹을 떨쳐내지 못하기 때문이다. 하지만 이렇게 했다가는 판매를 망치고 만다. 그래서 **가장** 가치 있고 최고의 결과를 안겨줄 '단 한 가지' 요소를 파악할 필요가 있다. 예를 들어보자. '완벽한 웨비나'의 OTO 세일즈 퍼널에 있는 영상들의 재생 시간을 모두 합하면 24시간이 넘는다. 그러나 나는 구매자들이 배우게 될 모든 것을 말하지 않고 단 한 가지에만 초점을 맞춘다. 그것은 바로 '스택'을 가르치는 특별한 영상이다. 이 영상에서 나는 그것이 무엇인지, 나에게 돈을 얼마나 벌어주는지, 얻는 결과가 무엇인지, 그리고 구매자가 이 '단 한 가지'에서 어떤 유형의 결과를 기대하는지에만 초점을 맞춘다.

> 저에게는 _____라는 또 다른 제품이 있습니다. 이 제품 안에 포함된 전략들을 하나씩 모두 살펴볼 시간은 없지만 그 가운데 하나는 신속함을 추구하는 당신에게 안성맞춤의 결과를 안겨줄 _____입니다. 이 전략이 무엇이고 어떤 도움을 줄지 간단하게 설명하면 다음과 같습니다. [설명] 잊지 마십시오. 이것은 제품에 포함된 수많은 전략 가운데 '단 한 가지'일 뿐입니다. 다른 것들도 모두 설명할 시간이 있으면 좋겠습니다만, 안타깝네요!

o **미래 상상**: 구매자가 자기 목적을 한층 빠르고 쉽게 달성하는 상황을 상상하게 만들라.

> _____['단 한 가지']가 있다면 당신의 인생이 어떤 모습일지 상상할 수 있겠습니까?

o **CTA(실행요청 버튼)**: 구매자에게 이 특별 제안을 주문하는 방법을 안내한다.

> 지금 바로 아래의 버튼을 클릭해서 _____을 주문 내역에 추가하십시오.

o **보장**: 이 주문을 추가할 때 발생할 수 있는 리스크를 최소화하여 구매자가 추가 구매 결과로 마음이 조금도 무거워지지 않도록 한다.

o **가치 쌓기**: 나는 상향판매 영상 및 웹페이지에서 '무료'라는 단어를 가능한 한 많이 쓰려고 한다. 내가 제시한 상품 제안에 들어 있는 모든 조건을 살펴보고, 각각의 것들이 얼마나 멋진지 그리고 구매자가 지금 바로 구매 결정을 내릴 때 얼마나 많은 것을 무료로 챙길 수 있을지 빠른 속도로 말해준다.

> 지금 바로 행동하시면, _____[○○달러 상당]을 무료로 드립니다. 그리고 _____[○○달러 상당]도 무료로 드리고, _____[○○달러 상당]도 무료로 드립니다.

o **희소성**: 지금 당장 구매해야만 하는 근거를 제시하라! 그리고 진짜로 단 한 번만의 제안으로 끝내라.

_____[제품명]은 지금 _____달러에 판매되고 있습니다. 그러나 지금 이 상품을 구매하면 _____달러에 드립니다. 이 단 한 번의 제안은 오직 지금 여기에서만 가능합니다. 이 페이지를 떠나는 순간 그 기회도 사라집니다. 특별한 기회를 놓치지 마세요.

○ 두 번째 CTA: 한 번 더 반복한다.

지금이 바로 구매를 결정할 때입니다. 아래의 버튼을 클릭하여 이 상품을 주문 내역에 추가하십시오.

○ 사용자 후기: 당신의 제품을 사용한 사람들이 올리는 후기를 추가하라. 많으면 많을수록 좋다.

아직도 마음의 결정을 내리지 못하셨나요? 지금 당신과 비슷한 고객들이 올린 사용자 후기 영상을 살펴보세요. 구매를 망설였지만 결국 우리의 제안을 받아들이고 결국 성공을 거머쥔 사람들의 생생한 후기입니다. 이들의 평가를 직접 확인하세요.

프레젠테이션 퍼널 스크립트

'완벽한 웨비나' 스크립트

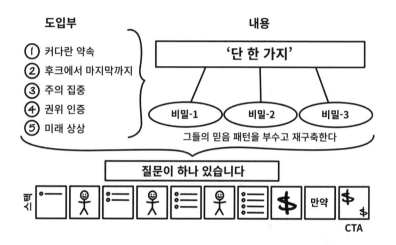

도표 22-1 이 스크립트를 사용하는 곳과 관련해서 보다 많은 정보를 얻고자 할 때는 다음을 참조하라. 프레젠테이션 퍼널 도입부, '비밀-14 영상 세일즈레터 퍼널', '비밀-15 웨비나 퍼널', '비밀-16 제품 출시 퍼널'.

웨비나를 하거나 자동 웨비나를 실행할 때는 '완벽한 웨비나' 스크립트를 사용한다. 『브랜드 설계자』는 내가 가장 자주 사용하는 교본인데, 이 책은 특히 이 스크립트를 심리적으로 깊이 파고든다. 나는 무대에 올라 제품이나 서비스를 판매할 때는 물론 웨비나, 영상 세일즈레터, 제품 출시 영상 시퀀스, 이메일 시퀀스 등에서도 이 스크립트를 사용한다. 최근에 나의 '이너서클' 회원인 제이미 크로스가 자신의 제품 브랜드에 맞게 이 스크립트를 각색해서 짧은 분량의 판매 영상 및 영상 광고를 위한 '5분 완벽한 웨비나' 스크립트를 만들었다. (이 버전의 스크립트는 FunnelScripts.com 소프트웨어에 포함되어 있다.)

이 스크립트를 90분짜리 프레젠테이션에 적용할 때 각 부분에 할당되는 시간은 보통 다음과 같다.

- 도입: 15분
- 내용: 45분
- 스택과 판매 종결: 30분

이 시간은 60분이나 5분으로도 압축할 수 있지만, 압축하더라도 각 부분의 비율은 대체로 비슷하게 유지된다.

지난 10년 동안 나는 세계 곳곳에서 연단에 올라 프레젠테이션과 판매를 했고, 세계 최고의 전문가들에게서 많은 것을 배웠다. 덕분에 이 스크립트는 적어도 12명의 위대한 전문가들에게서 배운 전략들을 담고 있다.

여기에는 많은 내용이 담겨 있는데, 그렇다고 해서 미리 주눅 들 필요는 없다. 결국에는 도입부와 내용 그리고 스택과 판매 종결이라는 세 부분일 뿐이라는 점을 유념하고, 이 책에서 제공하는 스크립트를 사용해서 당신만의 웨비나 내용을 채우기 바란다.

도입부

사람들이 웨비나에 접속하거나 회의실이나 강당에서 프레젠테이션에 참석했을 때 가장 먼저 해야 할 일은 관심을 사로잡는 것이다. 이 스크립트의 첫 번째 부분은 사람들의 관심을 사로잡도록 설계되었다.

도입부

① **커다란 약속**

② **후크에서 마지막까지**

③ **주의 집중**

④ **권위 인증**

⑤ **미래 상상**

도표 22-2 이 스크립트의 도입부는 시청자의 관심을 사로잡아서 앞으로 펼쳐질 장의 토대를 마련한다.

○ **커다란 약속**: 당신이 내거는 커다란 약속이 무엇인지 보여주라. 그 약속은 바로 참석자들이 자기 이름과 이메일 주소를 알려주며 당신의 사이트에 등록하게 만드는 가장 중요한 '단 한 가지'다. 그 약속은 당신이 진행하는 웨비나의 품질을 판단하는 잣대이기도 하다. 만약 이 잣대를 설정하지 않으면, 사람들은 당신이 제시하지 않은 다른 무언가로 웨비나를 평가할 것이다. 60분이라는 주어진 시간 안에 사람들을 휘어잡는 데 필요한 것은 과연 무엇일까?

> 안녕하세요, 저는 러셀 브런슨이고 클릭퍼널스의 창업자입니다. 앞으로 60분 안에 여러분은 '_____ 없이 _____ 하는 방법'에 대한 정확한 전략을 훤히 꿰뚫게 될 것입니다.

○ **후크에서 마지막까지**: 참석자가 웨비나가 끝날 때까지 시종일관 집중할 수밖에 없는 이유를 제시하라. 가장 많이 사용되는 방법으로 무료 사은품 증정이 있다. 무언가 재미있거나 멋진 것을 보여주겠다고 약속할 수도 있다.

절대 잊지 마세요! 웨비나가 끝나면 비밀 링크를 알려드립니다. 제가 오늘 여기에서 보여드리는 모든 스크립트를 내려받을 수 있는 링크입니다. 이 링크를 받으시려면 실시간으로 영상을 보셔야 합니다. 장담컨대 충분히 시간을 들일 가치가 있는 자료입니다!

○ **주의 집중**: 사람들에게 페이스북도 닫고 휴대폰도 끄고 당신에게만 오로지 집중해달라고 말하라. 종이와 연필을 준비해서 중요한 사항을 메모하라고 권하는 것도 하나의 방법이다.

우리 주변에는 주의를 산만하게 하는 것들이 많습니다. 그러나 저는 여러분이 단 하나의 단계도 놓치지 않길 바랍니다. 내가 지금 여러분에게 말씀드리고자 하는 전략은 여러분의 인생을 바꾸어놓을 수도 있습니다. 자신을 위해서 잠시 집중해주세요. 페이스북을 닫으십시오. 이메일 확인도 나중에 하십시오. 아예 휴대폰을 꺼버리세요. 여러분의 모든 주의력을 오로지 저에게만 집중해주십시오.

○ **권위 인증**: 당신이 말하려는 주제에 대해 확실히 발언할 자격이 있는 사람임을 사람들에게 알려주라.

여러분 가운데는 제가 이 주제로 강의할 자격이 있는지 궁금해하실 분들이 분명 계실 겁니다. 제가 어떤 일을 해왔는지 말씀드리면 _____.

○ **미래 상상**: 당신으로부터 비밀을 배우고 나면 자신의 인생이 어떻게 달라질 수 있을지 상상하게 만들라. 미래에 일어날 상황을 매우 구체적으로 묘사하고 오감에 최대한 호소해라.

내용

내용은 웨비나에서 대부분을 차지한다. 45분 정도 이어지는 이 부분에서 당신은 앞에서 했던 커다란 약속을 이행해야 한다. 당신의 목표는 사람들에게 모든 것을 가르치는 것이 아니다. 당신이 가르치는 주제와 관련해서 그 사람들이 가지고 있는 잘못된 믿음을 깨도록 돕고, 그럼으로써 문제를 해결하는 데 도움을 주겠다는 당신의 제안을 기꺼이 받아들이도록 하는 것이 당신의 목표다.

일반적으로 이 부분에서는 사람들에게 '무엇'을 가르치지 '어떻게'를 가르치지 않는다. 그렇기 때문에 프레젠테이션의 내용은 '무엇' 즉 당신만의 독특한 시스템이나 프로세스나 프레임워크에 초점이 맞춰진다. 나는 이것을 '매개체'라고 부른다. 내가 하는 사업에서는 여러 가지 퍼널이 바로 이 매개체다. 사람들은 퍼널을 매개체로 삼아서 자기가 하는 사업

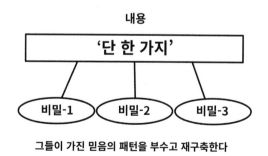

도표 22-3 이 스크립트의 두 번째 부분에서는 도입부에서 했던 커다란 약속을 이행한다.

에서 성공을 거둘 수 있다. 내용 부분 뒤에 이어지는 스택과 판매 종결 부분에서는 제품이나 서비스를 소개하는데, 여기에서 '어떻게'라는 방법(즉 자기 인생에서 실제로 실행할 수 있는 단계별 전술)을 제시해야 한다.

○ '단 한 가지': 내 프레젠테이션은 전체에 걸쳐 사람들이 꼭 이해하면 좋겠다고 생각하는 '단 한 가지'를 중심으로 진행된다. 퍼널에 대해 가르치는 웨비나에서라면 사람들이 믿어 의심치 않으면 좋겠다고 생각하는 '단 한 가지'는 바로 이것이다.

퍼널은 회사를 성장시키는 최고의 방법이다.

만약 이렇게 믿게 만들 수만 있다면, 수많은 사람들이 커다란 도미노가 무너지듯 끊임없이 나를 찾을 것이다. 그래서 나는 프레젠테이션의 첫 부분에서 **내가 어디에서부터 출발해서 지금에 이르렀는지 내 삶의 개인적인 기원**에 대해 들려준다. 나는 내가 만든 시스템이나 프로세스 또는 프레임워크가 그들의 인생을 바꾸어놓을 비밀이라고 믿고 있으며, 바로 그 이야기가 근거가 될 것이다.

최근에 나는 '고가의 시크릿 강좌'를 판매하는 프레젠테이션을 했는데, 헤드라인으로 다음의 스크립트를 사용했다. 이 헤드라인은 내가 사람들이 믿도록 만들어야 하는 '단 한 가지'였으며, 프레젠테이션을 위한 커다란 도미노이기도 했다.

어떻게 하면 당신의 세일즈 퍼널에 고가의 상품 제안을 즉시 추가할 수 있을까! 그것도 사람들에게 개인적으로 일일이 전화를 하지 않고서!

이 제안을 마련하기 위해서 나는 이 분야에서 성공한 다른 전문가들이

고가의 상품을 판매할 때 무엇을 가르치는지 살펴보았다. 그런데 그들은 전화로 사람들을 설득하는 방법을 가르치고 있었다. 하지만 나는 전화 통화를 **무척 싫어하고**, 내 말에 귀를 기울이는 사람들도 대부분 그럴 것이다. 그래서 나는 전화 통화 없이도 고가의 상품을 판매하는 방법을 보여주기로 마음먹었다. 나는 사람들이 그게 가능하다는 걸 믿어주길 바랐고, 믿음을 갖게 된다면 사람들은 그 방법을 제시하는 나의 프로그램을 살 것이다.

나는 프레젠테이션의 첫 번째 부분에서 이런 발상을 제시했다. 또 이것이 나에게 잘 통한다는 사실을 어떻게 발견했는지에 대한 개인적인 이야기도 했다. 당신의 프레젠테이션에서도 마찬가지다. 이런 개인적인 기원 이야기를 한 직후인 바로 이 시점에서 많은 사람이 당신의 제안을 구매하겠다는 마음의 준비를 할 것이다.

○ **세 가지 비밀:** 내 개인적인 기원 이야기와 함께, 왜 이 매개체가 목표를 달성하는 데 필요한 단 한 가지인지 설명한 뒤에는, 사람들이 실제로 구매 행동에 나서는 것을 방해하는 요소가 무엇인지 살펴볼 필요가 있다. 사람들은 보통 다음 세 가지 가운데 하나 이상에 대해서 잘못된 믿음을 가지고 있다.

- **매개체:** 당신이 사람들에게 제시하는 매개체에 대한 잘못된 믿음
- **내면적인 믿음:** 자기 자신에 대한 잘못된 믿음
- **외부적인 믿음:** 자신의 통제 범위 바깥에 있는 것들에 대한 잘못된 믿음

나는 이 커다란 발상('단 한 가지')을 설명한 다음, 위에 나열한 세 가지 잘못된 믿음을 깰 세 개의 비밀을 알려준다.

나의 '고가의 비밀들' 웨비나에는 사람들이 상품을 사게 만들려면 반드시 깨야만 하는 세 가지 믿음 패턴이 들어 있다. 다음에 소개하는 것들은 일반적인 잘못된 믿음들과 이런 발상을 깨기 위해서 내가 고안한 비밀들이다.

비밀-1 매개체에 대한 잘못된 믿음

- **잘못된 믿음을 깬다**: 온라인에서 돈을 버는 최고의 모델은 정보 제품이나 전자상거래 제품이다.
- **새로운 믿음을 구축한다**: 한 달 동안 통상적인 제품을 팔아서 버는 것보다 단 하루에 고가 제품들을 파는 것이 훨씬 더 많은 돈을 벌 수 있다.

비밀-2 내면적인 잘못된 믿음

- **잘못된 믿음을 깬다**: 고가 제품을 팔려면 전화 판매를 해야 한다.
- **새로운 믿음을 구축한다**: 어떤 것을 팔든 간에 개인적인 일 대 일 통화를 고집할 필요가 없다! (사실 나는 전화 통화를 매우 싫어한다!) 직원이 단 두 명밖에 없는 미니 콜센터를 구축해서 판매하는 방법을 전부 가르쳐주겠다.

비밀-3 외면적인 잘못된 믿음

- **잘못된 믿음을 깬다**: 충분한 수익이 보장될 정도로 충분히 많은 방문자를 확보하련 아마도 비용이 많이 들 것이다.
- **새로운 믿음을 구축한다**: 방문자가 조금만 있어도 (예를 들어 하루 클릭 수가 100회만 되어도) 충분히 높은 수익을 올릴 수 있다.

나는 사람들이 가지고 있는 잘못된 믿음 패턴을 깨고 새로운 믿음을 구축하기 위해 스토리를 이용한다. 다른 사람들이 믿는 것을 어떻게 해서 내가 덩달아 믿게 되었는지 이야기를 들려주고, 또 어떤 경험 덕분에 지금은 더 나은 다른 방법이 있다는 걸 알게 되었는지 들려준다. 당신이 사람들에게 이런 이야기를 할 때, 그 사람들 역시 당신이 얻은 것과 똑같은 통찰을 갖게 될 것이고, 그들의 믿음도 바뀔 것이다.

스택 및 판매 종결

프레젠테이션의 내용 부분을 마치면 이제 스택으로 넘어간다. 여기에서는 당신의 제안이 도저히 거부할 수 없는 것이 되도록 만들어야 한다. 이 부분은 강의에서 판매로 넘어가는 것으로 시작한다.

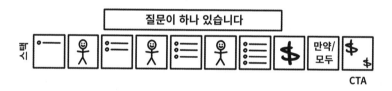

도표 22-4 이 스크립트의 세 번째 부분은 당신이 제시하는 솔루션을 소개하고 당신의 제안을 도저히 거부할 수 없는 것으로 만든다.

○ **질문이 하나 있습니다:** 판매자 대부분은 웨비나에서 상품을 판매할 때 판매 종결로 전환하는 부분을 가장 어려워한다. 이 시점에서 긴장하기 시작하고 목소리에서는 자신감에서 떨어지고 주저하는 느낌이 묻어난다. 내가 발견한 방법인데, 이 전환을 매끄럽게 하는 최고의 방법은 '한 가지 질문을 해도 될까요'라고 한 다음에 이렇게 말하는 것이다.

여러분이 ＿＿＿을(를) 실행하는 데 도움이 되도록 10분 정도 시간을 들여 당신은 자신감을 갖고 판매 종결로 전환해도 된다. 왜냐하면 사람들이 원하는 결과를 얻을 수 있도록 돕는 무언가를 당신이 가지고 있고 이걸 보여주는 것은 당신의 도덕적인 의무이기 때문이다. 전환한 후에는 곧장 당신의 제안이 사람들에게 어떤 도움을 줄 수 있는지 설명하면 된다. 이렇게 해서 판매 단계로 넘어가면 이어서 곧바로 스택을 풀어내면 된다.

○ 스택: 나는 스택stack이라는 이 개념을 비밀 무기로 여긴다. 나는 이를 내 멘토들 가운데 한 명인 아만드 모린Armand Morin에게서 배웠다. 나는 그가 무대에 올라 프레젠테이션으로 청중 가운데 거의 절반을 설득해서 자기 상품을 파는 모습을 보았다. 나는 비결을 알고 싶어서 따로 만나 물었는데, 그때 그가 스택을 설명해주었다. 나는 곧바로 그것을 사용하기 시작했고, 프레젠테이션 청중 가운데 내가 설득해서 상품을 판매한 사람의 비율은 평균 5~10퍼센트에서 30~50퍼센트로 늘어났다. 그러다가 판매 웨비나에서 이것을 사용하기 시작했고, 프레젠테이션을 한 차례씩 할 때마다 내가 벌어들이는 돈은 극적으로 늘어났다. 스택의 효과가 얼마나 좋고 일관적인지, 스택 없이는 판매 프레젠테이션을 할 수 없을 정도까지 되었다.

아만드에 따르면 잠재고객은 판매 종결을 하고 나면 오로지 판매자가 마지막으로 보여준 것만 기억한다. 판매 프레젠테이션은 대부분 핵심적인 제안에 초점을 맞추고, 덤으로 얹어주는 것들에는 그다지 크게 비중을 두지 않는다고 그는 설명한다. 판매 프레젠테이션에서 판매자가 제안을 구성하는 각각의 요소를 개별적으로 보여주면 잠재고객은 자기가 받을 수 있는 모든 것을 다 기억하지 못한다. 그들의 기억에는 판매자가 마지막으로 보여준 항목만 남는다. 그래서 사람들은 판매자가 마지막으로 제시한 보너스 항목의 가치를 전체 제안에 매겨진 가격과 비교한 다음에, 그 가치가 전체 제안의 가격에 비해서 합당하지 않다고 판단할 경우에는 매정하게 돌아선다.

그래서 아만드는 스택 슬라이드stack slide라는 프레젠테이션 슬라이드를 만들었다. 이 슬라이드에서는 제안에 들어 있는 모든 것을 담은 길고 긴 목록을 보여준다. 가장 중요한 것을 먼저 소개한 뒤, 다음으로 두 번째로 중요한 것을 소개하고, 그다음에는 세 번째로 중요한 것을 소개하는 순서로 계속 이어간다. 이때 두 번째로 중요한 것을 보여주면서 해당 제안 내용을 한번 정리하고 넘어간다.

> 그러니까 여러분은 _____을 가지고 또 _____도 가진다는 뜻입니다.

그런 다음에 해당 제안의 다음 구성 요소를 이야기하고 다음 차례의 스택 슬라이드를 공개하지만, 이번에는 처음 언급한 것에서부터 마지막으로 언급한 것까지 세 가지 항목을 모두 제안 목록으로 나열한다.

> 그러니까 여러분은 _____을 가지고 또 _____을 가지고, **여기에다가 또** _____도 가진다는 뜻입니다.

아만드는 이것을 판매 종결 전체 과정에서 계속 반복한다. 그리고 제안의 마지막 항목까지 모두 소개한 뒤에는 최종 스택 슬라이드에서 제안에 포함되는 이 모든 것을 요약해서 보여준다.

마지막으로 아만드는 자기가 제시하는 제안의 가격을 말한다. 그러면 잠재고객은 (그가 언급한 마지막 제안 요소가 아니라) 제안의 전체 스택과 제시된 가격을 비교한다.

전체 스택 슬라이드를 제시한 뒤에 구매자가 받게 될 모든 것의 총 가

원 퍼널 어웨이: 플래티넘 에디션

- **30일 코칭 (러셀, 줄리, 스티븐 강의)**   (1997달러 상당)
- **OFA 도전 키트 (『30일30Days』 도서 포함!)**   (997달러 상당)
- **『닷컴 설계자』 라이브**   (2997달러 상당)
- **『브랜드 설계자』 라이브**   (2997달러 상당)
- **『트래픽 설계자』 라이브**   (2997달러 상당)

총가치 : 1만 1185달러

지금 바로 도전에 참여하기: www.OneFummelAway.com/platinum

DEATH WEBSITE   click funnels

도표 22-5 스택 슬라이드는 제안의 모든 항목을 총가치와 함께 보여준다. 그러므로 이때 구매자로서는 자기가 해당 제안을 구매할 때 얻을 수 있는 모든 것을 확인할 수 있다.

치를 보여주어야 한다. 비록 당신이 부른 첫 번째 가격이 구매자가 실제로 지불할 가격은 아니지만, 일단 잠재고객이 마음속에 그 가격을 각인시켜둘 필요가 있다. (물론 이것은 앵커링 효과anchoring effect를 염두에 둔 것이다.) 이때 '스타, 스토리, 솔루션' 스크립트에서 사용했던 것과 비슷한 '만약' 명제를 동원할 수 있다.

○ **만약:** 프레젠테이션의 이 시점에서 나는 제안의 가치를 높이 쌓아올렸고, 구매자들로부터 내 제안이 내가 실제 요구하는 것만큼의 가치가 있다는 말을 듣고 싶다. 그래서 나는 내 제안을 (배에서 닻anchor을 내리듯) 고정시키고 내가 매긴 가격이 정당하다고 구매자가 받아들일 수 있도록 '만약'이라는 단어를 사용한다. 이 '만약 명제들'은 구매자가 지금의 어려움이나 고통에서 벗어나 만족스러운 상태로 나아가려고 한다는 사실을 상기시키며, 이때 나의 제품 또는 서비스는 구매자들이 그러한 목표를 달성하는 데 도움을 준다.

이 제안은 1만 1185달러의 가치를 가지고 있지만 저는 그 가격으로 책정하지 않겠습니다. 그런데 여기에서 여러분에게 질문을 하나 해볼까요? 만일 내가 그 제안에 1만 1185달러라는 가격을 매긴다고 칩시다. 그 제안은 충분히 가치 있지 않을까요?

- '즐거움을 얻는 데 도움을 준다는 점' 상기시키기.

이 모든 것이 당신이 꿈에 그리던 집을 준다면, 이 제안은 충분히 가치 있지 않을까요?

- '고통에서 벗어나는 데 도움을 준다는 점' 상기시키기.

이 모든 것이 당신의 상사를 해고하는 결과로 이어진다면, 이 제안은 충분히 가치 있지 않을까요?

나는 '만약'이라는 단서를 단 질문을 여러 차례 함으로써 잠재고객이 적어도 세 번에서 다섯 번까지는 마음속으로 '예'라고 대답하게 하려고 한다. 그런 다음에 가격을 할인하는 단계로 넘어간다.

○ **실제 가격 밝히기**: 이제 실제 가격이 얼마인지 말해줄 차례다. 이 가격은 스택 슬라이드를 보여준 뒤에 제시했던 가격보다 훨씬 낮아야 한다.

이 제안은 1만 1185달러의 가치가 있지만 이 가격으로 매기지 않을 겁니다.
저는 4997달러라는 소매가로 가격을 책정하지 않을 겁니다.
여러분은 1997달러라고 생각할지 모르지만, 저는 그 가격을 매길 생각이 전혀 없습니다.

지금 방문해주신 분들께 저는 특별 할인가 _____에 드리고자 합니다.

그리고 바로 그 지점에서 나는 사람들에게 구매 방법을 알려줄 CTA를 제시한다. CTA는 링크를 클릭하는 것이 될 수도 있고, 전화를 거는 것이 될 수도 있고, 혹은 프레젠테이션이 이루어지는 강당의 뒤쪽에 마련된 등록 테이블로 달려가는 것이 될 수노 있다.

이 스크립트에는 잠재고객이 구매자가 될 수 있도록 그들의 감정을 이끌어내고 또 그들의 잘못된 믿음 패턴을 깰 수 있는 다른 많은 장치가 있다. 영상 세일즈레터나 웨비나 또는 제품 출시 등에서 '완벽한 웨비나' 프레젠테이션 스크립트를 작성하고자 한다면 『브랜드 설계자』를 참조하면 된다.

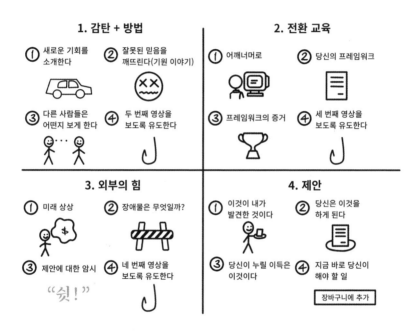

'제품 출시' 스크립트

1. 감탄 + 방법

① 새로운 기회를 소개한다

② 잘못된 믿음을 깨뜨린다(기원 이야기)

③ 다른 사람들은 어떤지 보게 한다

④ 두 번째 영상을 보도록 유도한다

2. 전환 교육

① 어깨너머로

② 당신의 프레임워크

③ 프레임워크의 증거

④ 세 번째 영상을 보도록 유도한다

3. 외부의 힘

① 미래 상상

② 장애물은 무엇일까?

③ 제안에 대한 암시

④ 네 번째 영상을 보도록 유도한다

"쉿!"

4. 제안

① 이것이 내가 발견한 것이다

② 당신은 이것을 하게 된다

③ 당신이 누릴 이득은 이것이다

④ 지금 바로 당신이 해야 할 일

장바구니에 추가

도표 23-1 이 스크립트를 사용하는 곳과 관련한 더 많은 내용은 '비밀-16 제품 출시 퍼널'을 참조하라.

'제품 출시' 스크립트와 '완벽한 웨비나' 스크립트 뒤에서 작동하는 심리는 서로 매우 비슷하다. 제품 출시 퍼널을 설명하면서 언급했듯이, 제프 워커는 이것을 '측면 세일즈레터sideways sales letter'라고 부른다. 나는 항상 네 개의 영상으로 세분되는 웨비나라고 생각한다.

이 스크립트의 원본은 주어진 시간 대부분을 4개의 '제품 출시 스타일' 영상을 만드는 데 집중하는 내 지인들에게서 나온 것이며, 완벽한 웨비나와 다른 점들도 제법 있지만 프레임워크만큼은 매우 비슷하다. 이 스크립트를 '완벽한 웨비나' 스크립트와 비교하면 다음과 같은 유사점이 있다.

- 첫 번째 영상 → 도입부 및 비밀-1
- 두 번째 영상 → 비밀-2
- 세 번째 영상 → 비밀-3
- 네 번째 영상 → 스택 및 판매 종결

지금부터는 각각의 영상에서 다루는 핵심 프레임워크를 자세하게 살펴보자. 이것들은 모두 판매자가 자신만의 스토리와 제안의 개성을 녹여 낼 수 있는 하나의 프레임워크라는 점을 명심해야 한다.

첫 번째 영상: 감탄과 방법

이것은 사람들이 온라인 워크숍에 등록한 뒤에 보게 될 첫 번째 영상이다. 이 영상의 목표는 사람들의 마음을 사로잡고 앞으로 일어날 일들에 들뜨도록 만드는 것이다. 그렇게만 된다면 그 뒤로 계속 이어질 영상들을 간절한 마음으로 기다리게 될 것이다. 만일 그렇지 않다면 이 영상은 그들이 보는 유일한 영상이 되고 만다.

○ 새로운 기회를 소개한다: 최고의 제안은 지금 할 수 있는 것보다 더 나은 무언가를 뜻하는 '개선 제안'이 아니라, 지금과는 완전히 다른 것을

1. 감탄 + 방법

① 새로운 기회를
소개한다

② 잘못된 믿음을
깨뜨린다(기원 이야기)

③ 다른 사람들은
어떤지 보게 한다

④ 두 번째 영상을
보도록 유도한다

도표 23-2 첫 번째 영상의 목적은 사람들의 마음을 사로잡아서 계속 이어질 영상들을 기다리게 만드는 것이다.

제공하는 '새로운 기회'다.

전체 네 개의 영상은 잠재고객이 자기가 가장 원하는 결과를 얻기 위해 사용할 수 있는 '새로운 기회(또는 새로운 매개체)'를 다루어야 한다. 이 영상을 보는 사람들은 살을 빼기 위해서, 돈을 벌기 위해서, 또는 당신의 제품이나 서비스가 제공할 수 있는 모든 것을 누리기 위해서 수십 가지 방법을 이미 시도했을지도 모른다. 그러므로 당신이 준비한 일련의 영상을 통해서 달성해야 할 목표는 당신이 고안한 새로운 기회를 그 사람들에게 제공하는 것이다. 이번 장에서는 '새로운 기회'를 '새로운 매개체'라는 표현으로 사용할 수도 있음을 미리 밝혀둔다.

영상 시리즈의 첫 번째 영상에서 이 새로운 기회를 보여주어야 한다. 당신의 약속을 사람들이 믿고 원한다면 약속의 이행을 위한 새로운 프로세스에 대한 욕구도 한층 더 강렬해질 것이다.

○ **잘못된 믿음을 깨뜨린다(기원 이야기):** 이 새로운 매개체를 진정으로 믿기 전에는 당신도 잘못된 믿음을 가지고 있었을 것이고 그래서 이

매개체를 진작부터 활용하지 못했을 것이다. 당신이 이 매개체를 사람들에게 소개했는데도 사람들이 잘못된 믿음을 버리지 못했을 수도 있다. 여기서 할 수 있는 가장 강력한 방법은 이 매개체야말로 그들이 바라는 결과를 가져다줄 가장 좋은 방법이라는 사실을 당신이 경험했던 일들을 통해 설득하는 것이다. 자신의 이야기를 들려줄 때 사람들은 당신과 관계를 형성하게 되고, 그 새로운 기회가 자기에게도 통할지 모른다는 믿음을 갖게 된다.

○ **다른 사람들은 어떤지 바라보자**: 당신의 개인적인 이야기를 통해 이 새로운 매개체가 당신에게 어떻게 좋은 기회가 되었는지 사람들에게 들려주었다면, 이제 이것이 다른 사람들에게는 어떻게 작동하는지 알려줄 차례다. 당신은 이 새로운 매개체 덕분에 자신뿐 아니라 다른 사람들도 비슷한 성공을 거둘 수 있었다는 사실을 알려줘야 한다. 이런 이야기를 사례분석 방식으로 이야기하는 것이 좋다.

이 책의 여러 장에서 자기가 했던 '어떤 것'(전략과 프레임워크)을 가르치는 데 초점을 맞추고 있는데, 당신의 제품은 대개 영상 워크숍에서 배운 '어떤 것'을 '어떻게' 성취할지 그 방법 혹은 단계별 전술을 보여준다.

○ **두 번째 영상을 보도록 유도한다**: 이런 장치는 아마도 온갖 텔레비전 프로그램에서 수도 없이 봤을 것이다. 그건 이 장치가 효과가 있다는 뜻이다. 이 단계에서는 사람들의 마음을 사로잡아서 두 번째 영상에서 배울 내용을 잔뜩 기대하게 만들어야 한다. 웹페이지를 통해 사람들이 질문이나 댓글을 올리도록 하고 여기에 올라온 몇 가지 질문에 대해 다음 영상에서 답해줄 것이라고 예고한다.

두 번째 영상: 전환 교육

이 영상의 목표는 사람들이 과정을 실행하고 있는 자기 모습을 시각화하게 만드는 것이다. 그들은 첫 번째 영상에서 당신이 실행하는 모습을 봤고, 당신이 도움을 준 다른 사람들의 사례도 봤다. 이제는 본인 스스로도 할 수 있다는 생생한 전망을 심어줘야 한다.

2. 전환 교육

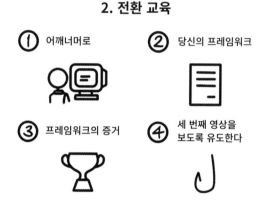

도표 23-3 두 번째 영상의 목적은 당신이 제시한 프레임워크로 성공을 거두는 것이 어떤 모습일지 생생하게 보여주는 것이다.

○ **어깨너머로:** 나는 이것을 '어깨너머' 코칭이라고 부른다. 왜냐하면 그 사람들이 해야 할 일을 먼저 당신의 어깨너머로 지켜보게 하기 때문이다. 내 경우를 들려주면 이해하기 쉬울 것 같다. 내가 클릭퍼널스를 시연해서 이것이 얼마나 간단한지 사람들에게 보여주고, 또 사람들이 직접 해보고 나면 '이 매개체는 다른 사람들에게는 통할지 몰라도 나에게는 통하지 않을 거야'라는 잘못된 믿음은 금방 사라진다. 당신이 사람들에게 가르치려는 것이 무엇이든 간에 먼저 시범을 보이거나, 혹은 그 사람들이 새로운 매개체에서 얻을 수 있는 결과의 증거를 보여주어야 한다.

○ **당신의 프레임워크**: 어깨너머 시연을 한 다음에는 당신의 프레임워크나 시스템을 설명할 차례다. 이 과정은 당신의 시스템에 있는 각각의 단계에 대한 '무엇'을 가르치는 것이다. '어떻게'가 아니라 '무엇'을 가르친다는 사실을 명심해야 한다.

내가 매번 하는 것은 정확히 다음과 같습니다.

1단계: _____

2단계: _____

3단계: _____

○ **프레임워크의 증거**: 이제 좀 더 사회적인 증거가 필요한 때다. 첫 번째 영상에서 당신의 시스템을 사용한 다른 사람들의 결과를 보여주었다. 여기서는 그 사람들 가운데 한 명을 선택해서 그의 스토리 또는 여정이 당신의 프레임워크 속에서 어떻게 진행되었는지 보여줄 수 있다. 그 사람들이 단계별로 어떻게 해왔는지 보여주라.

○ **세 번째 영상을 보도록 유도한다**: 다시 한번 강조하지만 영상 워크숍 시리즈의 세 번째 영상에서도 사람들이 기다리고 들뜨도록 만들 필요가 있다. 웹페이지를 통해 사람들이 질문이나 댓글을 올리도록 하고 다음 영상이 실시간으로 방송되는 날을 기다리게 만들어야 한다.

세 번째 영상: 외부의 힘

처음 두 개의 영상을 제대로 만들었다면, 사람들은 당신이 소개한 매개체가 자기가 원하는 결과를 얻을 수 있는 올바른 프로세스임을 당연히 믿을 것이고(첫 번째 영상), 또한 당신과 함께하면서 도움을 받는다면 자기가 바라는 결과를 얻을 수 있다고도 믿을 게 분명하다(두 번째 영상). 이제는 그 사람들에게 있을지 모르는, 외부에서 주입된 잘못된 믿음을 깨뜨려야 할 때다. 이 영상에서는 성공을 방해하는 외부 장애물을 어떻게 처리할지 그리고 이것과 관련된 문제를 어떻게 해결할지 보여주어야 한다.

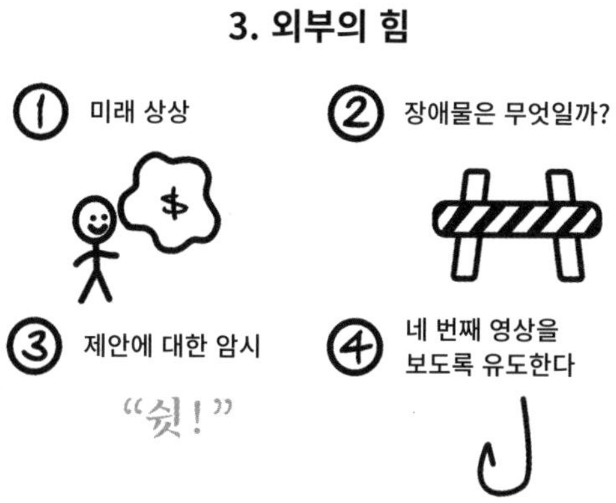

3. 외부의 힘

도표 23-4 세 번째 영상에서는 외부의 장매물에 대한 잘못된 믿음을 깨뜨리고, 이제 곧 제시할 제안을 받아들일 계기를 마련한다.

○ **미래 상상**: 영상의 첫머리에서 나는 사람들이 이 새로운 기회를 사용한 뒤의 자기 모습을 상상하게 한다. 예컨대 나는 이렇게 말한다.

> 아주 잠깐만 시간을 내서, 만일 당신이 _____한다면 인생이 어떻게 달라질지 상상해보십시오.
>
> 만일 여러분이 _____한다면, 어떤 가능성의 문이 열릴까요? 만일 여러분이 _____한다면, 인생이 어떻게 달라질까요?

○ **장애물은 무엇일까?**: 이제 사람들은 판매자가 제시하는 새로운 기회를 믿는다. 그 기회가 성공의 길로 데려다줄 것임을 의심하지 않는다.

그렇다면 사람들의 성공을 가로막는 외부의 장애물이나 잘못된 믿음은 무엇일까? 우리는 이를 깨뜨릴 방법을 찾거나, 아니면 그 험난한 길을 헤쳐 나가는 데 도움이 될 여러 도구를 제공해야 한다.

어쩌면 사람들은 당신이 제시하는 새로운 다이어트 프로그램을 시도하는 것 자체를 두려워할지 모른다. 예를 들어 자기 배우자가 옆에서 맛있는 음식을 먹으면 결국 실패할 거라고 믿고 있을 수 있다. 아니면 제안 받은 세일즈 퍼널이 사업에 도움될 것이라고 믿기는 하지만, 방문자를 그 퍼널 안으로 끌어당기는 방법에 대해서는 아는 게 전혀 없을 수도 있다.

이 경우에 나는 그들이 처한 상황을 여러 면에서 살핀 다음에 그런 문제들에 똑같이 시달렸던 다른 사람들의 이야기나 그런 문제들을 회피하거나 해결하기 위해 우리가 발견한 것들에 대한 이야기를 들려준다.

○ **제안에 대한 암시:** 여기에서는 이제 곧 보여줄 제안에 대한 이야기를 조금씩 시작해야 한다. 또한 그 제안을 받아들일 때 목표를 달성하는 방법을 어떻게 알아내고 실행할지에 대해서도 말해야 한다. 그들은 지금까지 '무엇'을 할 것인지 배웠으며, 이제 남은 것은 '어떻게'라는 방법이다. 당신이 제공하는 제품이나 서비스가 바로 이 '방법'을 제공한다. 이 '방법'을 확보할 때 비로소 그들은 당신에게서 배운 프레임워크를 실행할 수 있다.

○ **네 번째 영상을 보도록 낚는다:** 다른 영상들과 마찬가지로, 마지막 영상도 강력한 후크를 설정해야 한다. 당신의 제안을 받아들이는 방법을 알려주겠다고 예고하고, 또 당신의 제안을 받아들이기만 하면 그토록 바라는 결과를 얻을 것이라고 말해준다.

네 번째 영상: 제안

여기에서는 잠재고객이 도저히 거부할 수 없는 제안을 내놓아서 당신이 제시하는 새로운 기회를 붙잡도록 만들어야 한다.

4. 제안

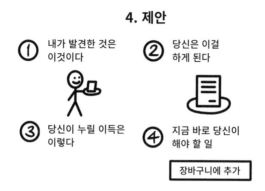

도표 23-5　네 번째 영상은 거부할 수 없는 제안을 설명해서, 당신이 제시하는 새로운 기회를 붙잡고 곧바로 시작해서 결과를 보게 만들어야 한다.

○ **내가 발견한 사실은 이렇다:** 나는 이 스크립트의 첫 번째 부분에서 새로운 기회를 한 번 더 보여주고, '무엇'에 해당하는 내용을 빠르게 요약한 다음, 우리의 제안을 소개한다. 바로 여기에서 '무엇'이 아닌 '어떻게' 라는 방법을 그들에게 보여준다.

나는 이 제안 영상을 '완벽한 웨비나' 스크립트에서 스택을 차곡차곡 쌓아가는 방식과 매우 비슷하게 구성한다. 제안에 담긴 요소들 각각을 설명한 다음에 마지막에는 제안의 총 가치를 보여주는 스택 슬라이드를 보여준다. 영상의 이 부분에서는 감정에 호소해서 제안이 최대한 멋지게 보일수록 좋다.

○ **당신은 이걸 하게 된다:** 이제 사람들이 이 제안을 받아들이는 가상의 소유 경험을 하게 만든다. 해당 프로그램에 접속했을 때의 기분은 어

떨까? 내 경우에는 구매 과정을 보여주기까지 한다.

> 이게 바로 주문서입니다. 개인정보를 입력하면 이 페이지가 나타납니다.
> 당신이 접속했을 때 내가 맨 먼저 하는 것은……

○ **당신이 누릴 이득은 이렇다**: 여기에서는 해당 제품이나 서비스가 제공하는 이득을 다시 설명한다. 여기에는 상상할 수 있는 모든 숨은 이득도 포함된다. 이때 이 제안이 구매자의 문제 해결에 도움을 줄 수 있는 논리적인 요소들을 생각해내야 한다.

○ **지금 바로 당신이 해야 할 일**: 이 마지막 단계에서 CTA를 만들어야 한다. 무엇을 어떻게 해야 하는지 사람들에게 정확히 알려줘야 한다. 긴급성과 희소성을 강조하는 내용도 여기에 들어가야 한다. 진행하고 있는 특별 할인가 행사의 마감 시한이 언제인지, 또 그 시각 이후에는 어떻게 되는지 알려줘야 한다. 예컨대 가격이 올라가는지, 해당 제품의 판매를 일시적으로 중단하는지 등을 설명해야 한다. 이것이 잠재고객을 벼랑 끝으로 내모는 마지막 기회다. 그러므로 잠재고객에게 무엇을 해야 하는지, 하지 않으면 어떻게 되는지 과감하게 말해야 한다.

마지막, 전화 퍼널 스크립트

SECRET 24

'네 가지 질문의 판매 종결' 스크립트

도표 24-1 이 스크립트를 사용하는 곳에 대해서 보다 많은 정보를 알고 싶다면 '비밀-17 신청서 퍼널'을 참조하라. www.DotComSecrets.com/resources에서 편집해서 사용할 수 있는 이 스크립트를 다운로드 받을 수 있다.

축하한다! 당신의 전화 퍼널을 통해 어떤 사람이 신청서를 작성했다. 이제 이 사람을 상대로 당신의 제안을 판매하는 일만 남았다. 자, 그렇다면 이제 그 사람에게 전화해서 무슨 말을 해야 할까?

우리는 잠재고객과 전화 통화를 하는 사람에 따라서 다르게 사용하는 두 가지 스크립트를 가지고 있다. 하나는 전문가가 그 사람과 통화할 때 사용하는 것이고, 다른 하나는 판매 직원이 그 사람과 통화할 때 사용하는 것(비밀-25)이다. 후자에서는 판매 설정자와 판매 종결자 각 한 명씩 두 명이 필요하지만, 마법처럼 작동한다는 점에서는 전자와 다르지 않다.

'네 가지 질문의 판매 종결' 스크립트는 가격대가 2000~8000달러 혹은 그 이상인 고가의 제품이나 서비스를 팔 때 효과가 있다. 이 스크립트는 당신이 신청서를 통해 그들에게 물었던 질문들과 긴밀하게 연결된다.

나는 이 전략의 다양한 측면들을 꽤 많은 사람에게서 배웠다. 일단 이 스크립트는 『댄 설리번의 질문』을 토대로 한다. '네 개의 질문 판매 종결' 스크립트라고 불리지만, 사실은 4단계 스크립트에 더 가깝다. 여기에서 는 네 가지 기본 질문이 있지만, 더 완벽한 답변을 얻기 위해서는 한층 더 깊이 파고들어 후속 질문을 해야 한다.

잠재고객과의 통화가 이루어지려면 우선은 그 사람이 당신의 전화 퍼 널에서 신청서를 작성해서 자격을 인증 받는 절차를 거쳐야 한다. 이 절 차가 끝나면 직원이 연락을 해서 30분 상담 통화 약속을 미리 잡아둔다.

통화가 연결되고 나면 대부분의 사람들은 본론과는 관계가 없는 잡담 으로 대화를 시작하려 한다. 그러나 이런 대화는 알맹이도 없이 시간만 잡아먹을 뿐이다. 당신은 이런 상황을 원하지 않을 것이다. 통화가 연결 되는 순간부터 곧바로 상담을 진행하고자 한다면 예를 들어 다음과 같이 말하면 된다.

> 안녕하세요, 저는 러셀입니다. 이렇게 전화로 처음 말씀을 나누려니 조금 떨리네요. 자, 이 상담은 다음과 같이 진행됩니다. 우선 제가 네 가지 질문 을 드릴 겁니다. 당신의 답변 내용에 따라서, 그리고 우리 의견이 얼마나 일치하느냐에 따라서 이 대화를 다음 단계로 계속 이어갈지 여부가 결정 될 겁니다. 이렇게 하는 게 좋겠죠?

이렇게 설명을 한 뒤에 상대방이 동의한다면 당신은 시작부터 비록 작은 것이긴 하지만 '예'라는 대답을 얻어내는 셈이 된다. 더불어 기본적인 규칙을 설정함으로써 대화를 자기가 원하는 방향으로 이끌어갈 토대를 마련하게 된다. 상대방이 그 규칙에 동의하면 그때부터 질문을 하나씩 하면 된다.

첫 번째 질문

당신과 제가 바로 오늘부터 함께 일을 시작한다면 어떨까요? 저는 제가 아는 모든 것을 가르쳐드리고 당신이 바람직한 결과를 얻을 수 있도록 최선을 다할 겁니다. 그리고 우리가 1년 뒤에 커피숍에 마주앉아 있다고 상상해보세요. 당신의 인생에서 개인적으로든 직업적으로든 당신이 이루어낸 발전과 관련해서 행복감을 느낄 만한 어떤 일이 당신의 인생에서 일어났을까요? 오늘의 이 결정이 당신이 내린 인생 최고의 선택이라고 믿는다면, 무엇이 그렇게 믿게 만들었을까요?

당신은 상대방이 자기의 외부적인 목표와 내면적인 목표를 설명하게 만들어야 한다. 그런데 상대방의 진정한 욕구를 듣고 싶지만 상대방이 이 질문에 대답하지 못한다면 어떻게 될까? 당신은 이 사람을 고객으로 맞이하고 싶은 마음이 들지 않을 것이다. 왜냐하면 아무리 해도 당신은 그 사람을 만족시키지 못할 것이기 때문이다. 당신이 아무리 유능하다고 하더라도 (그리고 그 사람이 아무리 많은 돈을 지급하겠다고 해도) 자기가 가진 욕구를 분명하게 드러내지 못하는 사람이라면 당신은 그의 욕구를 현실에서 실현할 수 없다.

상대방은 대부분 자기가 가진 외적 욕구를 묘사하는 것부터 시작한다. 한 달에 1만 달러씩 벌고 싶다거나, 요트를 가지고 싶다거나, 혹은 상대적으로 좋은 학군에서 멋진 새 집을 마련하고 싶다고 할 수도 있다. 살을 빼고 싶다거나, 배우자와의 관계를 개선하고 싶다고 할 수도 있다. 이렇게만 된다면 훌륭한 출발이다. 그러나 거기에서 멈추지 말고 조금 더 깊이 들어가서 내적 욕구도 파악해야 한다. 이때 그 대답을 토대로 해서 다음과 같은 후속 질문을 해야 한다.

> 한 달에 1만 달러를 벌고 싶은 이유가 무엇입니까?
> 왜 그렇게 멋진 새 집을 원하십니까?
> 사는 곳의 학군이 그렇게나 중요한 이유는 무엇입니까?

그러면 상대방은 자기에게 진정으로 중요한 가치와 믿음을 드러내기 시작할 것이다. 어쩌면 자기가 훌륭한 가장임을 가족에게 증명하려고 한 달 1만 달러의 수입을 원할지 모른다. 혹은 개인적으로 큰돈을 후원하고 싶은 자선단체가 있을지도 모른다. 좋은 학군을 원하는 것은 나태한 자녀에게 진취적이고 도전적인 태도를 심어주고 싶어서일지 모른다. 어쩌면 아이를 갖고 싶은 마음이 없는 배우자와 함께 좋은 학군으로 이사를 가서 배우자의 마음을 돌려놓고 싶어서 그럴지도 모른다.

동일한 것을 원하는 사람이라도, 사람에 따라서 내면의 욕구가 얼마나 다를 수 있는지 알겠는가? 그러므로 내면적인 **이유**를 아는 것이 중요하다. 가슴 깊이 묻어둔 정서적인 단서를 드러낼 때까지 사람들의 마음에 깊이 파고 들어야 한다.

알고 보면 우리는 모두 같은 것을 원한다. 존중받고 싶어 하고, 소속되고 싶어 하고, 목적을 달성하고 싶어 한다. 묻고 또 물어서 마침내 상대방이 이 세 가지 가운데 하나를 드러내는 말을 하면, 이런 말에 담긴 단서를 포착할 수 있도록 훈련해야 한다. 예를 들어 사람들은 다음과 같은 답을 할 수 있다. "나는 그저 부모님이나 배우자가 나를 존중해주길 바랄 뿐입니다.", "인생의 목적을 가지고 싶습니다.", "내가 죽은 뒤에도 영원히 남을 유산을 만들고 싶습니다.", "나 자신보다 더 큰 어떤 것의 일부가 되고 싶습니다." 여기까지 왔다면 두 번째 질문으로 넘어가면 된다.

두 번째 질문

이제 분명해졌습니다. 당신은 스스로 무엇을 원하는지 잘 알고 있습니다. 정말로 멋진 당신의 미래를 나에게 보여주었지요. 그럼 이번에는 이렇게 묻겠습니다. 당신이 꿈꾸는 그 멋진 일이 지금까지 이루어지지 않은 이유는 무엇입니까? 당신을 가로막고 있거나 당신의 발목을 붙잡고 늘어지는 것은 무엇입니까?

이 질문을 통해 상대방이 맞닥뜨린 장애물이나 반대 요소를 찾아야 한다. 어떤 것을 절실하게 원하지만 아직 가지지 못했다면 거기에는 분명 이유가 있다. 또 이 질문을 통해 당신이 상대방을 도울 수 있을지 여부를 알 수 있다. 만약 그 사람이 다른 사람들 탓을 하기 시작한다면 그를 도울 수가 없다. 예를 들어 "아내가 나를 지지하지 않으니까 어쩔 수 없습니다"라거나 "OOO이라는 프로그램을 시도해봤지만 안 되더군요. 그 사람이 영 형편없어서 말이죠"라고 말하는 사람이 있다. 이런 식으로 자기가 실패한 것을 두고 남이나 외부 사정 탓을 하는 사람이라면, 누구라도 고객으로 맞이하고 싶지 않을 것이다.

자기가 한 행동에 책임을 지는 사람을 찾아야 한다. 즉 "어떻게 해야 하는지 그 방법을 모르겠다"라는 유형의 대답을 하는 사람을 찾아야 한다. 아마도 이 사람들은 "OOO이라는 프로그램을 시도해봤는데, 세부적인 사항을 내가 잘 이해하지 못했거든요. 시간을 조금 더 투자해서 전체 과정을 완전히 꿰뚫을 필요가 있을 것 같습니다"라고 말할 것이다. 여기서 핵심은 '내가'라는 단어다. 만약 어떤 사람이 자기 이야기를 많이 한다면, 당신이 이 사람을 도울 때 노력을 들인 만큼 효과가 나타난다. 만약당신이 무엇을 해야 하는지는 알지만 그 방법을 모르는 사람을 돕는다면, 당신과 그 사람 사이에는 성공적인 관계가 맺어질 것이다.

다음은 이 두 사람이 그 가능성을 놓고 생각해볼 순서다.

세 번째 질문

> 현재 당신이 장애물을 넘어서고 목표를 달성하는 데 사용할 수 있는 잠재력 가운데 최대치로 사용하지 않고 놀리는 자원이나 재능이나 인맥 혹은 기술 있다면 무엇일까요?

이 질문을 한 다음에는 잠시 생각할 시간을 준다. 상대방은 훌륭한 대답을 할 수도 있고 엉뚱한 대답을 할 수도 있다. 중요한 것은 상대방으로 하여금 어떤 가능성을 생각하게 만든다는 점이다.

상대방이 무슨 생각을 떠올리든 모두 다 좋다. 계속 생각하게 만드는 것이 중요하다. "또 뭐가 있습니까? 또 다른 것은요?"라고 계속 물어라. 더는 대답할 게 남아 있지 않을 때까지 질문은 계속되어야 한다. 그리고 정말로 대답할 것이 없을 때 이렇게 말한다.

좋습니다. 그럼 잠시 함께 생각해봅시다.

> • 당신은 본인이 원하는 걸 정확하게 아는 것 같습니다. 당신은 나에게,
> _____하기 때문에 _____을 원한다고 말했습니다.

- 당신은 기본적으로 _____과 _____ 때문에 지금까지는 그것을 달성할 수 없었습니다, 맞습니까?
- 마지막으로 _____과 _____ 등의 자원을 활용할 수 있었지만 지금까지 그렇게 하지 않았던 것 같은데, 맞습니까?

여기까지 질문한 다음에 나는 상대방에게 다시 이렇게 묻는다.

당신이 그런 장애물을 제거하고 당신이 가지고 있는 자원을 제대로 활용하기만 한다면 얼마나 더 많은 돈을 벌 수 있을 거라고 생각합니까? (혹은 얼마나 더 체중 감량을 할 수 있을 것이라고, 또는 결혼 생활이 얼마나 더 나아질 것이라고 생각합니까?)

나는 장차 일어날 일을 상대방이 설명하게 만든다. 그는 아마도 "아, 그렇게만 된다면 백만 달러를 벌겠죠(혹은 몸무게 1톤을 빼겠죠, 지금보다 훨씬 더 행복하겠죠 등)"라고 말할 것이다.

여기까지 대답을 이끌어낸 다음에는 마지막 질문으로 넘어간다.

네 번째 질문

자, 이제 마지막으로 하나만 더 물어보겠습니다. 당신이 그 목표를 달성할 수 있도록 제가 돕기를 바랍니까?

여기에서 나는 말을 멈춘다. 상대방이 대답할 때까지 한마디도 하지 않고 기다린다. 그러면 대부분의 사람들은 그렇다고 대답한다. 이때 당신은 반드시 다음과 같이 말해야 한다.

잘 생각하셨습니다! 그렇다면 다음과 같이 진행될 것입니다. 비용은 _____입니다. 이 비용을 내고 당신은 _____라는 결과를 얻을 겁니다. 그렇게 되도록 제가 돕겠습니다. 지금 바로 비용과 관련해서 자세히 설명해줄 사람을 연결해드리겠습니다. 괜찮으시겠지요?

상대방이 좋다고 하면 다 끝난다. 여기에서 싫다고 한다면 보통 비용이 마련되어 있지 않기 때문이다. 그렇다면 비용을 마련할 수 있도록 돕거나 혹은 비용 지불 방법을 제시해야 한다.

만일 당신이 이 질문들을 제대로 잘했다면 그리고 상대방이 그 비용을 지불할 여유가 있다면, 상담자 대부분을 실질적인 고객으로 만들 수 있다. 신용카드 결제와 관련된 세부 사항을 처리할 수 있도록 그 사람을 담당 직원에 연결하기만 하면 된다. 그걸로 끝이다.

'판매 설정자' 스크립트와 '판매 종결자' 스크립트

판매 설정자 스크립트		판매 종결자 스크립트
① 도입부 ⑤ 캐묻기		① 시간
② 질문들 ⑥ 신용 확인		② 의사 결정
③ 미리보기 ⑦ 목표		③ 여러 가지 자원
④ 태도 ⑧ 확약		④ 지식
		⑤ 그 밖의 사항들
		⑥ 종결

도표 25-1 이 스크립트를 사용하는 곳에 대해서 보다 많은 정보를 알고 싶다면 '비밀-17 신청서 퍼널'을 참조하라. www.DotComSecrets.com/resources에서 편집해서 사용할 수 있는 이 스크립트를 다운로드 받을 수 있다.

만일 전문가가 직접 나서서 전화로 영업을 하는 것이 아니라면 이것을 사용하면 된다. 이 스크립트들은 고가의 제품이나 서비스에 대한 '테이크아웃 판매'를 용이하게 해주는데, 우리도 사업이 성장하기 시작할 때나 판매 팀의 규모를 늘릴 때 사용한다. 이 두 스크립트를 사용하면 판매 설정자와 판매 종결자 각 한 명씩, 판매 담당 직원 두 명만으로도 잠재고객과의 거래를 끝낼 수 있다.

판매 설정자와 판매 종결자는 잠재고객과의 상담을 통해서 그 사람이 해당 프로그램에 적합한지 여부를 파악한다. 이 방식은 다음 두 가지 이유로 잘 작동한다.

- 2000~10만 달러 가격대의 프로그램을 판매하는 일이 훨씬 더 쉽다. 이 추가 단계를 접하는 사람들은 고액을 지불하면서도 한층 더 편안하게 느낀다.
- 상대적으로 고가인 프로그램에서는 일반적으로 고객과 한결 더 밀접한 관계 속에서 일할 수 있다. 기분 좋게 작업할 수 있는 사람들로 고객을 선별할 수 있기 때문이다. 상담 결과 당신이 진행하는 프로그램에 맞지 않을 것 같은 사람이라면 애초에 받아들이지 말아야 한다.

판매 직원 두 명을 두면 판매의 일관성을 유지할 수 있다. 적절한 직원을 채용하고 또 이들이 미리 정해진 스크립트를 충실하게 따르기만 하면 날마다 그 효과를 확인할 수 있다. 두 직원은 협력해서 새로운 고객과의 거래를 성사시킨다. 판매 설정자는 잠재고객의 기본적인 정보를 수집하고 그들의 감정을 끌어내며 또 그들이 겪는 어려움과 목표를 파악한다. 이 통화가 끝나면 판매 종결자와 잠재고객의 통화가 이어진다. 판매 종결자는 잠재고객이 겪는 어려움을 뚜렷이 드러내고, 해당 프로그램이 그에게 꼭 필요한 이유를 들어서 잠재고객이 자기 스스로를 설득하게 만든 다음, 마지막으로 솔루션을 제시한다.

판매 설정자 스크립트

○ 도입부: 여기에서 판매 설정자의 목표는 잠재고객에게 낮은 자세로 다가가서 자연스러운 대화를 나누는 것이다. 판매 설정자는 잠재고객에

대해서 알아가며 해당 프로그램의 주제와 관련이 있는 감정들을 끌어낸다. 판매 설정자는 잠재고객이 지금 처한 상황을 알아내야 하고, 그런 상황에 대해 **본인은 어떻게 느끼는지** 알아내야 한다.

○ 질문들: 그런 다음에 판매 설정자는 잠재고객이 원하는 것이 무엇인지 파악하는 데 집중해야 한다. 그들의 꿈과 희망은 무엇일까? 그런 것들을 원하는 진짜 이유가 무엇일까? 누군가는 1년에 10만 달러를 벌고 싶어 할지도 모른다. 정말 큰돈이다. 그렇다면 그걸 원하는 이유가 뭘까? 직장을 그만두려고? 집에서 아이들과 함께 시간을 보내려고? 배를 한 척 사서 세계 일주를 하려고? 나이 든 부모에게 집을 사드리려고? 판매 설정자는 그 '이유'를 알아내야 한다. 바로 그 지점에서 잠재고객이 드러내는 감정을 포착해야 한다. 사람들은 감정에 따라서 구매를 한 다음에 그 결정을 논리적으로 합리화한다는 사실을 명심해야 한다.

구매자의 감정을 파악해야 한다는 조언을 들어본 적이 있을 것이다. 그런데 구매자의 감정을 파악하려면 어떻게 해야 하는지 모르는 판매자가 의외로 많다. 그러나 판매 설정자는 몇 가지 질문으로 상대방의 감정을 낚아채야 한다. 추가 질문을 해야 한다는 사실도 잊지 말아야 한다.

'자녀가 있나요? 우와, 멋지네요! 몇 살이죠? 아이들의 이름은 무엇입니까?'

만약 그 잠재고객이 자기 아이들을 학교에 보내지 않고 홈스쿨링을 하고 싶어 한다는 것을 알았다면, 왜 그런지 물어라.

'자녀를 원하는 대로 가르칠 자유가 있다는 건 어떤 기분인가요?'

다양한 후속 질문은 잠재고객인 상대방의 감정을 낚아채는 데 도움이 된다. 만약 어떤 잠재고객이 자기 부모에게 새집을 사줄 수 있다면, 그건 그 사람에게 어떤 의미일까? 빚도 없고 아무런 걱정도 없이 카리브해에서 요트를 탄다면 어떤 기분일까? 이처럼 판매 설정자는 잠재고객이 자기가 꾸는 꿈 뒤에 있는 **이런저런 감정들**을 묘사하는 걸 도와야 한다.

판매 설정자는 몇 가지 질문으로 이 모든 정보를 얻을 수 있다. 그럼으로써 잠재고객이 해당 프로그램을 구매하려는 이유를 정확하게 포착한다. 이 과정은 5분 안에 끝나야 한다. 또한 집중해야 할 중요한 사항이 무엇인지도 판단해야 하며, 잠재고객에게 반드시 다음과 같은 질문을 해야 한다.

> 당신의 발목을 붙잡고 늘어지는 것이 무엇입니까? 왜 지금까지 당신은 가슴에 품고 있는 소망을 이루지 못했습니까?

그러면 판매 설정자는 상대방으로부터 '어떻게 해야 하는지 그 방법을 모르겠다'는 내용의 답을 듣게 된다. 혹은 시간이 없어서 못 하고 있다는 말을 들을 수도 있다. 사실 이 말은 한 주에 다섯 시간을 투자해서 사업을 일으키는 방법을 모른다는 뜻이다. 돈이 없어서 그렇다고 답한다면, 사실 이 말은 다른 사람의 돈을 활용해서 사업을 시작하는 방법을 모른다는 말이다. 자기가 성공하지 못하는 것이 지식이 부족하기 때문임을 (그리고 당신이 그 지식을 제공해줄 수 있음을) 잠재고객이 깨닫고 나면, 이제 판매 설정자는 다음 질문을 해야 한다.

> 만약 당신이 한 주에 다섯 시간씩만 투자해서 사업을 일으키는 방법을 깨우칠 수 있다면, 그렇게 하시겠습니까?

물론 사람들은 그렇게 하겠다고 말할 것이다! 여기까지 대답했다면, 이 잠재고객은 당신의 제품이나 지식을 구매하는 일을 두고 자기 자신을 설득하기 시작한 셈이다.

판매 설정자는 잠재고객의 감정적인 급소가 무엇인지 알았을 때 비로소 자기 스크립트를 가지고서 계속 나아갈 수 있다. 물론 잠재고객도 사업을 시작하려 할 때 자신이 무엇을 해야 할지 모른다는 사실을 인정해야 한다. 자기에게 도움이 필요하다는 사실을 깨달아야 한다는 말이다.

○ 미리보기 - 당신이 제공하는 것이 무엇인지 맛보기를 보여주는 것: 판매 설정자는 해당 프로그램에 대해서 지나치게 자세하게 설명해서는 안 된다. 그러나 잠재고객이 장차 무엇을 발견하게 될지 혹은 해낼 수 있을 것인지는 알 수 있도록 해주어야 한다.

> 그런데 분명하게 말씀드리자면, 이 프로그램에 지원하는 모든 분들과 함께할 수는 없습니다. 이 프로그램을 일 대 일로 함께할 준비가 되어 있고, 이 프로그램에 적합한 분들만 참여할 수 있습니다. 지금 당신은 한 주에 다섯 시간을 투자해서 사업을 새로 시작하는 방법을 찾아야 합니다. 이 목표를 이루는 데 우리가 도움을 드릴 수 있습니다. 지금부터는 우리가 여기에서 무엇을 하는지 설명해 드리겠습니다……

그다음에 판매 설정자는 잠재고객이 스스로를 설득하게 만들 중요한 질문을 해야 한다. 이 질문은 대화가 끝날 때 잠재고객이 지갑을 열게 만드는 결정적인 질문이다.

> 한 가지 질문을 드리겠습니다. 당신이 러셀 브런슨이나 그와 비슷한 사람과 일 대 일로 교육 훈련을 받는다면 성공할 것 같습니까?
> 그럼요!
> 이유가 뭐죠?

이 질문이 중요한 이유는 다음과 같다. 나는 우리가 판매하는 프로그램이 얼마나 훌륭한지에 대해, 잠재고객이 이 프로그램을 구매해야 하는 온갖 이유에 대해 몇 시간이고 떠들어댈 수 있다. 그러나 이 말은 어떤 면에서는 과장일 수 있다. 그러나 만약 반대로 잠재고객이 판매 설정자에게 왜 그 프로그램이 자신에게 성공을 가져다줄 수 있는지에 대해 말한다면 그 말은 모두 진실이다. 왜냐하면 잠재고객이 스스로 그렇게 믿고 있기 때문이다. 자기가 성공할 수밖에 없는 이유를 설명하는 잠재고객을 만나면 판매는 쉬워진다. 이때 판매 설정자는 다음과 같이 묻는다.

> 이유가 뭐죠? 러셀 브런슨에게 교육훈련을 받을 때 당신이 성공할 수 있도록 도움을 받을 것이라고 생각하는 이유가 무엇일까요?

판매 설정자는 이 질문을 한 다음에 입을 다물어야 한다! 아무 말도 하지 않고 잠재고객이 말을 하도록 두어야 한다.

잠재고객이 이런저런 이유를 제시하면, 판매 설정자는 그 이유를 반복하며 잠재고객이 가지고 있는 믿음을 확인하기만 하면 된다.

> 그러니까 러셀 브런슨에게 교육훈련을 받을 수 있도록 해드리기만 하면 당신이 성공할 것이라고 믿는다는 말이죠?
> **그렇습니다!**
> 만약 러셀 브런슨에게 교육훈련을 받을 기회가 주어진다면, 당신은 _____이라는 목표를 달성할 수 있다는 건가요?
> 만약 러셀 브런슨에게 교육훈련을 받을 기회가 주어진다면, _____이라는 목표를 어떻게 달성할 수 있을까요?

다음 단계는 잠재고객이 스스로 자기 생각을 설명하고 해당 프로그램에 함께해야만 하는 이유를 말하도록 하는 것이다.

본인이 이 프로그램에 적합한 후보자라고 생각하는 이유가 무엇입니까?

◦ 태도: 판매 설정자는 잠재고객에게 전문가로 보여야 한다. 그러려면 다음과 같이 말할 필요가 있다.

저는 한 주에 다섯 시간을 들여서 온라인 사업을 만드는 일에는 전문가가 아닙니다. 제가 하는 일은 이 프로그램에 지원하신 분들 가운데 적합한 분들을 선발하는 것입니다. 지원자가 적합한 분이라는 판단이 들면 저는 이 프로그램의 감독(실제로는 판매 종결자)에게 지원자의 프로필을 전할 것입니다. 이게 제가 하는 일이고, 지원자가 이 프로그램에 적합한 분인지 최종 결정을 내리는 사람은 바로 감독입니다. 그러기 전에 저는 지원자께 좀 더 질문을 드려서 프로필을 작성할 것입니다. 그럼 지금부터 지원자께서 미래의 자기 모습을 어떻게 상상하고 있는지 조금 더 자세하게 알아보고자 합니다. 모든 정보는 이 프로그램에 적합한 지원자인지 결정하는 데 도움이 될 것입니다.
몇 가지 질문을 해도 괜찮겠습니까?

판매 설정자는 관련된 질문을 무엇이든 해도 되겠느냐고 허락을 구하고 받아야 한다.

◦ 캐묻기 – 금융 관련 정보 수집하기: 이제 판매 설정자는 꽤 개인적인 질문들을 몇 가지 하기 시작하고, 그에 대한 답변으로 잠재고객의 정보를 빈칸에 채워나간다. 잠재고객이 짜증을 내지 않고 빠르게 답변해주길 바란다면 판매 설정자는 나이, 결혼 여부, 학력 등의 사항부터 물어야 한다.

그런 다음에 반드시 다음 질문을 해야 한다.

> 당신의 사업에 함께하는 사람이 또 있습니까, 배우자 혹은 재정적인 동업자 같은……?

그렇다면 그 사람에게 곧바로 전화해라. 의사결정권자가 자리에 함께 있지 않은 상태에서 프레젠테이션을 하는 건 시간 낭비이기 때문이다.

○ 신용 확인: 이제 상대방의 신용에 대한 세부적인 사항을 파악할 차례다.

> 당신은 본인의 신용 수준을 어떻게 평가합니까? 그 이유는 무엇입니까?
> 만일 러셀 브런슨이 수표를 써서 당신의 빚을 모두 갚아준다면, 그 액수는 얼마나 될까요?
> 그 빚 가운데 신용카드 빚은 얼마나 됩니까?
> 당신이 최대한 끌어낼 수 있는 신용금액의 총액은 얼마입니까?

신용금액 총액에서 부채 총액을 빼면 운용할 수 있는 자금 규모를 알 수 있다. 이때 판매 설정자는 해당 프로그램의 비용으로 지불할 금액만이 아니라 이것보다 더 많은 금액의 신용을 확인해야 한다. 이때 잠재고객이 신용잔고에 대해 이야기하도록 끌어내는 것도 도움이 된다. 이런 모습이 고객의 빚을 늘리는 게 아니라 빚을 갚는 데 도움을 주려고 노력한다는 인상을 주기 때문이다. 잠재고객은 열 걸음 나아가기 위해서 한 걸음 뒤로 물러나야 할 수도 있다. 하지만 궁극적으로 이런 프로그램은 그들이 빚을 청산하고 경제적인 자유를 얻는 데 도움이 될 수 있음을 우리는 알고 있다.

판매 설정자는 잠재고객이 저축계좌를 가지고 있는지, 어딘가에 투자를 한 곳이 있는지도 물어봐야 한다. 거주하는 주택이 자기 소유인지 아니면 임대인지, 퇴직연금은 얼마나 적립했는지도 알아야 한다.

○ 목표 – 잠재고객의 단기 목표에 대해서 이야기하기: 판매 설정자는 계속해서 질문을 이어가며, 해당 프로그램이 필요한 이유에 대해서 잠재고객이 스스로를 설득하게 만들어야 한다.

> 지금부터 여섯 달 뒤에 당신은 어떤 상황을 맞이할까요? 여섯 달 뒤에 당신의 사업이 어떤 상태라면 좋겠습니까?
>
> _____을 하려고 얼마나 오래 노력해왔습니까? 그래서 지금까지 얼마만큼 성공을 이루었습니까?
>
> 지금부터 1년 뒤에 당신은 어떤 모습이길 바랍니까? 어떤 상황이라면 만족감을 느끼겠습니까? 러셀 브런슨에게 일 대 일로 교육훈련을 받으면 그 목표를 달성할 수 있다고 생각합니까? 목표를 달성한 자기 모습을 상상할 수 있습니까?

○ 확약 – 네 가지 확약 받기: 이제 잠재고객이 성실하게 이 프로그램에 참여하겠다고 다짐하게 만들어야 한다. 잠재고객이 자기는 실천력을 가지고서 한번 시작한 일은 반드시 끝까지 하는 사람이라고 공개적으로 천명하게 해야 한다. 이런 과정을 거치고 나면 그들은 자기가 했던 선언을 번복해서 해당 프로그램을 구매하지 않겠다고 말하기 어려워진다.

> 지원자께서는 프로그램 감독에게 추천할 만큼 자격을 충분히 갖추었습니다. 그런데 추천하기 전에 먼저 네 가지 약속을 해주셔야 합니다.
>
> 첫째, 일주일에 최소 _____의 시간을 이 프로그램에 할애해야 합니다. 그

렇게 할 수 있습니까?

둘째, 이 프로그램에서는 교육훈련을 잘 받아들이고, 전문가들의 조언을 기꺼이 배우고 따르겠다는 사람들만을 필요로 합니다. 그렇게 할 수 있다면 그 근거를 말해주시겠습니까?

셋째, 우리는 오늘부터 당장 시작할 수 있는 사람을 찾고 있습니다. 우리는 의사결정을 빠르게 하는 사람을 원합니다. 당신은 _____이라는 당신의 목표를 달성하기 위해 언제부터 일을 시작하는 것이 가장 좋다고 생각합니까?

여기에서 당신은 "지금 바로"라는 대답을 듣고 싶을 것이다.

좋습니다. 그렇다면 오늘 당장 시작하면 좋겠는데, 혹시 안 되는 이유가 있습니까?

넷째, 우선 차입금을 _____에 투자한다는 발상부터 가르쳐드리고자 합니다. 이에 대해 들어본 적 있습니까? 여기에 대해서 보다 더 많은 것을 배우겠습니까?

이어서 사업을 성장시키거나 정해둔 목표를 달성하기 위해서 은행 자금(신용카드 부채)을 단기 차입금으로 활용하는 방법을 설명한다.

이 프로그램에는 두 가지 등급이 있습니다. 하나는 _____(상대적으로 고가)이고, 다른 하나는 _____(상대적으로 저가)입니다.

오늘 당장 사업을 시작하는 데 얼마를 투자하실 수 있습니까? 그 금액을 선택한 이유는 무엇입니까?

여기까지 하면 판매 설정자가 할 일은 거의 끝난 셈이다. 해야 할 모든 질문을 다 했으며, 판매 종결자에게 제공해야 하는 정보도 모두 얻었다. (이 판매 설정자는 흔히 '코칭 디렉터'라는 직함을 가지고 있다.) 이 시점에서 판매 설정자는 잠재고객에게 이후 단계를 안내한다. 질문을 통해 알게 된 개인적인 정보가 프로그램 감독에게 전달될 것이며 이 감독이 직접 전화해서 당신이 해당 프로그램에 적합한지 확인할 것이라는 내용이다.

> 프로그램 감독은 _____입니다. 당신을 이 분과 연결해드릴 수 있어서 저도 기분이 좋네요. 감독은 _____ 분야에서는 전문가입니다. 그리고 가장 중요한 점은, 우리가 해당 프로그램에 적합한 인재를 확보하려고 한다는 것입니다. 하고 싶다고 해서 누구나 참여할 수 있는 프로그램이 아니라는 말입니다.
>
> 감독이 당신에게 전화하기 전에 해야 할 일이 하나 있습니다. 연습문제를 푼다고 생각하면 됩니다. 우리가 대화를 나누면서 당신이 설정한 목표를 놓고도 이야기를 했지만, 감독은 이 내용을 당신이 직접 글로 적기를 원합니다. 재무적인 차원의 6개월 목표와 1년 목표를 적으면 됩니다. 그리고 돈 문제 이외에 당신이 바라는 것 세 가지도 따로 적어주십시오.
>
> 아시겠죠? 됐습니다! 프로그램 감독이 곧 전화드릴 겁니다.

판매 종결자 스크립트

판매 설정자는 잠재고객과의 대화를 통해 많은 정보를 확보하며 이를 판매 종결자에게 전달한다. 덕분에 판매 종결자는 잠재고객과 통화를 하기 전에 상대방에 대한 주요 세부사항들을 미리 알게 된다.

판매 종결자의 스크립트는 잠재고객의 구매 결정을 강화하기 위한 것이다. 판매 종결자는 도입부에서와 동일한 질문을 이어가지만, 고객이 해당 프로그램을 통해서 성공을 거둔 뒤에 인생이 어떻게 달라져 있을지 상상하도록 만드는 데 초점을 맞춘다. 이를 위해 예전과는 조금 다른 어휘를 동원한다.

> 지금 _____을 진지하게 고려하는 이유가 무엇입니까?
>
> _____에 내해서는 얼마나 오래 생각했습니까?
>
> 당신의 발목을 잡는 문제들 가운데 가장 큰 문제는 무엇입니까?
>
> 여섯 달 뒤에는 본인이 무엇을 하고 있기를 기대합니까? 그게 당신에게는 어떤 도움이 될까요?
>
> 5년 뒤에는 어떨 것 같습니까? 당신의 라이프스타일이 어떻게 달라져 있을 것 같습니까?

이쯤에서 당신은 잠재고객이 자기가 가진 소망들을 당신과 연결시키길 바랄 것이다.

> 만일 러셀 브런슨 같은 사람과 함께 일할 기회가 생긴다면, 이 기회가 당신의 인생에 어떤 변화를 가져올까요?
>
> 또, 그것 말고는요?

이어서 판매 종결자는 네 가지 약속을 다시 한번 확인한다.

> 제가 하는 일은 이 프로그램에 가장 적합한 사람을 찾아내는 일입니다. 누구나 참여할 수 있는 프로그램이 아니니까요. 저는 성공에 필요한 것이 무엇인지 아는 사람만 이 프로그램에 함께 하길 바랍니다. 그런 뜻에서 몇 가지 질문을 드리겠습니다. 이 질문들은 당신이 확실히 약속할 수 있는 것이거나 그렇지 않은 것으로 확연히 갈릴 것입니다. 그러니 단순하게 예,

아니오로 대답하시면 됩니다. 첫 번째 질문입니다. 이 프로그램은 정말 당신이 의지를 갖고 하시고자 하는 겁니까?

여기에서 명심할 점은 상대방으로부터 원하는 대답을 얻기 전에는 다음 질문으로 넘어가지 말라는 것이다. 만약 잠재고객이 확약하지 않는다면 그 이유를 되짚어 살펴보거나 혹은 전화를 끊어야 한다. 왜냐하면 그 사람은 함께할 수 있는 사람이 아니기 때문이다.

○ **시간:** 전념해야 할 시간을 설명한다.

한 주에 ___시간씩 이 프로그램에 전념할 수 있습니까?

○ **의사 결정:** 단호한 의사 결정이 필요함을 설명한다.

기회는 마냥 당신을 기다려주지 않습니다. 의사 결정이 매우 중요합니다. 러셀 브런슨과 오늘 당장 함께하겠다는 의사 결정을 내릴 수 없는 어떤 이유가 있습니까?

○ **여러 가지 자원:** 대담한 투자가 필요함을 설명한다.

이 숫자를 받아 적으십시오. _____.
이것의 가치가 얼마나 되는지 알고 있다면 그리고 이 프로그램이 당신이 생각하는 모든 목표에 합당하다면, 오늘 당장 ____달러를 투자할 수 없는 어떤 이유가 있습니까?

만일 판매 설정자와 판매 종결자가 이전 단계들을 모두 정확하게 밟았고 또 잠재고객이 당신 혹은 당신의 제품이나 서비스가 매우 마음에 든다고 말했다면 가격은 이제 더는 중요한 기준이 되지 않는다. 이 단계에서는 돈과 관련된 문제에 대해서는 의심하거나 이의를 제기하지 못하도록 한다.

○ **지식**: 지식이 필요함을 설명한다.

> 제가 수강자를 받을 때 가장 중요한 판단 기준은 과연 우리의 교육훈련을 제대로 받아들일 수 있을까 하는 점입니다. 성공을 위해서 열심히 배우려는 태도를 갖추고 자기가 배운 것을 실천해야 합니다. 당신은 이렇게 할 수 있습니까?
> 왜 그렇게 생각합니까?
> 만일 누군가가 당신에게 _____하는 방법을 보여준다면, 당신은 성공할 수 있겠습니까?

○ **그 밖의 사항들**: 잠재고객이 오늘 바로 등록할 때 무엇을 얻을 수 있는지 설명한다.

> 우리는 당신이 불필요한 실수를 하지 않고 성공으로 향하는 데 필요한 모든 것을 드릴 겁니다. 당신의 코치가 가장 알맞은 속도로 일을 진행하도록 도와줄 것입니다.

그런 다음에 판매 종결자는 해당 제품이나 프로그램과 함께 얻을 수 있는 것들의 목록을 제시해야 한다.

○ **종결**: 이제 판매를 마무리한다.

이제 가장 중요한 질문이 남았습니다.

왜 당신이 이 프로그램에 적합한 지원자라고 생각합니까?

그러면 잠재고객은 자기가 해당 프로그램에 참여하게 된다면 어떻게 성공을 향해서 나아갈 것인지 **한 번 더** 자기 자신을 설득하게 된다. 그렇다면 이제 남은 것은 지갑에서 신용카드를 꺼내서 결제하게 만드는 일만 남는다. 현재 상황은 당신이 잠재고객에게 상품을 사달라고 요청하는 것이 아니라 반대로 고객이 당신에게 상품을 **사게** 해달라고 요청하는 것이다. 이 미묘한 차이를 알겠는가? 이런 유형의 테이크아웃 판매 방식을 사용하면 판매는 물론 자기에게 가장 적합한 고객을 찾는 일도 한결 쉬워진다.

PART 4

퍼널 완성하기

통하는 시스템을 만드는 비책들

'비밀을 풀자Unlock the Secrets' 행사를 처음할 때였다. 그때 나는 고가 상품의 교육훈련 고객뿐 아니라 그 고객의 자녀들도 함께 행사에 참석하도록 했다. 이렇게 한 이유가 몇 가지 있었는데, 그 가운데 가장 큰 이유는 행사가 진행되는 동안에 내 아이들도 거기에 함께 있으면서 세일즈 퍼널을 만드는 방법을 배우길 바랐기 때문이다.

한편으로 행사에는 퍼널을 잘 만들어서 성공을 거둔 청년 사업가 몇 명을 강연자로 초대하기도 했는데 이들이 경험담을 들려주면 좋겠다고 생각해서였다. 그런데 그 가운데 한 명이 열한 살 소년이었다. 그의 친구들은 이 아이를 '러셀 주니어Russell Junior'를 뜻하는 'RJ'라는 별명으로 불렀다. 아이의 본명은 노아 렌츠인데, 몇 년에 걸친 훈련 끝에 퍼널 만들기에 통달했으며 다른 여러 사업가에게 퍼널을 만들어줘서 성공을 거두게 했다.

"사람들에게 퍼널을 만들어주는 대가로 얼마를 받나요?"

나는 800명이 넘는 사람들 (그리고 350명이 넘는 어린이들) 앞에서 그 소년에게 물었다.

"네, 저는 퍼널 하나를 만드는 데 1만 달러에서 2만 5000달러까지 받았습니다. 그런데 지금은 너무 바빠서 돈이 아니라 회사 지분으로 받고 있습니다!"

그때 나는 잠시 뭘 잘못 들은 게 아닌가 싶었다. 당연히 귀를 의심할 만한 이야기였다. 당신이 이 책을 통해서 지금까지 배운 전략을 열한 살 어린이가 통달했을 뿐 아니라, 퍼널을 만들어달라는 수요가 너무 많다 보니 컨설팅 대가를 2만 5000달러라는 현금 대신 회사의 지분으로 요구한다고 했고, 컨설팅을 의뢰하는 사업가들은 자기 회사의 지분에서 일정 비율을 기꺼이 넘겨준다고 했으니까 말이다!

당신이 지금까지 배운 것이 얼마나 강력한 힘을 가지고 있는지 또 얼마나 큰 가치를 지니고 있는지 웅변해주는 일화다. 만약 누군가가 나를 컨설턴트로 고용한다면, 나는 지금까지 당신이 이 책에서 배운 모든 것을 가르쳐줄 것이다. 그 사람의 후크와 스토리와 제안에 초점을 맞출 것이고, 그 사람의 '매력적인 캐릭터'를 개발하는 데 시간을 들일 것이고, 그 사람이 꿈의 고객으로 여기는 사람들을 데려갈 가치 사다리를 만들 것이다. 가치 사다리의 각 단계에서 어떤 퍼널을 마련해야 할지 알아낸 다음에, 당장 실행해야 할 퍼널 하나를 선택해줄 것이다.

바로 이런 일들이 나를 지금 이 자리까지 오게 해주었다. 당신은 이제 퍼널의 심리학을 알고 있다. 그러니까 이제는 당신이 직접 자기 손으로 퍼널을 만들 차례다. 4부에서는 클릭퍼널스의 기본 전략과 도구를 소개하고, 이 도구를 사용하여 높은 전환율을 보장하는 세일즈 퍼널들을 신속하게 만드는 방법을 설명하려고 한다. 그다음에는 내가 '퍼널 스태킹 funnel stacking'이라고 부르는 개념을 소개하려 한다. 이 개념은 고객 또는 잠재고객이 가치 사다리의 높은 곳으로 올라가도록 여러 퍼널을 통합적으로 조정하는 방법을 보여준다. 그리고 마지막으로는 '퍼널 수정'에 대해서 알려줄 것이다. 당신이 어떤 퍼널을 어렵게 만들었는데 전혀 통하지 않는다면 어떻게 해야 할까? 당신이 기울인 모든 노력은 헛수고였을까? 아니면 잘못된 퍼널을 바로잡을 다른 방법이 있을까? 이 내용을 다룰 4부의 마지막 장에서는, 기대에 미치지 못하는 퍼널을 성공을 보장하는 퍼널로 바꾸기 위해서 내가 구사하는 몇 가지 비책을 소개하려 한다.

마지막 4부를 마치면 우리는 전략가에서 벗어나서 모든 발상과 개념을 사업에서 실제로 구현하는 기술 전문가가 된다. 퍼널 전략에 통달하고 이것과 관련된 발상들을 실행할 수 있다는 것은 가장 수익성이 높은 역량들 가운데 하나를 확보한다는 뜻이다. 열한 살 소년 노아는 전략을 이해했다. 그러나 여기에 그치지 않고 실제 업무도 할 수 있어서 다른 사람들의 사업을 돕는 대가로 그 사업의 지분을 받는다. 4부에서 나의 목표는 필요한 도구를 제공함으로써 당신이 실제로 성공을 보장하는 퍼널을 직접 만드는 것이다.

클릭퍼널스로 퍼널 만들기

나는 클릭퍼널스를 창업하기 전에 두 번이나 비슷한 소프트웨어 업체를 만들려고 시도했다. 첫 번째 시도했던 업체의 이름은 '클릭닷컴닷컴 ClickDotCom.com'이었고, 두 번째는 '클릭퓨전닷컴ClickFusion.com'이었다. 완벽한 실패로 끝났던 두 번 모두 나에게 수백만 달러의 손해를 안겼고 몇년을 낭비하게 만들었다. 그런 경험이 있기에 나는 친구인 토드 디커슨이 퍼널 제작 과정을 간단하게 만들어주는 소프트웨어를 만들고 싶다고 했을 때, 쓴웃음을 지으며 그 길을 가봐서 아는데 잘 안 될 것이라고 조언해주었다.

토드는 지난 여러 해 동안 내가 우리 회사의 퍼널과 수많은 고객의 퍼널을 맞춤형으로 재설정하는 작업을 도왔다. 사실 우리가 퍼널을 정말 잘 만들긴 하지만, 토드를 비롯해서 디자이너와 개발자로 구성된 소규모 팀이 새로운 퍼널 하나를 만들고 출시하기까지는 석 달이나 걸렸다.

모든 페이지가 일일이 수작업으로 코딩해야 했고, 모든 주문서 및 상향판매 페이지의 코드도 여러 차례 다시 작업해야 했다. 게다가 테스트도 여러 차례 해야 했다. 또 다른 문제도 있었다. 나는 코딩이나 디자인을 직접 할 수 없었기 때문에 아이디어 하나를 내서 디자이너에게 설명해준다고 해도 그걸이 일이 끝나지 않았다. 그 후로도 몇 주 동안 추가 설명을 하려고 디자이너를 계속해서 만나야 했다. 그런 다음에는 카피를 써야 했고, 내가 카피를 쓰면 디자이너들이 그 텍스트를 웹페이지에 올렸다.

수많은 아이디어가 끊임없이 샘솟는 에너지 넘치는 사업가라면 이 모든 과정이 너무 느리게 느껴질 것이다. 그런 이유로 하나의 퍼널이 완성되었을 때쯤 나는 이미 그 아이디어에 시들해져서 다른 아이디어에 몰두해 있기 일쑤였다. 이것이 오랜 세월 우리가 일해온 패턴이었다. 이런 식으로 만든 독특한 퍼널이 쌓여 어느덧 150여 개가 되었다. 우리는 큰 승리를 거둔 것처럼 느꼈지만 이 과정에서 너무도 많은 시간이 낭비되었다. 돌아보니 갈 곳을 잃은 퍼널들도 수없이 많았다.

클릭퍼널스를 만든 것도 바로 이런 이유 때문이었다. 우리가 개척한 이 전략을 실행하기 위한 과정이 얼마나 고통스러운지 너무도 잘 알았기 때문이다. 또 다른 문제는 내가 다른 사업가 지망생들에게 웹페이지에 퍼널을 만들고 유지하는 방법을 가르치려고 할 때 생겼는데, 거의 모두가 단 하나의 퍼널 페이지도 제 역할을 하도록 만들지 못했다.

하지만 토드는 불가능을 인정하지 않았다. 토드는 애틀랜타에서 살았는데, 다음 차례의 퍼널을 준비할 때면 내가 살던 아이다호의 보이즈로 날아와서 한 주 동안 브레인스토밍을 하곤 했다. 그는 사무실에 도착하자마자 나에게 질문을 퍼붓기 시작했다.

"내가 이러저러한 것을 만들려고 하는데, 특별히 원하는 게 있어? 이 기능은 어떨 것 같아? 이걸로 저렇게 하면 어떨까?"

그러다 보면 어느새 나도 그의 열정에 녹아들어 있었다. 한번은 내가 이렇게 말했다.

"그런데…… 우리에게 이름이 필요해. 세일즈퍼널스닷컴은 어때? 흠, 아냐, 이건 쓸 수가 없어. 퍼널퓨전닷컴은 어때? 퍼널닷컴닷컴은?"

모든 아이디어가 바보 같거나 아니면 이미 존재하는 도메인이었다. 약한 시간쯤 머리를 쥐어뜯으며 이런저런 단어를 조합하고 있었는데, 누군가가 "클릭퍼널스닷컴ClickFunnels.com!"이라고 외쳤다. 이미 존재하는 도메인이었지만, 이 도메인은 매물로 나와 있었다. 나는 그 도메인을 샀고, 토드와 나는 화이트보드 앞에서 우리의 새로운 테크 기업인 클릭퍼널스와 함께 펼쳐질 일들을 꿈꾸며 한 주를 보냈다.

화이트보드 앞에서 보낸 한 주가 끝난 뒤에 토드는 애틀랜타로 돌아가서 이 소프트웨어의 첫 번째 버전을 코딩하기 시작했다. 그리고 몇 달이 지난 뒤에 그는 시제품을 완성했는데, 정말 놀라운 성과물이었다. 나중에 우리는 또 다른 공동설립자인 딜런 존스를 영입했는데, 그는 페이지 에디터를 만든 인물이었다.

두 사람은 매일 밤 클릭퍼널스를 사용해보라고 이메일을 나에게 보냈다. 그러나 클릭퍼널스가 어떻게 작동하는지에 대해서는 아무런 설명도 해주지 않았다. 그들의 주장은 이랬다.

"만약 우리가 굳이 그런 설명을 덧붙여야 한다면, 클릭퍼널스는 실패작이라는 뜻이잖아."

그래서 나는 클릭퍼널스에 로그인한 다음에 그 안에서 퍼널을 만들려고 노력하는 내 모습을 영상으로 만들었다. 그러다가 막히면 이 영상을 그들에게 보냈고, 그러면 두 사람은 사용자가 한층 더 간편하게 작업하는 방법을 구현하려고 코딩을 수정했다.

그러다가 마침내 그해 여름, 우리는 제대로 작동하는 애플리케이션을 완성했다. 그리고 2014년 9월 23일에 첫 번째 결과물을 가지고서 실시간 방송을 했다. 그리고 그 역사가 지금까지 이어졌다. 이 책의 개정판이 인쇄될 시점에 이 사이트의 유료 회원은 10만 명이 넘었고, 날마다 수천 명이 유료 회원으로 가입했다. 내가 기업가들에게 늘 하는 농담이 있다. 클릭퍼널스는 사람들이 자기만의 퍼널을 만드는 데 사용하는 도구가 되었는데, 클릭퍼널스의 유료 회원이 될까 말까가 문제가 아니라 언제 되느냐가 문제라고.

도표 26-1 2014년에 클릭퍼널스는 벤처캐피탈 자금을 한푼도 받지 않고 설립되었다. 공동창업자인 나와 토드 디커슨은 그 뒤로 5년 만에 이 회사를 유료 회원 10만 명이 넘는 큰 회사로 성장시켰다.

이 장은 클릭퍼널스의 사용법을 처음부터 끝까지 자세하게 일러주고자 마련한 장이 아니다. 그건 이 사이트에 들어가면 단계별로 차근차근 익힐 수 있는 매뉴얼이 마련되어 있으므로 거기에서 해결하면 된다. 이 장에서 내가 초점을 맞추는 내용은 어떤 퍼널을 선택하느냐의 문제부터 시작해서 이것을 세상에 내놓기까지의 과정을 개괄해서 보여주는 것이다.

당신의 퍼널을 선택하라

퍼널을 만들 때 첫 번째 단계는 어떤 종류의 퍼널을 만들 것인지 결정하는 것이다. 여러분은 이 책의 서두를 읽고는 '이러저러한 퍼널을 만들고 싶다'는 생각을 했을 것이다. 그러나 생각이 막혔을 때 당신에게 적합한 퍼널이 무엇인지 신속하게 알아내는 몇 가지 방법이 있다.

우선 당신이 판매하고자 하는 제품이나 서비스의 가격이 얼마인지 생각해보라. 그런 다음에는 그 제품의 가격대가 가치 사다리의 어느 단계에 속하는지 확인해야 한다.

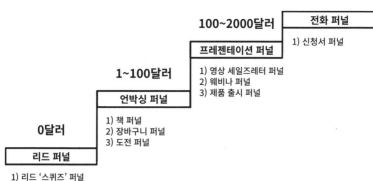

2000달러 이상

전화 퍼널
1) 신청서 퍼널

100~2000달러

프레젠테이션 퍼널
1) 영상 세일즈레터 퍼널
2) 웨비나 퍼널
3) 제품 출시 퍼널

1~100달러

언박싱 퍼널
1) 책 퍼널
2) 장바구니 퍼널
3) 도전 퍼널

0달러

리드 퍼널
1) 리드 '스퀴즈' 퍼널
2) 서베이 퍼널
3) 서밋 퍼널

도표 26-2 어떤 퍼널을 만들지 결정하는 가장 쉬운 방법은 자기 상품의 가격이 가치 사다리의 어느 단계에 있는지 파악하고, 그다음에는 자신의 말에 귀를 기울이는 사람들의 의견과 해당 상품을 기반으로 해서 그 단계에 속한 여러 퍼널 가운데 하나를 선택하면 된다.

- 0달러: 시작, 리드 퍼널
- 1~100달러: 언박싱 퍼널
- 100~2000달러: 프레젠테이션 퍼널
- 2000달러 이상: 마지막, 전화 퍼널

그다음에는 방금 선택한 가치 사다리의 단계를 찾고, 당신의 제품이나 서비스를 판매하기에 가장 좋은 퍼널을 선택한다. 예를 들어 100~2000달러의 제품 또는 서비스를 판매할 때는 프레젠테이션 유형의 퍼널을 사용할 수 있으므로 영상 세일즈레터 퍼널, 웨비나 퍼널, 제품 출시 퍼널 가운데서 선택할 수 있다.

아울러 상품 가격이 1000달러라고 해서 반드시 프레젠테이션 퍼널을 통해야만 하는 것은 아님을 명심해야 한다. 해당 상품 제안을 쪼개서 언박싱 퍼널을 통해서도 얼마든지 팔 수 있다. 마찬가지로 제품이나 서비스의 가격이 100달러인 상품도 언박싱 퍼널에서 팔 수 있다. 또한 이 상품을 감사 페이지 또는 각 퍼널 내부의 특별 행사 페이지에 올림으로써 시작 리드 퍼널에서 판매할 수도 있다(자세한 내용은 '시작 리드 퍼널' 장을 참조하라).

어차피 우리는 어떤 상품이 어떤 퍼널에서 가장 잘 작동할지 완벽하게 알 수는 없다. 그러므로 우선 가장 정교하게 예측을 하고, 이 책에서 배운 모든 전략을 동원해서 퍼널을 만든 다음, 이 퍼널을 시장에서 실행하고(만약 실패한다면 마지막 장의 '퍼널 수정'을 다시 읽어보자), 성공할 때까지 그 퍼널을 계속해서 조금씩 수정하면 된다. 어떤 이유로든 이 퍼널이 제대로 작동하지 않는다면, 과거에는 3개월에서 6개월 또는 그 이상의 시간을 낭비했겠지만, 지금은 이런 퍼널을 쉽고 빠르게 만들 수 있으므로 기껏해야 한두 주의 시간을 낭비하는 것뿐이다. 그러니 그 정도는 감수하고 새로운 퍼널 유형을 시도하는 것이 좋다. 마지막 승리를 쟁취할 때까지 이 과정을 꾸준하게 계속 반복해야 한다.

당신의 퍼널을 스케치하라

퍼널을 선택했으면 이 퍼널의 각 단계를 스케치해보자. 이 책에서 배운 퍼널들 가운데 어느 것이든 모델로 삼아도 된다. 그러나 당신이 제안하는 상품에 따라서 웹페이지나 단계가 조금 더 많아질 수도 있고 조금 더 적어질 수도 있음을 명심해야 한다. 이때 가장 먼저 자문해야 봐야 할 질문들은 다음과 같다.

- 나의 퍼널에서 필요한 페이지는 어떤 것들일까?
  - 돌출 주문서를 사용할까?
  - 상향판매를 몇 번이나 넣을까?

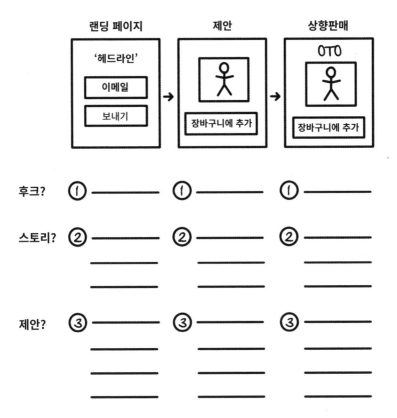

도표 26-3 클릭퍼널스에서 각각의 퍼널을 만들기 전에 먼저 퍼널에 포함되는 각 페이지의 후크, 스토리, 제안, 가격 요소들을 파악하라.

- 하향판매를 굳이 넣어야 할까?
- 각 페이지의 후크는 무엇일까?
- 스토리는 무엇일까?
- 제안은 무엇일까?
- 각각의 제안에 매길 가격은 얼마일까?

해당 퍼널에 각 페이지와 단계를 스케치해서 자기가 무엇을 가장 먼저 만들어내려고 하는지 시각적으로 인지할 수 있도록 해야 한다.

클릭퍼널스로 퍼널 만들기

만들고 싶은 퍼널을 시각적으로 표현해본 다음에는 클릭퍼널스닷컴에서 마법이 일어나게 할 수 있다. 우리는 클릭퍼널스를 기업가나 CEO가 직접 사용할 수 있을 정도로 쉽게 만들었을 뿐 아니라 웹사이트 제작 면에서도 충분히 강력한 기능을 발휘하도록 만들었다.

첫 번째 단계는 클릭퍼널스 계정에 로그인한 다음에 'Add New(새로 만들기)' 버튼을 클릭해서 당신의 첫 번째 퍼널을 만드는 것이다.

도표 26-4 클릭퍼널스에서 처음 퍼널을 만드는 건 어렵지 않다. 일단 'Add New(새로 만들기)' 버튼을 누르면 시작이다.

그러면 퍼널을 만드는 과정을 도와줄 'Funnel Wizard(퍼널 마법사)'가 뜬다. 여기서 'Collect Emails(이메일 수집하기)'나 'Sell Your Product(제품 판매하기)' 혹은 'Host Webinar(웨비나 진행하기)'를 선택할 수 있다. 만

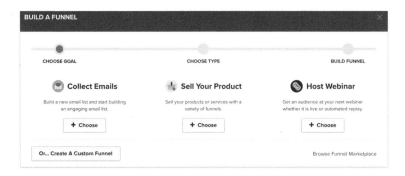

도표 26-5 목적에 따라서 세 가지 간단한 퍼널 가운데 하나를 선택할 수 있고, 자기만의 맞춤형 퍼널을 만들 수도 있다.

일 이메일 주소록을 만들고 싶다면 'Collect Emails'를 클릭해서 리드 '스퀴즈' 퍼널을 만들면 된다. 제품이나 서비스를 팔고 싶다면 'Sell Your Product'를 클릭해서 여러 가지 언박싱 퍼널을 만들 수 있다. 웨비나를 통해서 자기 제품이나 서비스를 팔고 싶다면 'Host Webinar'를 클릭해서 실시간 혹은 자동화된 웨비나 퍼널을 만들어보자. 만일 전혀 다른 퍼널을 만들고 싶다면 'Create a Custom Funnel(맞춤형 퍼널 만들기)'을 클릭하면 된다.

퍼널을 선택하고 나면 '퍼널 위저드'가 당신을 위한 맞춤형 퍼널을 만들어준다. 화면 왼쪽에는 당신의 퍼널에 있는 페이지들을 볼 수 있다. 생성된 퍼널이 당신이 구상한 퍼널의 각 단계와 얼마나 일치하는지 확인해보자. 여기에서는 기본적인 퍼널들이 생성되지만, 각 단계를 간단히 더하거나 빼서 당신이 구상해두었던 것에 맞추어 퍼널을 만들 수 있다.

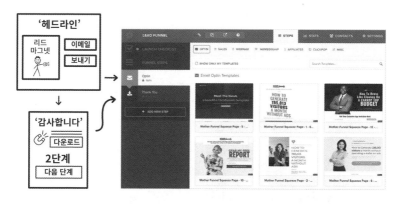

도표 26-6 리드 '스퀴즈' 퍼널에는 랜딩 페이지(옵트인)와 감사 페이지라는 두 개의 페이지밖에 없다.

이 화면의 오른쪽에서는 퍼널에 들어갈 각각의 페이지를 즉시 생성할 수 있는 템플릿을 선택할 수 있다. 웹사이트를 한 번도 만들어본 적 없는 사람이라도 광범위한 템플릿 라이브러리에서 마음에 드는 것을 선택해

도표 26-7 이미 만들어져 있는 수백 가지의 템플릿 가운데 하나를 선택해서 당신만의 퍼널을 만들어보자. 몇 주 혹은 몇 달이 걸릴 수도 있는 일이 단 몇 분에서 몇 시간이면 뚝딱 해결될 수 있다.

서 자기만의 퍼널을 만들 수 있다. 웹사이트 제작에 대한 안목이나 기술을 가지고 있다면 원하는 대로 템플릿을 수정할 수도 있고, 아니면 처음부터 완전히 새로 시작해도 된다.

마지막으로 이 책에서 소개한 10개의 핵심 퍼널들의 템플릿을 DotComSecrets.com/resources에 만들어두었으니 여기에서 원하는 핵심 퍼널을 당신의 클릭퍼널스 계정에 추가할 수 있다. 이렇게 해서 자기만의

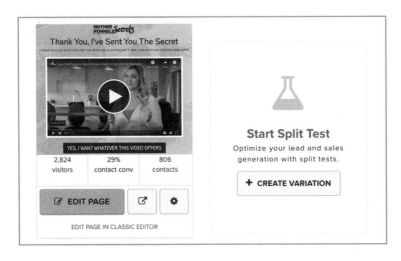

도표 26-8 'Edit Page' 버튼을 클릭해서 각각의 템플릿을 자기에게 맞게 수정할 수 있다.

퍼널 하나를 쉽게 얻을 수 있고, 간단한 조작만으로 맞춤형 그래픽과 텍스트를 그 퍼널에 넣을 수 있다.

템플릿을 하나 선택한 다음에는 'Edit Page(페이지 편집하기)' 버튼을 클릭해서 'Page Editor(페이지 에디터)' 화면을 열어보자.

'페이지 에디터'로 맞춤형 퍼널을 만들어보자

클릭퍼널스를 사용하면 비전문가인 나도 단 몇 시간 만에 나만의 페이지를 만들 수 있다. 여기에서는 '페이지 에디터'를 사용하기 전에 작동 방식과 페이지 구성의 원리를 간단히 알아보자. 기본적인 항목만 파악하면 원하는 대로 쉽게 페이지를 꾸밀 수 있다.

각 페이지는 섹션section과 행row과 요소element로 구성된다. '페이지 에디터' 내부는 사용자가 작업 중인 내용을 쉽게 볼 수 있도록 각 부분에 색깔을 입혀놓았다.

- 섹션 부분은 초록색
- 행 부분은 파란색
- 요소 부분은 오렌지색

○ **섹션**: 첫 번째 단계는 페이지에서 보여주고자 하는 섹션들을 새로 만들거나 템플릿에 기본으로 있는 섹션들을 편집하는 것이다. 섹션은 페이지 상단의 헤더header와 바디body 그리고 푸터footer로 이루어진 페이지의 기본 공간이다. 섹션은 설계자가 원하는 대로 정렬할 수 있으며, 각 섹션별로 배경 이미지나 색상을 다르게 설정할 수 있다.

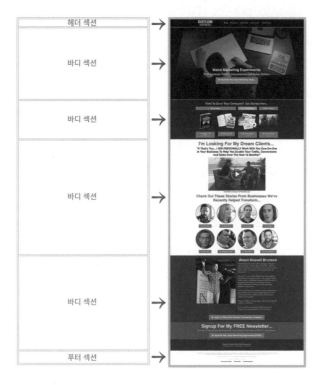

도표 26-9 초록색의 섹션들(왼쪽에서 이중선으로 표시된 부분)에는 헤더와 바디와 푸터의 각 내용이 들어간다. 오른쪽의 페이지가 섹션들을 사용해서 어떻게 만들어졌는지 살펴보자.

○ 행: 섹션을 만든 다음에는 행들을 만든다. 행은 파란색으로 표시되어 있으며 여러 개의 열column로 구성된다. 페이지를 설계할 때 창의성을 발휘해서 이 행과 열을 유연하게 구성할 수 있으며, 모바일 친화적인 반응형 구조로 만들 수 있다.

○ 요소: 마지막 단계는 각각의 요소를 행 안에 넣는 작업이다. 페이지의 요소들은 페이지의 기본적인 구성 단위들이다. 이 단계에서 헤드라인, 문장, 이미지, 영상, 주문서, 버튼, 카운트다운 타이머, 진행 상황을 알려주는 표시, 옵트인 양식, 웹페이지 사용자 맞춤형 조사 등과 같은 다양한

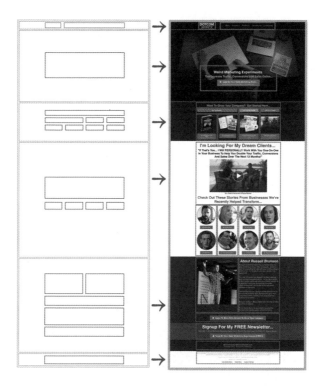

도표 26-10 파란색의 행들(왼쪽에서 단일선으로 표시된 부분) 덕분에 페이지는 모바일 친화적이며, 각각의 행은 여러 개의 열을 가질 수 있다.

페이지 요소를 추가할 수 있다.

여기에서 몇 차례 간단히 클릭하는 것만으로도 영상이나 그 밖의 여러 요소를 페이지에 빠르게 추가할 수 있다. 브랜드를 만들고 전환율을 높이기 위해 페이지에 추가할 수 있는 요소는 영상 외에도 40가지가 넘는다.

이렇게 페이지의 구조를 완성하고 구성 요소들까지 추가하고 나면, 이제는 각각의 요소로 들어가서 편집하는 작업을 해야 한다. 헤드라인을 바꾼다거나 여러 요소를 페이지 이곳저곳에 마우스로 끌어놓는다거나 하는 등의 작업은 쉽고 단순하다.

'페이지 에디터'는 사용자가 의도한 대로 페이지를 만들 수 있도록

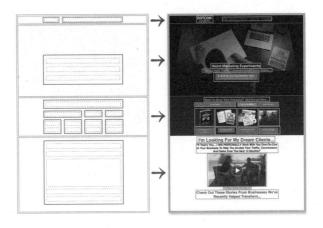

도표 26-11   오렌지색의 요소들(왼쪽에서 점선으로 표시된 부분)은 이미지나 문장 등 페이지를 구성하는 실질적인 내용이다.

도표 26-12   유튜브나 비메오 등의 링크를 간단하게 복사해서 붙여넣기로 하는 것으로 페이지에 영상을 추가할 수 있다.

모든 요소를 재정렬하거나 추가하거나 삭제할 수 있다. 한 번의 클릭만으로 모든 요소의 크기, 색상, 배경을 바꿀 수 있으며, 모바일 반응형인 모든 페이지는 '페이지 에디터' 안에서 미리보기 해보면서 최적화할 수 있다.

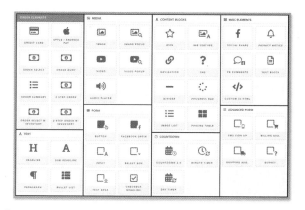

도표 26-13 '페이지 에디터'는 모든 유형의 퍼널에 추가할 수 있는 요소를 40개 넘게 확보하고 있다.

도표 26-14 해당 부분을 클릭해서 원하는 내용을 적어넣는 방식으로 텍스트를 편집할 수 있다.

후크와 스토리와 제안을 퍼널에 심어보자

자기만의 퍼널을 만들 때 클릭퍼널스와 '페이지 에디터'가 기술적으로 큰 도움을 주는 건 사실이지만, 진정한 힘은 페이지 그 자체에 있지 않다. 그 힘은 방문자의 관심을 사로잡으려고 당신이 페이지에 심어놓는 후크에 있고, 방문자와의 연결성을 강화하며 당신이 제안하는 것의 가치를 높이기 위해 페이지에서 들려주는 스토리에 있다.

나 역시도 페이지들을 편집할 때 디자인과 브랜딩에 신경을 많이 쓰지만 무엇보다 중요하게 여기는 것은 바로 '후크, 스토리, 제안'이다. 당신의 '후크, 스토리, 제안'이야말로 실제 매출을 올려주고, 많은 사람들에게 도움을 줄 수 있는 힘을 얻게 해준다. 비밀-28에서 살펴보겠지만, 어떤 페이지 혹은 어떤 퍼널이 제대로 작동하지 않을 때 가장 먼저 살펴보고 수정해야 하는 것도 바로 '후크, 스토리, 제안'이다. 멋진 퍼널을 만드는 과정을 즐기되 결국 이 세 가지가 가장 중요하다는 사실은 잊지 말아야 한다.

후속 퍼널을 만들어보자

비밀-7에서 꿈의 고객이 구독자로든 혹은 구매자로든 당신의 주소록에 이름을 올렸을 때 이 사람들에게 보내는 후속 퍼널을 살펴보았다. 자기만의 후속 퍼널을 만드는 작업도 클릭퍼널스에서는 어렵지 않다.

우선 후속 시퀀스를 개략적으로 스케치한다. 내 경우에 이 과정은 다음과 같이 진행된다. 나의 '매력적인 캐릭터'는 무엇인가? 내가 고객 혹

도표 26-15 만들고자 하는 퍼널을 스케치할 때는 후속 퍼널에 대한 계획도 포함해야 한다.

도표 26-16 잠재고객이 자기 이메일 주소를 등록하고 나면, 당신은 후속 퍼널로 그 고객과 대화를 이어갈 수 있다.

은 잠재고객에게 이메일을 보낼 때 이 캐릭터에 어떻게 인간적인 모습을 덧붙여야 할까? '연속극 시퀀스'에서는 무슨 말을 해야 할까? '사인필드 이메일'에서는 어떤 유형의 메시지를 담아서 보내야 할까?

첫 번째 단계는 'New Follow-Up Funnel(새로운 후속 퍼널)' 버튼을 클릭해서 후속 퍼널을 만드는 것이다.

그 버튼을 클릭하면 잠재고객에게 날마다 순차적으로 보낼 '연속극 시퀀스'를 만들 수 있다. 만일 이 이메일의 총 횟수가 5회라면, 다섯 개의 이메일을 만들면 된다.

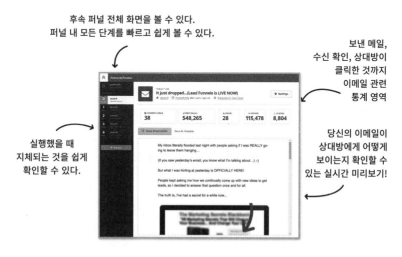

도표 26-17 후속 퍼널 안에서 이메일을 자동으로 발송하도록 설정할 수 있다.

보다 더 많은 사람이 당신의 이메일을 열어보도록
이메일의 프리헤더pre-header를 편집해보라! 멋진 편집 도구가 수없이 많다!

이메일에
이미지를 넣어서
클릭율을
높여보자.

이메일에
새로운
요소들을 쉽게
추가할 수 있다.
추가 버튼을
누르기만
하면 된다.

도표 26-18 '이메일 에디터'는 사용하기 쉬운데, '페이지 에디터' 경우와 마찬가지로 섹션, 행, 요소로 구성된다.

그다음에는 이메일이 발송될 기간에 들어가서 특정 날짜에 잠재고객에게 보낼 이메일이 메시지를 작성한다. 이메일의 편집을 꾸미려면 '클릭퍼널스 이메일 에디터'를 사용할 수 있다.

'연속극 시퀀스'를 다 만들었다면 퍼널로 다시 돌아가서 후속 퍼널과 통합해야 한다. 이렇게 하면 누군가가 당신에게 이메일 주소를 주었을 때 그 사람에게 이 이메일들이 자동으로 발송된다.

이제 당신의 퍼널을 시장에서 실행하라

클릭퍼널스에서 퍼널을 만들고 나면 구상했던 세일즈 퍼널이 마침내 생명을 얻고 탄생했음을 확인할 수 있다. 자, 이제부터 당신은 방문자를 끌어들이고, 방문자와 관련된 통계를 추적하고, 놀랍도록 빠른 기간 안에

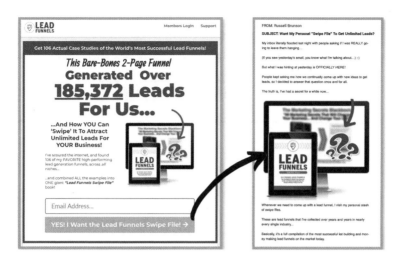

도표 26-19 후속 퍼널을 퍼널 페이지들과 연결해두면 잠재고객의 이메일 주소를 수집할 수 있다. 연결은 클릭 한 번으로 가능하다.

눈부신 결과를 얻을 수 있다. 예전에는 멋진 퍼널 하나를 만들려면 전문가들로 구성된 팀이 두세 달 동안 매달려야 했지만, 이제 클릭퍼널스 계정을 가진 사람이면 누구나 혼자서 한 시간 만에 할 수 있게 되었다.

퍼널 포개기

고등학생 레슬링 선수 시절에 나는 여름이면 동료들과 함께 합숙훈련을 떠나곤 했다. 당시에 '레슬링 합숙훈련의 동작들'을 배웠는데 동작들이 무척 재미있었다. 친구들에게 자랑할 수도 있고 무언가 많은 것을 배웠다는 뿌듯함을 안겨주는 몸놀림과 속임수였다. 그런데 사실 이 동작들은 실제 레슬링 경기에서는 그다지 쓸모가 없었다. 아닌 게 아니라 주나 전국 단위의 대회 혹은 세계 선수권 대회 같은 수준 높은 경기를 보면 거의 모든 경기가 한 다리를 잡고 넘어뜨리거나 두 다리를 동시에 잡고 넘어뜨리기 같은 두세 가지 동작만으로 이루어진다.

안타깝게도 이런 기본적인 동작들은 멋진 움직임이라고 보기는 어렵지만 바로 이 동작들이 승패를 결정한다. 세일즈 퍼널도 마찬가지다. 화려함을 경계하고 기본에 집중할수록 더 많은 매출을 올릴 수 있다.

지금까지 나는 수도 없이 많은 퍼널을 검토했고, 다른 사람들이 상향판매, 하향판매, 교차판매, 엄청난 이메일 시퀀스 등 온갖 아이디어들을 동원해서 퍼널을 구사하는 것도 봐왔다. 그런데 문제는 그 사람들 대부분이 돈을 벌지 못한다는 것이다.

내가 이 책에서 가장 중요한 10개의 핵심 퍼널을 설명하기는 했지만, 당신이 이 10개의 새로운 퍼널을 모두 사용해서 상품을 팔겠다고 나서지는 않기를 바란다. 가치 사다리의 각 단계에 퍼널을 딱 하나씩만 선택하는 것이 좋다. 내 경우에는 매출의 95퍼센트 정도가 책 퍼널과 웨비나 퍼널 그리고 가격대가 높은 상품 퍼널(즉 고가 퍼널)이라는 단 세 개의 기본적인 퍼널에서 나온다.

가치 사다리의 각 단계에 맞는 퍼널을 만들고 나면, 꿈의 고객은 우리가 '퍼널 포개기funnel stacking'라고 부르는 과정을 통해 가치 사다리의 위쪽으로 계속 올라간다. 예를 들어보자. 당신은 사람들을 리드 '스퀴즈' 퍼널에서 책 퍼널로, 또는 웨비나 퍼널로, 마지막으로는 신청서 퍼널로 계속 이동시킬 수 있다. 가치 사다리의 각 단계에 맞게 특정 퍼널 유형을 선택할 필요가 없으며, 또 고객을 이 순서대로 이동시킬 필요도 없다. 퍼

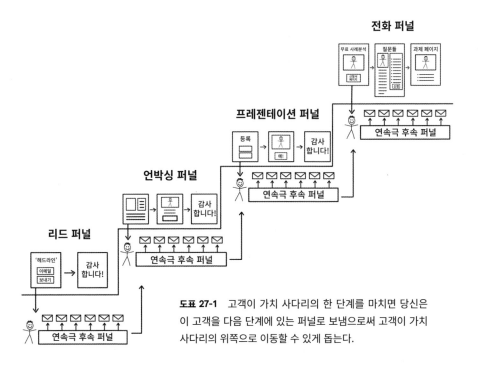

도표 27-1 고객이 가치 사다리의 한 단계를 마치면 당신은 이 고객을 다음 단계에 있는 퍼널로 보냄으로써 고객이 가치 사다리의 위쪽으로 이동할 수 있게 돕는다.

널 포개기는 고객을 한 퍼널에서 다른 퍼널로 이동시키는 것이다. 이 과정은 당신의 후속 퍼널만이 아니라 퍼널에 있는 페이지들에서도 이루어진다.

퍼널 포개기를 정확하게만 실행한다면 예전보다 더 많은 가치를 고객에게 제공할 수 있고, 경쟁자를 능가할 수 있으며, 회사의 규모를 키워나갈 수 있다.

한 단계에서 다음 단계로 올라가기

가치 사다리의 한 단계에서 다음 단계로 고객을 끌어 올리는 한 가지 방법은 다음 퍼널의 첫 단계를 이전 퍼널의 마지막 페이지에 배치하는 것이다. 이제부터 각 퍼널 유형 끝에 또 다른 퍼널을 추가하는 몇 가지 방법을 살펴보자.

도표 27-2 어떤 퍼널을 다른 퍼널 위에 포개는 방법 가운데 하나로, 리드 '스퀴즈' 퍼널의 '다음 단계' 버튼을 클릭하면 도전 퍼널의 첫 페이지로 이동하도록 설정하는 것이 있다. 도전 퍼널을 마친 사람을 졸업 웨비나에 초대해서 당신이 판매하는 제안을 프레젠테이션할 수 있다.

　○ **시작 리드 퍼널**: 리드 퍼널을 만들면 방문자가 고객이 되도록 유도할 수 있다. 각각의 리드 퍼널에는 사람들을 가치 사다리의 다음 퍼널로 이동시킬 수 있는 기회가 포함되어 있다.

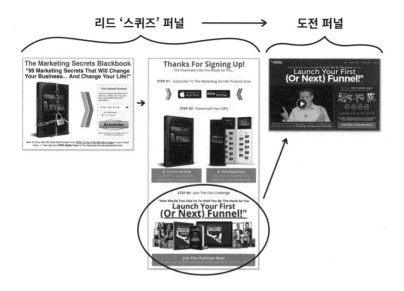

도표 27-3 누군가가 우리의 『마케팅의 비밀들 블랙북』을 무료로 받은 뒤에 감사 페이지를 방문하면, 우리는 이 사람들에게 가치 사다리의 다음 차례 제안인 '원 퍼널 어웨이 챌린지'를 제안한다. 이 퍼널 포개기가 어떻게 작동하는지는 MarketingSecrets.com/blackbook에서 확인할 수 있다.

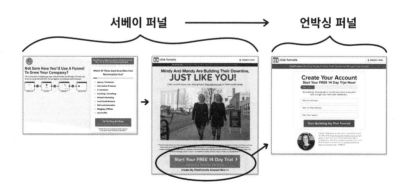

도표 27-4 누군가가 클릭퍼널스 홈페이지에서 조사에 응한 뒤 결과 페이지를 방문하면, 우리는 언박싱 퍼널을 사용해서 가치 사다리의 다음 차례 제안인 클릭퍼널스 14일 무료 이용권을 제시한다. 이 퍼널 포개기가 어떻게 작동하는지는 MarketingSecrets.com/blackbook에서 확인할 수 있다.

서밋 퍼널 ⟶ **도전 퍼널**

도표 27-5 누군가가 '30일 서밋' 프로그램에 등록하고 특별 제안 페이지를 방문하면, 우리는 도전 퍼널을 사용해서 이 사람들에게 가치 사다리의 다음 차례 제안인 '원 퍼널 어웨이 챌린지'를 제안한다. 이 퍼널 포개기가 어떻게 작동하는지는 30Days.com에서 확인할 수 있다.

○ **언박싱 퍼널**: 어떤 제품이나 서비스를 이미 구매한 고객은 또 다른 구매 기회를 제시했을 때 해당 상품을 구매할 가능성이 훨씬 더 높다.

책 퍼널 ⟶ **웨비나 퍼널**

도표 27-6 누군가가 우리의 『브랜드 설계자』를 배송비만 부담하고 무료로 받겠다고 신청한 뒤 감사 페이지를 방문하면, 우리는 웨비나 퍼널을 사용해서 이 사람들에게 가치 사다리의 다음 차례 제안인 '퍼널 만들기의 비밀들'을 제시한다. 이 퍼널 포개기가 어떻게 작동하는지는 ExpertSecrets.com에서 확인할 수 있다.

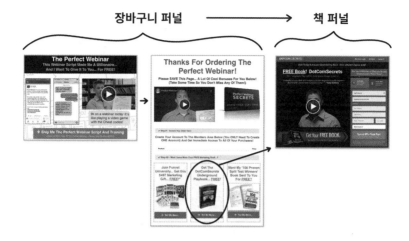

도표 27-7 누군가가 우리의 『완벽한 웨비나의 비밀들』을 배송비만 부담하고 무료로 받겠다는 신청을 하고 감사/오퍼월 페이지를 방문하면, 우리는 책 퍼널을 사용해서 가치 사다리의 다음 차례 제안인 『닷컴 설계자』를 제시한다. 이 퍼널 포개기가 어떻게 작동하는지는 PerfectWebinarSecrets.com에서 확인할 수 있다.

도표 27-8 누군가가 우리의 '원 퍼널 어웨이 챌린지'를 구매하고 이 과정을 모두 마치고 나면, 우리는 페이스북 도전 그룹에 게시하는 방식으로 웨비나 퍼널을 사용해서 현재 팔고 있는 제안을 설명하고 '일급 비밀 다음 과제'에 등록하도록 초대한다. 이 퍼널 포개기가 어떻게 작동하는지는 OneFunnelAway.com에서 확인할 수 있다.

○ 프레젠테이션 퍼널: 누군가가 프레젠테이션 퍼널을 통과했다면, 감사 페이지는 이 사람들을 또 다른 프레젠테이션 퍼널이나 신청서 페이지로 유도하는 데 훌륭한 공간이 된다.

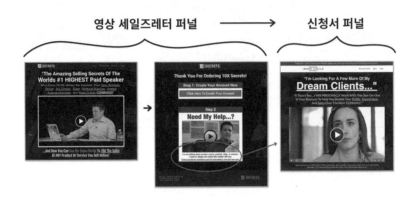

도표 27-9 누군가가 '10배 법칙의 비밀들'를 구매하고 감사 페이지를 방문했다면, 우리는 신청서 퍼널을 사용해서 가치 사다리의 다음 차례 제안인 '이너서클'을 제시한다.

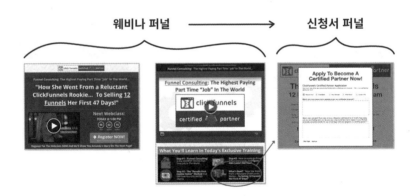

도표 27-10 누군가가 우리의 웨비나에 등록하고 감사 페이지를 방문했다면, 우리는 신청서 퍼널을 사용해서 가치 사다리의 다음 차례 제안인 'CF 인증'을 제시한다.

제품 출시 퍼널 ———→ **신청서 퍼널**

도표 27-11 누군가가 우리의 '퍼널 해킹' 워크숍에 등록하고 제안 페이지를 방문했다면, 우리는 신청서 퍼널을 사용해서 가치 사다리의 다음 차례 제안인 '이너서클'을 제시한다.

왜 퍼널을 포개야 할까

퍼널 포개기가 어떻게 작동하는지 이해했는가? 퍼널에 있는 각각의 페이지가 당신과 꿈의 고객 사이의 인간적인 관계를 강화한다면, 각각의 퍼널은 그 관계를 심화해서 고객이 당신의 가치 사다리 위쪽으로 올라가도록 만든다.

어떤 사람들은 그 사다리를 천천히 오른다. 해당 퍼널의 마지막에 다른 사람들이 거기에서 끝낼 수도 있다. 하지만 그래도 괜찮다. 바로 이 지점에서 당신의 '매력적인 캐릭터'와 후속 퍼널이 고객과의 관계를 발전시키면 사람들은 가치 사다리의 다음 차례 퍼널에서 당신과 다시 만날 준비가 된다. 또 어떤 사람들은 한층 더 빠른 속도로 가치 사다리 위쪽으로 이동하고 싶어 한다. 이런 사람들은 퍼널 포개기 덕분에 가치 사다리를 한층 더 빠르게 이동할 수 있다.

나에게서 책을 구입한 사람이 그 뒤로 삼사 년 동안 나에게서 아무것도 사지 않다가 어느 날 불쑥 나의 사이트를 방문해서는 별다른 거부감 없이 책을 사거나 웨비나에 등록할 수 있다. 이런 사람들은 생각보다 많다. 또 어떤 사람들은 나에게서 책을 산 지 일주일 만에 2만 5000달러가 넘는 구매를 한다. 사람들은 저마다 자기만의 속도에 따라서 움직인다. 내가 퍼널 포개기를 사용하는 이유는 간단한데, 빠르게 움직이는 사람들에게 내가 지금 바로 무언가를 제공하지 않으면 이 사람들은 다른 판매자를 찾아가서 자기 문제를 해결하려 하기 때문이다.

퍼널을 이런 식으로 포개서 사용할 때 퍼널들 안으로 들어오는 각각의 사람들이 더 많이 구매하도록 할 수 있다. 즉 퍼널 포개기를 통해서 당신은 각각의 고객으로부터 더 많은 매출을 올릴 수 있고 또 경쟁자들보다 더 많은 금액을 광고비로 투자할 수 있다.

가치 사다리 개념도 그렇지만 퍼널 포개기 개념을 가르칠 때 내가 특히 힘주어서 강조하는 게 딱 한 가지 있다. 어떤 퍼널을 시장에 내놓고 실행할 때는 여러 개의 퍼널을 확보할 때까지 굳이 기다릴 필요가 없다는 점이다. 첫 번째 퍼널을 만들었으면 곧바로 실행해서 이 퍼널이 성공을 거두고 점점 커지는 데 집중해야 한다. 두 번째 퍼널을 만든 다음에는 첫 번째 퍼널로 돌아가서 여기에 있는 사람들을 두 번째 퍼널로 유도하면 된다. 그러나 퍼널 포개기가 완성될 때까지 기다리지 않아도 된다. 지금 바로 벌어야 할 돈이 있다. 지금 바로 제시하는 제안을 받아들일 고객이 있다. 모든 퍼널이 마련된 다음 고객을 찾아 나서야겠다는 생각으로 기다리지 말라는 뜻이다. 당신이 지금 가지고 있는 첫 번째 상품과 제안으로, 당신의 첫 번째 퍼널을 통해서 지금 바로 고객을 만나라.

퍼널 수정하기

고등학생 시절 나의 목표는 딱 하나였다. 레슬링 주 챔피언이 되는 것이었다. 3학년으로 진학하기 직전에는 이 목표가 나에게는 너무도 중요했다. 그래서 나는 아침마다 달리기를 했고 역기를 들었으며 나보다 실력이 낫다 싶은 상대가 있으면 빼놓지 않고 붙어보았다. 아버지는 나보다 실력이 좋은 레슬링 선수나 비법을 가르쳐줄 코치를 찾으려고 주 전역을 구석구석 돌아다녔고, 덕분에 나는 레슬링 선수로서의 내 결점들을 발견할 수 있었다.

몇 달 동안 훈련을 했고, 마침내 11월 3일에 정식 시즌이 시작되었다. 그로부터 몇 주 뒤에 나는 첫 경기를 치렀다. 그 경기의 상대는 공교롭게도 전년도 준우승자였다. 그러나 나는 그를 이길 준비가 되어 있었다. 가족과 친구들과 동료들에게 내가 레슬링 주 챔피언의 자격을 갖추었음을 증명할 준비가 되어 있었다. 적어도 그때는 그렇게 생각했다.

수많은 시간을 들여서 연습하고 준비했지만 나는 실패했다. 여전히 준비가 부족했다. 이 사실을 그날 경기장 매트 위에서 깨달았다. 상대가 나를 너무도 쉽게 이겼기 때문이다. 나는 너무도 당혹스러웠다. 그날 밤에 나는 울다가 잠들었다.

그런데 그날 밤 내가 자책하며 머리를 쥐어뜯는 동안 아버지는 밤을 새우다시피 하면서 내 경기를 촬영한 영상을 몇 번이고 돌려봤다. 그러면서 연말 주 대회에서 내가 그 무적의 상대 선수를 이기려면 어떻게 해야 할지 꼼꼼히 메모했다.

다음 날 아침에도 나는 기분이 좋지 않았다. 그러나 아버지는 얼굴에 웃음기를 띠고 있었다.

"네가 왜 졌는지 알아냈어! 네가 녀석을 이기려면 무엇을 해야 하는지도 알아냈지!"

나는 아버지의 긍정적인 태도에 약간 짜증이 났다. 학교에 가기 전에 30분이나 거실 카페트 위에서 내가 해야 할 여러 동작을 보여줄 때는 거의 폭발할 지경이었다. 그런데 그날 학교 수업과 레슬링 연습이 끝난 뒤에 아버지는 다시 내 앞에 나타났다. 나는 또 어쩔 수 없이 아버지의 지도를 받아서 내게 필요한 자세와 동작을 익혔다. 아버지와 나는 그 뒤로 넉 달 동안 이 동작들을 반복해서 훈련했다.

넉 달 뒤 나는 주 토너먼트 대회에 참가했다. 그 시즌에 나는 성적이 좋아서 주 2위였고, 나에게 패배를 안겼던 그 선수는 주 1위였다. 그래서 우리 두 사람이 각자 모두 이기면 결승전에서 맞붙도록 대진표가 짜여 있었다. 토너먼트 경기가 진행되었고, 마침내 우리 두 사람이 결승전에서 우승컵을 놓고 맞붙게 되었다.

경기 직전, 아버지와 나는 그렇게 열심히 연습했던 자세와 동작을 마지막으로 한 차례 더 훈련했다. 그리고 나는 매트에 올랐고, 상대 선수와 악수를 나누며 경기를 시작했다. 그런데 이번에는 지난번과 많이 달랐다. 머릿속으로 이미 수백 번이나 그와 경기를 했으니까 말이다. 나는 상대방이 좋아하는 동작과 여기에 대처하는 방법을 알고 있었다. 또한 그의 약점이 무엇인지도 알았고 이를 완벽하게 이용했다. 6분 동안 이어진 경기가 끝났을 때, 주심이 번쩍 들어 올린 손은 바로 나의 손이었다. 내가 주 챔피언이 된 것이다!

내가 이 이야기를 굳이 하는 것은 당신이 머지않아서 첫 퍼널을 내놓을 것이기 때문이다. 객관적으로 말하자면 그 첫 번째 퍼널이 실패할 가능성은 성공할 가능성보다 훨씬 크다. 대부분 첫 번째 퍼널은 제대로 작동하지 않는다. 하지만 그래도 괜찮다. 이렇게 될 것임을 미리 안다면, 충격을 받지도 않고 비참한 우울감에 빠지지도 않을 것이다. 나의 '이너서클' 회원들은 자기의 첫 퍼널을 실행하기 전날에 나에게 전화를 해서는 자기가 얼마나 열심히 준비했으며 또 얼마나 흥분되는지 모른다고 말하곤 한다. 그러나 나는 보통 부정적으로 반응하곤 한다.

"아마도 잘 안 될 겁니다."

"예? 그게 무슨……?"

"대부분 처음에는 실패하거든요. 제가 내놓는 퍼널도 예외가 아니에요. 첫 퍼널은 데이터를 얻기 위한 것일 뿐입니다. 이 퍼널이 제대로 작동하도록 하려면 반드시 해야 하는 변화와 수정에 필요한 데이터죠. 방문자들을 실제로 맞이해보지 않고서는 퍼널이 제대로 된 것인지 어떤지는 결코 알 수 없으니까요. 그 퍼널이 어디에서 무엇이 잘못되었는지 빨리 알면 알수록 그만큼 빨리 문제를 바로잡을 수 있죠."

이렇게 말하고 나는 고등학생 시절의 그 레슬링 이야기, 즉 실패와 대응 훈련과 승리의 이야기를 해준다. 무적이던 상대 선수와 처음 맞붙었을 때는 내가 질 가능성이 매우 높았지만, 그 뒤 넉 달 동안 내 약점이 무엇인지 철저하게 파악하고 거기에 대응했기 때문에, 그다음에 맞붙었을 때는 이겼다는 이야기를.

첫 번째 퍼널을 내놓는다는 것은 강적을 상대로 처음 맞붙어본다는 의미가 있다. 다시 말해 첫 번째 테스트를 한다는 뜻이다. 내 경우에는 광고비를 쓰고 일단 기다리면서 새로 내놓은 퍼널의 페이지들에서 무슨 일이 일어나는지 지켜본다. 얼마나 많은 사람이 그 광고를 클릭했을까? 내가 부담해야 하는 클릭당 광고비는 얼마일까? 얼마나 많은 사람이 나의 잠재고객 명단에 이름을 올렸을까? 이 사람들 가운데서 내 상품을 구매한 사람의 비율(전환율)은 몇 퍼센트일까? 그 가운데 내가 제시한 상향판매 제안을 받아들인 사람은 얼마나 될까? 이 모든 자료를 놓고 보면 완벽한 퍼널을 위해 어떤 변화가 필요한지 알 수 있다.

'적절하게 활용된' 퍼널 하나의 가치

지금인 고인이 된 개리 핼버트Gary Halbert가 했던 말이 있다.

"해변을 걷다가 문득 떠오른 생각을 적절하게 활용했다면, 그 생각은 평생 노력한 것의 열 배보다도 더 가치가 있다."

그런데 나는 여기에서 한 걸음 더 나아가 이런 말을 하고 싶다.

"적절하게 활용된 하나의 퍼널이 있다면, 그 퍼널은 평생 노력한 것의 열 배보다도 더 가치가 있다."

실패한 퍼널을 괜찮은 퍼널로 혹은 성공을 안겨주는 퍼널로 바꾸기 위해서 쏟는 시간과 에너지는 그럴 만한 가치가 충분히 있다. 당신이나 당신의 회사에 날개를 달아줄 퍼널을 하나 얻기만 하면 당신의 인생은 영원히 바뀔 수 있기 때문이다. 그래서 퍼널을 연구하고 분석해서 자기만의 퍼널을 만들려는 사람들에게 나는 "똑똑한 퍼널 하나만 있으면 된다"고 늘 말한다. 이 말은 확실히 진리다. 퍼널 하나가 당신의 모든 것을 바꾸어놓을 수 있다.

최근에 '이너서클'의 새로운 회원과 통화를 했다. 이 사람은 최근 몇 달 동안 퍼널 만드는 일에 모든 노력을 쏟아부었고, 그렇게 해서 만든 퍼널을 나에게 보여주고 싶어 했다. 그러면서 우선 퍼널 지도를 보여주었

다. 이 지도는 방문자들이 통과하는 수많은 통로path를 시각화한 '만약 ~
라면'이라는 화살표 수십 개가 표시되어 있으며 분량은 50페이지가 넘었
다. 그런데 이게 전부가 아니었다. 퍼널 내부의 모든 단계에는 방문자의
행동에 따라 촉발될 수 있는 수없이 다양한 후속 퍼널 시퀀스들도 포함
되어 있었다. 이 복잡한 퍼널 전략과 지도는 무척이나 인상적이었다. 그
런 한편 정말이지 혼란스러웠다. 그래서 실제로 상품을 구매하는 방문자
의 비율이 얼마나 되는지 물었더니, 변변찮다는 대답이 돌아왔다. 그러
면서 어떻게 하면 좋을지 모르겠다면서 조언을 청했다. 솔직하게 말하면
그 미로 안에는 없애버려야 할 것들이 말 그대로 수천 가지나 있었다. 어
디서부터 시작해야 할지 도무지 알 수 없을 정도였다.

　퍼널 하나를 만들었다고 치자. 그런데 이 퍼널이 복잡하다면 무조건
잘못된 것이다. 가능성이 제각기 다른 8000개의 변용이 있다면 전환율이
아주 조금은 높아질 수 있다. 아무렴 조금은 높아질 것이다. 그러나 무언
가 잘못되어서 방문자가 상품을 구매하는 비율이 터무니없이 낮을 때 문
제가 되는 부분을 찾아내서 수정하는 일은 거의 불가능하다. (이 작업을
하는 데 여러 달의 시간과 노력 소요된다는 점은 말할 것도 없다.) 방대하고 복
잡한 퍼널이 비록 강력해 보일지는 몰라도 이런 것들은 보통 자기 가치
를 부풀리려는 컨설턴트가 내놓을 만한 잘못된 퍼널일 뿐이다.

　그에 비해 나의 퍼널들은 모두 매우 간단하다. 이 책에 소개한 사례들
만 봐도 잘 알겠지만 대부분은 좋은 '연속극 시퀀스' 하나를 포함하면서
분량이 3~5페이지밖에 되지 않는다. 내가 굳이 이렇게 하는 데는 몇 가
지 이유가 있다.

　첫째, 빨리 만들 수 있어서 그만큼 아이디어를 재빨리 시장에 내놓을
수 있다. 기업가들이 실패하는 이유는 대부분 아이디어가 나빠서 그런
게 아니다. 그 아이디어가 시장에서 고객을 만나기도 전에 시간이나 돈
이 부족해지기 때문이다. 간단한 퍼널은 몇 시간 또는 며칠 만에 만들 수

있으며, 따라서 신속하게 방문자를 끌어모으고 이동시킬 수 있다. 이렇게 할 수 있다는 것 자체가 엄청난 힘이다. 나의 초기 멘토인 조 비테일Joe Vitale은 나에게 "돈은 속도를 좇는다"라고 말한 적이 있다. 내가 지금까지 경력을 이어오면서 확인한 바로는 이 법칙은 늘 진리였다.

두 번째 이유는 그 퍼널에 방문자를 보낸 뒤에 어떤 문제가 있는지 신속하게 확인할 수 있기 때문이다. 복잡한 퍼널이라면 제대로 작동하지 않는 이유를 수많은 것들을 따진 다음에야 알아낼 수 있지만, 나의 퍼널들은 매우 간단하므로 어떤 것이 잘못되었는지 금방 짚어낼 수 있다. 검증하고 수정해야 할 통제변수가 적을수록 수익성을 확보하는 데 필요한 검증 단계는 그만큼 줄어든다.

대부분의 퍼널은 처음에 전환율이 변변찮다. 그러나 괜찮다. 이 책에서 배운 예시 퍼널들을 모델로 삼아서 최상의 퍼널을 만들고 신속하게 실행하면 된다. 그리고 그 퍼널에 방문자(트래픽)를 보내고 이 방문자가 어떻게 행동하는지 보면 된다.

내 경우에는 퍼널이 활성화되고 한 사람이 내 상품을 구매한다면 벌어들인 돈을 그대로 다시 방문자에게 투자하는 방식을 즐겨 사용한다. 예컨대 강좌 하나를 1000달러에 파는 웨비나라면 트래픽 광고비로 1000달러를 지출한다는 말이다. 또 만약 내가 상향판매가 두 개 있는 책 퍼널을 가지고 있다면, 그리고 이 퍼널에 있는 모든 제품의 가격 총액이 331달러(0달러 책+37달러 돌출 상품+97달러 OTO 상품+197달러 OTO 상품)라면 나의 첫 번째 테스트를 위한 광고에 331달러를 쓰겠다는 말이다. 이 테스트에서 내가 설정하는 목표는 손익분기점에 맞추는 것이다. 이때 나는 웨비나 퍼널 광고에 1000달러를 쓰고 한 차례 판매를 통해서 그 돈을 회수한다. 첫 번째 테스트에서 손익분기점을 맞추지 못하는 경우가 많지만 나는 그래도 개의치 않는다. 그 손해를 시장조사 비용으로 여기고, 테스트를 통해 배운 결과로 변화를 꾀해서 다시 시도한다.

나는 페이스북이나 구글 광고에 (혹은 광고 효과가 발생하는 곳이면 어디에든) 광고비를 지불한 다음에는, 내가 구매한 트래픽이 나의 퍼널로 찾아와 주소록에 이름을 올리고 나의 '연속극 시퀀스'를 받아보며 그 퍼널에 있는 모든 페이지를 찾아다니는 걸 가만히 앉아서 지켜본다. 여기에 걸리는 시간은 광고비를 지출한 뒤부터 일주일 정도 걸린다.

그리고 내 퍼널이 잘 작동하는지 아닌지 시장을 통해 판단한다. 내게 자기 퍼널을 살펴보고 제대로 작동하는지 살펴봐달라는 사람들이 있는데, 이때마다 나는 '그럴 수 없다'고 답한다. '나'라는 개인은 이렇게 부탁하는 의뢰자에게 시장의 잠재고객이 아니므로 내가 어떤 조언을 해서 그 의뢰자의 퍼널에 손을 댔다가는 자칫 그 퍼널을 망가뜨릴 수 있다. 자기만의 퍼널을 만들고 시장에서 실행하는 사람들이 신경 써야 할 유일한 의견은 고객의 의견이다. 우리는 다음과 같은 질문의 답을 구하려고 초기 테스트를 하는 것이다. "내가 제시하는 이 상품 제안에 꿈의 고객이 과연 호응해서 지갑을 열고 신용카드를 꺼낼 것인가?" 나는 오로지 고객의 의견만 신경 쓴다. 나 스스로의 의견도 믿지 못한다. 나는 분할 테스트를 충분히 많이 하면서 대부분의 경우에 내가 틀린다는 사실을 알게 되었다. 당신도 자기 의견이 무조건 옳다고 믿으면 안 된다.

이 책에서 배운 퍼널 해킹 기술을 바탕으로 가장 멋진 퍼널을 만든 다음에, 한 명의 고객이 퍼널 안에 포함된 모든 상품을 구매할 때 발생하는 총수익만큼 광고비로 투자하라. 그런 다음에는 우리가 내건 후크가 제대로 된 것인지, 우리의 스토리가 사람들에게 먹힐 만큼 충분한 가치를 담고 있는지, 또 과연 우리가 거부할 수 없는 제안을 내놓았는지 시장이 말해줄 때까지 기다려야 한다. 시장은 거짓말을 하지 않는다. 사람들은 자기의 신용카드로 투표를 하는데, 이것이 시장에서 유일하게 통하는 투표다.

테스트가 끝나면 수치들을 살펴봐야 한다. 이 수치들은 당신이 무엇을 바꾸고 그냥 둬야 할지 정확하게 알려준다. 그 수치들을 기반으로 해서 퍼널을 수정한 다음에 마찬가지 방식으로 두 번째 테스트를 해야 한다. 그다음에 다시 며칠을 더 기다리면 새로 도입한 변화가 효과가 있는지 여부를 시장이 알려준다. 그러면 그 수치들을 기반으로 수정 작업을 한 다음에 다시 테스트를 한다. 우리는 이 테스트 과정을 서너 번 걸쳐서 한 끝에 최종적으로 퍼널을 확정한다.

간단한 퍼널의 수학

퍼널 마케팅의 수학을 살펴보자. 다행히 이 수학은 어렵거나 복잡하지 않다. 이 간단한 숫자들을 이해하면 퍼널을 어떻게 수정해야 할지 알 수 있다. 어떤 퍼널이든 간에 퍼널 안에서 모든 것을 결정하는 두 개의 숫자가 있는데, 이 두 개의 숫자가 퍼널에서 무엇을 조정해야 할지 정확하게 알려준다.

CPAcost per acquisition(고객 1인당 획득 비용): CPA는 고객 한 명을 확보하는 데 드는 비용이다. 〈샤크 탱크Shark Tank〉(미국 ABC 방송국의 사업 오디션 프로그램-옮긴이)에서 상어(심사위원)가 기업가들에게 던지는 첫 번째 질문이 바로 이것이다. "고객을 한 명 확보하는 데 비용이 얼마나 드나요?"
CPA가 어떻게 작동하는지 보자. 만약 내가 무료 책 퍼널에 트래픽(방문자)을 유발하기 위해 페이스북 광고비로 1000달러를 쓰고, 이 광고 덕분에 100권의 책을 팔았다면, CPA는 10달러다. 광고비로 1000달러를 쓰고 100명의 신규 고객을 확보했기 때문에 고객 한 명당 10달러를 지불한 셈이다. 만약 10명의 고객밖에 확보하지 못했다면, CPA는 100달러가 된다. 이것이 반드시 알아야 할 첫 번째 숫자다. 당신도 나중에 자기가 내는

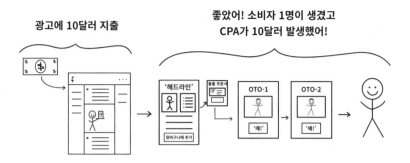

도표 28-1 퍼널에 투입한 광고비를 퍼널에서 발생한 판매의 숫자로 나누면 CPA를 구할 수 있다. (예를 들어 판매 1건당 광고비가 10달러이면 CPA는 10달러다)

모든 광고에서 CPA가 얼마인지 알고 싶어질 것이다.

ACV^average cart value(고객당 평균 매출액): ACV는 당신의 퍼널에 있는 사람들의 평균 매출액이다. 위에서 들었던 예로 설명하자면, 내가 책을 100부 팔았을 때 이 책을 산 사람들은 돌출판매나 상향판매에서도 내 상품을 살 것이다. 이때 발생한 총매출액을 전체 고객의 수로 나눈 금액이 바로 ACV다. 만일 그 책 퍼널에서 발생한 총매출액이 2500달러이고 이

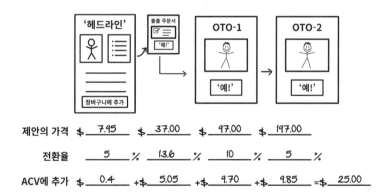

도표 28-2 퍼널의 총매출액을 고객의 수로 나누면 ACV를 구할 수 있다. (예를 들어서 100명이 기록한 총매출액이 2500달러이면 ACV는 25달러다)

때 전체 고객이 100명이라면, ACV는 25달러가 된다.

CPA와 ACV, 이 두 지표의 숫자를 알았다면 목표는 분명해진다. 'ACV가 CPA보다 높아야 한다.' 바로 이것이다. ACV가 CPA보다 높으면 퍼널이 제대로 작동한다는 뜻이므로, 내 경우에는 이때 가능하면 많은 돈을 광고비로 지출한다. 광고비 지출이 늘어날수록 그만큼 더 많은 돈을 벌게 되기 때문이다. 그러나 만일 ACV가 CPA보다 낮을 때는 퍼널을 수정해야 한다.

이것은 아주 간단한 산수일 뿐이다. 숫자를 확인한 다음에 자기가 쓰는 돈보다 더 많은 돈을 벌고 있는지 확인하기만 하면 된다. 그러니 이것만 기억하자.

- CPA 〉ACV: 퍼널이 잘못되었다.
- CPA 〈 ACV: 퍼널이 제대로 작동한다.

그런데 모든 광고의 CPA는 제각기 다르다. 그러므로 여러 광고 가운데서도 CPA가 지나치게 높은 광고는 끊는 게 옳다. CPA가 낮은 광고는 수익이 발생하는 한 계속 진행해야 한다.

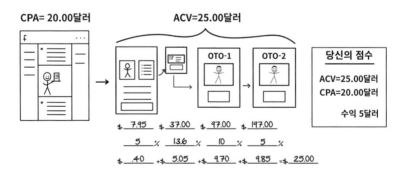

도표 28-3 만일 ACV가 CPA보다 크다면 해당 퍼널은 제대로 작동하는 것이다. 이때는 수익성을 유지하는 한 최대한 많은 돈을 광고비로 지출해야 한다.

보면 금방 알 수 있듯이 설명은 매우 간단하다. 테스트 예산을 지출한 뒤에 확인한 숫자들을 빈칸에 넣기만 하면 해당 퍼널의 건전성을 금방 알 수 있다. 왼쪽에는 해당 테스트 과정에서의 CPA 금액을 적는다. 얼마나 많은 돈을 광고비로 지출했으며, 또 그 광고를 통해서 얼마나 많은 고객을 확보했는가?

그다음에는 해당 퍼널의 각 페이지로 가서, 페이지마다 제안의 가격이 얼마인지 또 전환율이 얼마인지 적는다. 그리고 총매출액을 구매자의 숫자로 나눈다. 맨 아래에는 그것이 ACV에 얼마나 기여했는지 적는다. 퍼널에 포함된 모든 페이지에서 이 작업을 수행한 다음에 그 숫자를 모두 더하면 ACV 총액이 나온다. 마지막으로 ACV에서 CPA를 빼면 해당 퍼널이 수익성이 있는지 판단할 수 있다.

퍼널 수정하기

첫 번째 테스트가 끝나고 그 결과 나온 숫자들을 확인했다면, 시장이 당신의 퍼널을 어떻게 평가하는지 밝혀진 셈이다. 만일 그 퍼널로 손해를 봤다면 드러난 숫자들을 보고서 퍼널의 어느 부분이 제대로 성과를 내지 못하는지 따져봐야 한다. 만일에 손익분기점을 넘었다면 당신은 따로 더 돈을 들이지 않고도 잠재고객을 끌어당길 수 있는 퍼널 하나를 얻어낸 것이다 (이것은 대단한 승리라고 할 수 있다). 그렇다면 이제 여기에서 한 걸음 더 나아가서 이 퍼널을 수익성이 있는 퍼널로 만들 수 있을지 테스트해 볼 수 있다.

이쯤에서 한번 생각해보자. 자기 봉급이 인상되기를 바라는 직장인이라면 오랜 세월 노력해야 하고 끊임없이 교육을 받아야 한다. 그렇게 하고도 짜디짠 인상률에 만족해야 한다. 그러나 온라인 사업을 하는 사람이라면 자기의 봉급을 날마다 올릴 수 있다. 예를 들어 당신의 세일즈 퍼널에 포함된 어떤 페이지의 전환율이 3퍼센트이고 한 주에 1000달러를 벌어다준다고 치자. 이때 당신은 그 페이지를 아주 조금 바꾸는 것만으로도 봉급을 올려받는 효과를 누릴 수 있다. 전환율을 향후 12개월 동안 4퍼센트로 유지한다고 치자. 이 경우, 추가된 1퍼센트포인트의 전환율이 가져다주는 연간 추가 수익은 1만 7362달러이다. 이런 일은 퍼널 테스트를 단 한 번만 성공적으로 수행하면 얼마든지 일어날 수 있다.

나는 날마다 사무실에 출근해서 활발히 작동하는 퍼널들을 살피고 그 가운데 개선의 여지가 있는 것이 무엇인지 가려낸다. 현재 수익을 내고는 있지만 개선의 여지가 있는 페이지를 놓고 온갖 개선 아이디어를 떠올린다. 이것은 마치 비디오게임을 하는 것과 마찬가지다. 다른 점이 있다면 이렇게 해서 돈을 번다는 사실이다.

최근에 나의 '이너서클' 모임에서 마이크 슈미츠와 AJ 리베라가 자기들이 만든 웨비나 퍼널 하나를 가지고 왔는데, 이 웨비나는 엄청난 실패작이었다. 웨비나에 한 사람을 등록시키는 데 24.85달러가 비용으로 들었고, 등록자 가운데 실제로 웨비나에 참석한 사람의 비율은 22.4퍼센트밖에 되지 않았다. 그들은 깊은 좌절감에 빠져서는 '이너서클' 회원들에게 자기 웨비나의 등록 페이지를 보여주었다. [도표 28-4]가 그 페이지였다.

꽤 괜찮은 웨비나 등록 페이지처럼 보이지만 시장이 보기에는 전혀 그렇지 않다고 분명하게 결론이 났다. 많은 사람이 이 페이지를 방문했지만 그 가운데서 실제로 등록한 사람은 많지 않았다. 나는 이 페이지를 살펴본 다음에 테스트 아이디어 하나를 제시했다. 헤드라인이 웨비나에서 배울 내용을 사람들에게 알려주는데, 이것이 잘못된 것 같다는 게 내 판단이었다. 헤드라인에 따르면 이 웨비나는 '기업이 별 다섯 개짜리 리뷰를 받는 비법'을 보여준다. 이를 통해 사람들은 그 웨비나가 리뷰 받기를 다룬다는 점을 알 수 있었다. 그렇다면 그 방법을 이미 아는 사람들은 등록

도표 28-4 나의 '이너서클'에 속한 두 회원은 자기들이 운영하는 웨비나의 등록 페이지 광고비는 매우 높은데 참석률이 저조한 이유를 도무지 모르겠다고 말했다.

을 하지 않을 것이고, 설령 등록했더라도 실시간 웨비나에는 참석하지 않을 것이었다. 그래서 나는 웨비나에서 무엇을 배울 수 있는지 보여주지 않고, 이러저러한 것들은 다루지 않는다는 말을 하고 또 호기심을 유발하도록 페이지를 수정한 다음 테스트를 진행하면 어떻겠느냐고 제안했다.

결국 두 사람은 등록 페이지의 헤드라인을 내가 제안한 대로 바꿨다. 새로운 헤드라인은 호기심을 강하게 유발했고, 그 결과 한층 더 많은 사람이 등록과 함께 실시간 웨비나에도 참석했다.

이 작은 수정 하나로 웨비나 등록 1건당 비용은 24.85달러에서 5.84달러로 낮아졌고 참석률은 22.4퍼센트에서 31.7퍼센트로 늘어났다! 이 작은 퍼널 수정 하나만으로 마이크 슈미츠와 AJ 리베라가 자기 봉급을 스스로 얼마나 많이 올렸는지 상상해보라!

이렇게 당신은 첫 번째 테스트를 통해서 첫 번째 숫자들을 받아들었다. 그런데 마케팅과 퍼널 게임은 지금부터 재미있어진다! 이제부터는 수정

도표 28-5 헤드라인에 호기심 유발 요소를 추가하는 등의 작은 변화를 꾀함으로써 광고 비를 낮추고 참석률을 높일 수 있었다.

할 곳을 찾아 바꾸면서 자기 퍼널이 점점 나아지는 것을 지켜봐야 한다.

ACV(고객당 평균 매출액)의 수정

퍼널 수정의 첫 번째 단계는 어떤 부분들이 잘못되었는지 알아내는 것이다. 퍼널의 각 페이지에서 드러나는 숫자들을 보면 어떤 페이지가 전환율이 높고 어떤 페이지가 그렇지 않은지 금방 알 수 있다. 이때 전환율이 낮은 페이지를 대상으로 수정 작업을 해야 한다.

많은 사람들이 내게 이렇게 묻는다. "퍼널의 각 페이지에서 전환율은 얼마가 되어야 하는가?" 그러나 이 질문에 일률적으로 대답하기는 어렵다. 왜냐하면 시장마다, 트래픽 소스^{traffic source}마다 적정 전환율이 다르기 때문이다. 따라서 자기만의 기준을 마련한 다음에 이 기준에 도달하려고 노력하는 것이 매우 중요하다. 그러나 적어도 자기가 올바른 방향으로 가고 있는지 여부를 알 수 있도록 기준점에 대한 어떤 '생각'을 갖는 것은 좋다. 그래서 우리는 이 기준점에 대한 일반적인 기준선을 만들었다. 자신의 퍼널이 적절한 평균 매출액을 창출하는지 여부를 누구나 이 기준선으로 판단할 수 있다. 만약 해당 기준에 미치지 못한다면 수정이 필요하다. 그런데 설령 테스트 결과 기준선을 상회한다고 하더라도 해당 퍼널을 다시 테스트할 수도 있고, 계속 테스트를 하는 것이 더 좋다. 왜냐하면 퍼널에 포함된 페이지를 조금 바꾸는 것만으로도 장기간에 걸쳐서는 어마어마한 액수의 수익이 늘어날 수도 있고 줄어들 수도 있기 때문이다.

- 시작 퍼널인 리드 퍼널
  - 리드 퍼널 옵트인 〉20%
- 언박싱 퍼널
  - 2단계 주문서 옵트인 〉10~15%
  - 책 퍼널 혹은 장바구니 퍼널 판매 전환 〉1~5%
  - 돌출 주문서 전환 〉20%
  - OTO/하향판매 전환 〉3~15%
- 프레젠테이션 퍼널
  - 영상 세일즈레터 전환 〉1~3%
  - 웨비나 등록률 〉20%
  - 웨비나 참석률 〉50~80%
  - 웨비나 구매율(핫 트래픽 실시간) 〉10%
  - 웨비나 구매율(콜드 트래픽 실시간) 〉1~5%
  - 웨비나 구매율(자동) 〉3~8%
  - 제품 출시 퍼널 등록률 〉20%
- 마지막 퍼널인 전화 퍼널
  - CPA(고객 1인당 획득 비용) 〈 100달러

CPA(고객 1인당 확보 비용)

집행하고 있는 광고에서도 수정할 곳을 찾아야 한다. 때로는 성과가 매우 높긴 하지만 고객 한 명을 확보하는 데 들어가는 비용이 너무 높은 퍼널이 있다. 이처럼 CPA가 너무 높은 것이 랜딩 페이지 때문일 수도 있지만 대개는 광고가 원인이다.

판매자는 꿈의 고객을 사로잡을 목적으로 모든 퍼널에서 제각기 다른 후크로 무장한 다양한 광고를 내건다. 그런데 효과가 있는 광고도 있고 그렇지 않은 광고도 있다. 여러 종류의 많은 광고를 테스트하고 또 실행하는 이유도 바로 여기에 있다.

온라인 마케팅의 가장 큰 비밀들 가운데 하나는 많은 광고 크리에이티브가 필요하다는 것이다. 내가 『브랜드 설계자』를 출간했을 무렵에 딘 그라지오시도 베스트셀러를 냈는데, 홍보 활동이 시작되고 몇 달이 지난 뒤에 나는 그 친구의 책이 얼마나 팔리는지 궁금해서 전화를 해봤다. 내 책도 많이 팔리긴 했지만 그 친구의 책은 네 배나 더 팔리고 있었다. 충격이었다.

딘이 하는 대답을 이해하려면, 그가 살아온 배경을 조금은 알아야 한다. 딘은 20년 넘게 해설식 광고를 해왔다. 그 기간에 매일 밤 텔레비전에 나와서 부동산 투자 방법에 관한 책을 팔았다. 그에 따르면 이런 광고는 대략 18개월 정도까지 효과가 지속되지만, 그 뒤로는 본 사람이 너무 많아져서 피로감을 주기 시작한다. CPA는 점점 높아지고 결국에는 수익보다 비용이 더 많아진다. 이렇게 해서 손익분기점이 가까워지면 그는 광고를 중단하고 새로운 광고를 찍어서 방송한다. 그러면 새로 제작한 광고는 다시 18개월 정도 효과를 발휘한다.

그런데 딘은 자기 광고가 온라인에서 훨씬 더 빠른 속도로 효과를 잃어간다는 사실을 깨달았다. 광고의 유효기간이 텔레비전에서는 18개월 정도이지만 온라인에서는 기껏해야 몇 주밖에 되지 않는다는 것이다. 그래서 그는 어디를 가든 흥미로운 장소가 눈에 띄면 핸드폰으로 광고 자료 영상을 찍어서 자기 팀에게 전달하고 이 영상을 이용해 팀에서 광고를 만든다.

딘은 휴대폰으로 만든 광고들 가운데 많은 것이 어떤 이유에선가 시장에서 공감을 얻지 못해서 잘 작동하지 않는다고 말했다. 어떤 광고는 CPA가 ACV보다 높아서 해당 광고를 하루 정도 운영하다가 내리기도 했다. 그러나 다른 광고들은 CPA가 매우 낮았고, 그는 이 광고들을 사람들이 피로감을 느끼기 시작할 때까지 (즉 ACV가 CPA보다 높은 수준을 유지할 때까지) 몇 주 동안 내걸었다가 다시 새로운 광고로 교체하곤 했다.

딘이 나보다 책을 네 배씩이나 팔았던 이유는 광고를 네 배나 많이 만들었기 때문이다. 굳이 이 이야기를 하는 것은 새로운 광고를 끊임없이 만들어서 내놓아야 하며, 광고마다 CPA가 다르다는 사실이 매우 중요하기 때문이다. 자기가 내건 광고들을 예의주시하면서 효과가 없는 광고는 빨리 내리고 효과가 있는 광고는 규모를 한껏 키워야 한다. 퍼널의 페이지들에서 해야 하는 수정과 변화는 광고에서도 똑같이 해야 한다.

무엇을 바꿔야 할까

비밀-2에서 설명했던 '후크, 스토리, 제안'이라는 개념은 이제 너무나 단순하고 명백하게 보이지만, 내게는 10년이 넘는 세월 동안 이런 프레임워크가 없었다. 후크와 스토리와 제안에 대해 나도 공부를 하긴 했었다. 그러나 이것들이 모든 퍼널의 비밀임을 깨닫지 못했다.

이 개념의 프레임워크가 처음 내 머리에 떠올랐을 때 나는 100여 명의 수강자가 참석한 소규모 교육훈련 모임에서 실시간으로 그 내용을 공유

했다. 나중에 참석자 한 명이 나에게 다음과 같은 메시지를 보냈다.

"러셀, 나는 당신의 모든 팟캐스트를 들었습니다. 퍼널 해킹 실시간 행사에도 두 번 참석했고요. 모든 강좌를 들었고 모든 책을 읽었지만, '후크, 스토리, 제안'이야말로 당신에게 배운 것 가운데서 최고였습니다."

얼마나 흥분을 했던지 그날 밤에는 완전히 잠을 설쳤다. 다음 날 아침에 친구 둘을 만나서 함께 운동하려고 새벽 5시 45분에 일어나 체육관에서 갔는데, 체육관에 들어서자마자 그들이 내 눈을 보더니 무슨 일이 있었느냐고 물었다. 아마도 그때까지도 흥분이 가라앉지 않았던 모양이다.

"흥분한 것처럼 보여? 그래, 내가 모든 것의 비밀을 알아낸 것 같아. 그런 거라면 조금은 복잡해야 할 텐데, 이게 너무 간단해. 내가 지나칠 정도로 단순하게 만들어버린 게 아닌가 싶을 정도로 말이야."

그러면서 나는 두 사람에게 '후크, 스토리, 제안' 개념을 알려주었다.

"후크가 잠재고객의 관심을 사로잡고, 스토리는 우리가 제시하는 상품 제안에 대해서 잠재고객이 인지하는 가치를 높여주지."

그런 다음 나는 '후크, 스토리, 제안'이 퍼널의 모든 단계에서 어떻게 제시되고 작동하는지 보여주었다.

"광고에는 후크와 스토리와 제안을 담아야 해. 랜딩 페이지에도 후크와 스토리와 제안이 들어가야 하고. 이메일, 판매 페이지, 상향판매, 아니 모든 것에 후크와 스토리와 제안을 담아야 해."

그날 아침에 우리는 역기를 하나도 들지 않고 그 이야기만 나눴다.

"만약 광고가 효과를 발휘하지 못한다면, 후크나 스토리나 제안에 문제가 있어서 그래. 랜딩 페이지가 제대로 먹히지 않아도 그 이유는 바로 거기에 있지."

그날 나는 우리 퍼널 팀에게 회사에서 현재 실행하는 모든 퍼널을 대상으로 각 페이지의 통계를 정리하게 한 뒤, 전환율이 기준점보다 낮은 모든 페이지를 살펴보았다. 그런 다음, 나는 그들에게 '후크, 스토리, 제안' 프레임워크를 설명했다. 그리고 그 관점을 가지고서 각각의 페이지를 살펴보기 시작했다. 이때 내가 기본적으로 던진 질문은 이거였다. "이 페이지의 후크는 무엇일까? 어떻게 하면 이것을 더 좋게 만들 수 있을까?" 우리는 머리를 맞대며 브레인스토밍을 하고, 우리가 할 수 있는 10여 가지의 테스트를 떠올렸다.

"우리가 이 페이지에서 전하고자 하는 스토리는 무엇인가? 이 스토리는 우리 제안을 보고 소비자가 쌓아올릴 인지 가치를 강화하고 있는가?"

이런 질문들을 던져놓고 우리는 스토리들을 개선할 온갖 방법을 고민하고 시도했다.

"사람들은 이 제안에 대해서 어떻게 생각할까? 이 제안을 한층 더 매력적으로 보이게 할 수는 없을까?"

나는 퍼널 팀에 속한 직원들에게 이렇게 물었고, 그런 다음에 우리는 함께 수십 가지의 아이디어를 놓고 하나씩 따져보았다.

우리는 모든 퍼널에 들어 있는 페이지를 일일이 하나씩 놓고 작업을 수행했고, 과연 수정한 페이지가 예전 페이지보다 효과적인지 확인하려고 분할 테스트를 했다. 결과는 어땠을까? 모든 테스트에서 새로운 버전이 더 낫다는 사실이 증명되었다.

바로 이것이 내가 발견하고 이제 당신도 알고 있는 커다란 비밀이다. 당신이 애써 만든 퍼널이 제대로 작동하지 않는다면 반드시 문제는 후크나 스토리나 제안에 있다. 만약 누군가가 나에게 의뢰하면서 10만 달러를 준다면, 나는 그 사람의 퍼널 단계들부터 먼저 살필 것이고, 그런 다음에는 "문제는 후크나 스토리나 제안에 있군요"라고 말할 것이다. 그리고 결국에는 이것들을 더 낫게 만드는 방법을 함께 고민할 것이다.

결론과 요약

자, 드디어 당신이 해냈다. 마지막까지 왔다!

이 긴 여행을 함께하는 동안 우리는 많은 것을 새롭게 깨우쳤다. 그러나 그 모든 비밀을 알고 난 지금 생각해보면, 우리가 살펴본 내용은 정말이지 너무도 단순하고 간단하다.

당신이 이 책에서 배운 모든 내용은, 만약 나에게 컨설팅 의뢰를 한다면 내가 비행기를 타고 날아가 당신 사무실에 앉아서 말해줄 내용과 다르지 않다. 이제 당신은 그 모든 비밀을 구사할 수 있는 지식과 기술을 가지고 있다.

이 책에서 소개한 전체 과정을 간략하게 요약하면 다음과 같다.

    1단계 당신의 꿈의 고객이 누구인지 정확하게 파악하라.

    2단계 이 꿈의 고객들이 함께 모여 있는 장소는 어디인가?

    3단계 당신은 어떤 후크로 그들의 관심을 사로잡을 것이며, 어떤 스토리로 당신이 제시하는 상품 제안의 소비자 인지 가치를 높일 것인가?

    4단계 고객의 관심을 사로잡은 뒤에는 ('매력적인 캐릭터'를 통해) 그들과의 관계를 구축하는 데 집중해서 그들이 가치 사다리의 높은 곳으로 이동하게 만들고 될 수 있으면 가장 높은 단계의 상품을 구매하게 만들라.

5단계 가치 사다리의 어느 층에 우선적으로 초점을 맞출지 선택한 다음에 어떤 유형의 퍼널을 만들 것인지 선택하라.

6단계 퍼널 구조를 구축한 다음에는 당신의 '매력적인 캐릭터'가 꿈의 고객과 소통하게 될 페이지에 영상과 헤드라인 그리고 퍼널 스크립트 등을 꾸며 넣어라.

7단계 한 명의 고객을 확보하는 데 지출할 비용을 광고비로 들여서 그 퍼널을 시장에서 실행한다. 그다음 당신이 시도한 후크와 스토리와 제안이 전환율을 높여주지 못하는 곳은 어디인지 확인하라.

8단계 기존의 페이지와 새로운 버전의 페이지를 놓고 분할 테스트를 하라. 그리고 ACV(고객당 평균 매출액)이 CPA(고객 1인당 획득 비용)보다 많아질 때까지 테스트를 반복하라.

9단계 ACV를 지속적으로 개선하면서 CPA를 낮게 유지하기 위해 새로운 광고를 계속 만들어내라. 이 퍼널로 100만 달러의 수익을 기록할 때까지 이 과정을 계속 반복하라.

10단계 첫 번째 퍼널이 100만 달러 수익을 기록한 뒤에는 당신의 가치 사다리에서 두 번째 퍼널 작업을 시작하라. 이 새로운 퍼널을 알리는 이메일을 기존 고객에게 발송하고, 이 두 번째 퍼널을 첫 번째 퍼널에 포개라.

11단계 이 두 번째 퍼널이 100만 달러 수익을 기록할 때까지 6~8단계를 반복하라.

12단계 당신의 가치 사다리에서 또다시 다음 퍼널 작업을 시작하라.

이것은 일종의 게임인데, 내가 해본 것 가운데 가장 재미있는 게임이다. 당신도 이제는 본인이나 다른 사람의 사업에서 퍼널을 만드는 데 필요한 모든 기술을 이미 가졌다.

당신은 내가 처음 발견하고 숙달하기까지 10년 넘게 걸렸던 것을 지금 막 배웠다. 내가 기업가로서 걸었던 여정이 늘 순탄하지만은 않았다. 온갖 우여곡절이 있었고, 지금까지 소개한 그 모든 비밀을 배우기까지 숱한 어려움이 있었다. 이처럼 어렵게 배운 비밀을 당신에게 가르쳐줄 수 있어서 나로서는 무척 기쁘다.

이런 비밀들을 하나씩 배우고 사업에 처음 적용하면서 느꼈던 설렘과 흥분을 지금도 생생하게 기억한다. 어떤 사람이 페이스북이나 인스타그램에 이 책을 샀다는 게시글을 올릴 때마다, 이 모든 것을 재발견하는 일이 얼마나 재미있을까 하는 생각에 살짝 부럽기까지 하다. 내가 이 여정을 처음 시작할 때 그랬던 것처럼 당신도 이 모든 것을 배우면서 재미를 느꼈기를 바란다.

지은이 러셀 브런슨

...

1000억 원 규모의 마케팅 플랫폼 기업 '클릭퍼널스닷컴ClickFunnels.com'의 설립자이자 대표다. 잠재고객이 구매하기까지 판매의 모든 순간을 치밀하게 설계한 퍼널 시스템을 내놓으며 100만 명이 넘는 기업가 추종자를 거느리고 있다. 덕분에 퍼널의 마스터로서 미국 마케팅 업계의 새로운 구루로 알려졌다.

열두 살 때 텔레비전 심야 광고에 매혹된 후로, 광고와 세일즈에 관한 모든 것에 중독적으로 빠져들었다. 대학 시절에는 감자총 만드는 DVD를 포함해 상상할 수 있는 모든 것을 판매하겠다는 야심으로 온라인 비즈니스에 도전했고, 졸업 전 10억 원의 매출을 올리기도 했다. 한 가지에 빠지면 끝을 보는 마케팅 너드인 그는 대학 시절 미국 주 대회에서 우승을 거머쥔 레슬링 선수이기도 했다.

옮긴이 이경식

...

서울대학교 경영학과와 경희대학교 대학원 국문학과를 졸업했다. 옮긴 책으로『도시의 생존』『컨버티드』『넛지: 파이널 에디션』『초가치』『체인저블』『댄 애리얼리 부의 감각』『플랫폼 기업전략』 등이 있다. 저서로는 소설『상인의 전쟁』, 산문집『치맥과 양아치』, 평전『유시민 스토리』 등이 있다.

마케팅 설계자

자동 수익을 실현하는 28가지 마케팅 과학

펴낸날 초판 1쇄 2022년 12월 30일
　　　　초판 16쇄 2024년 11월 18일
지은이 러셀 브런슨
옮긴이 이경식
펴낸이 이주애, 홍영완
편집장 최혜리
편집3팀 유승재, 김하영, 이소연
편집 양혜영, 박효주, 박주희, 문주영, 장종철, 홍은비, 강민우, 김혜원, 이정미
디자인 기조숙, 박아형, 김주연, 윤소정, 윤신혜
마케팅 김미소, 정혜인, 김태윤, 김지윤, 최혜빈
해외기획 정미현
경영지원 박소현
펴낸곳 (주)윌북 출판등록 제2006-000017호
주소 10881 경기도 파주시 광인사길 217
전화 031-955-3777 팩스 031-955-3778
홈페이지 willbookspub.com
블로그 blog.naver.com/willbooks 포스트 post.naver.com/willbooks
트위터 @onwillbooks 인스타그램 @willbooks_pub
ISBN 979-11-5581-565-6 03320